SIXING ANJIAN

FALV JIANDU

LILUN YU SHIWU

死刑案件
法律监督
理论与实务

于天敏 等 著

中国检察出版社

课题负责人及课题组成员

课题负责人

于天敏　重庆市人民检察院副检察长，
　　　　"全国检察理论研究人才"

课题组成员

潘祥均　重庆市人民检察院公诉一处处长
李建超　重庆市人民检察院公诉二处处长
潘金贵　西南政法大学副教授
刘　伟　重庆市人民检察院公诉一处副处长，
　　　　第二届"全国优秀公诉人"
么　宁　重庆市人民检察院公诉二处检察员，
　　　　第三届"全国十佳公诉人"
张　可　重庆市人民检察院公诉二处检察员，
　　　　第三届"重庆市十佳公诉人"
王　东　重庆市人民检察院公诉二处检察员
曾庆云　重庆市人民检察院公诉一处助理检察员
杨洪广　重庆市人民检察院公诉二处助理检察员

序

　　我国宪法和法律将检察机关定位于法律监督机关，因此法律监督是检察机关的基本职责。围绕检察机关法律监督的理论与实践进行研究是检察学研究的重要内容之一。近年来，关于法律监督的著述颇丰，但是专门就某一类型刑事案件法律监督的理论与实践进行系统研究的专著尚不多见，以重庆市人民检察院于天敏副检察长为课题负责人的课题组经过认真研究，写出《死刑案件法律监督理论与实践》一书，在这方面作出了可贵的探索。

　　死刑是一种古老的、最为严厉的刑罚方法。近现代以来，关于死刑的存废一直是刑事法学界争论的焦点之一。就我国而言，总体上看，现阶段尚不具备废除死刑的社会条件；因此在当前及今后相当长的时间内，坚持"少杀、慎杀"的刑事政策，保留死刑并严格限制适用死刑，才是相对合理的选择。而要实现严格限制和正确适用死刑的目标，除了政策指引、立法规制等措施外，充分发挥检察机关的法律监督职责，强化检察机关对死刑案件的法律监督，从而保证死刑案件的质量，也是十分重要的措施。

　　死刑案件，由于牵涉到应否剥夺被追诉人的生命权利，较之其他刑事案件具有其特殊性。死刑案件法律监督较之其他刑事案件法律监督也有其特殊性。《死刑案件法律监督理论与实践》一书以法律监督的基本理论为依托，重点针对死刑案件法律监督理论与实践的有关专门性问题进行研究，由此而成其脉络，也是其亮点。该书的撰写，注意了结构的合理性、内容的必要性，也注意了理论与实践的结合。该书首先对死刑案件法律监督的有关理论问题进行了探讨，如对死刑案件法律监督的价值进行了分析，归纳了死刑案件法律监督的基本特点，提出了死刑案件法律监督的基本原则。而后，对死刑案件法律监督在司法实践中涉及到的监督方式、实体问题监督、证据问题监督、程序问题监督、死刑复核过程中的监督，以及监督机制的完善等进行了论述。而在具体内容的论述上，该书既注意对相关问题从理论上加以剖析，又注意引用相关案例、数据等来加以佐证，使该书显得有血有肉，增强了论证的说服力。总体而言，该书无论在理论价值还是实践意义上都是值得肯定的一项研究成果。

当然，作为实务部门进行理论研究的探索成果，该书也还存在一些不足之处，如有些问题的研究还显得一般化而深度不足。但是实务工作者能够将理论与实践结合起来写出这样一本具有一定水平的专著，已属不易，相信这本书的出版对加强死刑案件的法律监督工作会发挥积极的作用。衷心希望重庆市检察机关能够继续努力，不断推出新的理论研究成果。

龙宗智*

2008 年夏

---

* 四川大学法学院教授，博士生导师。

前 言
守望死刑正义

　　死刑，作为一种剥夺犯罪人生命的最为严厉的刑罚，因其不可逆转性和严酷性在刑罚体系中居于突出地位。自从贝卡利亚率先明确提出废除死刑以来，对死刑是否具有合理性和必要性，一直存在着较大的争议。在我国，随着死刑案件核准权收归最高人民法院统一行使，再次引发了各界对死刑问题的关注。就存与废而言，一般认为，即使废除死刑是发展方向，那么至少在现阶段，我国仍有保留死刑的必要。正如最高人民法院前任院长肖扬同志指出的：中国尚无废除死刑的条件，但是将慎用死刑。人民检察院作为法律监督机关，有责任也有义务承担起守望法律公正的责任。在保留死刑、慎用死刑的基本刑事政策下，检察机关应当如何充分发挥法律监督职能，从而确保死刑制度的良性运作，是检察理论中一个非常值得探讨的课题，因此对死刑案件的法律监督进行研究无疑具有重大的理论价值和现实意义。

　　法律监督权是检察机关的基本权能。对死刑案件而言，检察机关的法律监督犹如安全过滤器，能够去伪存真，使不应当适用死刑的案件被隔离在安全阀门之外。然而检察机关的法律监督权在学界一直颇有争议。应当看到，检察机关作为国家的法律监督机关具有价值合理性、历史必然性和现实必要性。在我国的整个监督机制中，法律监督是核心，具有特殊的性质、特殊的功能，担负着特别重要的使命，是其他监督方式无法替代的。从应然的角度看，法律的公正实施离不开法律监督权的有效行使；从实然的角度看，我国的司法现状也需要检察机关这样一个专业的、专门的法律监督机构来保证法律的公正实施。尤其是对于涉及"人命关天"的死刑案件，更应通过检察机关的法律监督来确保案件质量，加强人权保障，维护司法公正，促进社会和谐。

长期以来，学界对于死刑案件法律监督问题较少论及，更未就死刑案件法律监督的理论与实践进行系统的梳理。死刑案件法律监督可以说是一片基本被学界遗忘的处女地，而检察实务部门在办理此类案件时对如何有效进行法律监督更是深感缺乏科学、系统的理论指引。故此，我们秉着"吃螃蟹"的精神，一方面力图通过对死刑案件法律监督的内涵、价值、特点和原则等有关问题的探讨，构建死刑案件法律监督的基本理论框架；另一方面结合办案实践，力图通过对死刑案件法律监督的基本方式、涉及的实体问题、证据问题、程序问题、复核问题、机制问题等有关问题的探讨，为死刑案件法律监督的司法实践提供有益的参考。

死刑案件的法律监督相对于一般案件的法律监督而言，既具有法律监督的共性，又具有基于死刑案件的特殊性而产生的监督的独特性。我们对死刑案件法律监督的研究，正是建立在法律监督的基本理论之上，对死刑案件这一特殊监督对象引发的相关理论与实践问题进行的探讨。如何把握法律监督的普适性与死刑案件法律监督的特殊性，是我们研究的难点；如何在建构死刑案件法律监督基本理论体系的基础上，针对现存的问题，提出行之有效的改革方案，是我们研究的重点。这对我们而言，既是一次创新和尝试，也是一次挑战和考验。作为实务部门的理论研究成果，我们所构建的理论体系或许尚不完善，就实践中有关问题的探讨或许还失之肤浅，所提出的改革方案或许仍不够科学，但是，毕竟我们已不再囿于做法律的工匠，而是在从实践到理论的探索道路上迈出了坚实的一步，为繁荣我国检察理论研究尽了绵薄之力。我们将继续前行。

本书付梓之时，适逢我国检察机关恢复重建三十周年。三十年来，在建设中国特色检察制度的道路上，无数"检察人"为维护司法公正，实现社会正义付出了艰辛和努力。而在维护司法公正，实现社会正义的所有内涵中，维护死刑公正，实现死刑正义无疑是最重要的一个方面，因为生命权是最珍贵的权利，是所有人权中最不能被非法剥夺的权利。检察机关作为"法律的守护人"、"世界上最客观的官署"，加强对死刑案件的法律监督，"认真对待权利"，守望死刑正义，正是我们最为重要的使命所在。

目 录
Contents

第一章
死刑案件法律监督概述

在刑罚体系中，死刑曾被认为是震慑和预防犯罪的最有效的手段，然而，随着人道主义的勃兴和国际人权运动的兴起，自意大利刑法学家贝卡利亚举起废除死刑的理论旗帜以来，对死刑的存废之争就从未止息。主存论和主废论者围绕死刑是否具有最大的威慑功能、是否人道、是否符合民意、是否具有合宪性、是否符合刑罚的效益原则等几个争点展开了激烈的争论。主废论者在这场世纪论战中逐渐占据了上风。这场论战对各国死刑立法产生了巨大影响，废除死刑已成为不可阻挡的历史潮流。然而，必须看到，中国有自己的文化传统和具体国情，对待死刑问题我们既不能漠视，也不能盲从。况且现在还有不少国家尤其是美国、俄罗斯、印度、日本等人口在 1 亿以上的大国均未废除死刑，何况是有 13 亿人口的中国。如果在不具备废除死刑的社会条件的情况下盲目废止死刑，可能会有危及社会安全，侵犯全体公民基本人权的危险，因此在当前及今后相当长的时间内，保留死刑并对死刑适用进行严格限制才是一个相对合理的选择。对死刑案件进行法律监督是我们限制死刑适用的一个重要手段。法律监督权是我国检察机关检察权的重要组成部分，在中国特色的法律监督制度体系中构建和完善死刑案件法律监督制度对理论界和实务界而言都是当务之急。在理论上，明确死刑案件法律监督的内涵是对死刑案件法律监督的价值、特点、原则及具体制度和程序进行探索的逻辑前提，而死刑案件的现行法依据是我们获得死刑案件法律监督正当性的来源，也是对现存制度的缺陷和问题进行分析并寻找完善之方法的基础。

一、死刑概述

（一）死刑的概念、性质和特征

死刑（Death Penalty），又称"生命刑"、"极刑"，是世界各国最古老的刑罚之一。对如何定义死刑向来没有太大争议，《牛津法律大辞典》上将死刑定义为"指由获得授权的国家机构将罪犯处死的刑罚"①，我国通说将死刑定义为"剥夺犯罪分子生命的刑罚方法"②。其内涵为：其一，死刑的性质是一种刑罚方式；其二，死刑以剥夺犯罪分子的生命为内容；其三，死刑必须由有权机构依法实施。当然，也有不同的声音，如近代刑法学之父贝卡利亚就反对死刑是一种国家权力的说法，他指出"死刑并不是一种权力，我已经证明这是不可能的，而是一场国家同一个公民的战争，因为，它认为消灭这个公民是必要的和有益的"③。也有的学者认为，应当点明死刑是"最严厉的刑罚"，突出其严厉性。我们认为，死刑仍以国家权力为其区别于一般杀人行为的正当性依据，而在当代，死刑执行方式文明化，不会给罪犯造成太大痛苦，罪犯的心理承受能力和认识观念各异，死刑与长期监禁相比究竟哪一种对罪犯而言更加残酷根本没有定论，所以不宜在死刑定义中唐突地加上"最严厉"几个字。但一般的死刑定义也不甚严谨，其只描述了死刑的外在特征，并未体现其内在本质——不可挽回性，即死刑完全、彻底地消灭罪犯，且一旦执行便不可逆转。基于此，我们倾向于将死刑定义为：国家依法永久剥夺犯罪分子生命的刑罚方法。

认识事物的性质是对其进行全面研究的逻辑前提，性质包括事物的内在本质和外在属性。本质即组成事物诸要素的内在的必然的联系，它从总体上规定着事物的性质和发展方向；死刑的本质即是指死刑所固有的、决定死刑之所以成为死刑的基本方面。外在属性是事物本质的体现，是区别于其他事物的外在特征。死刑作为一种法律现象、一种刑罚，必然有区别于其他刑罚的特点。

"日本法学家齐藤静敬在谈到死刑的本质时指出，在西方关于死刑的本质，有报复、威吓和永久抹杀说。把报复与威吓看成死刑的内在属性显然不妥，不管是对犯罪人的报复还是对潜在犯罪人的威吓都只是死刑的外在功能，

---

① 《牛津法律大辞典》，法律出版社 2003 年版，第 169 页。
② 《法学大辞典》，团结出版社 1994 年版，第 407 页。
③ ［意］贝卡利亚：《论犯罪与刑罚》，中国大百科全书出版社 1993 年版，第 45 页。

且此二功能其他刑罚方式也具备，不能称为死刑的独特属性。相较而言，永久抹杀说较为合理。"① 美国前联邦最高法院大法官斯图沃特曾对死刑作过以下精辟论述"死刑区别于其他所有形式的刑事处罚之处，不在于严厉程度而在于性质。它的独特性在于它完全不可挽回，在于它拒绝把对罪犯的矫正作为刑事司法的根本目的，还在于它绝对地放弃了我们所理解的人性的全部内涵"②。我国有学者持相反意见，认为死刑的本质，严格地讲，应该是"极端严厉的刑罚"③，这一说法同样混淆了死刑的外在属性和内在本质，极端严厉是死刑这种刑罚的程度特征，说其极端严厉就是因为其是对犯罪人最基本的生命权的永久性剥夺，在于其不可挽回性；另一方面，对于某些罪犯，究竟是让其一死了之严厉，还是对其终身囚禁永受牢狱之苦更为严厉恐怕不好衡量。也有学者从其他角度论述死刑的本质，如美国学者麦歇尔·米勒（M. Mello）从人性的角度出发，指出死刑是可怕的刑罚，它在本质上是对人性和人的尊严的漠视。④ 那么我们不禁要问，为什么说死刑漠视人性漠视人的尊严，归根结底还在于它毫无慈悲地彻底抹杀了犯罪人的生命。综上，我们认为，死刑的本质是对罪犯生命的永久抹杀。

那么死刑表现出了哪些区别于其他刑罚的外在特征呢？综合学界观点，概括如下：

第一，死刑施用主体特定。即死刑是以国家名义实施，以国家权力为后盾的剥夺个人生命的行为。国家基于维持社会秩序、维护社会正义的需要牺牲犯罪人个人的权利，达到保护更大利益的目的，这是刑罚权的正当性基础，国家权力是剥夺犯罪人最基本人权的权力依据。德国著名刑法学家拉德布鲁赫曾将死刑本质概括为"司法杀人"⑤。施用主体的专属性使死刑与私刑、正当防卫、故意杀人等个人、家族或团体实施的杀人行为相区别。

第二，死刑内容特定。即死刑以剥夺犯罪人生命权为内容，而生命权是人人生来得以享有的最基本的也是最高的人权，并且一旦失去不可复得。这种内容的特定性为围绕死刑的一系列争论埋下了伏笔，如一个侵犯他人生命权或严重侵犯他人财产权的人是否必须交出自己的生命来赎罪？剥夺其生命是否能弥

---

① 陈兴良主编：《刑种通论》，人民法院出版社 1993 年版，第 38—39 页。

② 孙长永："中国死刑案件的司法程序——基于国际准则的分析"，载孙长永：《刑事诉讼证据与程序》，中国检察出版社 2003 年版，第 352 页。

③ 陈兴良主编：《刑种通论》，人民法院出版社 1993 年版，第 38—39 页。

④ 钊作俊：《死刑限制论》，武汉大学出版社 2001 年版，第 11 页。

⑤ ［日］团藤重光：《死刑废止论》，有斐阁 1992 年日文版，第 122—123 页。

补受其侵害的权利？死刑是否真的能起到比自由刑更好的预防和威慑作用？

第三，死刑的适用受到远远甚于其他刑罚的严格限制。这种限制表现为，在立法上，死刑法律渊源特定，不为刑法规定的剥夺个人生命的行为纵然是以国家的名义或代表国家实施的也不属于死刑，如战争中的杀人行为；在具体法律规定上对死刑适用条件、适用对象、死刑罪名、死刑规定方式作严格限制；在解释法律时严格限制，不得随意作扩张解释或任意性、模糊性解释，放宽或模糊死刑适用条件。在司法上，死刑的适用有远远严厉于其他刑罚方式的程序，无论是定罪还是执行都要经过多重审查。

（二）死刑制度的历史沿革

一项制度的兴衰流变可以预示其未来趋势，其沿革规律是我们分析其在现实条件下是否具有合理性和必要性的根据，同时，了解其历史也是全面了解一项制度的题中之义。当下，废除死刑的呼声日益高涨，选择适合中国国情的死刑制度是我们必须先行解决的问题，在这里，我们有必要对死刑的兴衰历程进行考察分析。

1. 死刑的起源

在我国，死刑源于何时向来是学界众说纷纭、难以定论的问题。根据有关史料，死刑发源于古帝舜时期的说法较为可信。如《竹书纪年》载"帝舜三年，命皋陶作刑"，《左传·昭公三十年》与之印证，载"夏书曰：昏、墨、贼、杀，皋陶之刑也"，《尚书·舜典》、《能鉴前篇》等相关史料也有类似记载。根据学者的考辨，舜时已有由五种刑罚方法组成的刑罚体系，死刑位列其中，到了奴隶制时期，死刑立法已臻完善。相对地，外国学者对死刑的产生时间极少涉及，一般认为在奴隶制时期建立了比较完备的死刑制度。

需要指出的是，死刑的产生与刑罚的产生是同步的，对于死刑源何而起的询问也就是对刑罚源何而起的考察，对于这个问题中外学者们从不同的角度出发作出了不同的回答：在中国有刑源于天说、刑源于兵说、刑源于定分止争说、刑源于阶级斗争说等，在外国有刑源于神说、刑源于复仇说、刑源于社会秩序需要说、刑源于社会契约说等。① 刑源于天说与刑源于神说在今日看来都是在人类认识能力具有极大局限性的情况下作出的想象，而刑源于定分止争说和刑源于社会秩序需要说更侧重于对死刑正当性而非死刑起源的解释，至于刑源于阶级斗争说和刑源于社会契约说则带有浓厚的政治色彩，其考察的前提只

---

① 胡云腾：《存与废——死刑基本理论研究》，中国检察出版社 2000 年版，第 10—25 页。

是某种结论或假定，① 难以服人。相对而言，刑源于兵说和刑源于复仇说立足事实，更有说服力，系学界主流观点。

一般认为，死刑起源于原始社会同态复仇制度。如《汉书·刑法志》载："杀人者死，伤人者刑，是百王之所同也，未有知其来由者也。"② 原始社会复仇制度经历了血族复仇、血亲复仇、同态复仇几个阶段，并在向作为公共报复手段的刑罚进化中孕育出了死刑这一刑种。原始社会生产力水平低下，共同占有、共同劳动、共同分配的原始共产制成为唯一可能的经济形态，与此相适应，"原始社会没有阶级的划分，也没有与阶级划分相联系的各种政治、经济组织，唯一的社会组织就是原始公社，原始公社经历了漫长的原始群和血缘家庭阶段后，在后期出现了氏族公社"③。氏族是原始社会最基本的组织形式，是原始人以血缘为纽带而形成的亲属集团。血族复仇则是氏族间解决纠纷的原始习惯：本氏族任何一个成员遭受杀、伤被视为是全族的耻辱，全族成员必须为其复仇。这种集体性的战争往往导致整个氏族的毁灭，随着生产力的发展和剩余产品的出现，交换的出现加深了各氏族间的沟通和联系，血族复仇逐渐为以家庭为单位的血亲复仇取代。而家庭全体成员必须为其中一名成员的死伤复仇的习惯又容易演变成家族间世代的仇杀，导致家族的毁灭，为免此后果，血亲复仇逐渐遵循于"以血还血，以牙还牙，以命偿命"的规则，同态复仇应运而生。而后，原始社会末期的三次社会大分工直接导致了私有制、奴隶制和阶级分裂的形成，氏族制度解体，国家形成，法律作为新的社会调控机制登上历史舞台，"杀人偿命"的习惯作为国家解决纠纷的手段被合法化，逐渐演变为刑罚的一种，即死刑。

刑罚发端之时，体系化的刑罚制度尚未形成，立法的缺失和制度的空白导致刑罚适用的无标准、无限制。那时的刑罚只有死刑和肉刑两种，死刑适用范围广，随意性大，且手段残酷。可以说，死刑制度出现伊始，其典型特点是低级的混乱。

2. 死刑的发展和兴盛

奴隶制和封建制时期死刑制度经历了由兴而滥的发展过程。无论是在上古奴隶制时期的中国还是在古埃及、古印度、古巴比伦，甚至在市民法占据法律

---

① 前者是对马克思主义法律本质论的套用，后者建立在社会契约论这一假定基础上。参见胡云腾：《存与废——死刑基本理论研究》，中国检察出版社 2000 年版，第 15 页、第 19 页。

② 《历代刑法志》，群众出版社 1988 年版，第 25 页。

③ 张文显：《法理学》，法律出版社 2004 年版，第 143 页。

主体地位的古希腊和古罗马，死刑制度都已相当完备；到了封建时代，① 中世纪的欧洲和中国历代封建王朝均把死刑作为最重要的刑罚手段之一，其适用范围广泛、手段多样，几乎到了泛滥的程度。

综观兴盛时期的死刑制度，可以看到有以下一些共同特点：

（1）死刑地位居于诸刑之首。无论中外，死刑和肉刑都是古代最主要的刑罚手段，此外还有驱逐、罚金等，其中死刑以其特殊的威慑力和适用的广泛性位于诸刑之首。据考，夏时有"昏、墨、贼、杀"皋陶之刑，周有"墨、劓、刖、宫、辟"奴隶制五刑，并逐渐演变到"笞、杖、徒、流、死"的封建制五刑，死刑始终是中国刑罚体系中的重要组成部分。在西方也是如此，古代奴隶制国家的刑罚大约只有两种，要么奴役，要么处死，而不论所犯何罪。例如《汉谟拉比法典》涉及的犯罪种类有危害法院公正裁判罪、侵犯人身罪、侵犯财产罪和侵犯家庭罪，每一种均可适用死刑，② 而法典中规定的体刑、烙印、罚金、驱逐等刑罚手段明显居于次要地位。到了中世纪的欧洲，严刑峻法更是大行其道，死刑广用滥施，成为阶级统治和强化皇权的工具。

（2）立法上，死刑罪名繁多，方式多样，手段残酷。从数量上讲，死刑罪名繁多。夏商周时没有确切的文字记载，法律上究竟规定了多少死刑已无法确证，但相信"夏刑大辟二百"、"西周杀罪五百"之说并非空穴来风；至汉武帝时修订法律，使律令多达 358 章，大辟多达 409 条，涉及 1882 事，仅"死罪决事比"就有 1332 件。③ 西方奴隶制时期与中国一样，刑罚简单，动辄将人处死；中世纪的欧洲更是变本加厉，直到 18 世纪，英国刑法中可适用死刑的罪名仍有 200 余种。

从行刑方式上讲，古代的死刑可谓五花八门，且其手段之残酷令人发指。据考证，古代中国正式入律的行刑方式有十多种之多，还有众多不曾入律的非法之刑。据《史记·殷本纪》记载，商纣时有炮烙、醢（剁成肉酱）、脯（把人肉煮熟食之）、烹、焚等十余种法内酷刑。进入封建时代后，一些帝王虽进行了限制死刑的努力，但死刑执行方式多样、手段残酷的情况从未得到根本改变，如秦朝有近 20 种死刑，隋朝限制死刑，只剩绞、斩两种，但法外酷刑极多。西方亦然，如古印度的《摩奴法典》中规定了火刑、热油刑、尖棒穿杀

---

① 一般认为，476 年西罗马帝国灭亡后，欧洲进入封建时代，史称中世纪；中国则一般把夏商周三朝归入奴隶制时代。

② 参见张培田：《外国法制史》，人民出版社 2005 年版，第 18—19 页。

③ 参见崔敏："中国历代死刑制度的考察与反思"，载《中国人民公安大学学报》2006 年第 2 期。

刑、溺刑、兽刑等多种死刑方式，中世纪的封建统治者更发明了多种奇巧的死刑执行方式，如火煮、转轮、绞刑、十字架与断头台……有些残暴的君主以杀人为乐，刽子手成了一个特殊的行当，有些犯人为了在行刑时少受痛苦还要贿赂刽子手。

（3）适用上，因人而异，广泛株连。奴隶制社会和封建制社会等级森严，法律的适用往往因人的身份、地位不同而有很大差别。我国历代逐渐形成的完备的"议"、"请"、"减"、"免"制度是宽恕权贵的典型，在中世纪的英国，砍头是对上层罪犯适用的死刑，而绞刑适用于普通罪犯，在荷兰，同是砍头，对有身份地位者用剑，对普通人用斧。

此外，死刑往往不只针对犯罪者本人适用，常株连无辜。如中国自秦律首开先例，定族诛之刑，一人犯罪，同族乃至三族、九族均难以幸免，以后历代均有死罪株连的立法或做法，明朝方孝孺因反对明成祖篡位，被诛灭十族，处死 870 多人。① 西方也有类似规定：古罗马法律规定，如果主人被杀，主人家里的奴隶应处死刑；在法国，路易十四于 1670 年颁布敕令，罪犯的家属甚至所在村社的全体都要被株连而死。②

（4）适用的随意性大，法外用刑现象严重。古罗马皇帝卡里古拉曾说"罗马城里住着的就是一群等待我砍头的人"，这句话充分显示出奴隶制时代死刑适用的随意性，往往由于君王的临时起意或一时气愤处死臣民；在封建社会，君王仍然居于至高无上的地位，帝王的敕令具有最高的法律效力，"君叫臣死，臣不得不死"，一条性命往往系于君王一念之间。

"朕言即法"，法外用刑是封建君主专制下用刑实践的一条共同规律。如宋、元、明朝刑律并无凌迟、剥皮、枭首等酷刑，但宋明两代均适用过凌迟刑，元明曾用剥皮刑等。

3. 死刑的衰落

资产阶级革命废除了君主专制和刑罚擅断的封建帝制，从法律上确立了主权在民和司法独立，各资本主义国家纷纷改革死刑制度。对死刑的限制越来越严格，主要表现在：（1）逐渐减少死刑罪名，如英国于 1823 年颁布成文法废除了 100 余种死罪；（2）采用单一化，更能减少痛苦的执行方式，如枪决、电刑和注射；（3）缩小适用对象范围，如普遍对未成年人和怀孕妇女不适用死刑；（4）限制执行，完善复核和监督机制，根据联合国 1967 年的死刑调查

---

① 转引自邱兴隆等：《刑罚学》，群众出版社 1988 年版，第 20 页。

② 参见胡云腾：《存与废——死刑基本理论研究》，中国检察出版社 2000 年版，第 26 页、第 31 页。

报告，在 1961—1965 年间，在调查所及的国家宣告的 2066 起死刑判决中只有一半被实际执行。①

1764 年意大利刑法学家贝卡利亚在其传世之作《论犯罪与刑罚》中力主废除死刑，引发了 200 多年持续不断的关于死刑存废的争论，并最终导致了当今世界废除死刑的历史潮流。"二战"结束后，饱受严刑峻法之苦的意大利和德国率先废除了死刑（1947 年意大利宪法第 47 条，1949 年德国宪法第 102 条），此后，西欧与北欧各国陆续废除了死刑，1981 年 9 月 30 日，法国议会多数票通过了废除死刑的法律，成为欧洲最后一个废除死刑的国家。根据最新资料显示，到 2001 年年底，完全废除死刑的国家有 75 个，占全部国家的 39%；废除普通犯罪死刑的国家有 14 个，占各国总数的 7%；此外，在法律上仍然保留死刑，但在过去十年内没有执行过死刑，可以视为实际上废除死刑的国家有 34 个，占各国总数的 18%；保留死刑并继续执行死刑的国家和地区有 76 个，占各国总数的 37%。② 此外，众多的国际组织也立场鲜明地主张废除死刑。1989 年联合国通过了废除死刑条约，根据该条约第 1 条，凡在各缔约国管辖范围内者均不予执行死刑，且各缔约国必须在其管辖内采取一切必要的废除死刑的措施；《欧洲人权公约》第六议定书第 1 条也规定"死刑应予废除，任何人不应被判处死刑或被处死"，欧共体坚决主张所有成员国必须废除死刑。

4. 影响死刑制度流变的因素

回溯历史，死刑随着社会的发展和刑罚基本价值理念的改变展现出由兴盛到泛滥，由泛滥到衰落的轨迹。死刑在刑罚体系中的地位随着文明的进步逐渐滑落。"人类社会的刑罚体系，经历了以死刑、肉刑为中心到自由刑为中心，由繁到简，由严酷到和缓的历史转变。"③ 刑罚在其发端时只有死刑和肉刑，死刑适用更频繁也更严厉；人类社会刚进入阶级社会，刑罚体系的典型特征就是以死刑为中心，在封建社会以肉刑为中心的刑罚体系中，死刑的地位仍然举足轻重；及至近代，世界各国的刑罚体系在刑罚人道主义思想的影响下，形成了以自由刑为中心的刑罚体系，死刑在刑罚体系中的地位陡然下降。"二战"结束后，传统刑罚体系的弊端日益显露，严格限制死刑或废除死刑已成为世界性的潮流。

---

① 参见邱兴隆等：《刑罚学》，群众出版社 1988 年版，第 178 页。

② 崔敏："西方国家死刑制度的演变"，载《中国人民公安大学学报》2006 年第 4 期。

③ 陈忠林主编：《刑法（总论）》，中国人民大学出版社 2004 年版，第 291 页。

为了帮助我们认清死刑的发展趋势，选择立足现实并符合当代刑罚理念的死刑制度，我们对影响死刑制度兴衰的因素进行了考察，主要包括以下三个方面。

（1）经济条件是死刑制度沿革的原动力。根据马克思主义法学的观点，法的产生与发展的原动力都是社会基本矛盾即生产力与生产关系、经济基础与上层建筑的矛盾运动和发展。作为刑罚制度组成部分的死刑制度也不例外。首先，生产力的发展使原始社会末期出现了剩余产品，不同氏族为了争夺更多的剩余产品引发了战争，"刑起于兵"，刑罚才可能出现，而由于没有多余的剩余产品养活俘虏，只有将其处死，死刑也才得以萌芽。随着生产力的进一步发展，剩余产品足够保存一些俘虏作为劳动力进行简单生产，这导致了血族复仇和血亲复仇被限制，同时作为公共报复手段的刑罚发端和发展。然而，生产越发展，科技越发达，人在单位时间内创造的财富越多，人比财贵已是不争之论，在生产力落后时代对盗窃或抢劫之类的财产犯罪处以死刑是因为此类侵犯财产的犯罪具有巨大的社会危害性，丢失一个金币就可能导致被盗者全家饿死。相反，如果现在还要以保全财产为由剥夺一个人的生命权恐怕无法服众，死刑罪名减少、适用死刑的条件严格化是历史的必然。其次，科技的发展使文明的死刑执行手段成为可能。枪决、注射等痛苦较少的死刑执行方式只有在枪支、相应药剂等被发明出来后才可能出现。此外，物质决定意识，经济基础决定上层建筑，经济条件从根本上决定着社会的政治形态和思想意识形态，也就间接地对刑罚理念和死刑政策起着决定作用，而刑罚理念和死刑政策对死刑制度的影响是巨大而直接的。如在自由资本主义时期，经济上的等价交换观念渗透到社会各领域，影响了政治法律观念，并最终导致封建社会以威慑为基本理念的刑罚体制向等价刑体制的转换。

（2）政治制度是死刑制度沿革的直接原因。政治与法律向来密不可分，政治制约着法，政治关系的内容和发展变化是影响法的内容和发展变化的重要因素，政治活动的内容和政治体制改革制约法的内容及其发展变化。[①] 纵观历史，我们发现，政治制度直接影响着当时的死刑制度，罪名的多少、方式的多寡、手段的文明程度、适用的平等与否都受政治的影响。政治越开明、越民主，刑罚越宽缓，死刑越少适用。

奴隶制时期施行特权政治，死刑被奉为保护君主专制最有利的手段，被拥有至上权力的君主随意施用，其适用因人的身份等级不同而有差别。封建社会是专制政治的天下，其最大特点是君主独揽大权，社会等级森严，法以保护等

---

① 参见卓泽渊主编：《法学导论》，法律出版社 2003 年版，第 81 页。

级特权镇压民众反抗为己任，刑网的严密繁苛和法律的随意性为死刑的泛滥提供了沃壤。人类进入资本主义社会后，政治上逐渐民主化，民主政治的实质是人人平等地享有和行使权利。相应地，君权和特权消亡，不需要广施死刑保护特权阶级，也不再有人拥有滥用严刑的权威和威慑力，死刑的适用对象锐减，法律的不平等性与随意性的根基被清除。

（3）刑罚理念的更迭是死刑制度沿革的强大助力。人类历史上的刑罚体制随着经济的发展和政治体制的进化也经历了数次更迭，大致有报复、威慑、等价、矫正与折中五种进化形态，死刑在不同的发展阶段表现出不同的特点。①

奴隶制时代以报复的刑罚理念为主导，死刑制度刚由原始氏族同态复仇习惯发端而来，不可避免地保留有浓烈的同态或同害报复色彩。犯罪方式和手段的多样性要求有多样的行刑方式与之对应，如古巴比伦刑法规定，对失火打劫者处以焚刑；古印度法规定，对盗窃武器者处以箭射刑，②此类规定不胜枚举。同时，奴隶制时期蛮荒未脱，人道理念尚未萌芽，残酷的行刑手段似为理所当然。威慑的刑罚理念盛行于封建时代，死刑的创制、发动、分配与执行均以威慑的需要为宗旨。基于刑罚越严厉威慑效果越大的迷信，死刑的残酷和滥觞成为必然。以等价报复与等价威慑为基本理性的等价理念使死刑向人性化方向迈进。19世纪末20世纪初，刑法进入了以教育、矫正犯罪人为基本理性的矫正时代，死刑因不具有进一步改造、矫正犯罪人的功能而被认为不符合刑罚的基本理性，逐渐失宠，废除死刑的国家越来越多，保留死刑的国家一般也对其进行了严格限制。从20世纪60年代末70年代初开始一直到现在，刑罚由以矫正为唯一理性转向以报应、一般预防与个别预防为共同理性，虽然报复、威慑重拾领地，但人道主义的兴起和人权观念的深入人心使得死刑并未东山再起，反而出现了又一次废除死刑的高潮。

可见，刑罚理念是死刑制度沿革的思想基础和巨大助力，人道主义和人权观念的传播则极大地促成了当代死刑的衰落和消亡。

（三）死刑存废之争

在西方，死刑存废之争已经持续了200年之久，死刑保留论和死刑废除论的两派学者从不同方面分析了死刑的价值和存在的必要性与合理性。我国在近年才兴起对死刑存废的争论，争论的焦点在于在现行政治经济条件和法制框架

---

① 参见胡云腾：《存与废——死刑基本理论研究》，中国检察出版社2000年版，第25~45页。

② 参见胡云腾：《死刑通论》，中国政法大学出版社1995年版，第55页。

下，在当今国际大背景下，对于死刑是废除还是保留，保留的话要如何限制？2005 年年初，在"当代刑法与人权保障"全国杰出青年法学家论坛上就湘潭大学法学院院长邱兴隆提出的全面废除死刑的观点，司法部副部长、中国法学会刑法学研究会副会长张军表示：我国当前要重点解决的是改革刑罚制度，设立更多的 20 年、30 年以上的长期刑，以此逐渐减少死刑的适用。由此再次引发了一场关于死刑的讨论。在我国，大多数学者都承认废除死刑是一种必然选择，同时认为我国现阶段不具备废除死刑的条件，保留死刑具备现实合理性，但必须对死刑适用进行严格限制。而保留死刑并加强限制也是我国一贯的刑事政策和刑事司法改革的方向。

1. 死刑存废之争的焦点

死刑存废自 16 世纪以来即为学者所关注，① 18 世纪理性主义、人文主义和人道主义兴起，以贝卡利亚的《论犯罪与刑罚》为代表，学者们从哲学、宗教等各个角度对死刑提出质疑，20 世纪随着国际人权运动的兴起，对死刑存废的争论更是愈演愈烈，死刑存废之争的焦点问题主要有以下几个：

（1）死刑是否达到刑罚的目的。死刑作为刑罚的一种，其存废与否首先要看其是否能够更好地实现刑罚的目的，如果废除死刑比保留死刑更能实现国家创制刑罚的目标，那么死刑也就丧失了其存续的正当性基础。现在，中外学者们对刑罚的目的基本已经达成共识，一般认为刑罚的首要和直接目的是预防犯罪，是指通过威慑与教育，防止社会上有犯罪可能性的人犯罪，而威慑，被认为是刑法的威吓以及刑罚本身最主要的目的。此外还有三个附带目的，一是改造（rehabilitation，又称"复权"、"复归社会"），即要改造犯罪人的人格，为了使其被释放后能够遵纪守法。二是剥夺犯罪能力（也指让他与社会隔绝、禁闭，或者监禁）。三是司法公正，就是努力做到：①惩罚犯罪人，②不惩罚无辜的人，以及③按照罪行的严重程度和犯罪人的可归责性来惩罚犯罪。②

刑罚的威慑功能成为争论的焦点。在此研究的不是刑罚是否具有威慑功能，而是威慑功能在何种情境之下会得到发挥以及发挥到何种程度，具体到死刑问题上来就是，究竟是死刑还是长期监禁具有更显著的威慑效应。保留论者

---

① 英国的托马斯·莫尔最先对死刑的合理性提出了质疑，16 世纪后半期，基于"人的生命是上帝创造的，因而除了上帝任何人无权剥夺"的基督教教义，废除死刑在西方逐渐成为一种主张，但由于只是源于虚无缥缈的宗教信仰，无科学的理论基础和系统的学说，所以一般认为直到 18 世纪中期，死刑废除论才成为一种完整而影响深远的学说。

② ［美］康德拉·欧内斯特·范·登·哈格：《死刑论辩》，方鹏、吕亚萍译，中国政法大学出版社 2006 年版，第 63 页。

通常把死刑具有最大的威慑效应当成一种想当然的结论，简而言之有如下四个论点：①人人皆知人类畏惧死亡甚于畏惧其他任何东西；②因而，用死亡进行威胁是最大的威慑；③虽然长期监禁也有一定的威慑效应，但相对于用死亡进行威胁，差距较大；④因为谋杀是罪大恶极的犯罪，导致了被害人不可回复的生命伤害，因此，国家剥夺谋杀犯的生命以确保对谋杀行为进行最大的威慑，这种做法是正当的。也有学者通过实证分析来证明死刑具有强大的威慑力，"比如美国的伊萨克·埃利克经过调查研究后认为，每处死一名杀人犯，就可以阻止 7 到 8 起杀人案的发生。其后史蒂芬·雷森得出结论，每执行一件死刑，可以减少 8.5 到 28 件杀人犯罪"①。他们断言，虽然没有相应的统计学数据来支持死刑比监禁刑更具威慑效应这一论断，但至今也无人可以证明死刑比长期监禁刑的威慑效应小。主废论者则对用死刑来进行威慑的必要性提出了质疑，他们指出，没有任何证据表明，那些保留死刑甚至大量适用死刑的国家和地区的社会治安，更好于那些废除死刑或很少适用死刑的国家和地区的社会治安，因而没有证据支持死刑比终身监禁具有更大的威慑力。既然死刑不具有更大威慑功能，它也就不具有继续存在的合理根据。另外，以犯罪率作为衡量威慑效用大小的标尺，对社会环境等综合状况大体相似的地区进行实证考察成为很多学者的惯常做法，他们的研究数据显示，不少废除死刑的国家的犯罪率并未上升，未废除死刑的国家犯罪率也不比已经废除死刑的国家低，并以此证明死刑并不像保留论者想象的那样，在对犯罪进行威慑方面当然地比监禁刑更胜一筹。"从横向比较来看，美国保留死刑的伊利诺斯州 1931 年到 1946 年的杀人犯罪率比废除死刑的威斯康星州高出 4 倍；而废除死刑的明尼苏达州与保留死刑的科罗拉多州相比，杀人案件的发生率前者比后者减少 2 倍半。从纵的比较看，在废除死刑的国家，如奥地利、德国、荷兰、比利时、意大利、瑞典、芬兰等，其杀人犯罪率并不因为死刑的废止而突然上升，相反，在有些国家甚至有下降的趋势。例如，联邦德国废除死刑的前一年即 1948 年杀人犯为 427 人，而废除死刑的 1949 年杀人犯人数降至 410 人，其后逐年下降，至 1952 年时只有 309 人犯杀人罪。奥地利先后共五次宣布过死刑的恢复或废止，但杀人犯罪率始终未有过任何重大的改变。"②

在死刑是否比长期监禁具有更大威慑力的问题上，我们认为，任何脱离特定地区和法制环境的抽象判断都有失偏颇。首先，没有一个科学的、确定的标准来对威慑力的大小进行衡量。犯罪率作为衡量刑罚制度对犯罪的威慑效用的

---

① 乔新生："死刑存废之争"，载《百科知识》2005 年第 11 期。
② 任保东："浅析死刑存废之争的焦点"，载《法学研究》2007 年 3 月。

主要标准具有一定的合理性，而且其可以量化，具备比较之可能。但犯罪率的高低并非仅仅由特定的刑罚制度决定，而是受很多其他因素的影响。例如文化传统、经济状况、法治观念等，同样都是保留死刑的国家，犯罪率却有高有低就是体现。无论是我们对同一地区废除死刑前后的犯罪率进行纵向比较，还是对废除死刑和尚未废除死刑地区的犯罪率进行横向比较，实际上都忽略了很多无形的变量，如文化差异、经济状况等，而这些无形的变量通常是不可量化的。所以，以犯罪率的变化作为引证来说明威慑有效性的大小本来就是不严谨的。其次，对废除死刑前后威慑效力的变化的考察存在一个地区差异和时间差的问题。一方面，死刑对于不同的对象会有不同的作用效果。处于不同文化传统和社会背景下的人，基于法治观念、对死刑的认识水平的差别，会对废除死刑产生不同的心理反应，很难笼统地对废除死刑能否在不同地区都产生良好的社会效果妄加定论。另一方面，一项刑罚在变动后，其威慑力的改变要在一段时间后才能表现出来，而这段时间是多长根本无从得知。既然对死刑和长期监禁的威慑力哪个更大的问题没有定论，而且死刑和长期监禁对犯罪都具有一定的威慑力是一个不争的事实，所以，对特定国家或地区而言，死刑的废除或保留，更多的是一种基于自身政治、经济、文化、法制情况所作出的相对合理的选择。

（2）死刑是否人道。"人道主义"一词最初源自拉丁文 Humanistas，本来意思是指一种能够促使个人才能得到最大限度发展的教育制度。现在人们所说的人道主义，是关于人的本质、使命、地位、价值和个性发展的理论。① 它始于欧洲文艺复兴时期（14 世纪末到 16 世纪）的"人文主义"，之后不断发展，出现了 17、18 世纪启蒙时期的人道主义、19 世纪德国哲学形态的人道主义、唯意志主义的人道主义、存在主义的人道主义、马克思主义的人道主义等不同形态，各种形态的人道主义的具体内涵各不相同，但是在对人的重视和关怀这一点上是共同的。② 近代以来存在的各种形态的人道主义，无不把人本身视为最高的价值，而人的生命是人最可宝贵的，是人实现其他价值的前提和基础。因此，尊重人、尊重人的生命，是人道主义的核心。从人本身是最高的价值出发，人道主义有两层含义：一是把人当人看。指在任何情况下，对任何人都应当把他当人来对待，都应当尊重他作为人的尊严、人格和固有的权利，尊重并满足其作为人的正常需要。二是使人成为人，即使人发展和完善。"人本身"有很多缺点，并且人都有要求发展和完善的意愿和天生的权利来消除人

---

① 《中国大百科全书·哲学》，中国大百科全书出版社 1987 年版，第 679 页。

② 参见张文等：《十问死刑》，北京大学出版社 2006 年版，第 55 页。

的缺点，这也是"人本身"固有的属性。人道主义是"把人当人看"和"使人成为人"这两者的有机统一。正如许多人道主义者论述的那样，人道主义是这样一个概念："它强调人本身，强调所有的人和强调完全的人，认为人的职责就是充分地施展自己的那些潜力。"① 另外需要注意的是，人道主义是个体人道与全体人道的统一。② 人生活在社会中，个体有个体利益，社会有整体利益，个体利益与整体利益统一时，把人道主义中的人看做个体或人类全体均可，但当二者利益发生冲突时，就存在一个价值选择的问题。例如，当犯罪发生时，其对社会整体利益造成了侵害，我们是否能够以维护大多数人的人权为由蔑视罪犯的人权，对其采取非人的措施甚至剥夺其生存的权利呢？

从 17、18 世纪以来，在西方，人道主义思想日益勃兴，渗透入哲学、法学、文学、艺术等各个领域以及社会生活的各个方面。在刑事法领域，自刑事古典学派起确立了被称为近代刑法精髓的罪刑法定主义、罪刑等价主义和刑罚人道主义这三大主义起，死刑存废之争始终是在坚持人道主义的背景下进行的。③ 自刑事古典学派后，无论是刑事实证学派还是"二战"后出现的反思古典学派和实证学派综合主义刑法理论，都没有从根本上否定"三大主义"，而是对其进行了改良，其中实证学派④发展和改进了三大主义的内容。对于刑罚人道主义，实证学派的理论更加凸显人的价值、人性等基本的人道观念，只不过他们更加强调对具体的而非抽象的个人的人权保护，他们继承了古典学派反封建刑法的硕果，继续坚持体现刑罚人道主义思想的刑罚应当宽和的刑罚理念。第二次世界大战后至今，在刑法理论上出现了反思古典学派和实证学派的综合主义刑法理论，以法国安塞尔提出的新社会防卫论作为其标志。其基本观

---

① 罗国杰：《人道主义思想论库》，华夏出版社 1993 年版，第 734 页。

② 张文等：《十问死刑》，北京大学出版社 2006 年版，第 57 页。

③ 刑事古典学派是资产阶级最早的一个刑法学派，其代表人物包括贝卡利亚、费尔巴哈、边沁、康德和黑格尔。按照日本学者大谷实的观点，古典学派的理论可分为两种情况：一是基于启蒙思想的刑法理论，高举启蒙思想家"理性主义"、"自由主义"的大旗，在刑罚理论上主张一般预防，被称为"旧派的相对主义"，贝卡利亚、费尔巴哈属于此派；二是基于报应主义的刑法理论，以超个人的民族精神、国家主义为理论基础，在刑罚理论上主张报应刑论，被称为"旧派的绝对主义"。康德和黑格尔属于此派。尽管两者在具体理论上不尽相同，但在基本观点上都主张罪刑法定主义、罪刑等价主义和刑罚人道主义。

④ 刑事实证学派的兴起标志着古典学派后刑法理论的转向。与刑事古典学派相比，刑事实证学派以具体的人而非抽象的人作为其研究的出发点，以实证主义而非理性主义作为其研究的哲学基础，以实证的而非抽象的理性分析作为其研究方法，因而其得出的理论结论也根本不同于古典学派的主张。但其并未否定三大主义，而是进行了改良。

死刑案件法律监督理论与实务

14

点是反对传统的报复性惩罚制度和坚决保护权利，保护人类，提高人类价值，从而建立一个人道主义的刑事政策新体系。从此，人道主义及刑罚人道主义受到刑法学界的空前重视，并以尊重和保障人权作为刑罚人道主义的核心内容。①

对于死刑是否符合人道，主存论者的论据主要有以下两点：一是从死刑的预防功能来看，对犯罪人生命权的剥夺是为了保障其他不特定多数人的生命权免受现实的或可能的侵害，符合正义标准和人道精神；二是基于刑罚报应主义，即善因善报、恶因恶报的理论，认为犯罪是一种恶行，是对被害人权利的侵害，死刑是对犯罪这种恶行进行还报的一种恶害，对杀人、强奸等罪大恶极的犯罪适用死刑是为了平复被害人的情绪，救济其受损害的权利，是人伦道义、公平正义的体现，非此，不足以伸张正义，不足以维护法律公平。在我国，有这样一种说法广为流传——对犯罪分子讲人道，就是对被害人不讲人道。主废论者先旨声明死刑本身欠缺正当性，并且会使规定了死刑的法律和国家蒙上污名。他们认为生命权是最基本的人权，只能自然终结不能剥夺，国家也没有杀人的权力。贝卡利亚在他的《论犯罪与刑罚》中使用了"野蛮化"这样的词语。"法律以死刑来惩罚杀人犯……自身也犯了杀人罪"，由此，法律成了"野蛮的范例"。② 针对主存论者的观点，主废论者有以下论证予以驳斥：首先，就保障其他不特定多数人的生命权免受现实的或可能的侵害而言，死刑并不是必要的，甚至可能是有害的。贝卡利亚认为，"对犯罪最强有力的约束力量不是刑罚的严厉性，而是刑罚的必定性"③。虽然就死刑的特殊预防功能来看，由于其彻底剥夺了罪犯的再犯能力，故而消灭了其侵害其他社会成员的可能性，但是就一般预防来看，死刑作为一种建立暴力的范例，可能会鼓励暴力犯罪，而不是威慑它。因为，"任何暴力的公开展示，都有可能在一定程度上调动我们大多数人有意识或者通常是无意识地保有但大多数人都能控制住的暴力冲动"④。这就给更多人的生命造成了潜在的威胁。其次，死刑不是报应的必要手段。以什么标准来衡量某种刑罚能最大限度地满足报应的需要？有两个认识的角度。从被害人角度看，一般会认为罪犯获得的刑罚越重越能满

---

① 贾义勇："死刑存废的哲学思考"，载《法制与社会》2007年第3期。

② [美]康德拉、欧内斯特·范·登·哈格：《死刑论辩》，方鹏、吕亚萍译，中国政法大学出版社2006年版，第273页。

③ [意]贝卡利亚：《论犯罪与刑罚》，黄风译，中国大百科全书出版社1993年版，第578页。

④ [美]康德拉、欧内斯特·范·登·哈格：《死刑论辩》，方鹏、吕亚萍译，中国政法大学出版社2006年版，第274页。

足报应要求。① 从社会的角度看，罪犯被分配到他的罪行应得的刑罚，就已经满足了社会对他的报应需要。被害人的需要应服从于社会的需要，原因是显而易见的，试想，如果为了满足个别被害人的报复心而在全社会普遍地施以严刑峻法就必然会造成不正义的后果。社会的报应内容本身会随着社会的进步而发展，且报应必须以罪行相当为原则。"杀人偿命"、"杀一儆百"是原始社会同态复仇观念和封建社会严酷刑法的遗留，在人道观念深入人心的今天，死刑有时不但不能满足报应的需要，在人们心中树立法律的权威，反而会使人们对被判处死刑的罪犯产生同情，进而质疑法律的正当性。最后，不能把对犯罪人人道和对被害人人道混为一谈。这是两个不同层面的问题。对犯罪人实行人道，是以对其实施刑罚惩罚为前提，如果国家不惩罚犯罪，那当然是对被害人的基本人权的漠视，是不人道的表现；而对被害人是否人道，则是刑罚的效能问题。

我们认为，死刑虽然不符合人道主义的基本内涵，但并不因此完全丧失存在的必要性和正当性。人道只是以正义为终极追求的法律价值体系中的一个方面，我们不能忽视死刑在实现社会正义上所具有的积极意义。而且，人道更多的是人的心理感受，不同文化背景下的民众对人道的理解差别较大，在我国，可能大多数人并不认为对杀人犯判处死刑是不人道的。

（3）死刑是否符合民意。"民意"，又称"国民意志"，是一种传承已久的集体心智，是特定社会的主流群体对特定公共事务的认识、情感、意志、态度以及价值判断的总称。在现代民主政治社会，民意在重大决策和立法中受到前所未有的重视，甚至有时会成为对社会问题和政治问题的决定性因素。法国启蒙思想家卢梭认为，民意是现代政府存在的基础，是高于形式宪法和法律的"真正的宪法"。②

死刑符合民意，是死刑保留论者的重要论据。当代，外国学者乃至官方机构针对死刑是否符合民意作了大量的民意调查与测验，其结果总是支持保留死刑的占大多数。大多数保留死刑的国家如日本将公众对死刑的支持作为保留死刑的原因之一，即使在已经废除死刑的国家，民意也往往成为死刑保留论者要求恢复死刑的依据。中国是世界上保留死刑民意统计数最高的国家。2002 年的一份抽样调查显示，88％以上的被调查者反对废除死刑；而根据 2003 年的

---

① 日本学者团腾重光将被害人希望罪犯受报应的程度概括为三种：希望报应越重越好、希望罪犯获得他以法律应得的报应、希望罪犯获得比应得的报应还要少的报应。参见 [日] 团腾重光：《死刑废止论》，林辰彦译，商鼎文化出版社 1997 年版，第 10 页。

② 徐忠明：《中外法学》，北京大学出版社 2006 年版，第 175 页。

新浪网的调查显示，约有75.8%的人坚决主张保留死刑，只有约13.6%的人支持废除死刑，尽管此时废除或者严格限制死刑已经成为世界性的潮流。[①] 主存论者把民意作为保留死刑的重要根据，是因为他们认为：一方面，虽然民众不具备法律专业人士的理性，有时甚至是冲动和盲目的，但他们并不缺乏朴素的道德观念；另一方面，法律不能脱离他赖以存在的民众基础，民众对自己不满意的法律不会予以遵守和协助，甚至会阻碍其实施，这样的法律不具备实质意义上的效力，法律要想得到公众的认同、理解、尊重与支持，就必须反映公众的呼声，满足民众的正义感。在我国，人们普遍认为，对犯有重大罪行的人施以死刑，是彰显社会正义的必要手段。

主废论者从以下几个角度对主存论者的论调进行了猛烈抨击：第一，群众的特点决定了以民意为立法依据是极端不理性的。群众往往有两个特征，一是感情强烈，二是具有趋同现象。个人在独处时不易产生的情感和不易付诸实践的行为，在群众中往往被激发出来和被付诸实践。群众的情绪容易被煽动，他们最容易犯的错误就是激昂，而激昂的直接后果是盲目。并且对于特定的事件，人们趋向于在相对立的意见中追随一个固有的或者较强的呼声作出一致的反应，而且他们一旦有了坚决的意见后往往固执己见。毋庸置疑，在我国的文化传统下，杀人偿命已经是固化的正义观念，强调对犯罪嫌疑人、被告人的人权保障难以在群众中引起共鸣。第二，群众心理有一些单个个体没有的缺陷。一来，群众中存在责任分散的现象，因而容易形成不负责任和恃众无恐的群体心理。群众容易收到煽动而变得群情鼎沸失去理性和耐心，民意的形成有时缺乏深思熟虑。二来，民众通常会表现出一种破坏的欲望，美国心理学家奥尔波特曾言："群众乃是怨恨的生物……其愤怒往往是不可理喻的，而对于牺牲品的选择，也是仓促的、不公平的。……设若犯罪的人仍然活着，奉公守法的人民便觉得他们的身家财产是不安的，所以必须把这罪犯处死。"[②] 所以，对于犯罪，民意往往趋向严厉甚至过分严厉，在死刑存废的问题上，民众更容易接受保留死刑的意见就不足为怪了。第三，民意测验本身存在多种不科学性，存在测验的机构是否权威、受测者的范围是否能代表民众等问题，导致其结果可能不能代表真正的民意。第四，在大部分情况下，民众并未被告知废除死刑的理由，对此问题存在偏见和曲解，与民意测验的结果相反，对同一问题有着更深了解和更高远见的学者中，主张废除死刑的人占了绝对多数。第五，从人道

① 李唯："浅析民意与死刑存废的命运"，载《法学研究》2007年第1期。

② 转引自张建伟："法院不能成为群众感觉的'橡皮图章'"，载《南方周末》2008年4月17日。

主义视角来看，人权具有至高地位，国际人权组织大赦国际指出："首先，对人权的尊重永远不能依靠民意。拷打，即使公众支持其在某些情况下使用，也是永远不能允许的。"①

我们认为，抛开理论上是否可以把民意作为立法必须考虑的因素不谈，就我国现实国情来看，民意对立法和判决确实有一定的导向作用。如前段时间由死缓改判死刑立即执行的刘涌案以及由无期改判五年有期徒刑的许霆案，民众的呼声都起到了一定的作用。但将民意作为判决的依据之一有一个可操作性的问题。首先，民意是一个抽象的概念，具体到某一案件中就要进行细化。要考虑多大范围的地区的民意？是县的人民、区的人民还是全国人民的民意？要考虑哪个地区的人民的民意？司法实践中，被害人所在地的群众坚决要求对罪犯处死刑，而罪犯所在地的群众坚决要求宽大处理的情形并非罕见，这个矛盾如何解决？其次，民意本身不易判断。现在学者们往往把民意测验的结果作为判断民意的依据，我们退一步，不去质疑其科学性，单从司法资源有限性出发，在司法实践中，具体到个案上来，在每一起死刑案件宣判前都作一份民意测验是不可能的。这种做法也有违刑事司法的效率原则，还是对法官极端不信任和质疑法官权威的表现，是不可取的。综上，我们认为，在立法时，可以通过进行调研或征询意见等方式，考虑民众的接受度，对法律的相应规定进行调整，故而在我国以保留死刑为宜；但在司法上，即处理具体死刑案件时，应严格依照法律，秉公办理。

（4）死刑是否具有合宪性。宪法至上是当代法治国家通行的基本法治观念，宪法至上意味着，法律的规定必须符合宪法的原则和精神，不得与宪法相违，否则无效。所以，就其规定的基本权利而言，如果相关法律的规定对其有侵害的事实或危险，那么这项规定就是不正当的。当今社会，"人人享有生命权"已成为宪政国家的共识。就我们所能查到的 184 个国家的现行宪法（含不成典宪法）中，共有 153 个国家的宪法以各种方式规定了生命权，高达 83%，将近五分之四的国家将生命权写入宪法表明生命权已成为当今世界上最普遍、最低标准的宪法基本权利。宪法对生命权的保障最基本的要求就是不侵犯以及防止侵犯社会成员的生存权利。以此为依据，主废论者提出，宪政时代，法治国家的宪法均有任何人的生命权不受非法剥夺和不受酷刑的规定，即使没有明确规定，也体现了这样的原则和精神。死刑既是残酷之刑又是对人生命权的漠视，应予废除。主存论者则反驳死刑乃依合法程序，且剥夺的是有严

---

① 转引自［美］康德拉·欧内斯特·范·登·哈格：《死刑论辩》，方鹏、吕亚萍译，中国政法大学出版社 2006 年版，第 284 页。

重罪行的犯罪分子的生命，这是为了保护善良守法的人的生命，并不违宪。

我们认为，对死刑是否违宪的审查必须以宪法的规定为据。考察世界各国的宪法关于生命权保护的相关规定，确实有很多国家的宪法明确规定了废除死刑。主要采取两种模式：一种是"人人享有生命权＋废除死刑"的模式，如1982年葡萄牙宪法第24条规定，"一、人的生命不可侵犯。二、在任何情况下不适用死刑"，1978年西班牙宪法，1999年瑞士宪法等也有类似规定。另一种是"废除或限制死刑"模式，如1996年修订的比利时宪法第18条规定"废除死刑，不得再予以恢复"，1947年意大利宪法，1995年修正的冰岛宪法第69条第2款等十部宪法也遵循此模式。毋庸置疑，在明确规定废除死刑的国家，死刑是违宪的。但是必须看到，大多数国家并未在宪法中命令禁止死刑，而是大多采取了从正面规定"人人享有生命权"、"国家尊重或保护生命"、"人人享有生命权＋不得任意剥夺生命"等模式，这就隐含着一个意思，即如果是出于正当的目的，遵循法定的正当程序，在不得已的情况下剥夺犯罪人的生命是被允许的。不论在实质上废除死刑的国家数量多么庞大，单从是否违宪的角度来分析，我们认为，必须以该国的宪法规定为出发点，结合该国法治理念的文明程度方可作出判断。在我国，死刑的存在是不违宪的，但为了体现宪法"尊重和保护人权"的精神，必须对死刑的适用进行严格限制。

（5）死刑是否符合刑罚效益原则。效益（efficient），原本是经济学上的概念，反映了成本和收益的比例关系。功利主义的代表人物边沁"曾把经济学理论运用于犯罪行为和刑事惩罚方式"[①]，他以"为最大多数人谋取最大量的福利"为目的来分析法律，是现代刑罚效益原则最早的雏形。后来，以美国著名法学家波斯纳为代表的经济分析法学派，把效益的观念引入法学，波斯纳以经济学的方法为切入点，对犯罪的经济根源、犯罪的分类、刑法的经济本质、最佳的刑事制裁等方面进行了深入细致的论述。在死刑问题上，波斯纳指出："由于即使长期徒刑也可能没有将等同于受害人损失的成本加于谋杀犯，这为对谋杀罪判处死刑提出了一种可能的经济合理性。死刑将大约等于其行为成本的成本加于一名已决谋杀犯。"但是，"由于这种刑罚的过于严厉和不可逆转性，错判所导致的成本就非常高，所以在死刑案诉讼中将要投入更大量的资源，但有证据证明，死刑的增量效果是很大的。死刑同时还为边际威慑的考虑所支持"[②]。这种以效益为中心的刑罚理论体系对后世产生了深远影响，效

---

① ［美］波斯纳：《超越法律》，苏力译，中国政法大学出版社2001年版，第501页。
② ［美］波斯纳：《法律的经济分析》，苏力译，中国大百科全书出版社1997年版，第292页。

益原则逐渐成为刑法和刑罚的重要原则。那么什么是刑罚效益原则呢？从目前我国刑法学界关于刑罚效益的内容的探讨来看，主要有这样几种观点：第一种观点认为，刑罚效益从不同角度可划分为不同的种类：从以刑罚适用对于刑罚目的的实现所产生的结果来看，其内容是指预防犯罪；从以所适用的刑罚种类作为标准来看，刑罚效益分为综合效益、同类效益和单种效益。此三种效益都是指刑罚适用在社会范围内所获得的效果，而不仅仅局限于预防犯罪；从以刑罚适用产生的社会效益是否符合刑罚目的为标准，刑罚效益分为良性效益和不良效益。良性效益是指通过刑罚适用获得了符合刑罚目的的客观效果，而不仅仅局限于预防犯罪，而不良效益是指通过刑罚适用出现了违背刑罚目的的客观结果。① 第二种观点认为，刑罚效益由三个部分构成，即正义的实现、威慑效应的产生和公民刑法意识的形成。② 第三种观点认为，构成刑罚效益的内容有二：惩罚和威慑（预防）。该论者认为，国家进行刑罚成本的静态投入和动态适用，其原因就在于追求使罪犯本人受到应有的惩罚和使包括罪犯本人在内的有关潜在的犯罪者受到威慑这两种预期效果的获取。③ 我们认为，刑法效益由以下三个基本要素构成：其一，刑法资源的配置合理、有效。可供国家支配的人力资源和物质资源的有限性决定了国家不可能不计成本地随意投入和使用刑法资源，刑法资源的合理配置和有效运用是取得最佳、最大刑法效益的前提条件；其二，刑法资源的投入最小化。也即刑罚的制定和适用应当做到谦抑适度、宽严相济，刑法资源的投入应控制在足以使刑法效益最大化实现所必需的数量上，避免刑法资源的滥用、无效和过于昂贵；其三，立法者主观上预期的效果和收益最大程度地实现。简而言之，就是以最小的刑法资源为代价，最大程度地实现惩罚犯罪、预防犯罪和保护法益的效果。

主废论者从死刑的不可挽回性出发，提出死刑误判难纠，为避免司法错误造成的死刑误判，必须有比普通程序严格得多的审判、上诉、监督、核准和矫正程序，这些程序需要我们投入巨大的司法资源才能维持。主存论者认为即使承认死刑的经济耗费大，也不足以此为由废除死刑，如黑格尔就认为，"死刑的代价并不是死刑所固有的，而是由法官们所造成的"④。错误判决在其他刑

---

① 参见樊凤林主编：《刑罚通论》，中国政法大学出版社1994年版，第350页。

② 参见周仲飞："效益：市场经济新法的价值目标"，载《江海学刊》1994年第2期。

③ 参见陈正云："论刑罚成本与刑罚效益"，载《法学家》1997年第2期。

④ 转引自胡云腾：《存与废——死刑基本理论研究》，中国检察出版社2000年版，第127页。

事判决中也是难以避免的，纠正错判应依靠严格、正当的程序而不是废除死刑；另外，死刑的执行不像长期监禁一样需要建立监狱等必要的配套设施，也不需要狱警看管教育，其迅速、彻底地抹杀罪犯的生命，一劳永逸地消除了罪犯再次犯罪的可能，比自由刑更符合刑罚效益原则。

综合考虑上述观点，我们认为，死刑能否起到刑罚的功能，达到设置死刑的目的，必须以特定社会的法制体系、法律传统为背景，不能抽象而论；至于死刑是否人道、是否符合民意、是否合宪都必须以特定地域的宪政制度，特定民众的人权理念为衡量的标杆，由此才能确定在某一特定国家死刑应存应废。当然，不可否认的是，从世界范围来讲，人道主义的盛行为死刑的消亡奠定了思想基础，死刑即使可体现刑罚的公正性和效益性，也违反了其首选价值——人道，故而在应然层面上讲，废除死刑是历史的必然。但在实然层面，就我国现实而言，什么样的死刑制度是相对合理而且可行的？对于这个问题必须以死刑的沿革规律为依据，以我国的现实情况为基础，考虑死刑在我国适用的效果方能解答。

2. 在我国走严格限制死刑之路必要且可行

在我国现阶段，无论从政治、经济，还是人文背景来看，废除死刑的条件尚不成熟，既然以刑罚人道性作为价值取向，走理想化的废除死刑之路是不现实的，那么，在不废除死刑的前提下，将其适用严格控制在效益与公正所允许的范围内，便是唯一合理的选择，且从国际环境和我国在国际上的地位与肩负的责任来看，严格限制死刑已是大势所趋。

第一，生产力发展状况和生产关系的性质决定我们应走严格限制死刑之路。首先，我国不具备废除死刑的经济条件。在分析死刑兴衰规律时我们已经指出，随着生产力的发展，保护劳动力的需要促使损毁劳动力的死刑走向衰亡，物质产品越丰富人生命的价值越大，并导致死刑失去其存在的必要性。我国的现状是生产力过剩，失业、下岗与待业者增多，没有废除死刑以保存劳动力的需求，同时，我国还未达到物质财富极大丰富的程度，经济秩序和财产权益与人身权益之间的差距相对较小，因而，刑法中贪污、财产型犯罪等被处以死刑的规定仍为民众接受。其次，我国已具备限制死刑的经济条件。改革开放以来，我国经济迅速发展，并已基本完成向市场经济体制的转轨。我国的经济实力高于很多废除死刑的国家，可以承担严格死刑审判、监督、执行程序以及改造教育犯罪人的支出。最后，经济发展和社会稳定是我国当下的首要任务，而改革开放造成东西方思想的强烈碰撞，混乱状况在各个领域不同程度地存在；转型中的体制漏洞频出，许多人钻体制的空子，严重的经济犯罪时有发生，严重损害国家利益；严厉打击恶性犯罪仍是当务之急，死刑仍是一种必要的手段。

第二，我国的政治状况决定我们应走严格限制死刑之路。社会越民主，死刑越没有用武之地是我们得出的规律，我国正着力建设高度民主、文明的社会主义社会，可以说民主体制已经建立但并不发达。一方面，政治体制民主化程度有待进一步提高，执政党的刑事政策对刑罚制度起指导作用，死刑制度必须符合我国一贯的死刑政策——"保留死刑，少杀慎杀"①。另一方面，司法不独立阻碍废除死刑的历史进程，立法上不够民主，刑事立法过程中专家学者的前瞻性见解往往被否定。最后，我国缺乏言论自由环境的状况有待改善，客观上制约了对死刑的学术探讨。

第三，法制传统的制约。法制的改革不能摒弃传统，现在的政治形态、经济条件和人文观念是过去的延续，我国刑罚制度历经千年，其对我们现在的刑罚体系的影响不容小视。重视死刑的传统使我们不能断然废除死刑，而对死刑进行限制的传统又使我们严格限制死刑具备现实的可能性和必要性。首先，我国有着太过漫长的封建历史，以严刑峻法为特征的刑罚体系持续了上千年，"杀人偿命"已经内化为一种根深蒂固的全民族的正义观念，绝大多数普通民众仍然觉得死刑必须保留，因为死刑是最严厉也是唯一可以惩罚大奸大恶之徒的刑罚。其次，我国有限制死刑的传统，这为我们建立合理的限制死刑的制度奠定了基础。早在大禹之时，就有"明于五刑，以弼五教，期于予治，刑期于无期……与其杀不辜，宁失不经"②的记载，体现了明刑慎杀、罪疑唯轻的思想，后随着儒家思想逐渐成为封建正统思想，"仁政恤刑"观念逐渐渗透到刑罚中，形成了一套限制死刑适用和执行的制度：秦代死刑奏报制度已经萌芽但无明确规定，到南北朝时建立死刑奏报制度，至于隋唐，死刑复核复奏制度已趋于完善，后历经宋元明清，死刑复核制度从未消逝。可以说在我国历史上，从死刑诞生之日起，对其适用的限制就未曾止息。

第四，理论的导向作用。理论是实践的先导，刑罚观念对死刑巨大而直接的影响作用不容置疑。国际上对死刑存废的全面而深入的争论大大加深了我们对死刑的认识，我国刑法学界对死刑的价值已经有了比较正确而全面的认识，对废除死刑是最终的理想和目的这一结论也已基本达成共识。但由于起步较晚，学界对死刑的学术探讨方兴未艾，还没有形成完备的废除死刑的理论，也没有提出可行的建议。相反地，大部分学者建议保留死刑，并对其进行严格限制，并针对我国现实提出了大量改革方案，这为我们修改现行法和在司法中采取必要的举措提供了理论指导。

---

① 贾宇："论我国刑法中的死刑制度及其完善"，载《法学专论》2004年第2期。
② 马克昌：《刑法通论》，武汉大学出版社1999年版，第45页。

第五，国际环境的影响。在理论上，死刑废除论占据压倒性优势，在实践中，大多数国家都已废除死刑或实际未执行死刑，废除死刑已成为时代的潮流，势不可挡。中国作为超级大国，在国际社会中地位越来越高，死刑判决率和执行率高的现象有损大国形象，也经常被有些国家拿来作为质疑我国人权状况的把柄，我们必须迈向废除死刑之路，哪怕一步也好。

综上，严格限制死刑既是我们必须要选择的道路，也是一条可行之路。一般认为，严格限制死刑要从以下几个方面着手：一是立法限制。包括缩小死刑适用的罪名范围、明确死刑适用条件、限制死刑适用对象、提高死刑适用的证据标准。二是司法限制。一方面从程序上严格限制死刑，自 2007 年 1 月 1 日开始，长期下放给高级人民法院的死刑核准权统一收归最高人民法院行使，我国在限制死刑上迈出了一大步；另一方面要严格法律解释：在死刑立法的解释主体、解释程序和解释原则上进行限制，禁止扩张解释、模糊解释和随意解释。① 三是执行限制。包括完善死刑缓期执行制度、加强对死刑执行的监督、完备适用自由刑的硬件设施。而对死刑案件的法律监督则贯穿在立法、司法、执行等整个过程中，是我们严格死刑适用的重要手段。

二、法律监督概述

（一）法律监督的含义

汉语"监督"一词，由"监"、"督"二字组成。"监"有自上临下监视、从旁监察、牢狱俗称几个意思，"督"有观察、督率、正、中央、中间几个意思。监督作为一个词，即监察、察看并督促。② 监督已经成为现代社会的一个重要现象，监督的词义也更加丰富，其含义既包括对某种行为的监视、察看并督促，也包括对权力的检查、约束、制约和控制。

"法律监督"一词，现在学界通说分为广义的法律监督和狭义的法律监督，划分依据主要是监督主体不同，并由此引出监督对象和活动范围的差别。广义的法律监督是指对有关法律的活动进行全面监督，从监督主体来说，除了包括专门机关的监督外，还包括其他国家机关、政党、人民团体、群众组织以及公民个人；监督对象既包括国家的立法活动，也包括执法和司法活动，还包

---

① 参见钊作俊：《死刑限制论》，武汉大学出版社 2001 年版，第 267 页。

② 参见《辞源》（修订本）第 3 册，商务印书馆 1982 年版，第 2190、2216、2191页；《辞海》，上海出版社 1979 年版，第 1688、1667 页；中国社会科学院语言研究所词典编辑室编：《现代汉语词典》，商务印书馆 1985 年版，第 547、548 页。

括国家的国事活动；既包括公民个人的活动，也包括人民的组织，如政党、团体、群众组织的活动。狭义的法律监督是指国家专司法律监督的专职机关实行的监督。在监督对象上偏重于对国家立法机关的立法活动以及行政机关的行政活动实施的监督。当人们将"法律监督"与"党内监督"、"群众监督"等并列时，这里的法律监督是狭义的；当人们在"加强对宪法和法律实施的监督，维护国家法制统一"的意义上讲"法律监督"，或者笼统地将"监督"或"法律监督"的时候，它通常是广义的。

广义的法律监督包括狭义的法律监督和一般监督。狭义的法律监督又称为严格的法律监督，监督主体是由宪法明文规定或由国家认可的特定机关。如由普通法院实行的美国式的司法审查，法国式的由宪法会议对各项组织法、议会两院的规章以及各项法律是否符合宪法所做的裁决，都被认为是典型的、严格的法律监督。这种严格的法律监督具有以下一些显见的特征：第一，最高性。实行严格监督的特定机关本身就具有最高权威的法律地位或政治地位，它们的专属职能与它们在国家和社会的上述地位是一致的。第二，专有性和排他性。这种宪法和法律的专属职能只能由宪法明定或国家认可的机关所特有，其他任何国家机关都不能与之相匹配。也就是说，这种机关的职能不仅是专有的，而且是排他的。第三，强制性。这种严格监督一般都具有最高的法律强制力，其决定或裁定其他国家机关、组织和个人都无权以任何方式拒不执行。① 与严格的法律监督相对应的是一般的法律监督，也就是专职机关以外的国家机关、组织和公民个人对宪法和法律的制定和实施情况进行的监督。这种监督一般没有宪法的明文规定，只是在事实上承认其监督的职责。其监督一般不具备权威性和强制力。

对法律监督含义的界定以及多样的法律监督制度各有所长也各有所短，每一种见解和制度都有其产生、存在的历史和现实的合理性，也都不可避免地在某些方面存在局限。各种制度和见解之间有所交叉不能人为割裂，我们应博采众长、避其所短，构建我国的法律监督理论体系和制度体系。

（二）中国特色的法律监督制度

1. 多层次的监督体系

我国现在业已形成以人大监督为基础，以人民检察院监督为主体，以其他国家机关监督和社会监督为辅助的多层监督机制。

---

① 陈云生："走法治必由之路——论宪法和法律监督的制度化"，载《比较法研究》1997 年第 1 期。

首先，人民代表大会的监督是我国法律监督制度的基础。中国由人民代表大会确立的由人大对一府两院（各级政府、各级人民法院和各级人民检察院）的法律监督制度，自1979年颁布实施新中国首部刑法典、刑事诉讼法典，特别是1982年宪法典颁布实施以后，作为各项法律监督的根本依据，奠定了我国法律监督制度的基础。2007年1月1日施行的《中华人民共和国各级人民代表大会常务委员会监督法》第1条进一步明确了全国人民代表大会常务委员会和县级以上地方各级人民代表大会常务委员会依法行使监督职权的主体资格。第5条规定了人大常委会的监督对象是本级人民政府、人民法院和人民检察院。第6条规定各级人民代表大会常务委员会行使监督职权的情况，应当向本级人民代表大会报告，接受监督。该法明确了人民代表大会常务委员会的监督范围、方式和手段，包括审查和批准决算，听取和审议国民经济和社会发展计划、预算的执行情况报告，听取和审议审计工作报告；法律法规实施情况的检查；规范性文件的备案审查；询问和质询；特定问题调查；撤职案的审议和决定等，使得人大监督具备了切实的可操作性。

其次，人民检察院的监督是我国法律监督制度的主体。现在在我国提起的法律监督一般就是指检察监督。1979年的检察院组织法首次明确了检察院的性质是"法律监督机关"，即"依据国家法律规定的范围、职权、程序，将社会中的违法或者犯罪揭露出来，并提交裁决的国家专门机构"。检察机关法律监督主要表现为两种职能：一是刑事犯罪监督形式，主要指依据刑事法律揭露犯罪，提交审判的追诉职能。其中包括批捕、提起公诉以及对职务犯罪的立案侦查等，监督的对象主要是自然人和法人。二是三大诉讼的监督形式，主要指依据刑事诉讼法、民事诉讼法、行政诉讼法，对特定机关的违法行为提出抗诉或者纠正意见的职能。其中包括侦查监督，审判监督（刑事、民事、行政），监狱劳动改造场所的监督等，监督对象主要是公安机关、法院、国家安全机关、看守所、监狱等。另外从检察权的角度划分也可以认为法律监督包括四大检察权，即批准逮捕、提起公诉、诉讼监督、侦查贪污渎职犯罪案件等各项检察权。除上述两大职能四大检察权外，人民检察院不具有其他职权，也就是说其一切活动都源于法律监督性质。

最后，其他国家机关的监督和社会监督是人大监督和检察机关监督的辅助和补充。其他国家机关的监督主要是指行政机关的监督和审判机关的监督。①

① 按照三权分立的理论，国家机关的监督包括权力机关、行政机关和司法机关的监督。在我国，人民代表大会是权力机关，人大监督是法律监督的基础；而在立法上，从未出现过"司法机关"的字眼，只有作为法律监督机关的人民检察院和作为审判机关的人民法院。

行政机关的监督可以分为四类，即一般行政监督（指行政隶属关系中上级行政机关对下级机关的监督）；专门行政监督（指行政系统内部设立的专门监督机关实施的法律监督，包括行政监察和审计监督两种）；行政复议（指由复议机关根据公民、法人或者其他组织的申请，对被申请的行政机关的具体行政行为进行复查并作出决定的一种活动）；行政监管（指行政机关以法定职权，对相对方遵守法律、法规、规章，执行行政命令、决定的情况进行的监督）。审判机关即人民法院的监督分为人民法院系统内部的监督，人民法院通过刑事案件的审判对人民检察院的监督，以及通过办理行政案件对行政机关及其工作人员进行的监督三类。社会监督，即非国家机关的监督，这种监督具有广泛性和人民性，在我国的法律监督体系上具有重要意义。社会监督包括中国共产党的监督、社会组织的监督①、人民群众的监督和新闻舆论的监督。也有学者认为还包括法律职业即律师和法学家的监督。②

人大监督是我国监督制度的根基，而检察监督则是我国法律监督制度的主体。随着法制改革的深入，对加强检察机关的独立性，强化其监督职能的呼声愈来愈高。至于其他国家机关、组织和公民个人的监督一般不具有专门性和权威性，且监督效果不佳，在监督活动中占的比重不大，故而很多学者在谈到我国法律监督制度时就是指在人民代表大会制度的基础上，人民检察院在宪法和法律授权的范围内，对国家的立法、司法执法活动以及社会成员的守法情况进行监察、督促和引导的活动和体制。

2. 法律监督机关的性质特殊

我国宪法、人民检察院组织法、刑事诉讼法等基本法律明确规定了我国的法律监督机关是人民检察院。不同于美国的普通法院和法国的宪法会议，人民检察院不是单纯的司法机关或一个具有独立地位的监督机关。从性质上讲，由于检察权的双重属性和检察院组织活动的行政化使得关于人民检察院兼具行政机关和司法机关的属性。从地位上讲，人民检察院的独立地位受到一定制约，影响其履行法律监督职能的效力。

首先，检察权具有双重属性，即行政权属性和司法权属性。这已经得到多数国家和学者的认可成为通说。《日本检察讲义》称"检察权一方面有执行法律的机能，本质上属于行政权。但另一方面因公诉权与审判直接关联，从而又具有与审判权同样的司法性质……由于检察官和检察厅是兼有行政和司法两重

---

① 主要指人民政协、民主党派和社会团体的监督。
② 参见沈宗灵主编：《法理学》，北京大学出版社 2000 年版，第 594 页。

性质的机关，所以在组织和机能上也是具有行政、司法两方面的特征"①。我国台湾地区学者林钰雄也说"余非上命下从之行政官，亦非独立自主之法官，余乃处于两者之间，实现客观法意旨并追求真实与正义的司法官署"。② 在我国，检察权除了包括其他国家检察机关普遍具有的公诉权和侦查权外，还包括法律监督权。我国检察权具有双重属性几乎成为通说，大部分学者也赞同根据我国宪法框架和实际情况应将检察机关定位为司法机关。我国检察机关的行政性表现在：（1）上下级检察机关之间以及检察机关内部上下级之间的领导关系。（2）不同于其他国家由检察官指挥、监督司法警察实施侦查，我国检察机关在自侦案件侦查行为的目的性以及严密的组织纪律体现了明显的行政属性。我国检察机关的司法性表现在：（1）根据法律，检察机关独立行使检察权，其在国家体制上与法院平等，是独立的。（2）其监督职能和监督活动有明显的法制守护的性质，在法律形式上具有突出的"法律性"。（3）检察机关的公诉权是具有司法性质的权力。如不起诉决定具有裁断性、终局性、法律适用性等司法特征。

在双重属性之下，大部分学者主张将检察机关作司法机关定位。③ 这样主张的理由主要有以下三点：一是有利于保障检察权行使的独立性。因为在我国行政权仍较为强大的一体化体制下，如果将检察机关隶属于行政机关，那么检察权的独立行使将如痴人说梦。二是将检察机关定位为司法机关更具有职能和体制上的依据，我国检察机关在法律上担当法律监督职能，在体制上脱离行政系统，这种由宪法确立的有别于其他国家的特殊地位使得将检察权定性为相对独立的另一类司法权更为合理。三是强调检察权的司法性并由此强化检察机关的独立性成为世界范围内的普遍趋势。④

我们也赞成将检察机关定位为司法机关，但是，必须指出司法机关与行政机关的分类是建立在三权分立理论的基础上，而我国的政治体制和国家组织形式根本不是以三权分立作为理论基础。根据宪法规定，我国的国家机构主要包括国家权力机关、国家行政机关、军事领导机关、人民法院和人民检察院。立

---

① ［日］法务省刑事局编：《日本检察讲义》，杨磊等译，中国检察出版社1990年版，第18页。

② 转引自龙宗智：《理论反对实践》，法律出版社2003年版，第274页。

③ 陈光中教授曾在最高人民检察院召开的主诉检察官办案责任制试点工作座谈会上发言称，根据我国宪法框架和实际情况，我国检察机关应当定位为司法机关。龙宗智教授在他的"论检察权的性质与检察机关的改革"（载《法学》1999年第10期）中也作此主张，并给出了详尽的理由。

④ 参见龙宗智：《理论反对实践》，法律出版社2003年版，第278页。

法中也未出现司法机关的字眼，而是将人民法院称为"审判机关"，人民检察院称为"法律监督机关"，两者地位平等，各司其职。最后，法律监督权能否有效行使关键在于有没有一套完备的监督机制，在于立法的可操作性和科学性，在于监督权本身包含了多少实质内容，至于名分倒在其次。

3. 法律监督机关的地位具有相对性、有限的独立性特征

为了保障监督的有效性与公正性，保障监督机关及其法律监督活动不被其他干扰因素左右，就必须保持其独立性。在我国，检察机关的法律监督，就广义而言，包括行使检察权的一切活动；就狭义而言，主要是一种以侦查、审判以及执行行为为对象的司法监督。可见，法律监督机关及人民检察院是法制的守护者，其监督行为必须以法律为依据，只服从法律。检察机关独立，从宏观上讲，应指整个检察系统的独立；从微观上讲，应指具体办理有关案件的检察人员独立，其行使监督权的行为不受非法影响和干涉。我国宪法第131条确立了人民检察院依法独立行使检察权的基本原则，人民法院组织法和刑事诉讼法也作了相同规定。

然而，基于宪法和有关法律的规定，人民检察院的独立仅仅是相对的、有限的独立。一方面，人民检察院相对于权力机关是不独立的。根据宪法和组织法，人民检察院由本级人民代表大会产生并对其负责，其从属于国家权力机关，对国家权力机关负责并接受国家权力机关的监督。宪法和法律只肯定了检察院相对于审判机关和行政机关的独立而未将权力机关作为独立行使权力的相对方。另一方面，宪法和有关法律肯定检察机关的独立性，同时检察官法也承认检察官的外部独立性，然而检察官的内部独立性尚未获得法律的确认。诉讼法还是以检察院而非检察官作为诉讼主体，检察官是检察院意志的执行者，其本身在诉讼法上还缺乏独立的地位。

这种"相对独立"的制度在我国的政治、社会结构背景下可以说是一种必然的选择，同时，也是我国法制历史发展的自然结果。首先，我国政权性质和政治体制要求法律监督机关独立且只能相对独立。根据权力制衡的原理，在高度集权的政治体制下，对权力进行制约和监督显得尤为重要。我国行政权和审判权之间的制衡机制缺失，只能依靠人民代表大会对强大的审判权力和行政权力进行监督。作为国家最高权力机关，人民代表大会的运行机制决定了其监督只能是宏观的、最高层次的监督，而审判权和行政权行使的具体性却要求经常性、细化的监督。为了使行政权和司法权在合法轨道上运行，设置专门的独立于审判机关和行政机关的法律监督机关进行监督就势在必行。同时，人民代表大会制度作为我国根本的政治制度是不可动摇的，司法机关必须受人大监督，对人大负责。前面已论述将作为法律监督机关的检察机关在理论上定性为

司法机关为宜。再有，中国共产党是全国人民的领导核心，其在国家政治生活和政权组织中的领导地位在宪法中得以确认，因而，司法机关受执政党的领导。那么在人民代表大会体制下的"一府两院"的分权制衡模式就是符合我国国体和政体的国家监督方略。其次，这种相对独立的监督体制契合中国法制历史的发展。考察法律监督理论的发展史可以看到，从马克思列宁主义、毛泽东思想、邓小平理论到"三个代表"重要思想，关于权力监督与制约的理论是一脉相承的。特别是列宁的"中央检察权"思想可以说是法律监督制度的理论源头。前苏联在此思想的基础上构建了"最高监督"制度，后因其理论缺陷和自身的弊端被历史淘汰。① 我国检察机关在创建初期借鉴了前苏联的一些经验，且在以后的发展过程中，结合我国特点摒弃了那些不符合实际情况的内容。鉴于全社会的监督工作不可能由一个单独的机关来完成，故而我国未采用"最高监督"的方式，而是规定人民检察院"对……行使检察权"②。由此确定了检察机关的性质为"法律监督机关"，并采取双重领导体制，区别于前苏联的垂直领导，主要任务是对犯罪和诉讼进行监督，不同于前苏联的"一般监督"。这些都表明，我国的检察制度走上了一条独具中国特色的发展道路。在检察机关发展成为我国专门的法律监督机关之前，曾先后隶属于行政机关、审判机关，但都不能充分实现其应有的职能作用，可以说，检察机关发展成为独立的、专门的法律监督机关具有历史的必然性，是契合中国法制现实发展的理性选择。最后，按照我国《宪法》和《人民法院组织法》的规定，检察机关是实行"垂直领导、横向监督"的领导体制，即地方各级人民检察院受上级人民检察院和地方各级人民检察院的统一领导，并受同级人民代表大会权力机关的监督。在实践中，这一领导关系一方面体现在业务方面，另一方面体现在人事任免权上，根据《人民检察院组织法》的规定，下级检察院检察长的任免，须报上一级检察院检察长提请该级人大党委会批准。但是，各地检察机关的财权，最高人民检察院和上级人民检察院却未对下级人民检察院统一领导，而由地方各级政府财政部门划拨。

4. 法律监督立法及制度均不完善

（1）法律监督立法还比较粗疏。首先，虽然宪法明确规定了检察机关的性质是法律监督机关，但未厘清人大监督与检察监督之间的关系，没有规定检察监督权的地位和效力，使检察机关法律监督权的概念和效力范围长期处于一种模糊混淆的状态，导致理论界和实务界的纷争，成为长期困扰检察机关有效

---

① 宋军："法律监督理论溯源"，载《人民检察》2006 年 10 月（上）。
② 1954 年宪法第 81 条。

行使法律监督权的"瓶颈"。其次，目前在法律上虽给予了检察机关以总括性的监督职能，但对其实现方式却尚付阙如，缺乏对具体的监督制度和手段的细化规定，使得检察机关在行使监督权时往往有"欲渡无舟楫"之感。最后，现行的法律监督被划入程序法范畴，有关法律监督的立法主要散见于三大诉讼法中，且有关法律监督的法条在三大诉讼法中仅占极小部分，实际上处于三大诉讼法的从属地位。这既削弱了法律监督的权威，又减弱了法律监督的可操作性。此外，2007年颁布施行的各级人大常委会监督法主要是针对人大常委会的监督，明确规定了人大常委会监督的操作程序和规则、范围及手段。这是我国法律监督立法的重大进步。

（2）具体制度设计不完善。现行法律规定的检察机关启动诉讼程序、提出检察建议等法律监督方式大多为事后纠正，而事前防范、事中制约等法律监督的应有之义条文中却很少提及。监督行为的事后性意味着，监督行为只能在违法事由发生后才能实施，而法律监督也遵循及时才能有效的一般规律，监督活动越及时（离违法事由发生越近），监督效果越好。以刑事审判监督为例，刑事审判监督包括实体违法监督和程序违法监督，对刑事审判中的实体违法进行事后监督即庭审后监督，符合诉讼法的基本原理，但对刑事审判中的程序违法也实行事后监督就会削弱甚至消除监督的实际效果。如庭审中发现没有对证明案件事实的证据进行调查核实就作为定案依据，或发现法官违反关于回避的规定等情形还要等庭审结束后再提监督纠正意见，这种意见还有什么功效可言？但现行刑事审判监督的制度规范要求，检察机关对庭审活动的监督纠正意见只能在庭审结束后向法院提出，其弊端是显而易见的。没有根据监督对象的特点采用不同的监督方式，使得检察机关的监督效力大打折扣。

另外，法律规定的监督方式过于单一，特别是民事、行政监督。如根据《民事诉讼法》第187—190条的规定，检察机关监督民事诉讼的方式只有一种，就是对发生法律效力的裁判，发现有本法第179条规定情形之一的，应当提出抗诉。监督方式的单一性导致了法律监督的不全面性，无法进行全面深入的监督。

（3）检察官队伍结构不尽合理，执法水平有待提高。我国虽制定了检察官法，建立了检察官等级制度，但没有真正实现检察官与其他公务人员的科学分类管理。相当一部分检察官实际上不承担检察业务，造成了检察官人数众多而业务骨干不多的现状，检察人员被分散在各个部门，被多种业务牵制，无法集中精力进行检察监督工作。而随着经济和科技的发展，多样化、高智能型、涉外犯罪案件的增多，客观上使检察业务更加复杂，更有难度。一些检察官陈旧的执法观念，循规蹈矩的办案方式，不够充分的法律知识难以适应检察监督工作的需要。

三、死刑案件法律监督的基本内涵

在对死刑案件法律监督的特点和原则进行概括以及对其实体、程序、机制、证据等具体问题进行分析以前，我们必须明确死刑案件法律监督的基本内涵。现代汉语词典对"内涵"的解释是，"反映事物本质属性的总和，也就是概念的内容"①。我们知道，在逻辑学上一个概念包含内涵和外延两方面，内涵是一个概念的中心含义，规定了事物的本质属性，而外延规定了特定概念代表的现象的范围。沃泽尔（Wurzel）用一种略微不同的隐喻将概念比喻成"一张轮廓模糊且愈到边上愈加模糊的照片"②。虽然离开概念的中心时它会变得模糊不清、难于界定，但一个概念的中心含义通常是清楚明确的，所以对某种法律现象的概念加以分析概括在理论上是可能的。而从这个意义上讲，概念就等同于内涵。更重要的是，不仅仅是针对死刑案件法律监督这一法律现象，对其他所有的法律现象进行研究的逻辑前提都是明确该现象的概念。"概念是解决法律问题所必需的和必不可少的工具。没有限定严格的专门概念，我们便不能清楚地和理性地思考法律问题。"③ 第一，概念是辨识和区分社会现实中某一类现象的工具，如果不完成分类这一首要任务，法律制度就不可能创制出任何会得到公认的审判和诉讼方式。我们要研究死刑案件法律监督的相关内容，最基本的就是弄清楚什么是死刑案件法律监督，它的范围以及它与其他法律现象的本质区别是什么。第二，由一个法律制度所确定的概念，主要是用来形构法律规则和法律原则的。例如，"人人享有生命权"这条宪法原则就是围绕"生命权"这一概念展开的。对于死刑案件法律监督的相关原则和规则的研究也必须围绕死刑案件法律监督的概念进行。第三，概念是法律活动的基点。无论是立法还是司法，本质上都是运用法律科学方法进行逻辑推理的过程。概念是理性思维的逻辑起点，概念、推理、判断是逻辑思维的基本形式，其中概念是基本元素。法律活动中的理性思维，包括分析推理、辩证推理等科学方法无一不以概念为原点。检察官在死刑案件中行使法律监督权实质上就是对由概念构成的法律规则和原则的逻辑运用，如果不明白相关概念的意思就不

---

① 《现代汉语词典》，商务印书馆 2002 年版，第 919 页。

② K. G. Wurzel, "Methods of Juridical Thinking", in Since of Legal Method（Boston, 1917），p. 342.

③ ［美］E. 博登海默：《法理学：法哲学与法律方法》，邓正来译，中国政法大学出版社 2004 年版，第 504 页。

能正确理解法律规则和原则，不能正确适用法律。

（一）死刑案件法律监督的概念

死刑案件法律监督，顾名思义，即是对死刑案件进行法律监督。所谓死刑案件，是刑事诉讼中依据被追诉对象是否可能或已经承担被剥夺生命的刑事处罚而对刑事案件进行的一种人为划分，死刑案件与刑事案件具有从属关系。死刑案件法律监督是人民检察院依法对刑事诉讼实行法律监督的组成部分，从属种关系上看，死刑案件法律监督是刑事案件法律监督的种概念，后者又是刑事司法监督的种概念，通过对我国法律监督制度的研究，我们可以把死刑案件法律监督的内涵界定为：为了保障死刑的正确适用，防止死刑冤错案件的发生，人民检察院在宪法和法律授权范围内，对死刑案件进行全面、全程的监察、督促的活动和制度。

这样界定死刑案件法律监督有以下几个优点：

1. 此概念具有综合性

这种综合是一种动静结合，它包含了静态和动态两层意思。"死刑案件法律监督"通常会有两种理解：一是对死刑案件进行的法律监督，这是静态的意思，指称的是一种特殊的法律监督制度，包括相关立法、司法制度及体制等；二是对死刑案件进行法律监督，这是动态的意思，指称的是一种活动，是人民检察院依据相关立法，在现行制度框架下对有关死刑案件的立案、侦查、起诉、审判、执行等全部法律活动进行监督的行为。在我们给出的概念里，落脚点在"活动和制度"，这就囊括了动静两层意思，具有综合性，也更全面更准确。

2. 此概念具有严格性

综合性明确了死刑案件法律监督的性质，严格性则限定了死刑案件法律监督的范围。此概念将死刑案件法律监督的主体和对象的范围进行了严格限制，只有特定主体对特定对象实施的监督行为才是死刑案件法律监督，也只有规范这种监督行为的立法和制度才属于死刑案件法律监督制度。一方面，它将死刑案件法律监督的主体限定为人民检察院，从而排除了党政机关、社会团体和新闻舆论对死刑案件的监督。表明只有人民检察院有权对死刑案件进行监督，其监督具有法律上的权威并受程序上的规制。另一方面，它将监督对象限定为死刑案件，区别于人民检察院对其他刑事案件的监督，死刑案件本身的一些特殊性质决定了死刑案件法律监督的制度和活动都有一些独有的特点。

3. 此概念具有准确性

此概念的准确性在于它体现了死刑案件法律监督的特点。由于某一现象或事物的特点是其不同于其他现象或事物的表现，而概念的基本任务之一就是将大千世界中纷乱的现象和事物划分成不同的种类，概念就是该种现象或事物的代表符号。所以，能够体现特点的概念才能准确界定此现象与彼现象、此事物与彼事物。此概念指出，死刑案件法律监督的主体是人民检察院，体现了监督主体的专门性；监督的对象是死刑案件，体现了监督对象的特殊性；规定"全面、全程"的检察、督促，体现了监督内容的全面性；规定"在宪法和法律的授权范围内"，体现了监督方式的司法性和监督程序的法定性；规定"为了……"体现了监督目的的正当性。

4. 此概念具有明确的目的性

概念中指出，人民检察院对死刑案件进行法律监督的目的是保障死刑的正确适用，维护法律和司法的权威，防止死刑冤假错案的发生，维护犯罪嫌疑人、被告人的合法权益和生命权，维护司法公正。① 毫无疑义，死刑案件的误判一旦发生，就很可能剥夺一个不应判处死刑的人的生命，这种情况对司法公正的损害如此巨大，以至于可能摧毁之前所有建立司法威信的努力。所以明确规定以防止冤假错案为目的，人民检察院在死刑案件法律监督活动中就能贯彻死刑案件法律监督制度存在的最初目的——严格限制死刑的适用。

（二）几个需要明确的问题

1. 死刑案件法律监督的主体

在我国现行体制框架下，死刑案件法律监督的主体只能是人民检察院。

首先，对死刑案件的监督属于个案监督，根据现行立法，人大不能承担个案监督职能。死刑案件是一种具体的刑事案件，刑事诉讼法对死刑案件的处理程序，证据收集、运用与证明标准等具体问题都作出了细致的规定，侦查机关、人民法院等专门机关在办理死刑案件时是否遵循了相关的程序性和实体性规定都需要一个专门机关进行具体的、细化的监督。相对的，人民代表大会主司宏观、概括监督，一方面，人大代表不具备相应的专门的法律知识；另一方面，现阶段我国死刑案件数量仍然比较多，要人大对每一个死刑案件进行监督是不可能的。

其次，社会监督不具有死刑案件法律监督所要求的权威性和严格性。死刑案件是一种重大的刑事案件，一般具有较大的社会影响力。死刑案件的质量关系到犯罪嫌疑人的生命，关系到审判机关的权威，关系到社会的稳定。所以，对于死刑案件，必须有一支专门的司法力量对其立案、侦查、审判、复核以及

---

① 所谓司法公正就是努力做到：1）惩罚犯罪人，2）不惩罚无辜的人，以及3）按照罪行的严重程度和犯罪人的可归责性来惩罚犯罪。（［美］康德拉·欧内斯特·范·登·哈格：《死刑论辩》，方鹏、吕亚萍译，中国政法大学出版社2006年版，第65页）

执行等各个环节进行严格监督，保证正确处理死刑案件。而社会监督，无论是社会团体还是公民个人，既不具有对死刑案件进行监督的条件和资源，其监督在绝大多数情况下也无法对审判结果产生实质性的影响。故而，对死刑案件进行监督的重任只有检察机关可以肩负。

最后，人民检察院作为法定的法律监督机关，具备对死刑案件进行监督的条件。人民检察院依法对侦查机关的侦查活动、人民法院的审判活动和执行机关的执行活动进行监督已经成为我国司法体制的传统，在多年的办案过程中，人民检察院培养了一大批专门的法律人才，积累了丰富的业务经验，这对于正确有效地对死刑案件进行监督是非常重要的，也是民间监督所不能比拟的。同时，人民检察院的监督乃基于宪法授权，具有权威性，能得到公众的认同，这对于保障死刑审判的权威性至关重要。

2. 死刑案件法律监督的对象

死刑案件法律监督作为法律监督的一种，其与其他人民检察院的法律监督活动相比，最根本的区别就在于监督对象的特殊性，即针对死刑案件。而监督程序的严密性、更高程度的审慎性等特点均是根源于死刑案件的特殊性。

那么，如何确定"死刑案件"的范围就很重要了。首先一个可能有的疑问是，死刑案件是否仅仅指最后由人民法院以有效判决宣判死刑的案件？答案是否定的，因为根据刑事诉讼法确立的"未经人民法院依法判决，对任何人不得确定有罪"原则，犯罪嫌疑人、被告人在最后宣判前都存在不被判处死刑的可能，如果仅因最后未判处死刑而否认某一案件为死刑案件是极不合理的。一方面，这会在逻辑上形成悖论：假设一起谋杀案，侦查机关认为应对犯罪嫌疑人判处死刑，并以此进行侦查，移交起诉，控诉机关也以故意杀人罪起诉，要求法院判被告人死刑，法院依法审理，在这一系列过程中，检察院都依死刑案件监督程序对侦查、起诉、审理活动进行了监督，如果因最后未判处被告人死刑，而否认该案是一起死刑案件，那么检察机关之前进行的监督活动就不能称为死刑案件法律监督，但事实上，检察机关确实已经按照法定程序对该案实施了死刑案件法律监督行为。另一方面，这会造成只有在判决后的执行阶段才有可能出现死刑案件法律监督的情况，不利于保障犯罪嫌疑人、被告人的合法权益。死刑案件法律监督有着不同于一般刑事案件监督的特殊性质，如监督的手段更多、力度更大，监督人员也更重视等，这些都有利于及时发现诉讼过程中损害犯罪嫌疑人、被告人合法权益的行为，如果未被确定判处死刑就不成为死刑案件，那么所有的犯罪嫌疑人、被告人在得到确定的死刑判决前都不能享受到这种利益，如果未被判处死刑仍不能享有此利益，也就是说，死刑案件法律监督仅存在于对最终判处死刑的犯罪分子的执行程序中。综上，我们认为，作为法律监督对象的死刑案件，在一审宣判前指的是侦查机关、公诉机关认为可能判处死刑的案件，一审判决后一直到执行程序，指的是已经由一审法院判处死刑的案件而不论有权主体是否提出了上诉和抗诉。一言以蔽之，死刑案件就是刑事诉讼中被追诉对象可能或已经承担被剥夺生命的刑事处罚的案件。

第二个可能存在的疑问是，死刑案件法律监督中的死刑案件是否包括死刑缓期执行（以下简称死缓）的案件？我们的回答是肯定的。首先，从性质上讲，死缓并不是一个刑种，而是我国独创的一种刑罚执行制度，① 它不能规定或影响具体案件的性质。正如我们不能因为一个被判处有期徒刑的罪犯最终获得了假释，而把他所犯的罪案踢出徒刑案件的范围一样。况且，死缓并未消除最终执行死刑的可能性。根据有关司法解释，如果在死刑缓期执行期间故意犯罪，查证属实的，由最高人民法院核准，执行死刑。死缓实际上是一种附条件的不执行死刑但同时又保留执行死刑可能性的制度。对于同时宣告死缓的案件，如果最后执行了死刑就叫做死刑案件、未执行就不叫做死刑案件显然是不合理的。其次，从逻辑上讲，根据《刑法》第48条第1款，死缓只适用于应当判处死刑但不是必须立即执行的犯罪分子，② 而对于一个宣告死缓的案件，在最终判决前，侦控方甚至犯罪人都认为自己是应当被判处死刑的，其之前的诉讼进程也是依照死刑案件的程序进行的，所以，人民检察院也应当把其当做一个死刑案件进行监督。最后，从死缓制度设立的目的上讲，规定死缓制度的出发点，是为了严格控制死刑的执行范围，防止错杀，挽救一切可以挽救的犯罪分子，这与死刑案件法律监督制度的初衷是一致的。两者是从不同的角度和方面对死刑进行限制，应该互相配合而不是互相排斥。同时，监督案件是否有应当宣告死缓而未宣告的情形，也是人民检察院对死刑案件的判决和执行进行法律监督的重要内容。综上所述，宣告死缓的案件当然包括在死刑案件范围内，受人民检察院的监督。

3. 死刑案件法律监督与法律和政策的关系

人民检察院对死刑案件进行监督必须在宪法和法律的授权范围内，符合我

---

① 我国的刑罚体系由主刑和附加刑组成，主刑包括管制、拘役、有期徒刑、无期徒刑、死刑五种，附加刑包括罚金、剥夺政治权利、没收财产、驱逐出境四种，死缓没有位列其中。我国的刑罚执行制度有缓刑、减刑、假释三种，死刑缓期两年执行是我国针对死刑案件独创的一项执行制度。参见陈忠林主编：《刑法学》（上），中国人民大学出版社2004年版，第291—303页、第332页。

② 《刑法》第48条第1款规定："死刑只适用于罪行极其严重的犯罪分子。对于应当判处死刑的犯罪分子，如果不是必须立即执行的，可以判处死刑同时宣告缓期二年执行。"

国的死刑政策。

对死刑案件进行法律监督既是人民检察院的权力也是职责。任何权力都有边界，这个边界就是宪法和法律的规定，我国宪法和法律对人民检察院行使监督权的原则和方式、程序均作了比较全面的规定。超越宪法和法律，越权监督，肆意干涉审判机关的审判活动或无限制地增强对侦查机关的侦查控制都有可能造成放纵犯罪或屈法误断的恶果。同样，任何职责都有底线，这个底线也由宪法和法律给出，置法律规定于不顾，徇私枉法或玩忽职守，不履行或不完全履行监督职责，都有可能导致错判，枉杀人命。

政策对法律存在思想内容上的指导和被指导关系以及规范效力上的约束与被约束关系。前者指"法所体现的思想内容必须以党的基本政策为依据"①，后者指党的政策不能与宪法和法律的规定相冲突，政策的指导作用必须按照法定程序来实现。在我国，政策与法律在根本上是高度一致的，法律的制定，体制制度的构建都必须贯彻相应的政策。在死刑问题上，无论是定罪量刑还是死刑监督，都要贯彻我国现在的刑事政策。近年来，随着构建和谐社会理念的提出和刑事政策的衍进，我国正在迅速形成以"惩办与宽大相结合"作为我国的基本刑事政策，以"严打"为刑事打击政策和以"宽严相济"为具体的刑事司法政策的多层级格局。"严打"侧重于运用侦查措施，揭露和证实刑事犯罪，属于刑事打击政策，决定着打击刑事犯罪的范围和力度；"宽严相济"侧重于运用刑法措施，处理和惩罚刑事犯罪者，属于刑事司法政策，决定着处理刑事犯罪者的法律效果与社会效果。二者之间相互区别，相互联系，是惩办与宽大基本刑事政策两方面内容的具体化。与这样的死刑政策相适应，在立法废除死刑前，在司法实践中严格限制死刑的适用，对死刑进行严格的司法控制便成为题中之义、必然之举。

死刑案件法律监督是对死刑进行司法控制的一种有效方式，是死刑司法控制体制和制度的重要组成部分。人民检察院在针对具体个案履行监督职责时一定要认真贯彻我国的刑事政策。不可否认，由于历史传统和思想观念的阻碍，我们贯彻现行刑事政策还存在一定的困难。例如，由于我国长期以来一直坚持强调对严重治安犯罪的打击态势，容易给人一种错觉，认为我国的刑事政策特别是在惩治重大刑事犯罪方面的政策没有什么变化，导致检察人员害怕在适用死刑方面出现打击不力的局面，在这种观念的支撑下，死刑的法律监督很容易成为一种无处落实的苍白学说。但是，客观地讲，即使立法中死刑罪名较多与死刑数量偏高有一定的联系，但也并非不可逆转，如日本刑法对内乱罪等12

---

① 张文显：《法理学》，法律出版社 2004 年版，第 344 页。

种犯罪规定了死刑，而就能执行死刑的实际适用情况来看，执行死刑的案件却在逐年减少，特别是近些年来，每年执行死刑的人数不过数人而已。总结其有效遏制死刑的经验，就在于从法制的角度确立相关的执法原则和机制，为确保死刑司法控制提供制度保障。可见，如果建立了完善的死刑案件法律监督机制，并在对具体个案的监督中坚持"少杀、慎杀"的刑事政策，那么改善我国死刑案件数量偏多的现状将不再是天方夜谭。

四、死刑案件法律监督的法律依据

在社会主义法治中国，任何法律活动都必须有相应的法律依据，死刑案件法律监督作为一项直接关系公民个人生命权和社会稳定的重要法律活动，其程序和方式更需严格依法进行。在我国现行法律体系框架下，死刑案件法律监督的法律依据有哪些是我们在深入研究相应制度时必须先行解决的问题。我们认为，死刑案件法律监督的"法律依据"是指包含有死刑案件法律监督规范的法律渊源形式，以及各渊源形式中相关的法律规范。

在法学中，法律渊源被定义为"法的效力来源，包括法的创制方式和法律规范的外部表现形式"[①]。"我们通常所说的法的渊源，就是指法定的国家机关制定的不同法律地位或效力的法的一种分类，是法的一种形式。例如，宪法、法律、行政法规、地方性法规、自治条例、单行条例等。"[②] 我国社会主义法的渊源可以归结为以宪法为核心和以制定法为主的法的渊源。宪法是我国社会主义制度的法律基础，是我国社会主义法律渊源的法律根据和合法性标准，在整个国家所有法的渊源中处于核心地位。制定法是长期形成的中华法系的传统，也是我国近现代受大陆法系传统影响较深所形成的我国主要的法的渊源。在当代中国，经国家认可的习惯仅仅在特定场合作为制定法的补充，司法判例不是法的渊源。制定法表现为有权创制法律规范的国家机关制定颁布的各种规范性法律文件，包括部门法典、单行法规等。概括我国当代正式意义上的法律渊源主要有：宪法、法律、行政法规和部门规章、军事法规和军事规章、地方性法规和政府规章、民族自治地方的自治条例和单行条例、特别行政区基本法和法律、经济特区的单行经济法规、经济特区法规和规章、国际条约和国际惯例等。这些法律渊源中只要包含规范死刑案件法律监督的内容均可作为相应法律行为的法律依据。在这些法律渊源中，特区法律渊源仅适用于特别行政

---

① 孙国华、朱景文：《法理学》，中国人民大学出版社 2000 年版，第 260 页。

② 沈宗灵：《法理学》，北京大学出版社 2000 年版，第 342 页。

区或经济特区，我们不做研究，下面仅就大陆适用的可作为死刑案件法律监督法律依据的法律渊源形式及其包含的相应法律规范进行简要介绍。

（一）宪法依据

宪法具有最高性，是我国的根本大法，在我国法的渊源体系中居于首要地位，具有最高的法律效力。宪法作为死刑案件法律监督法律依据主要体现在两个方面，一是对生命权的宣扬和维护；二是死刑案件法律监督机关的授权。

1. 根据 2004 年 3 月 14 日全国人民代表大会第二次会议通过的宪法修正案第 24 条，宪法第 33 条增加一款："国家尊重和保障人权。"至此，我国宪法正式确立了人权保障原则，而生命权作为最基本的人权，宪法对其的宣扬和维护就成为题中应有之义。宪法至上是法治国家的共通观念，宪法的至上性决定了其规定的基本权利约束普通法律及有关国家机关。① 宪法规定基本权利，意味着宪法为有权机关监督和审查基本法律有关基本权利的规定以及有关国家机关保护和限制基本权利的行为是否违反基本权利的规定提供了法律依据。对死刑案件进行法律监督从根本上说是一种限制死刑适用的手段。对死刑进行限制的出发点是对生命权的尊崇和保障，而宪法对生命权加以保障，就从原则和精神上指明了限制死刑适用的大方向，这就决定了，相关基本法必须在程序设计上和实体规定上体现限制死刑的精神，相关国家机关在处理具体案件时必须将限制死刑适用的原则一以贯之。如果人民检察院发现滥用死刑，或在死刑案件审理过程中发现损害犯罪嫌疑人、被告人人权的行为，却不依法行使监督权，不予纠正或制止，就有违宪法的原则和精神，就是失职。

2. 我国宪法授权人民检察院对死刑案件行使法律监督权，主要体现在以下两点：

（1）明确规定了检察机关作为法律监督机关的地位。宪法第 129 条规定："中华人民共和国人民检察院是国家的法律监督机关。"这就在宪法上明确地将法律监督权授予了人民检察院。法律监督权是国家权力的一种，特定国家机关行使国家权力必须有宪法的明确授权。在我国，国家权力属于人民，宪法由人民代表大会代表全体人民行使权力制定通过，是人民权利的宣言书。宪法的

---

① 宪法是最高法的观念来自英国的高级法思想和实践，并由美国人首先在宪法中规定下来。1787 年美国宪法第 6 条第 2 款明确规定："本宪法，依照本宪法制定之合众国法律及经合众国授权已经缔结或将来缔结之条约，均为本国之最高法；且不论任何州宪法或法律内容对之有何抵触，任何州法官均受其约束。"（［美］汉密尔顿、杰伊、麦迪逊：《联邦党人文集》，程逢如等译，商务印书馆 1980 年版，第 392 页）后来越来越多的国家在宪法中确定其最高地位，宪法至上逐渐成为法治的内涵之一。

授权就是人民的授权，代表了人民对特定机关行使国家权力的支持和认可。这不仅使专门国家机关行使国家权力具备了法律上和实质上的正当性，也使其行使国家权力的行为具有权威性，因为相关法律行为一经作出，其在法律上产生的后果只有得到民众的承认才能在实质上对相关人员产生约束力。总而言之，宪法的授权使得人民检察院的监督活动具有正当性和权威性。

（2）明确规定了人民检察院独立行使检察权原则。宪法第131条规定："人民检察院依照法律规定独立行使检察权，不受行政机关、社会团体和个人的干涉。"法律监督权是检察权的一种，检察权独立就内含了法律监督权独立的意思。独立行使检察权原则的确立具有重要意义：一方面，检察权的独立性是其本身行使的公正性和有效性需要的保障条件。在法律监督活动中表现为，法律监督机关是法制的守护者，其监督行为必须以法律为依据，只服从法律。为此，必须保持检察机关及其法律监督活动的独立性，否则就会被监督单位或者其他干扰因素所左右，就会丧失监督的有效性与公正性。另一方面，司法审判权的独立有赖于检察权的独立。体现于法律监督活动中就是，检察权合法地、程序化地介入审判权的行使过程，审判的方式、程序与审判的结果都将受到检察权的监督。也就是说，审判权的运行不可避免地受到检察权强有力的制约，在这种情况下，就广泛的、总体的情况而言，如果没有独立公正的检察活动也就难以产生独立、公正的审判。①

（二）法律依据

这里所说的"法律"，是指法学理论中从狭义上来理解的法律。它包括全国人大制定的基本法律和全国人大常委会制定的法律。这是我国现行法律体系中法律效力仅次于宪法的法律。由于宪法没有规定"基本法律"和"法律"二者之间在法律效力上的差别，因而法学理论上把二者作为我国法律体系中的一个层次，统称为"法律"。死刑案件法律监督所依据的法律主要包括《人民检察院组织法》和《刑事诉讼法》。而法律中有关的法律规范主要涉及两方面的内容，一方面是赋予人民检察院法律监督权，明确其法律监督机关的地位；另一方面是对人民检察院行使监督权的具体方式和手段作出规定。

1. 组织法依据

我国《人民检察院组织法》对检察机关的地位和职能以及履行职能的方式和程序作了详细的规定，是检察权行使的直接法律依据。

其中第1条规定："中华人民共和国人民检察院是国家的法律监督机关。"

---

① 龙宗智："论依法独立行使检察权"，载《中国刑事法杂志》2002年第1期。

这一规定表明检察机关的监督权来源于国家权力机关的授权，是国家权力机关法律监督的延伸，明确了人民检察院作为法律监督机关的性质和地位，在法律上确定了检察院法律监督活动的法定性、权威性和专门性。第 5 条中所规定的各项人民检察院的职权第 3 项规定："对于公安机关侦查的案件，进行审查，决定是否逮捕、起诉或者免予起诉；对于公安机关的侦查活动是否合法，实行监督。"第 4 项规定："对于刑事案件提起公诉，支持公诉；对于人民法院的审判活动是否合法，实行监督。"第 5 项规定："对于刑事案件判决、裁定的执行和监狱、看守所、劳动改造机关的活动是否合法，实行监督。"这 3 项规定明确了人民检察院对案件的监督范围在时间上跨越了从立案到执行的各个阶段，既有侦查监督、审判监督也有执行监督，具有全程性；同时，也给出了人民检察院进行监督的几种方式。如对侦查机关的侦查监督可以采取审查批捕、审查起诉的方式；此外，结合《刑事诉讼法》第三编审判、第四编执行的相关规定可以明确审判监督和执行监督的范围和方式。第 9 条规定的"人民检察院依照法律规定独立行使检察权，不受其他行政机关、团体和个人的干涉"，是宪法确立的人民检察院独立行使检察权原则在组织法上的体现。组织法第二章规定了人民检察院行使职权的具体程序，这些具体程序的规定使人民检察院对死刑案件的监督可以落到实处，为具体案件的操作提供了依据。如第 13 条第 1 款规定："人民检察院对于公安机关要求起诉的案件，应当进行审查，决定起诉、免予起诉或者不起诉。对于主要犯罪事实不清、证据不足的，可以退回公安机关补充侦查。"第 2 款规定："人民检察院发现公安机关的侦查活动有违法情况时，应当通知公安机关予以纠正。"据此，对于公安机关侦查的可能判处死刑的案件，人民检察院如果认为事实不清、证据不足，可以退回补充侦查，还可以通过直接派员参与重大案件的讨论等方式监督和纠正公安机关办案过程中的违法情况，保证死刑案件质量，贯彻少杀、慎杀的刑事政策。又如根据第 17 条、第 18 条的规定，人民检察院可以通过提出抗诉启动二审或再审程序的方式对审判进行监督，根据第 15 条的规定，公诉人在庭审过程中也享有监督审判活动是否合法的权力。在执行监督上，根据第 19 条的规定，人民检察院发现刑事判决、裁定的执行有违法情况时，应当通知执行机关予以纠正。人民检察院发现监狱、看守所、劳动改造机关的活动有违法情况时，应当通知主管机关予以纠正。

另外，《人民检察院组织法》关于人民检察院机构设置和人员任免的相关规定，也为人民检察院独立行使检察监督权、保持检察人员的独立性提供了保障。当然，不能忽略的是，现行组织法还存在一些不足，导致了实务中的一些困难。如检察长由人大任免以及检察系统的双重领导体制造成了检察机关对权力机关的依附，这就使检察人员在具体案件中履行监督职责时可能受到上层权力的干扰，影响公正执法，这对我们公正严格地适用死刑是不利的。

2. 诉讼法依据

在《刑事诉讼法》总则部分明确了检察机关对刑事诉讼活动的法律监督权力，从原则上设立了刑事诉讼活动的监督制约机制。由第8条"人民检察院依法对刑事诉讼实行法律监督"的规定可见，法律监督是中国检察制度的根本性质和理论基础。同时，第5条确立了人民检察院依法独立行使检察权的原则。需要指出的是，刑事诉讼法第7条确立了人民法院、人民检察院、公安机关分工负责，互相配合，互相制约的原则。这实际上是对侦、诉、审三机关关系的界定，在这条原则里，检察院的角色不是一个超然于外的监督者而是刑事诉讼三角结构的一方，即追诉方，而且仅是追诉方里的公诉人。毫无疑问，不实行相互制约，权力势必滥用，如果只进行制约也不利于打击犯罪，因为在国家机关相互制约的状态下，经常可能因纠正失误而放纵罪犯。以制约为主、配合为辅的作用方式是理想的作用关系，但这种关系使人民检察院和侦查机关、审判机关有了一种天然的亲近感，业务的合作造成了各机关人员的频繁往来，这就容易形成关系网，在实践中，公、检、法三机关也确实在多年的办案过程中形成了不少裙带关系；而我国长期以来严厉打击刑事犯罪的传统也凸显了人民检察院的追诉职能，使其监督职能相对弱化。这些都成为人民检察院转换角色行使监督权的阻碍。故而，人民检察院在履行监督职责，对具体死刑案件的侦查、审判、执行进行监督时，必须摆脱追诉者的角色，把自己放在第三方立场上，独立行使监督权。

在《刑事诉讼法》的分则部分，对刑事诉讼的不同阶段均规定了人民检察院的监督职责，且一般都规定了监督的方式和大体程序。如第76条规定，"人民检察院在审查批捕逮捕工作中，如果发现公安机关的侦查活动有违法情况，应当通知公安机关予以纠正，公安机关应当将纠正情况通知人民检察院"；第169条规定，"人民检察院发现人民法院审理案件违反法律规定的诉讼程序，有权向人民法院提出纠正意见"；第188条规定，"人民检察院提出抗诉的案件或者第二审人民法院开庭审理的公诉案件，同级人民检察院都应当派员出庭"；等等。这些规定表明，检察机关作为法律监督机关，有权也有责任参与全部刑事诉讼活动，并对其是否合法实行监督。死刑案件作为重案要案，更需要检察机关的全程参与和监督，而刑事诉讼法中关于检察监督方式和程序的具体规定更是为人民检察院监督死刑案件提供了直接的法律依据。

3. 实体法依据

刑法的规定既是人民法院依据事实定罪量刑的依据，又是人民检察院对人民法院的判决是否正确进行监督的准绳。一个正确的死刑判决既要做到整个死刑案件的司法程序正当合法，又要做到在实体上具备判处死刑的充分条件，即符合本国现行刑法的规定，所以，人民检察院对死刑案件的法律监督既涉及死刑判决的程序合法又包括实体事实的认定正确。我国《刑法》中作了限制死刑的规定，包括死刑适用范围的限制、死刑适用对象的限制、死刑实际执行的限制、死刑判决程序的限制、死刑执行方法的限制等，① 这些都是人民检察院对死刑判决进行监督的具体内容。

实体法中限制死刑的内容主要包括：（1）对死刑适用条件进行限制。《刑法》第 48 条第 1 款中规定："死刑只适用于罪行极其严重的犯罪分子。"（2）第49 条对死刑的适用对象进行了限制性规定："犯罪的时候不满十八周岁的人和审判的时候怀孕的妇女，不适用死刑。"（3）在刑种上对死刑加以限制。（4）我国刑法分则规定各种犯罪的刑罚时，死刑是作为选择刑来规定的，死刑只是作为可供选择的刑种之一，而非绝对确定的法定刑。（5）在适用程序上加以限制。《刑法》第 48 条第 2 款规定："死刑除依法由最高人民法院判决的以外，都应当报请最高人民法院核准。"（6）在执行制度上加以限制。第 48 条第 1 款中规定："对于应当判处死刑的犯罪分子，如果不是必须立即执行的，可以判处死刑同时宣告缓期二年执行。"人民检察院在对具体死刑案件进行监督的过程中，如发现死刑判决不符合死刑的适用条件和对象的，发现对不必立即执行的未适用死缓的，可以适用其他刑种却适用了死刑的，以及其他违反刑法规定的对死刑适用的限制性规定的情形时，均应依刑事诉讼法规定的程序向人民法院提出纠正意见。

（三）相关法律解释依据

法律解释根据效力的不同可分为正式解释和非正式解释，其中正式解释才是我国法律渊源体系的组成部分。根据解释主体的不同，正式解释又分为司法解释、行政解释和立法解释，我们研究死刑案件法律监督的法律依据主要涉及的是最高人民法院和最高人民检察院就相关问题发布的司法解释，以及最高人民法院、最高人民检察院联合公安部、国家安全部、司法部等作出的联合解释。这些解释作为我国刑事司法活动的法律依据并非基于宪法授权而是一个既定事实，是我国长期以来形成的刑事司法传统。理论界对司法解释主体的解释权和司法解释的法律效力质疑颇多，但这不是我们关注的问题。我们只是立足

---

① 陈兴良：《刑法哲学》（修订本），中国政法大学出版社 1997 年版，第 375—377 页。

于现实状况，为死刑案件法律监督寻找能够为公众所认可的法律依据，而司法解释的权威性在我国当下的司法体制中是不容置疑的。与制定法相比，法律解释具有灵活性和可操作性，可作为指导个案监督工作的指南，同时，法律解释对制定法起补充作用，在制定法出现空白时，可以依据相关法律解释进行法律监督工作。这些规范性文件对办理死刑案件中的操作规范进一步予以了强调。

多年来，最高人民法院和最高人民检察院出台了大量的司法解释，这里不可能将有关死刑案件法律监督的有关解释和法律规范一一罗列，仅选取其中几个比较重要的司法解释予以介绍。包括《最高人民法院、最高人民检察院关于死刑第二审案件开庭审理若干问题的规定（试行）》（2006年9月25日起施行），《最高人民法院关于复核死刑案件若干问题的规定》（2007年2月28日起施行），1999年《人民检察院刑事诉讼规则》，1998年《最高人民法院关于执行〈中华人民共和国刑事诉讼法〉若干问题的解释》，《人民检察院复查刑事申诉案件规定》（1998年6月16日公布施行）。此外，最高人民法院、最高人民检察院还联合有关行政部门或司法部门发布了一些规定和解释，严格说来，这些规定和解释并不属于司法解释，也不属于行政解释或部门规章，但它们作为执法依据的法律效力并不受其性质的影响，人民检察院在对死刑案件进行监督时可以其为法律依据。例如，最高人民法院、最高人民检察院、公安部、司法部《关于进一步严格依法办案确保办理死刑案件质量的意见》（2007年3月9日发布）等，这些规范性文件主要侧重于细化死刑案件法律监督工作中的具体操作规范。

这些解释主要在两种情况下适用，一是当法律没有明确规定时，可作为制定法的补充被援引为死刑法律监督的法律依据。例如，我国《刑事诉讼法》中没有具体规定行使二审庭审中检察人员的职责，于是《人民检察院刑事诉讼规则》补充到："检察人员出席第二审法庭的任务是：'（一）支持抗诉或者听取上诉人的上诉意见，对原审法院作出的错误判决或者裁定提出纠正意见；（二）维护原审人民法院正确的判决或者裁定，反驳无理上诉，建议法庭维持原判；（三）维护诉讼参与人的合法权利；（四）对法庭审理案件有无违反法律规定的诉讼程序的情况记明笔录；（五）依法从事其他诉讼活动。'"此解释细化了检察机关对法律实施的检察监督、抗诉和作为控方出庭参加二审庭审等功能性权力，使人民检察院对死刑案件在二审程序中的监督有章可循，有法可依。二是对法律中规定的监督方式和程序作细化规定，使死刑案件法律监督具备可操作性。如最高人民法院、最高人民检察院《关于死刑第二审案件开庭审理若干问题的规定（试行）》第18条规定："在第二审程序中，出席法庭的检察人员发现法庭审判活动违反法律规定的诉讼程序，休庭后由人民检察院向人民法院提出纠正意见。"明确了二审中检察院的监督同一审中一样是一种事后监督和集体监督，监督方式是提出纠正意见，程序是休庭后由出庭的检察员向检察院汇报，认为确有错误的再以检察院的名义向法院提出纠正意见。可以说，这些细致而全面的解释囊括了死刑案件的整个处理程序，涉及方方面面，且不论其具体规定合理与否，这些解释都为人民检察院监督死刑案件提供了最直接的法律依据。

需要注意的是，根据法律效力的相关原则，对于同一机关针对同一问题先后发布的法律解释如有冲突，以后发布的法律解释的规定为准。

（四）地方规范性文件

这里的地方规范性文件是指，一些省级公安、司法机关结合本地具体情况，贯彻最新死刑政策，在宪法和法律的范围内，针对死刑案件法律监督制定的一些具体的规章和规范。根据宪法和立法法，只有地方国家权力机关及其常设机关制定的地方性法规和规章才属于正式的法律渊源，但不能否认，在司法实务中，各机关制定的相关规则对于其管辖范围内的案件具有约束力。加之这些规则多是结合本辖区的具体情况，具有很强的针对性，且一般较为具体细致，相对于《刑事诉讼法》和司法解释具有更强的可操作性，故而，在不违背法律和刑事政策的前提下，我们应承认这些规范性文件的效力。

在加强对死刑的司法控制和强化人民检察院监督职能成为刑事司法改革主流的今天，各省相关部门都陆续出台了很多关于办理死刑案件的地方性规范文件，用以指导本地区死刑案件的审判和监督工作。以重庆市为例，2006 年，仅仅针对死刑二审案件法律监督工作就先后出台了《重庆市高级人民法院、重庆市人民检察院死刑案件二审开庭审理工作座谈会会议纪要》、《重庆市高级人民法院、重庆市人民检察院、重庆市公安局、重庆市司法局关于做好死刑案件二审案件开庭审理相关工作的意见》两份重要文件。

（五）国际条约和国际惯例

国际条约是指我国同外国缔结的双边和多边条约、协定和其他具有条约性质的文件。国际条约对签约国具有约束力，因而凡是我国政府签订的国际条约，也属于我国法的渊源之一。而国际惯例在我国的法律渊源中是一种适用面极小但仍然存在的形式，仅在《民法通则》第 142 条和第 150 条有相关规定。目前，在死刑案件法律监督问题上并没有相关的国际惯例。

在刑事司法工作以及死刑案件法律监督中，国际条约更多的是起到一种指引作用，不能作为直接的法律依据予以援用，其原则和精神只有经过我国法律的认可才能成为我国刑事司法工作的依据，但是随着国际间交流的日益频繁和广泛，国际条约的约束力也日益彰显。我国签署的国际条约中的相关规定直接影响着我国法制改革的方向。我国已经签署或批准的与死刑案件法律监督有关的国际条约主要有：

1. 《公民权利和政治权利国际公约》（the International Convenant on Civil and Political Rights）

该公约于 1948 年 12 月 10 日由联合国大会第 217A（Ⅲ）号决议通过，我国于 1998 年 10 月 5 日签署该公约。公约第一次在世界范围内以法律的形式规定了生命权以及明确规定各国应严格限制死刑适用。其第 6 条规定："一、人人固有生命权，这个权利应受法律保护，不得任意剥夺任何人的生命。二、在未废除死刑的国家，判处死刑只能是作为对最严重的罪行的惩罚，判处应按照犯罪时有效并且不违反本公约规定和防止及惩治灭绝种族罪公约的法律。这种刑罚，非经合格法庭最后判决，不得执行。三、兹了解：在剥夺生命构成灭种罪时，本条中的任何部分并不准许本公约的任何缔约国以任何方式克减它在防治及惩治灭绝种族罪公约的规定下所承担的任何义务。四、任何被判处死刑的人应有权要求赦免及减刑。对一切判处死刑的案件均得给予大赦、特赦或减刑。五、对十八岁以下的人所犯的罪，不得判处死刑，对孕妇不得执行死刑。六、本公约的任何缔约国不得援引本条的任何部分来推迟或阻止死刑的废除。"① 该公约对死刑所持的态度使我国在无法废除死刑的现状下，必须选择对死刑进行严格限制。死刑案件法律监督作为重要的死刑司法控制手段也就获得了国际法的依据。

2. 《禁止酷刑和其他残忍、不人道或有辱人格的待遇或处罚公约》

1988 年 10 月 4 日批准的《禁止酷刑和其他残忍、不人道或有辱人格的待遇或处罚公约》，虽然该公约第 1 条第 1 款的规定明确地把死刑排除在酷刑之外，② 禁止酷刑并非要禁止死刑，但死刑作为剥夺犯罪人生命的一种惩罚方式与国际人权保护的宗旨不一致，特别是死刑的不当适用和滥用，容易构成对人权的危害，因此严格限制死刑的适用和严格控制死刑的适用程序是非常必要

---

① 北京大学法学院人权研究中心编：《国际人权文件选编》，北京大学出版社 2002 年版，第 18 页。

② 该公约第 1 条第 1 款规定："'酷刑'是指为了向某人或第三者取得情报或供状，为了他或第三者所做或涉嫌的行为对他加以处罚，或为了威吓或威胁他或第三者，或为了基于任何一种歧视的任何理由，蓄意使某人在肉体或精神上遭受剧烈疼痛或痛苦的任何行为，而这种疼痛或痛苦是由公职人员或以官方身份行使职权的其他人所造成或在其唆使、同意或默许下造成的。纯因法律制裁而引起或法律制裁所固有或附带的疼痛或痛苦不包括在内。"参见赵秉志主编：《酷刑遏制论》，中国人民公安大学出版社 2003 年版，第 536 页。

的。退一步讲，即便是对于罪行极其严重的犯罪分子依法适用死刑，在死刑适用过程中，依然存在着一个人权保护的问题：包括对被判处死刑的犯罪分子，其合法权利应当受到保护；对其执行前不得施以酷刑；其人格尊严应当受到尊重；执行死刑的方式必须人道等内容。① 这些保障措施在公约中均有相关条文予以明确，这就为检察机关对侦查、审判、执行过程中相应国家机关及其工作人员是否有违反法定程序，侵犯犯罪嫌疑人、被告人和罪犯人身权的行为进行监督和纠正提供了国际法依据。

3. 《世界人权宣言》

该宣言第 3 条规定"人人享有生命、自由和人身安全"；第 5 条规定"任何人不得加以酷刑，或施以残忍的、不人道的或侮辱性的待遇或刑罚"。联合国 1984 年 5 月 25 日批准了《关于保护死刑犯权利的保障措施》，共 9 条，对判处死刑的罪行、对象和证据依据进行了严格限制，明确了对死刑犯进行救济的方式，包括上诉、赦免和减刑。联合国大会 1989 年 12 月 15 日第 44/128 号决议又通过了《旨在废除死刑的公民权利和政治权利国际公约第二项任择议定书》。该议定书强调"废除死刑的所有措施应被视为是在享受生命权方面的进步"，其第 1 条明确规定："1. 在本议定书缔约国管辖范围内，任何人不得被处死刑。2. 每一缔约国应采取必要措施在其管辖范围内废除死刑。"并在第 2 条规定："1. 本议定书不接受任何保留，唯在批准和加入时可提出这样一项保留，即规定在战时可对在战时犯下最严重军事性罪行被判罪的人适用死刑。……"② 这些公约和条约的规定虽不能为我国国内法直接援引也不具有强制约束力，但其中确立的人道主义和人权观念，以及一些国际通行的做法已对我国死刑立法产生了重大影响，为我国严格死刑适用，完善死刑案件法律监督立法和制度提供了参考和导向。

---

① 参见赵秉志主编：《酷刑遏制论》，中国人民公安大学出版社 2003 年版，第 376—377 页。

② 北京大学法学院人权研究中心编：《国际人权文件选编》，北京大学出版社 2002 年版，第 35 页。

第二章
死刑案件法律监督的价值分析

　　检察机关作为我国法律监督机关，在司法工作中扮演着重要的角色。近年来，检察机关在改革和完善对诉讼活动的法律监督制度方面进行了积极的探索，以切实达到维护司法公正、惩罚犯罪、保障人权之目的。在最高人民法院统一行使死刑案件核准权的情况下，立法与实践又对人民检察院的工作提出了新的、更高的要求。其中检察机关对死刑案件法律监督是检察工作适应新的形势和任务，更好地服务于党和国家工作大局的必然要求，也是贯彻和落实检察工作的重要主题和要求，是更好地履行法律监督职责，维护公平正义的具体体现。因此，检察机关对死刑案件的法律监督具有非常重大的价值和意义。死刑案件由于其刑罚的极端严厉性和诉讼程序的相对复杂性，要求检察机关切实加强法律监督。检察机关对死刑案件的法律监督是保证死刑案件质量，正确打击犯罪以及维护国家法制统一的重要举措；同时加强检察机关对死刑案件的法律监督有利于尊重和保障人权，是宪法精神的重要体现；有利于从实体上和程序上保障死刑裁判的公正；也是构建和谐社会，落实"以人为本"法治精神的重要体现。具体而言，我们认为，检察机关加强死刑案件法律监督主要具有以下价值。

一、保证案件质量
　　案件质量，即办案工作的优劣程度，是检察机关的办案工作满足法律和社会等方面要求的能力和特性的总和，是法律效果与社会效果的有机统一。案件质量的形成是一系列执法行为和管理过程累计的结果。因此，检察工作要在服务大局中实现自身的发展，就必须加强办案工作，加大办案力度，牢固树立起"案件质量是检察工作的生命线"的观念，力争做到"使办理的每一起死刑案件都经得起历史的考验"，切实提高检察办案质量，实现社会公平正义。

（一）提高案件质量的意义和要求

案件质量是案件的生命。首先，高质量的案件体现了打击犯罪的方向。要做到打击正确，打击适当，必须高质量地查办案件，才能实现打击犯罪的使命。其次，案件质量集中体现了办案效果、经济效果和社会效果。最后，从一定程度上讲，案件质量代表了执法机关的素质，代表了执法机关的形象。高质量的案件有力地震慑了犯罪，提高了执法机关在社会上的威信。相反，如果质量不高，犯罪嫌疑人没有得到应有的惩处，不但不利于打击犯罪，降低了执法机关的威信，浪费了司法资源，还可能会造成冤假错案，不利于人权的保障。因此，一方面，提高案件质量对于规范执法行为，促进执法公正具有重要的价值。案件质量不高是影响公正执法的重要原因。加大力度规范执法行为，提高案件质量，是确保公正执法的重要措施。另一方面，提高案件质量还有利于平衡打击犯罪和保障人权的力度。刑事诉讼法以打击犯罪和保障人权为根本的目标和任务，案件质量的提高要求打击力度和保护力度均衡，实体和程序并重。具体操作过程中，提高案件质量对于打击犯罪、保障人权以及公正执法都具有重要意义。

最高人民检察院强调"加大工作力度，提高执法水平和办案质量"是对检察机关提高案件质量的总体要求。各级检察机关在加大执法办案力度的同时，要高度重视和确保办案质量，切实把提高执法水平和办案质量放到突出位置来抓，力争取得新的明显成效。具体体现在：

1. 走出执法观念误区，牢固树立社会主义法治理念，提高司法水平

惩罚犯罪与保障人权双重目的的对立，要求立法机关和司法机关本着利益权衡的原则进行极为慎重的政策选择，虽然任何选择的结果都不可避免地要付出不愉快的代价，但这是现实社会的必然要求。① 尽管我国刑事诉讼立法和刑事政策以及诉讼实践基本坚持了惩罚犯罪与保障人权相统一的目的观，但由于历史和社会的原因，重打击、轻保护，重实体、轻程序，重数量、轻质量的思想在一定程度上还在检察人员头脑中存在，而实体公正和程序公正并重的现代

---

① 徐静村主编：《刑事诉讼法学》（上），法律出版社 2004 年版，第 61 页。

司法理念尚未得到根本的确认。季卫东曾经指出："重实体、轻程序"问题在考虑法制建设的时候，中国的法律家更侧重于强调令行禁止、正名定分的实体合法性方面，而对在现代政治和法律系统中理应占枢纽地位的程序问题语焉不详。① 这将暗示一些办案人员为了查处犯罪，使用一些"轻微"违法行为，简化、省略或变相使用各种侦查手段，导致违法侦查行为的发生，严重影响了案件的质量。上述问题涉及执法者的司法理念。最高人民检察院决定要继续深入开展"依法治国、司法为民、公平正义、服务大局、党的领导"为基本内容的社会主义法治理念教育。需要从司法理念上牢固树立与现代法治国家和市场经济体制相适应的社会主义法治理念，坚持实体与程序并重，办案数量与质量并举，突出质量第一的意识，把握好案件的质量关，使办理的每一起案件都经得起时间的考验。

2. 证据是影响案件质量的关键

证据是正确认定案件事实的依据，一切事实的认定都是围绕证据展开的，证据是保证案件质量的关键。全部刑事诉讼活动所要解决的中心问题是：有无犯罪事实、所指控的罪行是否是犯罪嫌疑人或被告人所为、依法要不要惩罚犯罪人以及应当给予何种惩罚。因此可以说，刑事诉讼所要解决的，本质上乃是事实认定问题和法律适用问题。问题只在于：法律以"事实"为评价客体和适用对象。"以事实为依据，以法律为准绳"的司法原则之无比重要性，也恰恰在于"事实"是法律的评价客体，没有"事实"，法律就没有了评价的对象，事实问题搞错了，必然会导致法律适用上的错误。而证据的功能仅在于为法律评价提供"中性无色"的评价客体——"事实"。② 一方面，检察机关在办理案件的过程中应把握好事实关、证据关，坚持"以事实为依据，以法律为准绳"，"坚持重证据、不轻信口供"原则，强化证据意识，加强对证据客观性、关联性、合法性的审查。特别是对侦查活动合法性进行监督，因为讯问程序是否合法直接关系证据的合法性，影响证据的证明力，关系证据是否被法庭采信。另一方面，检察人员要充分认识到证据在整个诉讼过程中的作用，加强对证据相关知识的学习和掌握，切实按照刑事诉讼法的规定和要求，既要重视有罪证据、罪重证据，又要重视无罪证据、罪轻证据，切实保障案件质量。

3. 加强公诉队伍的综合素质是提高办案质量的重点

"徒法不足以自行"，影响案件质量的因素很多，其中"人的因素"是关

① 季卫东："法律程序的意义"，载《中国社会科学》1993 年第 1 期。
② 倪培兴："论刑事诉讼证据的性质、功能及其可采性"，载《中国刑事法杂志》2006 年第 2 期。

键之一，公诉队伍综合素质的加强对提高办案质量具有重大的意义。检察人员的综合素质包括职业道德素质和业务素质。其中职业道德素质是指检察人员从事职业活动中，应当遵循的行为规范和应该具备的道德品质以及调整检察人员各种社会关系的道德规范的总和。职业道德素质要求公诉人员公正执法、执法为民。业务素质首先表现在专业基础知识的掌握以及实践经验的培养。在审查起诉阶段，公诉人员须具备指控、举证犯罪、答辩的技巧与能力。在审判阶段，人民检察院依法对人民法院审判活动是否合法进行监督。公诉人必须具备熟悉案件流程、庭审过程的能力和素质。在执行阶段，要求检察人员严格审查人民法院作出的判决和裁定的准确性，对有错误的要提出纠正的意见，最终保证法律的统一实施。因此，公诉人员的综合素质与案件的质量息息相关，加强公诉队伍的综合素质是提高办案质量的重点。抓好人才培养工作，提高检察人员业务素质和执法技能，全面加强检察队伍建设，提高整体素质和执法水平，提高公诉人员的综合素质，加强公诉队伍的建设，为确保案件质量提供人才保障。

4. 规范办案流程是提高案件质量的保障

规范化的办案流程管理，可以正确引导侦查人员依法履行职责，避免造成工作失误和延误。办案流程管理除了传统意义上的初查、立案、强制措施、侦查终结、移送审查起诉等审批制度外，还强调对询问、讯问行为及调取证据各种行为的规范化管理。主要包括以下几个方面的内容：一是要强化领导审批手续。在办案实践中，有些办案单位常常忽略这些侦查行为的审批手续。通常情况下都是由办案人员自己拿着法律文书直接实施侦查行为，这种行为表现到卷宗上，就是有许多证据无合法来源，而不具有证据能力。二是要加强对侦查行为的监督。通过权利义务告知制度及配套的监督举报制度、当事人评议制度、案件评查制度，有效地监督办案人员的工作，并加强对办案人员的纪律作风建设，将其每一个办案行为都置于适时的、有效的监督之下，让其时刻感觉到自己处于被监督的状态，从而自觉地规范自己的侦查行为，及时纠正违法，使所办的每一起案件都能经得起历史的考验，真正成为"铁案"。三是要加强制度制约。要建立案件质量责任追究制及违法、不文明办案行为惩戒机制。案件质量责任追究制对案件质量和办案人员进行同步监督制约，既可促进办案人员公正执法观的增强，又可减少和预防错案的发生，从而提高案件质量。

5. 创新机制，深化改革，是提高办案质量的动力

近年来，理论界和实务界在深化检察改革，建立创新检察工作机制，促进和完善公正高效权威的社会主义司法制度方面进行了大量的理论探讨和实践探索，特别是在建立新型的检侦关系和侦诉协作机制方面。新型检侦关系，既包

括检察机关与公安侦查机关的关系，也包括检察机关内部侦监、公诉部门与职侦部门的关系。建立侦诉协作机制，增强侦诉合力，形成"大控方"的追诉格局，对于保证刑事诉讼活动的顺利进行，具有重大的价值和意义。同属于控方阵营的侦查机关和公诉机关，作为追诉职能的共同担当者，其侦查工作和公诉工作之间，存在着天然的、紧密的联系。这种诉讼职能的趋同性和内在联系的紧密性，使得侦查机关和公诉机关之间加强配合协作，形成侦诉合力，具有了可行性和必要性。"公诉引导侦查取证"是指以公诉工作为核心和主导，使每个主诉官办案组与公安侦查部门和本院职侦部门建立相对稳定的审判程序中的"大控方"工作关系，充分发挥对侦查取证工作的积极引导作用，目的是形成合力，增强检察机关指控犯罪的力度，提高公诉案件的办案质量和办案水平。创新检察工作机制的有益探索，对节约司法资源、提高诉讼效率具有重大的意义。人民检察院所面临的一大问题，是司法工作还不能完全适应经济社会发展的需要，其基本矛盾仍然表现为人民群众日益增长的司法需求与司法能力不相适应的矛盾。从更长远的角度来说，检察工作的发展方向，必须要改革，要创新。改革、创新是检察工作满足不断发展的经济社会发展的需要。

（二）检察机关法律监督在死刑案件中的重要性以及对加强案件质量的积极作用

1. 法律监督在办理死刑案件中的重要作用

在我国现行刑法保留较多死刑罪种的立法状况下，死刑适用标准是落实"少杀、慎杀"政策，检察机关对死刑案件的法律监督是落实该政策的重要手段和主要保障。我国刑法规定必须确保死刑只适用于罪行极其严重的犯罪分子。如果重罪轻判，对罪行极其严重的犯罪分子不适用死刑，犯罪人就得不到应有的惩罚，起不到威慑社会上有犯罪倾向的危险分子的作用，不利于社会稳定。反之，如果轻罪重判，就可能导致对不该适用死刑的犯罪分子适用了死刑，甚至对根本没有犯罪的无辜人员适用了死刑，这不仅严重地侵犯了人权，而且不利于社会的安定与和谐。可见，在我国保留死刑立法的状况下，检察机关在办理死刑案件的过程中，加强对死刑案件的法律监督，起到"把关"的作用显得尤为重要，这也是保证死刑案件质量的应有之义。

检察机关作为我国的法律监督机关主要是通过执法办案来履行职能，如果办案的质量不高，尤其是办了错案，就不可能履行好法律监督职能，就会给党和人民的利益造成损失，有损检察机关的形象。因此检察机关要切实把案件质量作为办案工作的"生命线"。检察机关作为法律监督机关，在刑事诉讼中承担着公诉人和法律监督的双重身份，负责对死刑案件批准逮捕、提起公诉等，对保证死刑案件质量负有重要责任。死刑是剥夺犯罪分子生命的最严厉的刑罚，人命关天，适用死刑，必须慎之又慎，质量问题尤为重要。检察机关必须以"少杀"、"慎杀"政策为指导，严格把握好死刑案件的事实关、证据关，提高死刑案件质量。近几年来，一些地方先后发现个别重大刑事冤假错案，在社会上引起强烈反响，也在一定程度上暴露出刑事执法工作中存在的问题。确保办理死刑案件质量，杜绝冤错案件发生，是人民法院、人民检察院、公安机关、司法行政机关依法担负的重大责任。

2. 法律监督对保证死刑案件质量的价值分析

检察机关在办理死刑案件中严格遵循办案原则，积极发挥法律监督的作用，始终树立"案件质量是检察工作的生命线"这一观念，其中死刑案件的法律监督更是重中之重，因此检察机关必须通过法律监督来确保死刑案件的质量，具体表现在以下几个方面：

（1）坚持保留死刑，严格控制和慎重适用死刑。在死刑存废问题上，我国一直坚持保留死刑这一惩罚犯罪措施，但是在死刑的适用问题上我国规定了严格的限制条件，从实体到程序都明确了死刑适用条件。"保留死刑，但是严格限制死刑"，是党和国家一贯的刑事政策，必须继续贯彻执行。要完整、准确地理解和执行"严打"方针，对极少数罪行极其严重的犯罪分子，坚决依法判处死刑。同时，要更加注重惩办与宽大相结合，做到少杀、慎杀，杜绝冤错案件的发生。检察机关通过批捕，提讯死刑案件犯罪嫌疑人，审查起诉严格把握死刑案件的证明标准与适用条件，努力提高案件质量。对于死刑案件而言，正确适用死刑要求以两方面的事实为依据：一是被告人确实犯有被指控的犯罪；二是对被告人的罪行唯一准确的刑罚是死刑。前一个方面涉及罪与非罪的事实判断，后一方面涉及量刑情节的事实判断。而前者的判断对于准确适用死刑尤其重要。① 因此检察机关在法律监督过程中严格把握死刑适用标准和条件，对确保死刑案件质量有重要的价值。

（2）保障死刑案件二审开庭审理，坚持程序公正和实体公正并重，加强死刑二审法律监督。长期以来，"重实体、轻程序"在司法机关和司法工作人员中普遍存在，而且是一种"顽症"。一些法官和检察官错误地认为，所谓依照程序、制度办案，就是单纯地办理法律手续，走走形式而已，因而不严格依照程序办案，包括死刑案件当事人的合法诉讼权利（包括辩护权）得不到应有的保护，导致有的案件质量不高，甚至发生错案。正反经验证明了程序公正

① 陈泽宪主编：《死刑——中外关注的焦点》，中国人民公安大学出版社 2005 年版，第 317 页。

是实现实体公正的前提，实体公正是程序公正追求的目标。① 对程序公正的肯定和追求，是现代法治理论成熟的标志，也是长期司法实践经验的总结。在侦查、起诉、审判等各个阶段，必须切实保障犯罪嫌疑人、被告人充分行使辩护权等诉讼权利，避免因剥夺或者限制他们的合法权利而导致冤错案件的发生。死刑案件二审开庭审理是确保死刑案件审理质量、慎重适用死刑的迫切需要和途径。检察机关应该派公诉人员出庭支持公诉，严格依法监督，保障死刑案件二审庭审工作的顺利依法进行。充分保障诉讼当事人尤其是被告人依法行使诉讼权利，实现程序公正，同时检察机关也着眼于发现和纠正第一审判决中存在的问题，对准确认定案件事实和公正适用法律严格把关，使真正的犯罪分子受到适当的惩处，保证无罪的人不受刑事追究，从实体上和程序上并重从而监督死刑案件的质量。

（3）依法加强对死刑复核程序的法律监督，争取做到每件死刑案件为"铁案"。在最高人民法院收回死刑复核权的情况下，死刑复核程序也逐渐呈现由审核程序向诉讼程序，由书面审理向开庭审理，由单方控制向多方参与转变的趋势。最高人民法院统一行使死刑案件核准权，对人民检察院的工作提出了新的、更高的要求。死刑复核案件的法律监督根据情况区别进行：最高人民法院采用非开庭的方式进行复核的案件，可由第一审提起公诉的检察机关行使部分法律监督权，发现问题后由最高人民检察院提出意见；对于最高人民法院开庭复核的案件，应由最高人民检察院派员出庭行使法律监督权。办案质量是人民检察院的生命线，死刑案件人命关天，质量问题尤为重要。从死刑案件的质量来看，据统计数字显示，在最高人民法院收回死刑案件核准权前由各省高级人民法院核准的死刑案件占全部核准案件的90%，② 在最高人民法院核准的约10%的案件中，依法改判或者发回重审的也不在少数。例如2005年最高人民法院依法改判死缓或无期徒刑的案件就占报请复核的死刑案件的11.22%。③

---

① 周道鸾：《中国刑事法的改革与完善》，中国人民公安大学出版社2007年版，第438页。

② 2005年11月3日，《南京报》文章"最高法扩编备战死刑复核，重大案件复核可能听证"指出："统计数字显示，由各省高级法院核准的死刑案件占全部核准案件的90%，收回死刑核准权后，以过去死刑案件数计算，最高法院的工作量将骤增8倍。"参见新华社新华网 http://news.xinhuanet.com/legal/2005 - 11/03/content - 3722567.htm。

③ 2006年1月7日《南京报》文章"2005年全国死刑案11%复核改判死缓或无期徒刑"指出："最高人民法院去年依法改判死缓或无期徒刑的案件占报请复核的死刑案件11.22%，这是从全国高级法院院长会议上传来的消息。"参见新华社新华网 http://news.xinhuanet.com/politics/2006 - 01/07/content - 4020290.htm。

可想而知，死刑复核权上收后大量可能存在问题的死刑案件仍会涌向最高人民法院。检察机关通过参与刑事诉讼活动，实施法律监督，维护公平正义，防止法官擅断。对死刑复核的控制和监督有利于保证复核质量，更是保障死刑案件质量的一个重要手段。人民检察院通过调阅案卷、表达诉讼机关意见、参与质证与辩论、了解法院复核意见、受理诉讼参与人控告申诉等方式发现复核程序中的违法问题，及时向最高人民检察院报告，在开庭复核案件中最高人民检察院应派员参与复核程序，也可以吸收下级检察机关公诉人员共同参与进行法律监督，切实保证把每件死刑案件办成"铁案"，把好最后一关。

（4）在履行死刑案件法律监督职能中全面贯彻宽严相济刑事司法政策。宽严相济刑事政策是我国在构建和谐社会的背景下对长期实行的"惩办与宽大相结合"刑事政策的总结和发扬，也是对长期实行的"严打"刑事政策的反思与调整。其要求对危害程度不同的犯罪要有宽有严，当宽则宽，当严则严；其科学性体现在对危害不同的犯罪的宽严处理，应严中有宽，宽中有严，宽严协调，宽严有度，宽严审时。有学者指出，"刑事政策不仅仅是一个简单的概念，实质上它代表的是一种观念，一种价值取向"。宽严相济刑事政策与刑事实体法和刑事程序法都有密切的联系，可以预见，在相当长的一段时间内，我国无论刑事实体法还是刑事程序法的立法都将受到该政策的影响，都将对其有所体现。在《最高人民检察院关于在检察工作中贯彻宽严相济刑事政策的若干意见中》指出：对严重犯罪依法从严打击，对轻微犯罪依法从宽处理，对严重犯罪中的从宽情节和轻微犯罪中的从严情节也要依法分别予以宽严体现，对犯罪的实体处理和适用诉讼程序都要体现宽严相济的精神。并指出，对死刑案件适用刑罚时，既要防止重罪轻判，也要防止轻罪重判，做到罪刑相当，罚当其罪，重罪重判，轻罪轻判，无罪不罚。对罪行极其严重的被告人必须依法惩处，严厉打击；对具有法律规定"应当"从轻、减轻或者免除处罚情节的被告人，依法从宽处理；对具有法律规定"可以"从轻、减轻或者免除处罚情节的被告人，如果没有其他特殊情节，原则上依法从宽处理；对具有酌定从宽处罚情节的也依法予以考虑。对于死刑案件要综合考虑犯罪的社会危害性、犯罪人的主观恶性以及案件的社会影响，根据不同时期、不同地区犯罪与社会治安的形势，具体情况具体分析，依法予以从宽或者从严处理。对无罪判有罪、量刑畸重的案件及时提出抗诉。检察机关在死刑案件的法律监督中，严格贯彻宽严相济的刑事政策，使犯罪人得到及时的惩罚，做到罚当其罪、罪刑相适。这是提高案件质量的本质要求，也是高质量案件的表现形式之一。

二、加强人权保障

（一）人权概述

1. 人权的基本内涵

人权，这个概念自诞生伊始，对于其含义人们就纷争不止。纵观人权理论的发展历史，对人权的解释、定义总是充满了学术上的激烈争论和政治上的鲜明斗争，人权的含义也在发展中不断地扩大，从最初的以自由权为核心的古典人权发展到当代的以国际人权为核心的第三代人权。

"人权"一词最早出现在公元前四百多年前的古希腊悲剧作品里，最早的人权观念孕育于古希腊的哲学思想之中，关于人与人之间利益的协调与均衡的正义观，促使义与利相结合，从而促进了权利概念的产生。但是这里的权利概念缺少了一种关于人的哲学思想。早在公元前 6 世纪，希腊自然哲学就开始发展起来，希腊的思想家们创造了"自然正义"、"自然理论"、"自然法"等概念，这些关于人的哲学思想与权利概念结合起来，从而形成了古代的人权思想体系，但是这些思想仍是分散的。

真正将人权上升到"人之作为人所应有"的高度，形成系统的人权思想，提出明确的人权概念，是在欧洲资产阶级启蒙思想家发起的文艺复兴运动。"天赋人权"、"社会契约论"、"人民主权说"等一系列启蒙思想家的观点充斥着整个欧洲大陆。斯宾诺莎在《神学政治论》中首先提出了"天赋人权"的观点，认为天赋之权就是自然权利，是人生来就有的，国家就是人民通过缔结契约转让自己的一部分自然权利而形成的；同时，人们还保留着一部分自然权利，这种权利不能转让，也不能被剥夺。① 洛克认为"人都是天生自由、平等和独立的"，"任何人都不得侵害他人的生命、健康、自由或财产"。② 之后，随着美国《独立宣言》和法国《人权与公民权宣言》的诞生，"人权"越来越被西方国家所重视。第二次世界大战以后，人权的概念不断得到丰富，人权理念也逐渐为各国所接受。人类文明的进步过程，其实也是人权内容不断丰富、发展的过程。

如果说在启蒙时期，人权主要是指以自由权为核心的古典人权，那么发展到 20 世纪，人权的范畴有了新的发展。随着社会的进步，法学的发展，现代学者们从各自的认识出发，对人权作出不同的解释。英国学者米尔恩的定义得

① ［英］斯宾诺莎：《神学政治论》，商务印书馆 1963 年版，第 241 页。
② ［英］洛克：《政府论》（下），商务印书馆 1995 年版，第 133 页。

到了很多学者的认同，他认为，人权是一种道德权利，而不是政治权利。他强调："我要论证的是一种最低限度标准的概念。更确切地讲，它是这样一种观念：有某些权利，尊重它们，是普遍的最低限度的道德标准的要求。"它们是指"生命权、公平对待的公正权、获得帮助权、在不受专横干涉这一消极意义上的自由权、诚实对待权、礼貌权以及儿童受照顾权"①。加拿大学者约翰·汉弗来则认为，"从严格意义上来讲，所有或近乎所有的权利都是人权"。联合国大会通过的一系列人权公约将人权赋予社会经济权利的新含义。总体上讲，人权不仅包括公民权利和政治权利，还包括经济、社会和文化权利，具体是指不受酷刑和其他残忍、不人道的或有辱人格的待遇或处罚的权利等。公民权利和政治权利是公民享有人格尊严和实现充分人权的基本政治保障。经济、社会、文化权利是公民享有公民权利和政治权利的基础条件。这些人权的基本内容，受到宪法和法律的保护。我国在人权的研究中也充满了争议与讨论，但是基本特征同广大国际学者取得了共识，在此基础上得出了目前较为通行的解释，人权就是指作为人而应享有的权利。实践中，人权概念的争论与分歧，并不会影响人们对人权问题的深入探讨。

2. 人权保障的意义

现代法治与宪政国家，人权是神圣的，这种人权是不可限制、不可转让和不可剥夺的。任何法律只能承认它、肯定它与保障它，却不能限制它、克减它或剥夺它。人类发明法律并适用法律，其目的就是为了更好地实现自己权利需要，满足自己的权利诉求。② 目前，尊重和保障人权已被大多数国家写入宪法。因为保障人权无论对每个公民还是社会、国家来说，都有重大意义。我国在 2004 年 3 月，全国人大通过宪法修正案，明确将"国家尊重和保障人权"写入宪法，这是我国人权事业发展过程中的一个重要里程碑，对中国的发展产生了深远的影响。人权入宪是对"依法治国"方略的重要呼应，人权的权利范围和保护程度是一个国家进步与文明程度的重要表现，也是法治国家与非法治国家的重要区别之所在。因此说，法治国家之所以是人权最有保障的国家，原因就在于它本身就是以国家对于公民人权的充分保障作为标志的。中国"人权"一词与中国的传统社会追求以礼治国、追求和谐密切相关。随着社会的发展，以前的治国模式并不能与当前的社会发展很好协调，依法治国方略的

---

① ［英］A. J. M. 米尔恩：《人的权利与人的多样性——人权哲学》，夏勇、张志铭译，中国大百科全书出版社 1995 年版，第 171 页。

② 卞建林主编：《中国刑事司法改革探索——以联合国刑事司法准则为参照》，中国人民公安大学出版社 2007 年版，第 50 页。

提出对于人权的保护更加重视，全社会对于公民人权的保障也越发关注。越来越多的人形成这样的共识：保障人权是人类文明的标志，是建设法治国家的基础，是社会主义现代化建设事业的重要保证。

（1）保障人权是促进全社会提高人权自觉性和意识的必然要求。一个社会的文明程度不仅取决于经济上的成就，更重要的是取决于对人的重视和尊重的程度。以人为本是现代文明国家治理社会的基石。在努力建设物质文明和精神文明的征程上，尊重和保障人权是必需的也是及时的。没有对人权的高度重视和全面保障，依法治国就是一句空话；没有依法治国的实行和完善，政治文明就是纸上谈兵；而没有高度的政治文明，全面建设小康社会就不可能实现。在我们这样一个有着长期封建历史和人治历史的国家，至关重要的是要改变过去那些忽视人权、漠视人权的思想观念，牢固树立起人权神圣的法律意识，全面提高全社会的人权自觉性和人权意识。尊重和保障人权关键在人，人权意识是指导人权行动的内在动力。只有当尊重和保障人权从法律政策上变成全体社会成员的人生观、价值观的组成部分，变成公民自觉的生活方式和行为方式的时候，尊重和保障人权才能得到全面、充分的实现。只有不断提高人权意识，公民才能更好地维护自己的人权；官员才能提高其履行职责、维护公民权利的自觉性，并接受监督；只有不断提高人权意识，才能推动和保障人权事业不断向前发展。

（2）保障人权是国家政治文明发展的重要标志。综观世界法律，几乎所有的宪法都是以人民的基本权利为其基本点的。在这些不同层次的人权架构中，组成了以人权为核心的法律体系，人权构成了国家宪法的基础。人民权利的实现，是由宪法为基础的法律体系限制政府权力以保障人权。政府应该树立"以人为本"的观念，时刻维护广大人民群众的根本利益。党的十五大指出"要尊重人权"；十六大重申了"尊重和保障人权的方针"，同时提出了"以人为本"的观念；十七大再次强调了尊重和保障人权的重要性。新一届中央领导集体提出"执政为民"、"权为民所用，情为民所系，利为民所谋"的执政指导思想。人权原则入宪更是将人权法治化提供了宪政基础。这也就要求政府在履行维护社会秩序、提供社会服务的公共职能时，必须把握权力的界限，不至于侵害和剥夺公民的自由和权利。这种对人的尊严的保护程度，体现了一个国家政治文明发展的程度。

（3）保障人权是实现依法治国方略的目标。法治是相对于人治更为理想更为科学的治国模式。在洛克、卢梭等启蒙思想家看来，法治意味着人民拥有立法权，法律是正式公布的而且具有权威性，法治意味着民主。对于法治理论来说，制度的设计要达到两个目标：其一是法律至上，其二是充分保障公民权利。为了实现这一目标，法治的制度设计确立了以法律至上为基本价值准则，以保障人权为目的，以防止权力滥用为手段。美国政治思想家潘恩说："在专制政府中国王便是法律，同样的，在自由国家中法律便成为国王。"可见自由是法治的灵魂与核心，还意味着法治的终极关怀和最高原则在于保障人的自由，正是从这点来说，保障和促进人权是实现依法治国基本方略的最终宗旨和目标。

3. 我国人权保障存在的问题

当前，人权已成为国际社会普遍关心的重大问题之一，联合国通过的一系列有关人权的宣言和公约，在我国也受到了普遍的拥护和尊重，中国的人权保障不断受到重视和加强，在人权事业总体上发展和进步的形势下，中国政府也在为国际人权保障事业作出积极的努力，具体表现为签署了一系列的有关国际公约：早在1986年，中国就签署了《禁止酷刑和其他残忍、不人道或有辱人格的待遇或处罚公约》，其中详细地载明了中国的政权结构、国家法律制度，以及在禁止酷刑方面的具体法律规定和实践。此外，中国政府为适应国际人权公约保护的更高层次的需要，在1998年正式签署了《公民权利和政治权利国际公约》，该《公约》不仅规定了国际社会普遍承认的基本公民权利和政治权利，还特别规定了禁止酷刑和其他残忍、不人道或有辱人格的待遇或处罚。除此之外，中国还在其他一些领域与国际社会合作或进行相关的对话。

人权状况的发展受到各国历史、社会、经济、文化等条件的制约，是一个历史的发展过程。在国际人权发展理论过程中生命权作为第一层次的人权备受关注，"生命权是人权中最重要、最基本的权利，是一切权利的源泉"，成为了国际人权界的共识。① 生命权是人权保障的一个核心内容。生命权具有不同于人的任何其他权利的内容与意义。原因在于，生命是人的一切权利的载体。生命权是一切权利存在的前提和基础，保障人权应该首先做到保障人的生命权。《公民权利和政治权利国际公约》对死刑的限制集中体现在第6条的规定，具体表现在："人人有固有的生命权，这个权利应受法律保护，不得任意剥夺任何人的生命。"《公约》还规定，"在未废除死刑的国家，判处死刑只能作为对最严重的罪行的惩罚"。这实际上确立了适用死刑的大致标准，亦即界定了死刑的适用范围。

由于受历史背景、社会制度、文化传统、经济发展状况的制约，目前在我国刑事立法和司法实践中，人权保障仍然存在一些不足之处，如对犯罪嫌

① 邱兴隆主编：《比较刑法》（第一卷·死刑专号），中国检察出版社2001年版，第60页。

人、被告人的权利保障程度在立法中的规定总体不够，在司法实践中重视不足；公安司法人员的人权保障意识有待提高，少数执法人员在执法过程中还存在漠视甚至践踏犯罪嫌疑人、被告人人权的做法；对被害人、证人的权利保障长期以来缺乏有效的机制等。立法上如何加大人权保障立法，实践中如何加强犯罪嫌疑人、被告人及其他诉讼参与人的人权保障，贯彻落实"少杀、慎杀"政策，怎样依法正确适用死刑，有效监督死刑，有效地防止错杀、冤杀，是我国当前刑事理论和司法实务部门亟须研究解决的问题，也是亟待解决的重大课题。

（二）死刑案件法律监督对保障人权的重要意义

1. 死刑案件与人权保障

死刑的废除虽未在各国普遍实行，但死刑的谦抑性，即死刑应该得到控制、死刑的存在应符合刑罚的目的，已成为刑法界的共识。死刑案件由于刑罚的极端严厉性和诉讼程序的相对复杂性，在诉讼价值的外表特征上与普通刑事案件存在着不同程度的特殊性。因此，我国刑法及刑事诉讼法和一系列刑事法规都在死刑的适用问题上特别慎重。具体规定了死刑适用的实体条件和程序条件，意图从立法上对死刑加以控制，力争既有较好的社会效果，又达到保障人权的目的，死刑的适用与人权保障的协调备受社会关注。

刑事诉讼中的人权保障不是一般意义上的人权保障，它与诉讼目的密切相关。刑事诉讼不仅要控制犯罪，维护正常的社会秩序，而且要在追诉犯罪的过程中注重保护诉讼参与人尤其是被追诉人的诉讼权利。人权保障是刑事诉讼的基本目的之一。国家公权力和公民个人权利的力量对比悬殊，刑事诉讼中国家用其掌握的强大社会资源，将许多强制性权力聚焦在特定人身上，去查证犯罪事实，追究刑事责任。因此司法公权力犹如一把"双刃剑"，在惩罚犯罪时，稍有不慎就会损害公民的切身利益甚至是生命。检察机关的法律监督在一定程度上克服了个人力量直接抗衡司法公权力的不对称制约形式，为公民维护自身人权提供了一个坚强的司法之盾，有效地保障了公民在诉讼中的权利，避免了司法公权力这把"双刃剑"对公民人权可能造成的误伤。

2. 死刑案件法律监督对保障人权的重要意义

死刑案件的人权保障的价值必须满足人道、公正、自主三个基本道德准则。① 近几年来陆续曝光的"杜培武冤案"、"佘祥林杀妻案"、"聂树斌案"

---

① 胡常龙：《死刑案件程序问题研究》，中国人民公安大学出版社 2003 年版，第 97 页。

等案给我们敲响了警钟，同时社会对司法机关的法律监督提出了质疑。限制死刑的精神实质是在死刑的极端严厉性及后果的不可挽回性与死刑的必要性之间保持适度的平衡。为此，国际人权法大体上规定了三个方面的准则，要求保留死刑的国家在国内法中予以落实：一是实体法要严格限制死刑的适用范围；二是程序法要保证适用死刑的公正与准确，并提供必要的救济渠道；三是执行法要保证执行死刑的文明。① 上述三点也是检察机关对死刑案件进行法律监督从而保障人权的核心和灵魂。

死刑案件事实和证据的甄别和认定更加严格，裁量的要求更高、更加审慎，程序也更细密和更具可救济性。死刑的特殊性决定了监督机关对待死刑的审慎性，突出体现就是从实体上和程序上对死刑案件进行严格的法律监督。死刑案件适用方面要保证死刑只适用于罪行极其严重的犯罪分子；程序方面要严格保证死刑案件二审开庭审理，并且对死刑案件复核程序进行法律监督。随着人权保障的逐步重视，死刑案件的法律监督也逐步得到加强和完善。充分有效保护被告人的诉讼权利是司法公正的必然要求，也是死刑案件中人权保障的基本内容。

首先，我国《刑事诉讼法》第36条规定了死刑案件被告人有获得法院强制指定辩护的权利，这是法律援助制度在死刑案件中的体现，由此可以看出死刑案件被告人的辩护权是有法律保障的。针对强大的以国家公权力为保障的控方，被告人辩护权的保障显得非常重要。死刑案件中被告人辩护权的行使对于发现案件真实，保障案件质量，保障被告人的人权甚至生命权都有重要价值。检察机关对"可能被判处死刑案件的被告人因没有委托辩护人而被人民法院指定辩护律师"的规定应该进行法律监督，从程序上保障被告人的合法权利，从而保障被告人的生命权。

其次，检察机关通过法律监督发现死刑案件认定事实和适用法律的错误，对确有错误的死刑案件提起抗诉，从而使错案得到了救济。同时检察机关出席死刑二审开庭审理也有利于实现检察机关对死刑案件进行诉讼监督，有利于案件实体处理的正确性，保证死刑的正确适用，贯彻慎杀、少杀的政策；保障被告人在二审程序中各项权利的行使，可使法庭全面进行证据调查，使法院全面听取各方意见，发挥二审的纠错功能，对保障人权有重要的意义。

最后，最高人民法院统一收回死刑核准权，从程序上给予死刑案件被告人以人权保障，检察机关同时拥有法律监督权，使这一程序公平有效的实现。人

---

① 孙长永："中国死刑案件的司法程序——基于国际准则的分析"，载《死刑——中外关注的焦点》，2005年版，第307页。

民检察院通过调阅案卷、表达诉讼机关意见、参与质证与辩论、了解法院复核意见、受理诉讼参与人控告申诉等方式进行法律监督，保障被告人在死刑案件诉讼最后阶段的权利得到全面实现。

三、保障司法公正

（一）司法公正的内涵以及重要意义

1. 司法与司法公正

在我国，"司法"一词在学术界没有一个统一的表述，有学者认为，司法是"对法律的适用，是特定机构运用法律处理诉讼案件的一种专门的活动"。① 也有学者主张，司法是指狭义的"法的适用"，即"拥有司法权的国家机关按照诉讼程序应用法律规范处理案件的活动"。② 还有学者主张，"司法是指司法机关依照法定职权和程序，运用法律处理案件的专门活动"。"司法权包括审判权和检察权……人民法院和人民检察院是我国的司法机关"。③ 虽然对上述概念的定义不尽相同，但是学者们还是存在一个共识，即司法是与立法、执法（行政）相对的一个概念，是法律实施的一种方式，司法过程的根本任务就是在查明纠纷事实真相的基础上，对纠纷双方的权利、义务进行公平的清理和分配，以恢复受害一方因另一方的侵权行为造成的损失，最终解决矛盾，维护社会关系的稳定。司法追求的最终价值目标在于公正及时地处理每一起案件。④

司法公正的内涵也具有多种表述，美国当代政治哲学家罗尔斯在他的《正义论》中表述了他的正义论司法观。这些原则实际上是关于司法公正的原则。具体是指"应当意味着可能"的原则；同样情况同样处理的原则；法无明文规定不为罪的原则；基于自然正义，维护司法活动完整性的有关原则。这些是罗尔斯对司法公正的阐释，反映了罗尔斯的正义论司法观，为我们进行司法公正问题的研究提供了有益的启示。在我国，司法公正的含义有着特定的背景。笔者认为，司法公正的基本内涵就是国家司法机关在运用特定职权处理各类案件过程中，以公平正直的态度对待案件的参与各方，严格依照和遵循法律程序公平、正确地确认和分配具体的权利和义务，并且具有良好的社会效果。司法公正内涵的关键词是公正。公正就是公平正直，没有偏私，它是人类社会

---

① 钟玉瑜主编：《中国特色司法制度》，中国政法大学出版社 2000 年版，第 2 页。
② 曾庆敏主编：《法学大辞典》，上海辞书出版社 1998 年版，第 372 页。
③ 卓泽渊主编：《法理学》，法律出版社 2002 年版，第 339—340 页。
④ 马贵翔主编：《刑事司法程序正义论》，中国检察出版社 2002 年版，第 6 页。

存在以来，无数仁人志士孜孜不倦追求的理想和价值，也是法律至高无上的终极价值，① 是司法机关永恒的主题。司法被认为是维护正义的最后一道屏障，是体现社会公平与正义的窗口，司法机关失去公正，社会将失去判断是非的标准。

司法公正的主体主要是指以法官和检察官为主的司法人员，主要体现在法官审判的过程和结果是否公正，检察官对诉讼活动是否公正地进行监督。而司法公正的对象是指诉讼阶段的当事人以及其他诉讼参与人。司法公正包括实体公正和程序公正，前者是司法公正的根本目标，后者是司法公正的重要保障，它们共同构成了司法公正的基本内容。② 其中实体公正要求事实清楚、证据确实充分、裁判客观公正。程序公正则不仅要求遵循诉讼法律的规定，还要求法官独立，审判公开，当事人诉讼地位平等。

2. 司法公正的意义

首先，司法公正有利于实现法制的统一。法制统一主要包括法律规则的统一和法律实施的统一，其核心是平等地适用同样的法律，这是法律面前人人平等原则的要求。法制统一是对法律至高无上权威的认可，对我国建设社会主义的法治国家有重要的意义。公平正义是司法公正的应有之义，也是司法公正追求的价值目标。一方面，司法公正能促进法制的统一，防止司法权的滥用，保证法律的统一适用；另一方面，司法公正在一定程度上克服了地方保护主义，客观上也维护了法制的统一。公诉权作为检察工作的重要组成部分是司法权的组成部分之一，对于及时有效地打击犯罪，加强对刑事诉讼的法律监督，保障社会公平与正义，促进社会主义和谐社会建设，维护社会主义法制统一具有不可替代的重要作用。

其次，司法公正对于保障人权，防止错判具有重要的意义。培根曾在《论司法》中说道："一次不公的（司法）判断比多次不平的举动为祸尤烈。因为这些不平的举动不过弄脏了水流，而不公的判断将水源败坏了。"③ 卢梭也曾尖锐地指出："手中握有生杀大权的司法官的滥权和擅断，对人权和法治的破坏尤其无以复加。"司法腐败和冤假错案的防止关键是要依靠司法的正当化来刺激促成的，也就是我们所讲的司法公正。从司法公正的精神来看其主要追求的是个体公正，即法律的个案公正。司法活动都是围绕具体案件进行的，

---

① 周友苏："构建和谐社会中的司法公正问题研究"，载中国网 2005 年 7 月 15 日。

② 何家弘："司法公正论"，载《中国法学》1999 年第 2 期。

③ ［英］培根：《培根论说文集》，商务印书馆 1984 年版，第 193 页。

因此我们追求司法公正必须从一个个具体案件做起。在刑事诉讼改革过程中，我们更加强调保障被告人及犯罪嫌疑人的人身权利，因为错判导致的冤案给公民的权利带来的损失是无法弥补的，因此司法公正所包含的公平正义对保障人权，防止冤假错案有重要的意义。

最后，司法公正有利于社会和谐。和谐社会是"民主法治、公平正义、诚信友爱、充满活力、安定有序、人与自然和谐相处"的社会。《中共中央关于加强党的执政能力建设的决定》指出："以保证司法公正为目标，逐步推进司法体制改革，形成权责明确、相互配合、相互制约、高效运行的司法体制，为在全社会实现公平和正义提供法制保障。"在构建和谐社会过程中，维护司法公正具有十分重要的现实意义，构建和谐社会离不开司法公正的内容。诚如有学者所言："司法公正是构建和谐社会的基础性保障。"当今时代，和谐社会应当是建立在民主法治的基础之上，因此我们所说的和谐社会必定是法治社会，法治社会则必须实现司法公正。因此，维护司法公正必将推动整个社会的和谐进步。

（二）死刑案件法律监督对保证司法公正的特殊要求

1. 法律监督与司法公正

英国阿克顿勋爵那句"权力导致腐败，绝对的权力导致绝对的腐败"广为流传，并成为经典名言。孟德斯鸠说过："一切有权力的人都容易滥用权力，这是万古不易的一条经验。要防止滥用权力，就必须以权力约束权力。"[①]任何一个法律至上、法制完备、司法公正的法律社会要想保障权力不被滥用不致滋生腐败，就必须对权力进行制约和监督。国家设立专门的法律监督机关正是用一种权力约束另一种权力的体现。法律监督与维护司法公正具有内在的、本质的、必然的联系。作为国家法律监督机关的检察机关，其性质、地位和任务决定了检察机关的执法思想要立足于法律监督，并紧紧围绕法律监督去维护司法的公正和法律的统一正确实施，这是检察机关执法思想的根本所在。党的十六大明确提出社会主义司法制度必须保障在全社会实现公正和正义，强调要加强对执法活动的监督，推进依法行政，维护司法公正，确保法律的严格实施，惩治司法领域中的腐败。[②] 全国检察机关广泛开展了"强化法律监督，维护公平正义"的教育活动。在今年的最高人民检察院报告中，更是将"着力加强法律监督工作的薄弱环节，严肃查处司法工作人员贪赃枉法、徇私舞弊犯

①　[法]孟德斯鸠：《论法的精神》（上册），商务印书馆 1961 年版，第 154 页。

②　聂晓生、王立民、马晓梅："强化法律监督　维护司法公正"，载《法律监督与公平正义》，第 144 页。

罪，维护司法廉洁，促进司法公正，彰显社会正义"作为 2008 年检察工作的重点。在这种新的执法思想指导下，加强法律监督、维护司法公正必然成为检察机关在国家政治、经济、社会生活中履行宪法、法律赋予职责的主要体现，符合惩治司法腐败、推进依法治国的根本要求。因此，强化刑事诉讼监督，侦查活动的监督、刑事审判活动的监督、刑罚执行活动的监督自然成为检察机关的核心工作。

检察机关行使监督权，主要目的就是保证国家法律在全国范围内统一和正确实施。具体讲就是法律监督权的核心是通过行使国家权力，由法定的具有司法监督权的检察机关依法对各种行使国家权力的行为和执法、司法活动进行监视、察看、约束、制约、控制、检查和督促，以保障宪法和法律的正确贯彻实施，维护法律的尊严。这种权力，是一种以国家权力作后盾，以人民利益为根本，公正司法，维护法律的统一、正确实施为目的的国家权力。国家专门设置法律监督机关，是用一种权力约束另一种权力的具体体现，也是保障在执法过程中，权力不被滥用，不致滋生腐败的重要途径。

检察机关的法律监督是确保实体公正和程序公正的有效手段。司法公正的实现有赖于实体公正和程序公正，两者缺一不可。实体权利与义务法定化为实体法，而诉讼活动赖以遵循的规则程式则法定化为程序法。实体与程序之为法的两面，是法自身功能得以实现所必须同时具备的。① 实体公正有赖于程序公正，程序公正是追求实体公正的手段，不公正的程序是难以实现实体公正的。从另一方面讲，程序公正并不意味着必然有实体公正，在正当程序下仍有出现冤假错案的可能性。因此，程序公正和实体公正是不可偏废的，两者统一才能实现真正的司法公正。② 近几年来司法机关在执法过程中程序法的观念比较淡薄，违反程序的现象应该说还十分严重。这是实现实体公正和程序公正的最大障碍。解决这一问题的关键就是强化法律监督，维护司法公正和诉讼公正。

在我国，随着依法治国方略的推进和检察工作的新发展，引发了社会法制需求对传统司法制度的猛烈撞击，现行体制与司法实践不相适应给执法工作带来严峻的挑战，检察机关的诉讼监督职能在维护社会正义和司法公正中的地位日渐突出。因此，准确定位检察机关在参与诉讼活动中的职能角色，强化法律监督职能作用，对于维护司法公正具有保障作用。具体表现在司法公正是法律监督所追求的首要目标。诉讼公正是司法公正的前提和基础，是司法公正的重

---

① 陈卫东：《程序正义论》（第二卷），法律出版社 2004 年版，第 1 页。

② 万毅：《变革社会的程序正义——语境中的中国刑事司法改革》，中国方正出版社 2004 年版，第 70 页。

要组成部分，如果诉讼不公正，必然导致司法不公正。检察机关法律监督职责是通过维护诉讼公正来实现司法公正。同时，强化法律监督也是实现司法公正的内在要求。不同于西方国家的"三权分立"，我国的法律监督是来自列宁的法律监督理论，列宁认为，社会主义的法制应当是统一的，为维护法制的统一，就必须有专门的法律监督机关。他详尽地阐述了"检察权"的概念，提出"法律监督权从国家权力中分离出来，成为继立法权、行政权、司法权之外的第四种相对独立的国家权力"。把法律监督作为执行法律的保证，通过监督，从而维护法制的统一实施。在我国，通过多年的实践表明，开展法律监督工作对纠正司法机关执法活动中的违法行为，确保司法公正，正确执行法律起到了非常重要的作用，其行为无疑使公民感受司法机关适用法律的准确与适当，司法公正自然地显现出来。由此可见，强化法律监督是保障司法公正的内在要求。

2. 死刑案件法律监督对保障司法公正的特殊要求

法律以公正为终极目标。虽然任何标准都是相对的、阶段性的，但公正是绝对的、终极性的。追求公正是死刑适用的核心和灵魂。死刑因其剥夺人的生命权而又被称为极刑，生命具有失去即不复获得的不可逆转性。因此，适用死刑要慎之又慎。与民商事案件、行政纠纷案件相比，甚至与一般的非死刑案件相比，死刑案件要求对其事实、证据的甄别和认定更加严格，裁量的要求更高，更加审慎。程序也更严密和更具可救济性。这种审慎性的突出体现就是要求法律监督机关对死刑适用的实体问题和程序问题进行严格的审查，更加公正、准确地裁决适用死刑。一般情况下，法院通过准确适用实体法的规定，对案件作出权威的裁决，也就意味着实体正义得到实现。程序正义是指法律程序在具体运作过程中所要实现的价值目标，程序正义是一种"过程价值"，是评价程序本身正当与否的价值标准。①

法律监督职能是通过具体的诉讼职能而实现的，而不是超脱于监督对象之外的旁观者。法律监督是为制约权力公正行使，促进法律公正实施而从制度层面作出的制度设计。我国刑事诉讼法根据刑事诉讼的规律和特点，在刑事诉讼的每个环节都设定了相应的监督程序。从刑事立案、侦查到审判，都明确了诉讼活动法律监督的合法性，赋予法律监督的手段。② 职务犯罪监督，刑事、民事、行政审判监督及公民守法情况监督都是在诉讼过程中完成的。监督者必须

---

① 陈瑞华：《刑事审判原理论》，北京大学出版社1997年版，第53页。
② 向泽远、武晓晨、骆磊：《法律监督与刑事诉讼救济论》，北京大学出版社2005年版，第30—31页。

积极介入诉讼活动在诉讼参与中实现监督的职能。检察监督权是通过运用诉讼手段即司法权力来实现的。侦查权、起诉权、批捕权、纠正违法权等检察权都是国家司法权力，普遍具有国家强制性。这就需要检察监督遵循诉讼规律，使检察改革符合客观性、独立性、公正性等诉讼要求。检察机关的监督手段主要包括侦查权、批捕权、公诉权、抗诉权（刑事、民事）、纠正违法通知书和检察建议。但各手段的适用范围是不同的，如侦查权针对的是职务犯罪，公诉权针对的是所有刑事犯罪（自诉案件除外），抗诉权针对的是判决确有错误的刑事、民事行政案件，这种适用范围的不同设定，原因就在于这些手段的目的的统一性，即服务于检察机关的法律监督职能。具体来说，检察机关对死刑案件的法律监督主要体现在对死刑案件批准逮捕，提起公诉，在审查起诉过程中严格审查死刑案件的证明标准即事实和证据。此外还表现在对判决可能有误的死刑案件提起的抗诉。

（1）死刑案件法律监督对实现实体公正的保障。死刑案件裁量的实体标准就是法律规定的死刑适用条件以及死刑案件的证明标准。公正健全的死刑适用条件是及时惩罚犯罪、公正裁决死刑案件的基础，不公正的死刑适用条件必然会导致滥用死刑或错判冤杀。最高人民法院下发了《关于进一步加强刑事审判工作的决定》，要求坚持死刑只适用于罪行极其严重的犯罪分子。针对死刑这一最严厉的刑罚，该《决定》特别强调，必须严格执行法律，准确惩治犯罪，慎重适用死刑，统一死刑适用标准，维护社会稳定，实现公平正义。①

因此，从实体上对死刑案件进行法律监督具有特殊意义。实现实体正义要求法律监督机关在死刑案件诉讼过程中一经发现错误即应通过法律程序进行纠正。具体表现在以下几个方面：人民检察院负责对死刑案件批准逮捕，提起公诉等，因此严格把握案件的法定起诉标准，明确人民检察院作出起诉决定和不起诉决定的具体条件，即犯罪事实已经查清，证据确实、充分，依法应当追究刑事责任的，应当作出起诉决定，对于退回补充侦查的案件，经审查仍然认为不符合起诉条件的，可以作出不起诉决定。

关于死刑案件的证明标准，由于法律没有另行规定更高的证明标准，因此统一适用《刑事诉讼法》第162条的规定"案件事实清楚，证据确实、充分"。事实上，长期以来在我国刑事司法实践中，司法机关一直坚持"两个基本"——即"基本事实清楚，基本证据确凿"的刑事证明标准。不但一般刑事案件采用了"两个基本"的证明标准，甚至在死刑案件中有时也采取了这

---

① 最高人民法院："坚持死刑只适用于罪行极其严重的犯罪分子"，载中新网 http://news.xinhuanet.com/legal/2007-09/14/content_6720130.htm.

种证明标准。① 孙万刚涉嫌强奸、杀人案就是例证。孙万刚案经法院审理后改判无罪，再审中发现原审对证明标准的要求相当低，存在诸多疑点。据以定罪的关键证据血型不具有完全的排他性；孙万刚的有罪供述和无罪辩解相互矛盾，前后不一，且与现场勘验笔录、尸检报告等证据不相吻合；作案工具来源不明、去向不清；孙万刚作案动机、目的不清等，② 在不能对疑点作出合理排除的情况下就作出了有罪裁定并判处死刑。佘祥林涉嫌故意杀人案等有问题的死刑错案的产生也与证明标准要求过低有关。从已发现和被纠正的死刑案件错误裁判来看，错误的性质大部分是认定事实错误，即司法机关在没有确实、充分证据的情况下认定了犯罪嫌疑人犯罪的事实。司法经验表明，证明标准要求越高死刑适用正确性的概率就越高，反之亦然。死刑案件的刑事证明标准设定为"事实清楚"——认定事实与案件原本事实完全相符，当然最有利于防止死刑的错误适用。但检察人员在法律监督过程中不可能做到"全知全能"，对事物认知也是有局限性的。正如哈兰所言："在关于以前事件的事实存在争议的司法程序中，事实发现者对于究竟发生了什么不可能获得完全准确的认识。"③ 死刑案件人命关天，死刑案件的处理更应慎重，证明有罪的标准要较其他案件更高更严，这也给我们检察机关提出了更高的监督要求：人民检察院在审查起诉案件过程中应当严格依法进行，排除非法手段所得的言词证据。对诉讼活动中的违法行为，应当依法提出纠正意见，人民法院审委会讨论案件时，同级人民检察院检察长可列席会议。被判处死刑的罪犯在交付执行死刑时，人民检察院应当派员临场监督。

（2）死刑案件法律监督对实现程序公正的价值分析。法律监督对实体公正有着特殊的保证作用，要做到司法公正同时也离不开程序公正。最高人民法院提出要"强化程序公正意识"，同时强调：要做到司法公正，就必须始终做到程序公正，实现程序公正与实体公正的统一。从而将程序公正上升到司法理念的高度加以认识。④ 司法改革的最高价值取向是全社会实现公平与正义。死刑核准制度改革，将死刑案件的核准权收回最高人民法院统一行使的目的是为了更好地贯彻"少杀、慎杀"的刑事政策，进一步限制和减少死刑的适用。因

① 任志中、汪敏："构建严格的死刑案件证明标准——基于人权的司法保障之实现"，载《法律适用》2007 年第 5 期。

② 刘岚、茶莹："一波三折的案件 孙万刚从死刑改判无罪案件调查"，载 http://www.chinalawedu.com/news.htm。

③ 何家弘、刘品新：《证据法学》，法律出版社 2004 年版，第 327 页。

④ 周道鸾："完善死刑案件审理程序保证死刑案件质量"，原载《最高人民法院咨询委员会第 22 次会议调研材料汇集》2006 年 12 月。

此，从程序的角度考虑，还必然涉及死刑案件二审开庭审理的问题。

死刑案件二审开庭审理是对死刑案件加强法律监督的一个突出表现，不仅有利于保障审判活动的公正、公平、公开，有利于以公开促公平，以公正树公信，还能促进检察机关的监督能力和水平，加强死刑裁判的公信力。死刑案件第二审实行开庭审理，是保证死刑判决公正和慎重的必要程序，也是强化检察机关法律监督职能的重要途径。通过开庭审理，可以对案件"事实清楚"的认定切实建立在控辩双方的当庭举证、质证之上，从庭审之前"归位"与庭审之中，不仅能够彰显开庭审理在第二审程序中的中心地位，而且为构建更加科学、合理的控、辩、审诉讼模式提供了基础。在庭审中，检察机关仍然是公诉人，还是以法律监督人的身份出庭。

检察机关作为法律监督机关出席死刑二审开庭审理，对于保证司法公正意义重大：首先，有利于实现检察机关对死刑案件进行诉讼监督。检察机关出席死刑二审开庭，从程序上保证了检察机关法律监督作用的发挥。其次，有利于案件实体处理的正确性，保证死刑的正确适用，贯彻慎杀、少杀的政策。同时可以使法庭全面进行证据调查，使法院全面听取各方意见，发挥二审的纠错功能。最后，有利于程序公正和人权保障。以往实践中，大多数法院对死刑上诉案件以书面审理代替开庭审理，不仅不能保障被告人充分行使辩护权，自身程序的公正性难以保证，也难以发现一审程序存在的问题。二审开庭审理，且有检察机关和辩护人出席法庭，使二审成为真正的在诉讼构造下进行的程序，有利于人权保障和程序公正的实现。

四、增进社会和谐

（一）社会和谐思想起源、发展与"以人为本"的法治精神

1. 社会和谐思想的起源与发展

从世界范围来看，和谐思想的发展源远流长，从柏拉图的"理想国"到卢梭等政治启蒙思想家的"社会契约"，从古典经济政治学家亚当·斯密的"经济和谐"到新自由主义思想家格林的"政治和谐"以及罗尔斯的"正义论"，始终贯穿着对和谐社会理论的种种构想以及实现途径的设计。[①] 在中国，和谐思想有着悠久的历史和丰富的底蕴，其内涵丰富且富含哲理。经过历代思想家的阐发，形成了完善的体系。其中优秀思想积淀成了社会主义和谐社会的重要资源，并发挥着重要的价值。和谐文化作为完整的思想体系包括了和谐的

---

① 宋冰：《程序、正义与现代化》，中国政法大学出版社 1998 年版，第 376 页。

地位、和谐的本质、和谐的标准。关于和谐的地位，中国传统和谐文化把其看成是世界万物的最高准则，这是和谐的核心价值，即"太和所谓道"。关于和谐的本质，中国传统和谐文化认为，和谐是指不同事物之间的协调统一，即"和而不同"，和谐是不同事物之间的和谐。世界万物是千差万别的，正是千差万别的事物之间的和谐，才造就生机勃勃的世界。而关于和谐的标准，中国传统和谐文化认为和谐是适度、适合、恰到好处、不偏不倚、无过无不及。孔子讲道："礼之用，和为贵"（《论语·学而》）。人的行为，包括为人处世、礼节的运用、言语感性的表达等，达到适合的程度才谓之和谐。

先人和谐思想中的精华是中华民族宝贵的文化遗产，也是新的历史条件下构建社会主义和谐社会的文化基础。和谐文化以崇尚和谐、追求和谐为价值取向，融思想观念、思维方式、行为规范、社会风尚为一体，反映着人们对和谐社会的总体认识、基本理念和理想追求，是中国特色社会主义文化的重要组成部分。和谐文化既是和谐社会的重要特征，也是实现社会和谐的文化源泉和精神动力。无论是经济社会的协调发展、人与自然和谐相处，还是人与人的团结和睦，乃至人自身的心理和谐都离不开和谐文化的支撑。没有和谐文化，就没有社会和谐思想的根基，也就没有建设和谐社会的实践追求。

当代中国提出的构建社会主义"和谐社会"，是我们党从中国特色社会主义事业总体布局和全面建设小康社会全局出发提出的重大策略任务，也是对古代中国社会和谐思想的继承与发展。就历史文化传统来说，古代西方重"分"，古代中国重"合"，各有优劣。古代和谐思想所谓"人者，天地之心也"①，"君子和而不同"②，"天时不如地利，地利不如人和"以及"天人合一"说、《周易》的阴阳八卦说等，都在以往的现实社会生活中起过重要的历史进步作用。在21世纪人类文明已跨入一个新的历史时期的今天，我们提出的构建和谐社会的目标，已具有了完全的新的科学内涵与实践意义，也是解决现时代各种社会冲突与对抗的根本出路。

构建社会和谐，既要有雄厚的物质基础、可靠的政治保障，也需要有力的精神支撑、良好的文化条件。构建社会主义和谐社会，同建设社会主义物质文明、政治文明、精神文明是有机统一的，要通过发展社会主义的生产力来不断加强和谐社会建设的物质基础，通过发展社会主义民主政治来不断加强和谐社会建设的政治保障，通过发展社会主义先进文化来不断巩固和谐社会的精神支撑。

---

① 《礼运》。
② 《论语·子路》。

2. 和谐社会与"以人为本"的法治精神

我们所要建设的社会主义和谐社会，应该是民主法治、公平正义、诚信友爱、充满活力、安定有序、人与自然和谐相处的社会。①"以人为本"是构建和谐社会的根本指导思想与原则。人是和谐社会的中心主体，是和谐社会的构建者，同时也是受益者。因此人的利益是构建和谐社会的根本出发点和最终归宿。"以人为本"的丰富内涵主要有以下几点：第一，"人的价值高于一切"。第二，"人是目的，不是手段"。人类社会的一切都是为人而存在的。第三，"人是发展的中心主体"。人是社会经济、政治、文化发展的参与者，也应是其受益者。第四，"尊重与保障人权"。以谋求和保障人的利益为根本，这种利益在法治社会集中的表现为人权。第五，"实现人的全面发展"。人自身的发展对于社会进步有着巨大的推动作用。以人为本的法治建设是构建和谐社会的精髓。以人为本，就是法律要尊重个人的意愿，使其享有人之为人应该享有的基本权利，在法律允许的范围内，享有广泛的权利和自由。国家应该充分保障和实现个人的权利和自由，促进个体人格的发展，维护个人的尊严和自由。以人为本的法治精神，一方面，需要在法律上充分反映人民的意愿和利益，在具体的制度设计上以有利于保障和实现人们的合法权益为宗旨；另一方面，需要协调好社会中不同利益主体的相互关系，在尽可能保障个人权利和自由的前提下，维护和实现社会公共利益和国家利益，特别是要保障公民的权利不受来自国家权力本身的非法侵害。

（二）死刑案件法律监督与构建和谐社会的辩证关系

1. 死刑案件法律监督对构建和谐社会具有重要的促进和保障作用

作为现代法治的重要组成部分，现代刑事法治对于构建和谐社会具有重要的促进和保障作用，不仅在和谐社会建设过程中需要刑事法治确立基本的社会秩序来"保驾护航"，而且对于构建和谐社会所取得的阶段性成果和最终目标的实现，刑事法治也将发挥重要的维系和保障作用。可以说，现代刑事法治的终极理想和构建和谐社会的目标是高度统一的。

和谐社会的构建，法治的和谐是重要的一个组成部分。法治的和谐，一方面指法律制度之间和谐，主要是指在根本大法宪法的指导下，各部门法要与宪法之精神保持一致，地方立法要与中央立法保持一致；另一方面，指法律的实施过程中，要达到社会效果与法律效果的统一。

---

① 摘自胡锦涛："在省部级主要领导干部提高构建社会主义和谐社会能力专题研讨班开班式上的讲话"，载人民网。

社会主义和谐社会的目标和手段是民主法治。可以说没有法治的保障，和谐社会的构建是空中楼阁。而法治的出发点和最终目的都必须立足于关怀人自身。"以人为本"的社会主义法治精神，是当代法制建设的需要，也是社会主义和谐社会自身性质所决定的。如果说"效率优先，兼顾公平"是现阶段的社会经济方针，那么"公正优先，保障人权"的社会和谐发展和"以司法正义为本位"的司法审判则应当成为法律适用过程中的核心理念。社会主义法治国家的建立和社会主义和谐社会的形成是社会各成员"合力"的结果。"以人为本"乃是本于人心，"和谐社会"源于人心的和谐。"人同此心，心同此理"，才是建设"以人为本"的社会主义和谐社会的可靠保证。① 法治的意义不仅在于可以减少矛盾，而且还在于可以有效地解决矛盾，使已经产生的纷争能够得到及时解决，使不和谐的状态归于和谐。从减少矛盾和解决矛盾这个意义上讲，法治就是达成和维系和谐社会的重要手段与路径。

刑事法律具有调整社会关系的广泛性、违法制裁手段的特殊严厉性的特征，决定了刑事法治所治理的主要问题是社会中最不和谐的现象——犯罪行为。回顾过去我们为构建和谐社会在刑事立法以及司法方面所作出的努力，从监督法的出台，到最高人民法院统一收回死刑核准权，立法机关的立法理念更走向务实，更注重以人为本。法治促和谐，完善民主法治、全面落实依法治国，意义重大。

在人类走向文明与和谐社会的今天，犯罪是影响社会和谐的主要因素之一，因而公正地惩治犯罪，有效地发挥刑罚的一般预防和特殊预防作用，是营造良好社会氛围，大力促进社会进步的客观要求。历史经验表明，刑罚是"双刃剑"，正确运用于社会有益，用之不当则反受其害。在建设和谐社会过程中，尤其要充分考量刑罚的功效。在发挥刑事法治的社会保障功能的同时，应将充分保障人权作为建设现代刑事法治的基本内容。这也符合构建和谐社会的内在要求。发挥刑事法治的人权保障机能，对于促进社会和谐具有重要意义。②

死刑因其极端性和残酷性在我国刑法中规定只能适用于"罪行极其严重的犯罪分子"。死刑案件人命关天，含糊不得，人民检察院加强对死刑案件法律监督，保证客观公正地适用死刑，是保障人权、保证死刑案件质量的前提，

---

① 吕世伦、高中："社会主义和谐社会与'以人为本'的法治精神"，载《依法治国与和谐社会建设》，中国法制出版社 2007 年版，第 37 页。

② 赵秉志："现代刑事法治是和谐社会的基本保障"，载《依法治国与和谐社会建设》，中国法制出版社 2007 年版，第 207 页。

也是防止冤假错案发生的重要环节。死刑案件适用的公平正当与合法性对构建和谐社会具有重要的促进作用。因为和谐社会是"以人为本"的法治社会，强调人权的保障。而死刑案件关乎人命，因此检察机关在死刑案件法律监督里起到至关重要的作用，其直接关系到社会稳定与社会和谐的实现。死刑本身适用的范围是"罪行极其严重的犯罪分子"，如果能够正确地认定事实与证据，做到"铁证"、"铁案"，那么就可以适用死刑，而且死刑的正确适用有助于树立司法机关公正的形象，平息民愤，引导公民法律意识，逐步形成正义、理性的法治观念，为进一步促进和谐社会奠定了良好的法律基础。另一方面，如果死刑适用不当，不但不会起到一般预防与特殊预防的作用，而且会适得其反。不仅侵犯人权，错杀无辜，而且会引起当事人家属的愤恨和报复。这些都是社会中的不和谐因素，这无疑会破坏社会主义法治，阻碍法治国家建设的进程，最终不利于社会主义和谐社会的建设和发展。

2. 和谐社会的构建对死刑案件的法律监督具有价值引导作用

和谐社会，就是要尊重人民群众的创造精神，让人民群众的积极性得到充分发挥，使各种积极因素得到充分调动；就是要有效地解决社会矛盾和纠纷，确保社会的稳定和团结；要以人民群众的根本利益作为一切工作的出发点和落脚点，正确反映和兼顾各个方面群众的利益。社会主义和谐社会本质上是民主法治社会。"民主法治"就是社会主义民主得到充分发扬，依法治国基本方略得到切实落实，各方面积极因素得到广泛调动。"民主法治"作为和谐社会六大基本特征之首，不但是和谐社会的重要指标，也是构建社会主义和谐社会的重要手段和主要力量。将"民主法治"作为和谐社会建设的首要内容，超越了以往人类历史上一些追求和谐社会理想的有识之士的传统和谐社会观，从而使当代中国社会主义和谐社会的理想追求具有了新的时代精神。和谐社会是社会矛盾能够获得及时解决的社会。在法治社会，只有法律为社会提供了明确的行为规则，严格地遵守法制原则，社会矛盾和冲突才可以最大幅度地降低或者减少，法治层面上的和谐才能得以达成。民主法治作为和谐社会的基本特征之一，对检察机关对死刑案件的法律监督具有重大的价值引导作用。检察机关在对死刑案件的法律监督中，必须依照宪法和刑事诉讼法的精神和具体规范，审慎履行其法律监督的职责，人民检察院审查案件，应当讯问犯罪嫌疑人，听取被害人和犯罪嫌疑人、被害人委托的人的意见。死刑案件复核期间，被告人委托的辩护人提出听取意见要求的，应当听取辩护人的意见。这些都是"民主法治"在死刑案件法律监督中的具体体现。

追求公平正义是人类社会发展的一种进步的价值取向，是社会主义和谐社会形成的重要前提和基本特征。追求公平正义是实现社会和谐的前提，没有公平正义就没有和谐。在法学意义上,公平指的是权利与义务对称,人们的获得应该与他们所承担的责任以及所作出的贡献相一致。对于"正义"的理解,诚如凯尔森所言:"自古以来,什么是正义这一问题是永远存在的。为了正义问题,不知有多少人流了宝贵的鲜血与痛苦的眼泪,不知有多少杰出的思想家,从柏拉图到康德,绞尽了脑汁,可是现在和过去一样,问题依然未获解决。"① 在此,凯尔森没有给正义下一个确切的定义。因为正义的标准是历史的、变化的、多元的和相对的。人们根据一定社会的经济关系的要求,形成了判断是非曲直的标准,符合一定社会经济关系的要求,为这个社会公认的,就是正义的。犯罪行为,对国家的经济和社会造成巨大损害,使社会处于不公平、不正义状态。对犯罪分子实施刑罚,使受损害的社会公平正义得以恢复,这就是对国家、社会的公平正义。使犯罪分子得到及时的惩罚,并以看得见的方式且罚当其罪,这是对犯罪分子的公平正义。

"安定有序"是和谐社会基本性的标志,是构建社会主义和谐社会的必要条件和基本标志。安定是相对于混乱而言,有序是相对于无序而言。安定是指社会处于平稳和安定状态;有序是指社会处于组织程度较高的有秩序状态。一个社会安定有序,本身就是不同利益主体各尽所能、各得其所而又和谐相处的表现。社会要和谐,首先要安定。这是我们党领导人民进行社会主义现代化建设所取得的一条基本经验。安定包括政治稳定、经济稳定、社会秩序稳定以及人心安定等几个相互联系、相互作用的方面。政治稳定是整个社会稳定的核心;经济稳定是整个社会稳定的基础;社会秩序稳定是政治稳定和经济稳定的必要条件;人心安定是社会稳定的综合体现。犯罪行为是破坏社会安定有序状态的重大因素之一。死刑问题所涉及问题的广泛性,关系政治的稳定,经济的稳定,社会秩序的稳定和人心安定等重要方面。因此,对检察机关履行死刑案件的法律监督职责提出了更高的要求。检察机关除考虑案件的罪行因素外,还必须考虑案件所涉及的其他问题,如社会影响力大小,案件对人民群众的影响力等方面,做到客观公正的法律监督并符合社会安定有序之需要。

(三)死刑案件的法律监督对社会和谐以及法制建设的积极作用

最高人民检察院在 2008 年 3 月的工作报告中,专门用一个段落,对死刑案件的法律监督进行说明:"高度重视死刑案件办理工作。针对死刑案件核准权统一收归最高人民法院行使、死刑第二审案件依照法律规定实行开庭审理的

---

① [奥]凯尔森:"什么是正义",转引自张文显:《当代西方法哲学》,吉林大学出版社 1987 年版,第 182 页。

情况，最高人民检察院下发文件，强调要切实依法做好可能判处死刑案件的批捕、起诉工作，严格把好事实关、证据关、程序关和适用法律关，依法加强对办理死刑案件全过程包括死刑复核的法律监督，确保办案质量。"检察机关作为法律监督机关在履行法律监督职能，保障国家法律的统一正确实施，惩治和预防犯罪，保护公民的合法权益，维护社会和谐，推进民主与法制建设等方面起着重要的作用。

首先，死刑案件法律监督是检察机关维护法制统一的客观需求。维护法制统一是现代法制的必然要求，诉讼作为国家司法活动的一种重要形式，必须依法进行。认定事实证据不足与适用法律错误无疑是对法律统一的破坏。因此，错误认定的事实和适用的法律内在的要求得到救济，法律监督作为对司法活动的违法性问题进行纠正的程序，具有维护法律统一的功能，并且是实现法律统一的重要保障。[1] 江泽民同志在十五大报告中强调："要加强对宪法和法律实施的监督，维护国家法制的统一。"这是对强化检察机关法律监督提出了更高的要求。法律监督是依法对司法机关在诉讼活动中遵守和执行法律情况进行监督，对违法和失误行为加以制裁和矫正。死刑案件对法律监督的要求更是严格，因为死刑是直接关系到生命的最严厉的刑种。检察机关的法律监督是否合法和恰当与死刑案件适用是否公正直接相关。一旦法律监督出现漏洞、不到位现象，冤假错案就会发生。因此强化死刑案件法律监督具有重大现实意义。法律监督同立法、执法、守法一起构筑成了我国社会主义法治的全部内容，是立法和执法有机统一的重要保证，没有统一的法律监督，就没有统一的执法和法制统一，其他方面诸如政治、经济、文化等生活的法制化就无从谈起，社会主义和谐社会的构建更是空中楼阁。在我国这样一个具有几千年人治文化传统的国家里，封建社会留下来的人治思想仍然存在，使得一些司法人员法制观念淡薄，究其原因是缺乏有力的法律监督体系。因此，检察机关要切实加强法律监督，保证死刑案件诉讼过程的公正性，维护法律的统一正确的实施。

其次，加强对死刑案件法律监督，是惩罚犯罪，保护公民合法权益的根本保证。检察机关法律监督的重心是诉讼监督，通过对犯罪案件的立案、侦查、审查批捕或决定逮捕等刑事诉讼活动进行监督，还通过审查起诉和提起公诉、对事实认定证据不足和适用法律有误的案件提起的抗诉等实施监督，纠正司法活动中的违法问题。诉讼公正是所有诉讼活动的内在本质和价值取向，也是社会公众对法律的期望和信任之所在。检察机关通过对死刑案件认真履行法律监督职能，惩罚犯罪的同时也保障了人权。在处理打击犯罪和保障人权关系的问

---

[1]　陈卫东：《刑事审判监督程序研究》，法律出版社 2001 年版，第 18 页。

题上，既不能因为打击犯罪的需要而忽视了保障人权，也不能因为保障人权而放弃打击犯罪。为了建设社会主义和谐社会，检察机关强化法律监督，保障死刑案件的正确处理，处理好打击犯罪和保障人权的关系，实现诉讼公正，是法律赋予检察机关的神圣职责。

最后，加强检察机关对死刑案件的法律监督，有利于建设民主法治，促进社会和谐进步。我们所要构建的社会主义和谐社会，应该是民主法治、公平正义、诚信友爱、充满活力、安定有序、人与自然和谐相处的社会。一个和谐的社会必须是民主的社会、法治的社会。加强社会主义民主法治，切实维护和实现社会公正，营造诚信友爱的良好氛围，广泛调动各方面积极因素，就能使整个社会既安定有序又充满发展活力。维护和实现社会公平和正义，涉及最广大人民的根本利益，是我们党坚持立党为公、执政为民的必然要求，也是我国社会主义制度的本质要求。公平正义既是和谐社会的主要特征，也是重要任务，同时也是社会主义法治理念的价值目标。"强化法律监督，维护公平正义"也是检察工作的工作主题。检察机关作为国家法律监督机关，应当以促进和谐社会建立作为各项检察工作的根本出发点和最终落脚点，充分发挥法律监督职能，为构建社会主义和谐社会发挥应有的作用。社会主义和谐社会中的民主法治，就是社会主义民主得到充分发扬，依法治国基本方略得到切实落实。民主是法治的追求，法治是民主的保障。作为法律监督机关，检察机关的每一项职权都体现着民主与法治：通过打击犯罪，保护人民的人身和财产权利；通过诉讼监督，维护社会主义法制尊严；通过对死刑案件的法律监督，促进司法公正的实现，最终营造一个和谐社会。

第三章
死刑案件法律监督的基本特点

死刑案件与刑事案件具有从属关系。死刑案件法律监督是人民检察院依法对刑事诉讼实行法律监督的组成部分，从属种关系上看，刑事案件法律监督是一个属概念，死刑案件法律监督是一个种概念。根据《现代汉语词典》的解释，特点，指人或事物具有的独特的地方。[①] 考察死刑案件法律监督的特点，应该充分关注这一属种关系，既要从我国检察机关法律监督机关的宪政地位和检察权的基本性质出发，探寻死刑案件与其他刑事案件共同具有的检察机关法律监督权运行的基本特性，也要寻找死刑案件法律监督与其他案件法律监督的种差，总结出死刑案件法律监督的独特性，否则，宽泛地讨论难以抽象出死刑案件法律监督的基本特点。

研究死刑案件法律监督的基本特点，一是有利于突出和把握死刑案件法律监督中的主要矛盾。事物的矛盾具有普遍性和特殊性，矛盾又有主要矛盾与次要矛盾之分，抓住了事物的主要矛盾，更有利于对事物的认识。研究死刑案件法律监督的基本特点，正是为了把握死刑案件法律监督的主要矛盾，进而更全面、更彻底地认识死刑案件法律监督。二是有利于实施有效监督。研究死刑案件法律监督的基本特点，有助于发现和把握死刑案件法律监督的特点，检察机关根据死刑案件法律监督的特殊性，合理调动和配置相应的监督力量，有效使用监督资源，针对死刑案件法律监督不同于其他刑事

[①] 《现代汉语词典》（2002年增补本），商务印书馆2002年版，第1235页。

案件法律监督之处，坚持正确的法律监督原则，建立死刑案件法律监督特殊工作机制，采取最恰当的监督方法和措施，以实现最好的监督效果。三是有利于死刑案件法律监督制度的完善。透过现象看本质，通过分析事物的基本特点来发现和把握事物的本质，是认识的一般规律。研究死刑案件法律监督的基本特点，可以从中发现法律监督权力在死刑案件法律监督运行中的规律性的东西，进一步明确死刑案件法律监督的定位与作用，发现死刑案件法律监督制度中的不足，从而完善死刑案件法律监督制度，促进刑事诉讼监督制度的发展；也可以找出死刑案件法律监督中的薄弱环节及制约死刑案件法律监督顺利开展的各种因素，以利于完善死刑案件法律监督工作机制。具体而言，我们认为死刑案件法律监督主要具有以下特点。

一、监督主体的专门性

（一）监督主体专门性的基本内涵

在我国，《宪法》和《人民检察院组织法》明确规定，人民检察院是国家的法律监督机关，依法独立行使检察权，不受行政机关、社会团体和个人的干涉。《刑事诉讼法》第8条规定，人民检察院依法对刑事诉讼实行法律监督。根据法律的规定，在刑事诉讼中对死刑案件行使法律监督权是专属于检察机关的权力，由检察机关统一行使，其他国家机关和个人不能拥有和行使该项权力。

首先，死刑案件法律监督属于检察机关基于检察职能的个案监督，与国家权力机关人民代表大会的法律监督是有区别的。死刑案件是一种具体的刑事案件，刑事诉讼法对死刑案件的办理程序，证据收集、运用与证明标准等具体问题都作出了细致的规定，侦查机关、人民法院等专门机关在办理死刑案件时是否遵循了相关的程序性和实体性规定都需要一个专门机关进行具体的、细化的监督。检察机关作为法律监督机关，也是死刑案件批准逮捕和提起公诉的机关，它自始至终作为刑事诉讼的一方参与者，通过履行法律赋予的检察职能，行使程序内的专门监督，起到了侦查程序的主导者和裁判入口之把关者的职能。而人大法律监督主要是监督政府机关发布的决定和命令的合宪性和合法性，监督检察机关和审判机关是否公正、独立地行使职权，并且解释宪法和法律，以利于遵守和执行。检察机关对死刑案件的法律监督，来源于国家权力机关，对国家权力机关负责，但并不代替国家权力机关监督，也不代表国家权力机关实施监督。国家权力机关对司法活动的监督方式与手段表现为宏观的监督、外部的监督和总体的监督，在这个意义上，人大法律监督也不能取代检察机关的法律监督。

其次,社会监督不具有死刑案件法律监督所要求的权威性和严格性。死刑案件重大、复杂,一般具有较大的社会影响力。死刑案件的质量关系到犯罪嫌疑人的生命,关系到审判机关的权威,关系到社会的稳定。所以,对于死刑案件,必须有一支专门的司法力量对其立案、侦查、审判、复核以及执行等各个环节进行严格监督,保证正确处理死刑案件。而社会监督,无论是社会团体还是公民个人,既不具有对死刑案件进行监督的条件和资源,其监督在绝大多数情况下也无法对审判结果产生实质性的影响。故而,对死刑案件进行监督的重任只有检察机关可以肩负。

最后,人民检察院作为法定的法律监督机关,具备对死刑案件进行监督的条件。人民检察院依法对侦查机关的侦查活动,对人民法院的审判活动和执行机关的执行活动进行监督已经成为我国司法体制的传统,在多年的办案过程中,人民检察院培养了一大批专门的法律人才,积累了丰富的业务经验,这对于正确有效地对死刑案件进行监督是非常重要的,也是民间监督所不能比拟的。同时,人民检察院的监督乃基于宪法授权,具有权威性,能得到公众的认同,这对于保障死刑审判的权威性至关重要。

(二) 监督主体专门性的法理基础

现代意义的检察权是"革命之子"及"启蒙的遗产",起源于公诉权,但究其诞生的原因却离不开对权力的制衡与监督的目的,随着检察权的发展,检察权的监督属性与功能日益被世界各国所认识和重视。在现代欧陆国家,尤其是法国、德国,在强调检察的公诉职能同时,十分重视检察的监督职能。法国法学家爱马萨别认为:"检察机关是始终朝气蓬勃的,站在前线的社会秩序的捍卫者,一切家庭的安宁、公民的安全、正当自由的维护、对宪法和法律的遵守等都是信托给它的,它揭露侵犯社会秩序的行为,并追究这种行为的责任。"① 我国台湾地区学者林钰雄认为,创设检察制度的目的有三:一是通过诉讼分权模式,以法官与检察官彼此监督节制的方法,保障刑事司法权限行使的客观性与正确性;二是在于以一受严格法律训练及法律拘束之公正客观的官署,控制警察活动的合法性,摆脱警察国家的梦魇;三是守护法律,使客观的法意旨贯通整个刑事诉讼程序,除了追诉犯罪之外,更重要的是保障民权。② 虽然法律监督是检察制度的内在属性,但将检察机关在宪政上完全独立,定位

① 转引自冯景合:《检察权及其独立行使问题研究》,吉林大学 2006 年博士论文,第 117 页。
② 林钰雄:《检察官论》,学林文化事业有限公司 1999 年版,第 123 页。

于法律监督机关，却是前苏联的创建者和领导人列宁的创举。中华人民共和国检察制度的诞生，一开始就受到了列宁法律监督思想的指导以及前苏联检察制度模式的影响，并结合自身情况，逐渐形成了具有"中国特色"的法律监督制度。

近年来，关于我国检察机关是否应当定位为专门的法律监督机关，检察权的基本性质是否属于法律监督权，在学界引起了一定的质疑，也引发了热烈的争论。反对者认为，以公诉权为核心的检察权应当且只能归属于行政权，应将检察院体制从司法体制中取消。① 检察机关在刑事诉讼中的各项权力都是明确的、可操作的，从诉讼的角度来分析，这些权力在刑事诉讼程序中都是各有所归属，都是一个个具体的诉讼权力，与所谓的法律监督机关、法律监督权并没有一定的、必然的关联，应当取消检察机关"法律监督者"身份。② 我们认为，"每个社会应该根据自己的文化特征，根据本身的思想和行动结构，找出自己的发展类型和方式。有多少社会，就会有多少发展蓝图和发展模式。共同适用的统一模式是不存在的"。③ 我国的宪政制度设计中将检察权从行政权和审判权中剥离出来，作为一种独立的国家权力形式——法律监督权而存在，这是基于我国国体、政体和政治制度选择的结果使然，也与我国的国情和法制传统密切相关。④ 具体在死刑案件所存在的刑事诉讼中，由检察机关作为专门的法律监督机关对刑事诉讼实行法律监督，与创立检察制度的目的和现代刑事诉讼的基本原则并不矛盾。

1. 创设检察制度的主要目的，在于确立诉讼分权模式，实现对警察权、审判权的双向制约监督

检察制度开始萌芽于13—14世纪的法国。此时的法兰克王国"唯至后世，法兰克诸懦弱无能之君，相继嗣位，自后国势日蹙，王权渐弱，地方诸大权贵原来在理论上不过帝国之官吏者，时已纷起独立，与中央分庭抗礼，已肇割据之端"。⑤ 13世纪，法王路易九世实行司法改革，将大封建主的司法权置于国

---

① 夏邦："中国检察院体制应予取消"，载《法学》1999年第7期。

② 陈卫东："我国法律监督权的反思与重构——以公诉权为核心的分析"，载《法学研究》2002年第2期。

③ 联合国教科文组织编写的《内源发展战略》语，转引自王俊民："对司法体制的和谐的追求和理论反思"，载张智辉、谢鹏程主编：《中国检察》（第三卷），中国检察出版社2003年版，第38页。

④ 朱孝清："中国检察制度的几个问题"，载《人民检察》2007年第8期。

⑤ ［美］孟罗·斯密：《欧陆法律发达史》，姚梅镇译，中国政法大学出版社1999年版，第108页。

王法院管辖之下，为加强国王在司法中的地位，国王还派遣代表进驻法院，以便代表他监督法院工作，维护他的利益。① 从菲力普四世（1285—1314 年）时起，"国王的律师和代理人"成为专职的国家官员，至 17 世纪路易十四时，将其定名为检察官。现代检察制度诞生于法国 1789 年大革命，以 1808 年拿破仑治罪法典的制定为标志，随着拿破仑的东征西讨，检察官制度如雨后春笋般散播于欧陆各国，特别是德意志帝国接受和改制检察官制度，于 1877 年制定公布了刑事诉讼法和法院组织法，并创设了"检察官客观义务"的规定，对大陆法系各国检察制度的发展产生了深远影响。创设现代检察制度是权力分立制衡的启蒙思想在刑事诉讼领域的实践，检察官的横空问世标志着人类刑事诉讼模式在纠问制取代弹劾制诉讼模式后，再一次以控诉制诉讼模式取代了纠问制诉讼模式。纠问法官一手包办刑事追诉与审判的权力被分离，检察官成为审前侦查程序的主导者，控制或制约着警察活动的合法性。依据检察官客观义务的规定，检察官并非仅为追诉犯罪的一方当事人；检察官应当尽力追求与客观事实最为接近的法律事实，并兼顾维护各诉讼当事人的诉讼权利；通过客观公正地评价案件事实，追求法律公正地实施。客观义务的归宿在于强调检察官"法律守护人"的定位，从这个意义上讲，客观义务的本质就是要求检察官只对法律的公正负责。刑事诉讼中在警察与法官之间设置遵循"客观义务"、维护法律统一正确实施的检察官，既实现了控审分离、客观公正追诉犯罪的目的，又体现了对警察和法官权力的双重监督。死刑，是以剥夺犯罪分子生命为内容最严重的刑罚，死刑案件侦查权和审判权的滥用对法治的颠覆和对民权的破坏作用是其他任何刑事案件所不可比拟的。正如我国台湾地区学者林钰雄所认为的，作为法律之守护人，检察官既要保护被告免于法官之擅断，亦要保护其免于警察之恣意。②

2. 检察权的控诉功能与法律监督功能高度契合

在现代司法制度语境中的检察概念，特指一种司法职能，即特定官员和机关代表国家向法院提起诉讼及执行相关业务的职能。而这种职能正是具有检视查验违法行为，以及就此向有处置权的机关检举以求约束制止的双重功能。③检察通常是一种以公诉为中心的国家活动，虽然世界各国由于政治法律制度的传统与结构各不相同，检察权的具体配置与划分也各有区别，但追诉与指控犯罪却是检察官最基本的职能，离开了公诉职能，检察官和检察制度便不复存

---

① 杨诚、单民主编：《中外刑事公诉制度》，法律出版社 2000 年版，第 151 页。

② 林钰雄：《检察官论》，学林文化事业有限公司 1999 年版，第 18 页。

③ 龙宗智：《检察制度教程》，中国检察出版社 2006 年版，第 1 页。

在。而公诉权的内容具有监督的功能。世界上多数国家的公诉权包括起诉权、支持公诉权、公诉变更权、不起诉权、量刑建议权、上（抗）诉权等。其中审查起诉既是检察官依据证据认定事实、适用法律的过程，也是对警察侦查活动进行审查监督的过程。不起诉权，直接体现了对警察侦查结果的否定和对侦查程序的控制。公诉变更权既是对自身原起诉决定的修正，也是对法院审判范围的制约。出庭支持公诉既是检察官履行控诉职能的体现，也是对法院审判活动履行监督职能的体现。检察官对法院判决提出抗诉，要求上级法院予以纠正，也体现了法院裁判结果的监督。德、法、日等国大陆法系国家，为维护法律在整个国家统一正确实施，都赋予了参与整个刑事诉讼并且代表公益的检察机关以一定的法律监督权力，有的甚至规定检察机关在行使公诉权的同时还要监督审判程序和判决的执行，以确保公诉的顺利成功和国家法律的统一实施。如法国检察官就享有非常广泛的法律监督权。法国《刑事诉讼法典》第 35 条规定："（驻上诉法院）检察长负责监督在上诉法院管辖区内所有刑事法律的实施。"根据法国法律，"检察官可以对预审法官的各项预审活动的进展是否符合规定以及预审的有效性进行监督。允许共和国检察官要求负责预审的法官完成具体的预审行为。为了便于共和国检察官进行监督，共和国检察官有权随时要求向其报送诉讼案卷，但应当在 24 小时内归还"。[1] 共和国检察官认为有必要的可以对法院的判决提出抗诉，如"驻最高法院总检察长对上诉法院、重罪法院、轻罪法院或违警法院作出的可能被撤销的判决，当事人没有上诉的，为维护法律的利益，可以依职权提出上诉"。[2] 在德国关于检察官的职权中有规定："检察官决定是否提起公诉；在法庭审理阶段，充任国家公诉人，同时监督审判程序是否合法。"[3] 日本学者认为，检察官不仅是一方当事人，其主要任务是维护法律秩序，为了实现这一任务，也应当维护被告人的利益。《日本检察厅法》第 4 条对检察官在诉讼中的地位作了规定："检察官在刑事方面进行公诉，请求法院正确适用法律，并监督审判执行；对属于法院权限内的其他事项，认为职务上有必要时，可请求法院予以通知，陈述意见，并作为公益的代表者，进行其他法令权限之内的事务。"[4] 大陆法系各国的公诉权，不同程度地存在控诉功能与监督功能的融合，控制侦查程序和审查侦查结果，

---

① ［法］卡斯东·斯特法尼等：《法国刑事诉讼法精义》（上），罗结珍译，中国政法大学出版社 1999 年版，第 655 页。

② 王以真：《外国刑事诉讼法》，北京大学出版社 1994 年版，第 274 页。

③ 王以真：《外国刑事诉讼法》，北京大学出版社 1994 年版，第 336 页。

④ 王以真：《外国刑事诉讼法》，北京大学出版社 1994 年版，第 367 页。

启动审判程序和限定审判范围，监督侦查与审判的活动及其结果，这些都有机融合在指控犯罪的整个过程之中。可以说，监督是公诉权与生俱来的固有属性，在控诉功能与监督功能之间，控诉是手段，监督才是目的。大陆法系国家赋予公诉权在刑事诉讼中法律监督的功能，具有深刻的历史背景，表明了公诉权的控诉功能与法律监督功能存在高度契合的关系。

二、监督对象的特定性

（一）监督对象特定性的基本内涵

监督，字面意义为监察督促（见《辞海》）。对法律监督的理解存在广义和狭义之分，广义的法律监督指各类监督主体为保证宪法和法律的统一实施，而依法律授权进行的一切监督活动，监督对象涵盖立法、执法、司法、守法等各个方面，监督主体的普遍化和监督对象的广泛性是广义法律监督的特征。当"法律监督"，作为一个专门术语时，狭义的法律监督是指专门的法律监督机关——检察机关，根据法律的授权，运用法律规定的手段对法律实施情况进行监察、督促并能产生法定效力的专门工作。本书仅在狭义的法律监督概念下讨论和界定法律监督对象。根据刑事诉讼法确立的"未经人民法院依法判决，对任何人不得确定有罪原则"，作为法律监督对象的死刑案件，在一审宣判前指的是侦查机关、公诉机关认为可能判处死刑的案件，一审判决后一直到执行程序，指的是已经由一审法院判处死刑的案件而不论有权主体是否提出了上诉和抗诉。我们认为，检察机关法律监督作为一项专门性监督，监督的客体应当是国家权力，对象是法律运作活动。当以死刑案件为考察视角时，监督对象便体现为刑事诉讼中有关死刑案件的侦查活动和审判活动。与死刑有关的立法活动、公民的守法情况以及非死刑案件的法律监督活动均不属于监督对象的范畴。

具体而言，死刑案件法律监督的对象为整个死刑案件诉讼程序中，国家专门机关实施的所有能产生一定法律效力和法律效果的行为。所谓"整个"，主要包含两层意思：一是全程性，即人民检察院对死刑案件的监督涉及死刑案件刑事诉讼流程的各个环节，包括立案、侦查、起诉、审判、死刑复核，以及核准死刑的执行。根据《人民检察院组织法》第5条第3—5款，人民检察院刑事诉讼规则第十章以及刑事诉讼法的相关规定，人民检察院的职权包括对于公安机关、国家安全机关等侦查机关侦查的案件进行审查，决定是否逮捕，起诉或者不起诉，并对侦查机关的侦查活动是否合法实行监督。对于刑事案件提起公诉，支持公诉。对于人民法院的刑事判决、裁定是否正确和审判活动是否合法实行监督。对于监狱、看守所等执行机关执行刑罚的活动是否合法实行监督。这为人民检察院对死刑案件进行全程监督提供了法律依据。二是全面性，即无论在哪一个环节启动监督程序，人民检察院的监督都囊括死刑案件的全部。例如，对死刑二审活动进行监督就不仅仅是针对一审的死刑审判结果，也包括侦查机关的侦查活动。

当然，全程性和全面性并不意味着平均用力。在我国的刑事诉讼程序中，检察机关不仅是法律监督机关而且肩负着审查批捕、审查起诉、提起控诉、支持公诉等多项职能，还要监司职务犯罪侦查，可以说既是侦查机关又是公诉机关，还是法律监督机关。在履行不同职责时投入均等的司法资源对相关程序进行监督是不可能的，也没有必要。例如，在一审程序中，凸显的是检察人员的控诉职能，其主要职责是通过举证质证证明犯罪事实的存在，刑事诉讼法对检察人员出席一审庭审的程序和职责作了详尽规定，相应的称此时的检察人员为"公诉人"；相对的，审判监督体现为整体性监督和事后监督，刑事诉讼法仅在第169条规定"人民检察院发现人民法院审理案件违反法律规定的诉讼程序，有权向人民法院提出纠正意见"。与一审程序不同，审查批捕、审查起诉本来就带有监督工作的性质，本身就是人民检察院对相关机关工作进行监督的一种方式，而二审、再审带有明显的纠错与救济色彩，死刑复核更是专门针对死刑案件所设的错案纠正关卡，在这些程序中，人民检察院必须下大力度对死刑案件的各个环节进行监督。法律也对人民检察院在这些程序中的监督工作作出了详细规定，以兹遵循，法律没有相关规定的，通常也会有相应的司法解释出台。例如，针对长期以来，在死刑二审案件中缺乏相关的程序性规定致使人民检察院在履行监督职责时无章可循的情况，最高人民法院和最高人民检察院于2006年9月21日发布公告，宣布《最高人民法院、最高人民检察院关于死刑第二审案件开庭审理程序若干问题的规定（试行）》自2006年9月25日起施行，该规定明确规定了人民检察院办理死刑上诉、抗诉案件的工作程序和工作内容，在立法上强化了人民检察院在死刑二审案件中的法律监督职能。

（二）对监督对象载体——死刑案件特殊性的理解

死刑案件的特殊性决定了死刑案件法律监督的特殊性。事物的特点是事物本质的外在表现，死刑案件法律监督的基本特点，是由其负载物——死刑案件本身的特殊性决定的。因此，研究死刑案件法律监督的基本特点还需要从死刑案件的特殊性入手。

1. 涉及权益的特殊性

死刑案件涉及人的最高权利——生命权的剥夺，而普通刑事案件仅仅涉及对被告人的自由和财产的剥夺。死刑一旦执行，即使发现错误也不可能挽回和逆转。这与其他刑事案件仅涉及自由和财产的剥夺不可同日而语。错判一个人死刑的危害要远远大于错放一个杀人犯，被误判者的家属、亲友，将对司法制度产生极大的怀疑，并直接体现为与司法人员的对抗，严重影响社会的稳定。①

2. 社会公众反映强烈

国家对被告人适用死刑这一最严厉的惩罚，是由于被告人造成了严重的犯罪后果，适用死刑的案件大多数是被告人实施了严重暴力犯罪，造成了他人死亡的严重后果，素被民间称为命案。死刑案件由于涉及命案，犯罪行为人与被害人亲属往往处于严重的对立状态。被害人亲属往往有"杀人偿命"强烈愿望和情绪反应。社会公众出于对被害人的同情、对犯罪行为人的愤恨等心理，对死刑案件都会体现浓厚的兴趣，对诉讼的进程、司法机关的态度密切关注。害人性命自然是罪大恶极，"杀人者偿命"便成为国家和公众一向认同或者默认的惩罚原则。在对死刑案件的高度关注中，由于诸多因素的影响和作用，会积蓄成"民愤"。民众对于某刑事案件的憎恨和愤怒凌驾于法律之上进行定罪量刑，使司法机关承受巨大的社会压力。如佘祥林案，在佘妻张在玉失踪3天后，其兄张在生就到派出所报案，并提出佘祥林可能因其妻患上精神病而杀妻的怀疑。在公安机关发现了一具无名女尸后，张家亲属多次上访，并组织220名群众签名上书，声称"民愤"极大，要求对"杀人犯"佘祥林从速处决。②

3. 媒体高度关注

死刑案件发生后，各种媒体通常会竞相报道，制造悬念，渲染气氛，引起公众高度关注。一旦"凶犯"落网，媒体又会及时报道，甚至"未审先判"，以满足公众的知情需要，出现舆论审判的不正常现象。虽然此时只是有了犯罪嫌疑人，犯罪嫌疑人还不等于罪犯，但公众在心理上习惯于或者下意识地将犯罪嫌疑人、被告人等同于罪犯。公众受到舆论的诱导而形成的某种情绪和倾向，传导到司法机关就是一种压力，最严重者可能影响案件的公正处理。与案件相关的人员也可能借助于大众传媒的渲染，对司法机构形成一定的压力，借此谋求司法对其利益的特别保护。

4. 政治压力的易感性

在中国特殊的社会背景下，司法更偏重于对政治要求的遵从，死刑案件更能集中体现这一点，死刑案件的办理更容易受到政治压力的影响。媒体追热

① 田文昌、颜九红："论中国死刑发展趋势"，载《当代法学》2005年第2期。
② 刘潇潇："程序正义如何才能实现——佘祥林案的个案分析及其启示"，载《河北法学》2006年第5期。

点，被害人亲属施压力，政府求稳定，领导作指示，是死刑案件办理中经常会遇到的事情。命案，特别是重大恶性案件一旦发生，会对当地的社会治安造成严重冲击，影响社会稳定。命案发生后，如何迅速重新恢复民众的安全感，维护当地的治安稳定，是发案地党政领导关心的大事。通过从速从快办理死刑案件，及时查获犯罪行为人并判处死刑来宣示政府打击严重犯罪的决心、营造打击声势成为发案地党政领导合乎逻辑的选择。维护社会稳定的政治期望压力巨大，限期破案、命案必破成为必然选择，这样容易引发侦查讯问中的急功近利，产生刑讯逼供等违法办案行为，甚至造成冤错案件。李久明案侦查讯问时对李久明刑讯逼供的公安局局长王建军在法庭最后陈述时说："面对社会压力，我破案时急于求成，没有注意维护犯罪嫌疑人的合法权益，给政法机关脸上抹了黑，这个教训比用生命和鲜血换来的代价更为可贵！"[1]

5. 程序严密，过程漫长

诉讼活动太快了也意味着没有正义。剥夺一个人生命权的死刑，应该是过程最严格、最缜密的司法手段。法律剥夺一个人生命的过程越复杂，通常也就意味着当事人的合法权利能够得到最大限度的伸张，更意味着冤假错案的几率将被降到最低。迟来的正义非正义，但在死刑案件的办理中，来得太快的"正义"也未必就是正义本身甚至可能带来更大的恶。除非明显压缩审判程序、刻意从快，从侦查到审查起诉、提起公诉、一审、二审、死刑复核，死刑案件诉讼程序即使正常运作，虽然法律条文没有对结案时间下限进行规定，但一般来讲，死刑案件的最终确定，整个程序包括拘留、逮捕、侦查、起诉、一审、二审以及复核等一系列环节，不考虑任何的耽误和延长问题，少则需要一年半载，多则长达数年。河北省陈国清等四人抢劫杀人一案就是典型的例子。从1994年案发，1996年承德市中级人民法院第一次判处四被告人死刑开始，其后河北省高级人民法院以事实不清、证据不足为由先后三次发回重审，到2000年10月，承德市中级人民法院又作出了三次基本维持原判决的判决。由于一审法院实际上拒绝改判，河北省高级人民法院于2004年3月作出改判，判处三名被告人死刑缓期两年执行，一名被告人无期徒刑。[2] 又如海南省因涉嫌杀人被关押10年之久的黄亚全、黄圣育于2003年在海南省高级人民法院的再审中被宣告无罪；原云南财贸学院学生孙万刚因涉嫌强奸杀人而在监狱中度过了8年后于2004年被云南高院宣告无罪；河南鹿邑县农民胥敬祥在监狱里

---

[1]　王健："公安局长刑讯逼供案庭审实录"，载《法律与生活》2005年第4期。

[2]　李建明："死刑案件错误裁判问题研究——以杀人案件为视角的分析"，载《法商研究》2005年第1期。

蹲了 13 年，检察机关经过长达 7 年的努力，以撤回起诉的方式还了他"清白"；湖北京山佘祥林因涉嫌杀人入狱 11 年后，因被"杀害"的妻子突然归来，而被宣布无罪释放。①

三、监督内容的全面性

（一）监督内容全面性的基本内涵

检察机关在刑事诉讼中处于承上启下的枢纽地位，检察官是侦查程序的主导者、法官裁判的把关者，以及刑事诉讼程序中唯一的全程参与者。在三大诉讼中，相对于民事诉讼法律监督和行政诉讼法律监督，只有刑事诉讼法律监督检察机关的参与是最为彻底的，监督触角涉及各个诉讼阶段，贯穿诉讼的始终，事中监督与事后监督共存。检察机关对民事诉讼和行政诉讼的法律监督只能通过对已经生效的民事、行政裁判的审查来进行，在民事、行政裁判生效之前，检察机关法律监督权力并不介入，更多地体现为一种事后监督。检察机关对死刑案件从侦查、批准逮捕、审查起诉到一审、二审、死刑核准的整个诉讼程序是全程参与，全面履行法律监督职责。侦查活动、审判活动、死刑执行活动都是检察机关死刑法律监督的内容。由于死刑案件往往是在当地有重大影响的案件，也具有一定的疑难、复杂性，检察机关往往在侦查阶段就提前介入，引导公安机关开展侦查取证，确保侦查取证活动依法进行；而对于一般刑事案件，没有特殊情况，检察机关基本上是在公安机关移送案卷材料之后才开展法律监督，并不普遍提前介入侦查取证活动。检察机关审查批准逮捕的本身就是对侦查活动合法性最有力的监督制约，在审查起诉阶段更是包含对侦查活动合法性的监督。检察机关对审判活动的监督也贯穿于死刑案件的一审、二审、复核直到死刑执行。任何一个诉讼阶段、诉讼环节出现或发生的错误，如违法侦查、超期羁押、判决错误和违法的执行活动，检察机关均有责任予以纠正。无论是实体处理，还是诉讼程序；无论是认定事实，还是适用法律，检察机关都要全面监督。至于死刑核准程序，是死刑案件的特有程序，检察机关介入死刑复核，也是一般刑事案件法律监督不可能涉及的。检察机关对死刑案件诉讼进程的介入相比其他案件而言更为彻底，这在一定程度上也反映了死刑案件法律监督内容的全面性。需要指出的是，无论是在死刑案件的哪一个环节，人民检察院法律监督的内容都既包括实体问题也包括程序问题。虽然我国现在的法律监督制度还不完善，例如在程序上，死刑二审案件的法律监督存在空白地带，

---

① 谢滨键："正确理解'命案必破'"，载《中国刑事警察》2005 年第 5 期。

死刑二审复核程序法律监督缺失，导致了人民检察院监督乏力等问题，但这并不意味着死刑案件法律监督不包含对死刑二审案件和死刑复核案件进行监督的内容。只是，我们需要找出现行法律监督制度在立法上、相关制度和机制中存在的问题，分析其原因，并思考解决相关问题的方法，不断提高检察机关对死刑案件进行法律监督的有效性。

（二）监督内容全面性的法理基础

1. 监督内容的全面性是由检察官在诉讼中的使命与义务所决定的

正如前文所述，检察制度从其诞生之日起便被赋予了通过诉讼分权对警察权和审判权双向制衡的使命。在检察制度的演变发展中，以德国为代表的大陆法系国家逐渐形成了检察官在诉讼中的两项重要义务，一是法定主义的义务，二是客观性义务。在客观性义务之下，检察官并非一方之诉讼当事人，而乃法律之守护人，不仅负有正面的追诉犯罪的义务，更负有消极防范任何无辜者被恣意追诉或定罪的义务。按照联合国《关于检察官作用的准则》的规定，检察官的客观性义务，主要包括以下内容：[1]（1）不歧视任何人。检察官在履行职责的时候，要保持不偏不倚的立场（第13条A）。（2）按客观标准行事。检察官在履行职责的过程中要充分注意到案件中一切有关的情况，特别是对犯罪嫌疑人有利的和不利的各种因素，不得顾此失彼或厚此薄彼（第13条B）。（3）保证公众利益。在适当考虑犯罪嫌疑人人权的同时，要充分考虑到社会的利益特别是在有被害人的场合，要考虑到受害者的立场和权利（第13条B）。（4）必要时终止追诉。在诉讼过程中，如果调查表明起诉缺乏根据，检察官就不应提出或继续检控，或应竭力阻止诉讼的继续（第14条）。（5）依法保护犯罪嫌疑人的合法权益。如果得知或认为其掌握的不利于犯罪嫌疑人的证据是通过侵犯人权的非法手段取得的，检察官就应拒绝使用此类证据，并应采取一切必要的措施确保将使用非法手段的责任者绳之以法（第16条）。（6）酌处中的客观公正性。在其他任何情况下，检察官依法行使自由裁量权时，应当充分考虑各方面的利益和情况，确保作出决定的必要性、客观性和连贯性（第17条）。检察官的客观义务也得到了越来越多的支持，如国际刑事法院《罗马规约》中对检察官的定位，2000年欧洲理事会通过了的刑事司法准则等，都强调了检察官的客观义务。检察官的客观义务的确立和普遍接受，已呈现为一种国际发展趋势。我国检察制度的建立虽然深受前苏联检察制度的

---

① 参见张智辉："检察官客观义务的内容"，http：/i www.jcrb. com/zyw/n240/ca243135. htm。

影响，但在检察官使命与义务的方面与大陆法系国家检察制度具有相通之处。"强化法律监督，维护公平正义"是我国检察工作的主题，检察机关在死刑案件中首要的义务就是确保死刑案件侦查和审判活动以及结果的客观公正，维护国家法律的统一正确实施。无论是在死刑案件的任何一个诉讼环节，检察官不仅要注意查明、收集、证明被告人有罪、罪重的事实和证据，还要注意查明、收集、证明其无罪、罪轻的事实和证据；不仅要保护犯罪嫌疑人、被告人的诉讼权利，还要保护被害人以及其他诉讼参与人的诉讼权利。检察机关履行这些职责，是由其作为法律监督机关的职能性质和法定义务决定的，而履行其使命与义务必然要求对死刑案件诉讼全过程实行全面的监督。

2. 监督内容的全面性是由现代刑事诉讼控诉制诉讼模式所决定的

现代世界各国广泛采用以控审分立为主要特征的控诉制诉讼模式，在此之前人类刑事诉讼模式经历了弹劾式诉讼模式和纠问式诉讼模式。弹劾式诉讼模式是人类司法史上盛行于奴隶制时期的诉讼构造形态，其主要特征是：(1) 起诉权由公民自由行使，起诉权最初属于被害人及其亲属，其后属于组成社会的民众，没有进行控告的专门官方机构。(2) 实行不告不理原则，没有原告起诉，法院就不得受理案件和进行审判。法院不主动传唤被告，传唤被告由原告负责。(3) 原告和被告的诉讼地位平等，享有同等的权利，谁主张、谁举证。(4) 审判公开并以言词方式进行，双方及证人采取对质的方式核实证据。案件裁判上出现疑难而决断不了时，通过神灵裁判解决纠纷。① 纠问式诉讼模式是对封建专制时期刑事程序基本特征进行的概括，主要特征有：(1) 实行国家追诉制度。(2) 法官是诉讼中享有广泛权力的人，既负责侦查与控诉，也负责审判。(3) 被告人主要作为被纠问的客体存在，不具有主体地位。(4) 不仅侦查秘密进行，审判也不公开。(5) 将认罪口供作为最佳证据，刑讯制度化、合法化。随着国家对犯罪本质认识的逐渐深化，随着国家管理职能的不断强化和权力体系的不断分工，更是随着国家顺应人类追诉法律公正的期望，伴随着启蒙思想指导下的资产阶级革命的胜利，引发了刑事诉讼模式的第三次变革，国家权力内部审判权与控诉权分离，产生了行使刑事控告职能的国家官员——检察官，控诉制刑事诉讼模式便应运而生。虽然在控诉制刑事诉讼模式下，大陆法系国家更带有职权主义色彩，普通法系国家更带有当事人主义色彩，但检察官参与或主导甚至亲自侦查，以及介入刑事审判的全过程却是相同的。检察官对侦查活动不同程度的制约与监督贯穿于侦查活动的全过程，检察官对审判活动以及结果的制约与监督也贯穿于审判活动的全过程。检察权

---

① 宋英辉、孙长永、刘新魁等：《外国刑事诉讼法》，法律出版社 2006 年版，第 16 页。

只有全面地参与侦查活动和审判活动的全过程才能有效实现制衡与监督权力的功能。

四、监督方式的司法性

（一）检察机关法律监督并非"一般监督"

中华人民共和国检察制度是伴随着中华人民共和国的诞生而建立起来的。应当说我国将检察权从宪政体制上完全独立出来，成为与行政权、审判权相并列的法律监督权，将检察机关在宪法的高度定位为法律监督机关，这样的制度设计深受列宁法律监督思想和前苏联检察制度的影响。列宁指出："检察机关和任何行政机关不同，它丝毫没有行政权，对任何行政问题都没有表决权。检察长的唯一职权和必须做的事情只有一件：监视整个共和国对法制有真正一致的了解，不管任何地方的差别，不受任何地方的影响……检察长的责任是使任何地方政权的任何决定都与法律不发生抵触，检察长必须仅仅从这一观点出发，对一切非法的决定提出抗议。"[1] 根据列宁的法律监督思想，检察长有权对国家管理机关、企业、机关、组织、公职人员和公民执行法律的情况实行监督，通过监督，使上述机关和组织发布的文件符合宪法，使公职人员和公民都准确、统一地执行法律。这种对机关、组织和个人所进行的"一般监督"是前苏联检察监督制度的重要特点。我国在检察制度立法上，也曾经规定过检察机关的"一般监督"职权，如1954年的人民检察院组织法就规定，最高人民检察院对于国务院所属部门、地方各级国家机关、国家机关工作人员和公民是否遵守法律，行使检察权；地方各级人民检察院对于地方各级国家机关的决议、命令和措施是否合法，国家机关工作人员和公民是否遵守法律，实行监督。来源于前苏联检察机关"一般监督"的职能定位是先于对诉讼结构的考虑而产生的，它最初确立是出于维护和巩固政权的政治需要，不仅上位于审判权，甚至还可以干预"地方当局"的决定，是一种直接派生于国家政权而又高于审判权和行政权的权力，有些类似于我国古代的"代天巡守"或"钦差大臣"，只不过它的权限范围更加固定而已。应当说，"一般监督"的制度设计带有很强的理想主义色彩，随着现代社会国家行政管理职能的不断细化，行政立法和执法行为贯穿于社会生活的方方面面，由一个专门的法律监督机关凌驾于一切国家机构和组织之上，取代一切监督主体职能，对国家的整个立法、执法、司法、守法体系进行全面的法律监督，这样的制度设计不太现实，也无

---

① 列宁：《列宁全集》（第33卷），人民出版社1958年版，第326—327页。

法达到预想的效果。因此，我国现行宪法虽然规定了检察机关是法律监督机关，但在人民检察院组织法以及其他法律中并没有规定"一般监督"的具体职权，特别是在死刑案件所存在的刑事诉讼中，检察机关作为指控犯罪的主体，诉讼的一方参与者，主要通过履行批准逮捕职能、公诉职能以及由公诉职能衍生的其他职能实现对其他国家权力的监督制约。从这个意义上说，检察机关对死刑案件的法律监督并非凌驾于诉讼之上，或独立于诉讼之外的"一般监督"。

（二）检察机关法律监督是诉讼程序内的司法监督

有学者认为，我国检察机关行使公诉权时，又具有法律监督的职能，这使得检察机关集法律监督职能与公诉职能于一身，使"本来已经足够强大的国家公诉机关又如虎添翼，'平等武装'成为泡影，必然会导致控辩双方力量呈现严重不均衡，控辩平等原则就形同虚设，被告人的宪法性权利就没有任何保障可言。"检察机关行使公诉权时，又具有法律监督职能，使"检察机关实际拥有了高于审判机关的法律地位和权力效能，检察官成为地地道道的'法官之上的法官'，直接导致审判不独立、裁判不终局，司法权威先天受到贬抑"①。我们认为，这是对我国检察机关法律监督和检察职能的误解。

监督，在《辞海》中其本来意义为监察督促，但在汉语中，监督一词的使用，含义极其丰富，并不只意味着上位权力对下位权力的控制，而是在多种意义、不同角度使用的，包括上位权力对下位权力的监督（控制）、平等权力主体之间的监督（制衡）、下级对上级的监督（提示）、权力体系之外的监督（权利行使）②。在国家权力构架中，检察机关的法律监督权是在权力一元化下分权制衡的产物，检察机关与行政机关、审判机关在法律地位上是平等的，而不像国家权力机关对检察机关、行政机关、审判机关的监督是一种上位权力对下位权力的控制。检察机关对死刑案件所存在的刑事诉讼实行法律监督，它的法律地位与侦查机关、审判机关是平等的，是平等国家权力之间的制衡。法律监督权是一种程序性的权力。检察机关依照法律赋予的权力、规定的监督范围、监督程序和监督方式进行，以尽量不干预被监督权力的实体性行使为前提。检察机关采取的监督手段，作出的监督结论只具有程序上的意义，而不产生实体上的结果。如检察机关对确有错误的死刑案件判决提出抗诉，只是代表二审或再审程序被启动，而对涉案被告人行为最终作出何种定性，以及处以什

① 郝银钟："评'检诉合一'诉讼机制"，载《法制日报》2006 年 8 月 3 日。
② 张智辉："法律监督三辨析"，载《中国法学》2003 年第 5 期。

么样的刑罚，则是由审判机关来决定的。那种认为法律监督权使检察官成为"法官之上的法官"的观点，是不正确的。

　　法律监督是检察权的本质属性，检察权的实施离不开具体的检察职能，检察职能又主要在诉讼中予以展开，二者是一个事物的两个方面，是共生的关系。因此，就死刑案件而言，检察机关法律监督的有效体现离不开具体的检察职能，法律监督是目的，检察职能是形式，刑事诉讼是载体。法律监督必须以在刑事诉讼中履行检察职能为基础、为条件，检察职能是法律监督借以发挥的必要途径和手段。检察职能具体包括职务犯罪侦查职能、批准逮捕职能、公诉职能等，公诉职能的内容又包括引导或补充侦查、审查决定起诉或不起诉、出庭支持公诉、公诉变更、抗诉和纠正违法行为等具体职能。这些职能都是实施法律监督的手段，例如检察机关行使审查起诉职能，可以发现死刑案件中侦查机关的侦查活动是否存在违法行为，侦查机关所认定的犯罪性质和罪名是否正确等，从而体现着检察机关对侦查机关侦查活动的法律监督性质。又如抗诉职能，检察机关通过对法院错误裁判行使抗诉权，体现着检察机关对人民法院审判活动的法律监督性质。检察机关对死刑案件的法律监督，自始至终都是立足于诉讼一方主体身份的程序内监督。在法学领域，"程序"一词有专门的含义，是指"按照一定顺序、程式和步骤作出法律决定的过程"。[①] 学者季卫东指出，在诉讼法学中，程序还可以被看做是一种"角色分派体系"。"⋯⋯程序参加者在角色就位（role‑taking）之后，各司其职，互相之间既配合又牵制，恣意的余地受到压缩。因此，程序功能自治又是通过各种角色担当者的功能自治而实现的。程序规定的内容在很大程度上是一种角色规范，是消除角色紧张（role strain），保证分工执行顺利实现的条件设定。"[②] 检察机关对死刑案件法律监督正是指利用诉讼程序内角色所承担的职能的相异性和对抗性，按照诉讼规律的要求，遏制警察权的恣意和裁判权的滥用，保证程序公正进行。以公平正义为价值目标的法律监督能有效克服指控者片面控诉的倾向，正如我国台湾地区学者林钰雄所言"检察官应谨力求真实与正义，因为他知晓，显露他（片面打击被告）的狂热将减损他的效用和威信，他也知晓，只有公正合宜的刑罚才符合国家的利益"[③]。由此可见，死刑案件法律监督的属性系立足检察职能诉讼程序内的司法监督，除此之外，不存在独立于诉讼之外的法律监督职能。

---

①　陈瑞华：《刑事审判原理论》，北京大学出版社1997年版，第17页。

②　季卫东：《法治秩序的建构》，中国政法大学出版社1999年版，第25页。

③　林钰雄：《检察官论》，学林文化事业有限公司1999年版，第5页。

五、监督目的的正当性

(一) 监督目的正当性的基本内涵

"强化法律监督、维护公平正义"是我国最高人民检察院确立的检察工作主题。这其中蕴涵着死刑案件法律监督的核心价值目的，即在刑事诉讼中实现人类对公平、正义、秩序、自由的追求。检察机关作为刑事诉讼中死刑案件的公诉机关和法律监督机关，参与诉讼并不为追求自身的利益，而是社会公共利益的代言人，站在公共利益的立场，综合考虑各种因素，包括被害人的感情、被告人的情况及社会对犯罪行为的反应和评价，然后作出起诉或不起诉的决定，正如日本学者指出，由公正的不受报复感情及利害关系左右的国家机关行使追诉权，是最为恰当的。① 检察制度的诞生与发展，是国家对犯罪本质认识深化的结果，是国家强化管理职能，权力体系科学分工的结果，是对法律作用和诉讼规律认识不断深化的结果，也是国家顺应人类追求法律公正的期望的结果。作为国家利益、公共利益代表人的检察机关，在死刑案件刑事诉讼中始终将实现"公平与正义"作为法律监督最高的价值和目的。

在死刑案件中实现"公平与正义"的价值追求，检察机关必须大力加强死刑案件办理和监督工作，确保准确、慎重地适用死刑。对于那些严重危害国家安全、政权巩固和社会稳定的最严重刑事犯罪，司法机关如若打击惩治不力，必将使社会秩序陷入混乱，民众自由与安全将无法得到国家政权的庇护与保障。但是，不受有效制约的司法权就如同一匹脱缰的野马，它时刻都存在公权力滥用、侵害民权的危险。正如德国著名刑法学家耶林指出的："刑罚如双刃之剑，用之不得其当，则国家与个人两受其害。""刑罚运用得当，就是一把惩恶的利剑，可以给犯罪者应有的制裁；刑法运用不当，就可能成为一把伤及无辜的屠刀，使人们成为公共权力的受害者……正因为刑法是'以恶止恶'的制度性设定，刑法运用不当，就可能成为社会的灾难，所以防止刑法成为人类社会的洪水猛兽，便是人类在创制和运用刑法的过程中时刻焦虑的问题。"② 在死刑案件中，这一点体现得更为明显。人头不是韭菜，割掉不能复生，在不可避免要适用死刑时，防止错杀成为最高目标和追求。贯彻少杀慎杀的死刑政策，防止冤杀错杀，确保死刑的正确适用，成为死刑案件法律监督的首要目的和必然选择。耶林在其《法律，实现目的的手段》一书的序言中写道："本书

---

① 转引姜伟等：《公诉制度教程》，法律出版社 2002 年版，第 8 页。
② 张智辉："论刑法的理性"，载《中国法学》2005 年第 1 期。

的基本观点是，目的是全部法律的创造者，每条法律规则的产生都源于一种目的，即一种事实上的动机。"① 检察机关通过审查逮捕、审查起诉、出庭公诉、监督死刑执行等案件办理活动来实现死刑案件法律监督的目标。从实体结果上促使死刑正确适用，纠错防冤，防止错捕、错诉、错判、错杀，从程序上促使侦查机关、审判机关、执行机关依照法律规定的程序开展诉讼活动，确保犯罪嫌疑人、被告人各项诉讼权利得到尊重和落实。

在检察机关开展的各项法律监督活动，都有预防案件违法办理、错误办理的预防作用，尤其是检察机关在办理死刑案件中的侦查监督是基础性的预防。侦查环节是死刑案件办理的最关键的环节，直接决定案件质量和死刑案件的走向。侦查环节也是最容易发生错误的环节。"在侦查阶段，大量证据尚散落在外，有些案件犯罪嫌疑人尚未得到控制，因而控辩双方的对抗最为激烈。此外，与审判阶段绝大多数活动都公开进行并受到法官的有效控制不同的是，侦查阶段许多活动都是单向和秘密的，因而，侦查程序已成为现代刑事诉讼中被追诉者的权利和自由最容易受到非法侵犯的阶段。"② "一直贯穿于侦查讯问历史，并且直到今天仍然是各国所面临的突出问题的刑讯逼供就足以说明侦查权力在行使过程中的蛮横与恣意。"③ 刑讯逼供往往是造成冤假错案的首要原因，是造成冤假错案的总祸根，几乎所有的死刑冤错案件都可以找到刑讯逼供的影子。检察机关在死刑案件法律监督中，通过侦查监督，遏制刑讯逼供，可以有效地防止死刑冤错案件的发生。

（二）监督目的正当性的拓展和丰富

由于政治制度、法律传统、历史文化等诸多因素的影响，我国在建国后的一段时间里更多地仅把检察机关视为人民民主专政的工具，"枪杆子、刀把子"的工具色彩比较浓厚，体现在严重刑事犯罪的死刑案件中，检察机关法律监督的目的更多地偏向镇压打击犯罪，轻社会法益维护；重国家、集体利益，轻个人自由、人权；重实体公正，轻正当程序；重上命下从，轻法律至上。国家检察官穿着橄榄绿的军装，带着镶嵌国徽的大盖帽，充满着军事斗争的色彩。在检察理念方面，以刑法报应主义为理论依据，充斥着对犯罪分子的无比仇恨；主张刑罚权积极介入社会生活，忽视正当程序限制单纯追求客观真实；崇尚重刑主义，以镇压和制裁犯罪作为检察权运行的首要价值。在那样的历史背景下，社会以集体本位为价值坐标，公共利益神圣不可侵犯，刑罚权对

---

① 转引张智辉：《理性地对待犯罪》，法律出版社 2003 年版，第 3 页。
② 陈永生：《侦查程序原理论》，中国人民公安大学出版社 2003 年版，第 7 页。
③ 徐美君：《侦查讯问程序正当性研究》，中国人民公安大学出版社 2003 年版，第 3 页。

社会制度稳定性的维护功能被极端的放大，个人的利益、个人的价值、个人的尊严时常在"稳定压倒一切"的执法理念中被忽视、被侵害。现今的中国走上了以经济建设为中心的市场经济道路，在改革开放的旗帜下中国已逐步融入了世界文明的大潮，建设富强、文明、民主的法治国家已经在整个国家形成了广泛共识，现今的社会价值尊重个人思想的独立性，容忍思想意识的多元性，现今的法律制度也更加注重对个人合法权利的平等保护，检察机关在与时俱进的发展中也不断更新执法理念，拓展法律监督目的正当性的内涵，特别是在死刑案件中，检察机关执法理念与监督目的的拓展表现得尤为充分，实现了从一元片面的价值观转向多元平衡的价值观的转型。

一是保障人权与维护法治秩序并重。抽象地讲，个人与社会是不可分的，个人是社会的，社会是个人的，个人自由与社会秩序是对立统一的。没有社会秩序，个人自由难以保证；没有个人自由，社会秩序必将僵化，而僵化到极致就是死亡。所以，秩序是自由的保证，自由是秩序的根据，没有秩序，自由就无从谈起；不是为了自由，秩序的价值就不完整。① 检察机关对严重刑事案件依法及时提起公诉，对极少数罪行极其严重的犯罪分子，建议人民法院依法判处死刑。对于那些判处死刑可以不立即执行的，坚持"可杀可不杀，一律不杀"的原则。在坚持严厉打击严重刑事犯罪的同时，依法保护犯罪嫌疑人、被告人的各项诉讼权利，尊重犯罪嫌疑人、被告人的诉讼地位和人格尊严，依法维护被害人的合法权益，支持律师依法履行职责，切实保障人权。

二是实体公正与程序公正并重。由于司法传统的影响，"重实体轻程序"的思想观念在我国检察机关有着存在的空间。近年来，与保护人权一样，检察机关越来越认识到程序公正的重要性。英国大法官基尔穆尔曾说过："必须遵守关于审判活动的程序，即使——在一些例外的场合下——有损于事实真相，也在所不惜。"② 追求客观真实是刑事诉讼最美好的理想，虽然坚持程序公正的原则从总体上能够保证刑事诉讼制度朝着最有利于实现客观真实的方向迈进，但诉讼中实现的法律真实并不完全等同于客观真实，正如有学者所指出的："对一个具体刑事案件的证明标准，只能达到近似于客观真实，而且是越接近客观真实越有说服力……'客观真实'只能成为刑事案件证明的一个客观要求，它告诫办案人员要奋力地接近它，它绝不会成为个案的一个具体的证明标准。"③ 而且坚持程序公正并不必然导致实体公正，在有些情况下，实体

---

① 曲新久：《刑法的精神与范畴》，中国政法大学出版社 2003 年修订版，第 57 页。
② 转引自左卫民、周长军：《刑事诉讼的理念》，法律出版社 1997 年版，第 121 页。
③ 樊崇义："客观真实管见"，载《中国法学》2000 年第 1 期。

公正和程序公正甚至是相互对立、相互冲突的，追求实体公正可能损害程序公正，彻底坚持程序公正又可能牺牲实体公正。检察机关在对最严重的刑事犯罪死刑案件进行法律监督之时，时常会在追寻法律真实与程序正义之间艰难寻觅，其决策的结果实际上是在承认诉讼功能有限性的基础上，在"宁枉勿纵"和"宁纵勿枉"之间寻求结合点。我们认为实体公正和程序公正是检察机关在死刑案件法律监督的目的追求中应当兼顾和并重的，但实体公正的实现不能以牺牲程序公正为代价，程序公正更应当处于优先价值考虑，这是法治的必然要求，也是人类的诉讼制度设计尽力免去无辜者不受牢狱之灾的根本立场。

三是指控犯罪与诉讼监督并举。如前文所述，指控犯罪与诉讼监督于检察机关而言是手段与目的的关系。重指控犯罪、轻诉讼监督，重配合、轻制约，不敢监督、不愿监督、监督职能萎缩的现象，在一些检察机关也不同程度地存在。这种思想认为，在审判中心主义的诉讼模式之下，侦查和起诉机关的活动都围绕将要进行的审判而展开，并受审判机关的制约，检察机关指控犯罪需要在自由裁量权广泛存在的审判权中得到采纳和认可，监督审判权可能使指控犯罪处于更为不利的地位。我们认为这种思想是极端错误的。检察官制度的诞生原本就是以削弱纠问法官权力、实现诉讼监督制衡而产生，放弃刑事诉讼中法律监督职能，检察制度就丧失了存在的意义。"徒法不足以自行"，在我国司法领域中，以言代法、以权压法、以情扰法、有法不依、执法不严、违法不究的情况依然存在，死刑案件的冤错案件时而在国内外产生剧烈的震荡和不良影响，损害法律权威和尊严的情况越是突出，法律监督的必要性就越大。检察机关在办理死刑案件中要加大对诉讼活动中违反法定程序、侵害诉讼参与人合法权益等违法行为的监督力度，对确有错误的判决、裁定依法抗诉，加强对死刑执行活动的监督，坚决查处司法不公背后的职务犯罪行为，维护法律的统一正确实施。

六、监督程序的法定性

程序法定原则是现代法治的基本原则，也是刑事诉讼的宪政基础。刑事程序法定，有两层含义：一是立法方面的要求，即刑事诉讼程序应当由法律事先明确规定；二是司法方面的要求，即刑事诉讼活动应当依据国家法律规定的程序来进行。① 程序法定原则要求国家机关在追究犯罪的一切活动中，实施任何

---

① 宋英辉、孙长永、刘新奎等：《外国刑事诉讼法》，法律出版社 2006 年版，第 22 页。

行为必须有法律明确的授权，并依照法律规定的程序进行，程序法定原则禁止有权机关未经法定程序对任何人进行逮捕、追诉和审判。程序法定原则体现了制约国家权力、限制国家权力，防止其滥用损害民权、侵害自由的宪政思想。检察机关作为刑事诉讼中追诉犯罪的公诉机关和守护法治的法律监督机关，其一切活动也必须遵循程序法定原则。检察机关法律监督的对象和范围、措施和手段、实行监督的条件与程序等，都由法律作出明确的规定，检察机关行使检察职能履行法律监督也必须按照法律规定的程序实施，虽然监督过程具有一定的裁量处置权，但裁量处置权的行使依然要受到法定条件和程序的严格限制。从这个意义上，检察机关法律监督属于规范性而非任意性的法律行为。

法律程序不仅仅是实现实体公正的工具和形式，其本身也具有独立的、不可随意损害的公正价值。尊重和保障严格的司法程序，维护法律程序本身的独立价值，是最大限度避免死刑冤案发生的根本途径。死刑案件的特殊性，决定了适用死刑程序的严密性，由于死刑案件的处理对嫌疑人、被告人的利益影响巨大，因此司法机关对死刑的适用标准、证据条件、适用程序等方面都有别于其他刑事案件。适用死刑的程序的严密性，又决定了死刑案件法律监督程序不同于一般刑事案件法律监督，其监督程序更为严密。"法律程序的作用简单地说就是抑制决定者的恣意。"① 正是通过死刑案件法律监督严密的程序设置，才能减少办案中的随意性，通过严格的程序控制，来实现对案件质量的保障。死刑案件法律监督，从侦查机关立案侦查一直到死刑执行，都纳入检察机关的监督视野，由检察机关进行严密的监督。在检察权运行的内部程序方面，办理死刑案件要经过严格的层层把关的一系列程序。由承办人提出审查意见后提交处室集体讨论，处室负责人审核后，再送检察长审签，甚至不少死刑案件要提交检察委员会讨论。如检察机关近年来推行主诉检察官办案责任制，对主诉检察官办理一般刑事案件的范围基本上没有什么限制，但是死刑案件则不同，死刑二审案件的办理，就不适用主诉检察官办案责任制，而是严格实行三级审批制度。

死刑案件人命关天，不允许出现疏忽和失误。错误逮捕、错误起诉、错误审判和执行都会造成严重的后果，轻则错误羁押，重则人头落地。检察机关在死刑案件的办理程序中，发挥着承上启下的枢纽作用，上承侦查，下接审判。非法证据在检察环节未得到排除，在审判阶段将被进一步强化，纠正错误成为泡影。司法实践中出现的死刑错案，与检察环节未及时发现和纠正诉讼中的错误有密切关系。这是从死刑案件质量的保障上看，检察机关较之于办理一般刑事案件，要承担更大、更重的压力。从死刑案件牵涉的社会因素来看，社会公

---

① 孙笑侠：《程序的法理》，商务印书馆 2005 年版，第 18 页。

众和媒体高度关注，党政领导十分关心，被害人亲属要求强烈，检察机关办理死刑案件，相对于办理一般刑事案件，面临的政治压力、社会压力更大，更有必要强调检察机关独立行使法律监督权，客观公正地开展法律监督活动。特别是证据不足、证据存疑时，更是考验检察机关智慧和勇气的事情。检察机关办理死刑案件，体现更高程度的审慎性。较之于一般刑事案件的法律监督，对检察机关的要求更高。严格的法律监督程序，在一定程度上也体现了死刑案件法律监督的更高程度的审慎性。如适应死刑案件一审由中级人民法院办理，检察机关对死刑案件一审的公诉相应的由分、州、市人民检察院办理，而不像普通刑事案件由基层检察院办理。由较高级别的机关负责死刑一审案件的公诉，既体现了程序设置的审慎性，也体现了对审慎开展死刑案件法律监督的要求。检察一体化特别是公诉一体化在死刑案件法律监督中的体现更为明显，也反映了死刑案件法律监督更高程度的审慎。从司法实践看，审查逮捕由基层检察院负责，审查起诉的受理一般也是由基层检察院负责，再将案件报送上一级检察院办理。为适应死刑二审案件全部开庭的需要，最高人民检察院制作的《人民检察院办理死刑第二审案件工作规程（试行）》对上下级检察院加强工作联系作了专门规定，省级检察院不但设立了专门的办案机构，也制作了相关规范性文件，加强死刑案件办理中上下级检察院的工作联系。

检察机关所开展的法律监督是按照一定程序依法展开的，法律赋予其一定的方式，产生一定的效力，以保证监督的权威性。根据现行法律的规定，我们将人民检察院监督死刑案件的方式和手段概括为以下六个方面：一是通过审查核实证据对死刑案件的侦查活动进行监督；二是通过检察引导侦查的方式对死刑案件侦查活动进行监督；三是通过出席庭审对庭审活动进行监督；四是通过抗诉对判决、裁定进行监督；五是通过查处司法工作人员职务犯罪，对侦查、审判活动进行监督；六是通过采取纠正违法的方式对死刑案件在侦查、审判、执行环节进行监督。对于各种方式的具体运用和相关内容将在后文进行介绍。法律根据不同的情形，赋予检察法律监督启动、中止或终结相应诉讼程序的效力。如对于审查逮捕中，检察机关作出犯罪嫌疑人的行为不构成犯罪不批准逮捕的决定，侦查机关必须执行，检察机关作出不起诉决定具有终结追诉犯罪程序的效力，非经法定程序不得再行追诉，检察机关提出抗诉，法院便应启动二审或再审程序对案件进行审理，法院对于二审或再审程序的启动并无裁量权。

第四章
死刑案件法律监督的基本原则

　　法律至上至尊是法治社会的标志，然而"徒善不足以为政，徒法不足以自行"。① 有阳光的地方就会有阴影。要求法律毫无瑕疵地被执行，只是人们的一种良好愿望罢了，我们所遇见的只是法律不断地被违反，然后又不断地被纠正。在这循环反复的过程中，始终需要一个监督法律正确实施的"守护者"或"看护人"。② 法的运行由立法、守法、执法、司法、法律监督等环节构成，其中"法律监督是法律运行不可或缺的构成性机制"，③ 是保证法律统一正确实施、维护法律权威和尊严的重要环节。

　　根据《现代汉语词典》对"原则"的诠释，"原则"是指"说话或行事所依据的法则和标准"。法律原则是指规定或隐含在法律中，作为法律规则产生的依据，其效力贯穿所归属法律的一切活动中，表达了所归属的法律的精神和根本价值倾向的指导思想。④ 法律原则与法律规则同为法律的构成要素，规则是法律的骨架，原则则是法律的灵魂和核心。法律原则是"一种根本规范或基础规范，其在一国法律体系或法律部门中居于基础性地位，为一

---

① 《孟子·离娄上》。
② 向泽远、陈坚："检察官客观义务的价值取向"，载《人民检察》2007 年第 17 期。
③ 张文显主编：《法理学》，高等教育出版社 2003 年版，第 287 页。
④ 董玉庭："论法律原则"，载《法制与社会发展》1999 年第 6 期。

国法律的基本信条和准则，它寄托了法律的总体精神和根本价值"。① 作为法律的构成要素的法律原则，也是法律规则和国家权力运行的疆界，对法律价值的实现具有重要的意义。

在法治社会中，任何国家权力的运行，都要遵守一定的法律规则，同时也需要遵守一定的法律原则；法律活动既需要按照一定的法律规则展开，同时也受法律原则的指导和约束。死刑案件法律监督作为一项专门的司法活动，自然也不例外。

目的是全部法律的创造者，确定死刑案件法律监督的基本原则，也是围绕死刑案件法律监督的目的展开的，监督的目的直接决定了监督者在法律监督活动中应当坚持什么样的原则。我们认为，死刑案件法律监督的目的是促使死刑案件依照法定的程序展开，确保死刑适用的统一性和准确性，防止冤错案件的发生。基于这一出发点，根据死刑案件的基本特点以及办理死刑案件程序的特殊设置，我们认为，死刑案件法律监督的基本原则主要包括以下几个方面。

一、依法独立监督原则

（一）依法独立监督原则的基本内涵

依法独立监督是对检察机关行使法律监督权力的基本要求，是死刑案件法律监督的首要原则。它是指检察机关在法律规定的范围内，依照法定的程序和手段独立开展死刑案件法律监督，不受其他机关及社会团体和个人的影响。依法独立监督既是法律监督的一般原则，也是死刑案件法律监督需要强调和突出的基本原则。相对于普通刑事案件，检察机关在死刑案件中履行法律监督职责更容易受到干扰和影响。司法实践证明，已经出现的死刑冤错案件，检察机关未尽法律监督职责往往是重要原因，而未能依法独立行使法律监督权又是其中的重要方面。依法独立监督意味着法律监督权在刑事诉讼中与侦查权、审判权的分离，独立于政府，独立于侦查与审判，独立于被害人。"依法"为独立行使监督权提供了界限，"独立"又为依法行使监督权提供了可能。

1. 死刑案件法律监督依法进行

我国的法律监督是以诉讼为基点和依托，针对具体案件和诉讼行为的合法性、公正性的监督，必须在法律规定的范围内，依照法定的程序进行。② 检察

---

① 李可："原则和规则的若干问题"，载《法学研究》2001年第5期。

② 黄曙、李忠强："检察权的司法化运作及其构建"，载《人民检察》2006年第6期（上）。

机关开展死刑案件法律监督，应当依照法律赋予的权力、规定的监督范围、监督程序和监督方式进行，以尽量不干预被监督权力的实体性行使为前提，实现死刑案件法律监督的规范化、制度化、程序化。在刑事诉讼中，检察院不仅是一个参与者，而且是一个监督者，法律监督活动依法进行既包括自身所从事的诉讼活动依法进行，也包括对被监督者的监督活动依法进行。

2. 死刑案件法律监督独立进行

死刑案件法律监督作为一项专门的国家机关的活动，应当具备独立的品格，努力不受行政机关、社会和个人的干涉。死刑案件大都涉及严重的暴力犯罪，被害人及其亲属情绪反应激烈，政治压力和社会舆论的压力往往比较大，因而更需要检察机关不为外界因素所干扰，保持清醒的立场，恪守监督职责，切实履行监督义务，排除外界压力特别是社会情绪对办案活动的影响，严格依照法律的规定办理案件，真正做到以事实为根据，以法律为准绳。

3. "依法"和"独立"一体兼顾。死刑案件法律监督中，检察机关要履行好法律赋予的法律监督权，必须做到"依法"和"独立"一体兼顾，失去"独立"地位，便不能有效行使职权，做不到"依法"行使职权，便丧失了其独立地位和存在的价值。开展死刑案件法律监督，"依法"和"独立"二者缺一不可。

（二）依法独立监督原则的法理基础

1. 检察机关的法律地位为依法独立监督提供了前提

在宪政地位上，检察机关是与行政机关和审判机关并行的互不隶属的国家机关，具有独立的法律地位。[1] 在我国人民代表大会制度下，检察机关独立于行政机关和审判机关，是国家专门的法律监督机关，检察机关行使的检察权实质上是一种法律监督权。在我国，检察权作为国家的一种权力的独立性就在于它的法律监督的功能。因此，我国的检察官具有独立性，既不是行政官，也不是审判官，而是法律监督官员，简称护法官，是专门维护法律统一和正确实施的官员。[2]

检察机关独立行使死刑案件法律监督权是宪法和法律赋予检察机关的法律地位和要求。宪法、人民检察院组织法、刑事诉讼法、检察官法将检察机关定位为专门的法律监督机关。检察机关的法律监督以发现、调查和处理法律执行

---

[1]　向泽远："职务犯罪的侦查管辖"，载《国家检察官学院学报》2007 年第 3 期。

[2]　田先纲："我国检察官的性质、职业特点及其职权配置的再思考"，载《上海大学学报》（社会科学版）2007 年第 2 期。

和法律实施中的违法犯罪活动的方式，检察督促国家法律正确实施和严格遵守。①

在我国现行的一府两院的政治架构下，检察机关是与政府、法院并立的国家机关，法律监督权是与行政权、审判权并立的国家权力。宪法第 129 条、第 131 条、人民检察院组织法第 1 条、刑事诉讼法第 5 条、检察官法第 9 条为检察机关依法独立行使法律监督权提供了法律依据，检察机关依法独立行使法律监督权具有法律上的正当性。上下级检察机关自成独立的系统，具有独立的法律人格和法律地位，为检察机关独立行使包括死刑案件法律监督在内的法律监督权提供了组织基础。

2. 法律监督活动带有的司法属性是检察机关依法独立行使监督权的本质要求

人民检察院既是国家的法律监督机关，也是司法机关。司法独立是现代国家的一项重要制度和法治原则，在我国的法律语境中，司法独立既包括审判独立，也包括检察独立。法律监督权是一种集公诉、诉讼监督等多维权能属性的复合性权力，法律监督权具有司法权的属性是普遍的共识，而司法的本质属性是判断，理性的判断需要独立的主体地位、独立的思维、独立的行动。不独立的司法必然无法自治，不自治的司法必然失去公正。从国际范围看，检察官的活动由于具有一定的司法性质，履行一定司法职责，均在一定程度上需要确立和保持其独立性。联合国《关于司法机关独立的基本原则》第 1 条、第 2 条规定，各国应保证司法机关的独立，并将此项原则正式载入其本国的宪法或法律之中；司法机关应不偏不倚、以事实为根据并依法律规定来裁决其所受理的案件，而不应有任何约束，也不应为任何直接间接不当影响、怂恿、压力、威胁或干涉所左右，不论其来自何方或出于何种理由。"国际检察官协会"1999 年 4 月制定了"检察官基本义务和权利的职业标准"，其第 2 条第 1 款对检察官的独立性作了明确表述："检察官自由裁量权的使用，在被认为是一种特殊司法权的情形下，其应当独立行使并排除政治干涉。"法律监督权的司法属性要求检察官的职权意识与职权行为必须符合司法一般要求的法律特征，要求检察官必须具有司法独立的意识。要保证司法公正，就必须保障司法独立。如果法律监督权不独立或受制于其他权力或成为行政权的附庸，其独立性和公正性将是难以想象的。

3. 依法独立监督原则是检察官职业伦理的根本要求

检察官职业伦理是建立在对检察官的职业特色清楚意识的基础上的一套行

---

① 向泽远："职务犯罪的侦查管辖"，载《国家检察官学院学报》2007 年第 3 期。

为准则。检察官不失去其独立意识和法律精神，是对其职业伦理的应然要求。检察官由经过专门法律教育、培训并具有专门法律知识的人员担任，是法治理念和法律精神的主要载体。检察官并非是受非理性因素左右的感情动物，他的学识、经验、信仰具有一定的稳定性。检察官从事的职业是在法律领域的专门法律活动，与一般行政性、技术性的工作有别，对从业者的法律素质和任职资格有严格而明确的要求。法律监督活动的专门化与专业化，决定了检察官有自己特殊的职业伦理要求。法律监督的特性意味着检察官本人及其所属的机构具有较强的独立性，隶属性和依附性是与法律监督的本性相冲突的。检察官作为一种独立的、专门化的职业，其职业伦理必然要求其在死刑案件法律监督中依法独立开展法律监督活动。

（三）坚持依法独立监督原则的意义

依法独立监督才可能实现监督的准确性，高度的准确性是监督权威的基础，而高度的监督权威才能产生显著的监督效果。

1. 保证监督的准确性。检察机关依法独立开展死刑案件法律监督，可以最大限度地保证检察机关根据法律规定的程序和手段展开法律监督工作，排除外界的干扰和不利影响，真正做到从事实出发，从证据出发，从法律出发，提高认定事实、适用法律的准确度，作出理性中肯的判断。

2. 确保和提升监督的权威性。依法独立监督保证死刑案件法律监督的准确性，多次监督的准确无误，形成一定量的积累，有利于增强民众对检察机关法律监督的信任，树立检察机关法律监督的权威，提高检察机关的监督地位。

3. 保证监督的有效性。独立运作的监督系统，中立超然的监督地位，权威而准确的法律监督结论，有利于突出死刑案件法律监督的针对性和有效性。面对权威、准确的法律监督，被监督者更容易从心理上认同监督的措施和手段，降低心理抵触所引起的监督能量的消耗，从而确保和提高死刑案件法律监督的实效。

（四）依法独立监督原则的实现

依法独立监督原则要求检察机关整体和检察官个体在死刑案件监督过程中，无论是证据采信、事实认定，还是法律适用等方面均需保持独立自主性，不受检察机关内部或外部的任何压力、阻碍或影响。依法独立监督原则要在司法实践中得到彻底贯彻，需要处理好以下几种关系。

1. 处理好依法独立监督与检察一体的关系

"检察一体化"，又称"检察一体制"（主义、原则）、"检察一体原则"，是指为保持检察权的行使整体的统一，在肯定检察官相对独立性的同时，将其组成统一的组织体，即采取检察官所有活动一体化的方针。① 针对目前检察机关依法独立行使检察权所面临的实际困难和死刑案件法律监督的特点，有必要加强检察一体化，加强检察机关整体抵御外部干扰和影响的能力及机制建设。通过检察一体化，在检察系统内部可以减少监督能量的损耗，上下级检察机关形成合力。更重要的是，检察一体化是目前抵御外部干预，突出法律监督权和法律监督活动的国家性、独立性，改变法律监督权地方化的影响，减少和消除现存的法律监督权的行政依附性的有效措施。遇到在当地有重大影响的案件，当地党委政府施加不当干预的情况，上级检察院在必要时对死刑案件予以提办、参办或交异地检察院办理。但是我们也不可片面强调检察一体化的作用，而忽略作为诉讼活动相接承担者的检察官个体的主体地位。检察一体化从外部保障检察机关统一独立行使法律监督权，同时，检察一体化对检察机关内部上下级检察机关以及检察官独立行使法律监督权又形成一定制约，检察一体化是检察机关内部权力运行的监督制约方式。虽然各国检察机关在组织体制上实行"一体化"原则，强调上级检察机关或检察官对下级检察机关或检察官的执法行为有权进行监督乃至纠正，但是在每个检察官行使检察权的过程中又都在不同程度上强调检察权的独立行使。依法独立履行监督职责，有赖于检察官的独立人格、良知及法律素养的培养，只有作为法律监督活动直接实施者的检察官有良好的抵御外部干扰的能力，依法独立监督才有可能。在我国检察权的独立行使更多地是指检察院独立行使检察权，与国外立法所提倡的检察官独立存在一定差异。我国检察官享有的独立是一种相对独立，是在保障检察机关集体独立，保障检察一体制得以实现的而处于检察一体制之中的检察官的个体独立，因此检察官的独立必然受制于检察一体制。检察官的独立是作为诉讼法的主体，具有独立实施诉讼行为的权利和能力。强调检察官的相对独立性，是由法律监督所具有的司法属性所决定的。以作为法律监督权主要形式和内容的公诉权为例，公诉权本身所具有的法律性（判断性）产生了对检察官的独立性要求。② 适度的检察一体化是检察官独立性的保障和体现，过度的检察一体化则可能成为上级检察机关不当干预下级检察机关和检察官个体依法独立行使法律监督权的借口。因此，强调检察机关在死刑案件法律监督中依法独立行使监督权，需要在检察一体与保证各级检察机关独立开展法律监督工作以及检察官个体依法履行法律监督职责方面寻求平衡点，既发挥各级检察机关和检察官在法

① 孙谦："中国的检察改革"，载《法学研究》2003 年第 6 期。

② 王强、赵罡："检察一体化与检察权独立行使的关系"，载《法学》2007 年第 7期。

律监督中的主体作用，又通过检察一体维持检察机关整体的外部独立，抵御外部干预，排除政治影响和不当干涉。

2. 处理好与舆论的关系

传媒对死刑案件的正确办理有着重要的监督作用。但跟任何其他权力一样，传媒的监督权也是一柄双刃剑，可能正当行使，也可能被滥用。重要的是，新闻与司法两种行业的逻辑有明显的差异，新闻重感情的诉求，司法重理性的运用；新闻倾向快捷的报道，司法强调审慎的决策。因此，二者存在着内在的紧张关系。① 传媒习惯站在道德的立场发言，容易形成传媒审判。近年来，"新闻审判"现象对包括法律监督在内的司法独立造成一定的冲击。审理过程本身有时基于强大的舆论压力也会受到影响甚至掺入表演和作秀的成分，② 死刑案件的特殊性，决定了它容易成为传媒关注的重点。某些死刑案件刚刚进入侦查阶段，由于新闻媒体的炒作和煽情，社会上就出现一片铺天盖地的"喊杀声"，法院最终不得不作出了"不杀不足以平民愤"的判决。某些案件的当事人曾发出"死在媒体的手中而不是法律手中"的哀叹，辩护人以"舆论高压"作为审判不公的理由。③ 新闻传媒是社会中异常活跃的力量，它总是去积极地跟踪那些新奇的、动态的、超常规的事件。为了提高视听率而去报道所谓的大案、奇案、特案，"新"成了新闻的生命。④ 在满足民众知情权的同时，传媒报道也容易出现新闻娱乐化和传媒审判的负面影响，甚至引发巨大的政治压力。检察机关开展死刑案件法律监督，需要冷静面对舆论，特别是出现一边倒的舆论环境时，更要恪守监督职责，从事实和证据出发，严格依照法定程序办理死刑案件，排除社会情绪和舆论压力的影响。

3. 理性面对被害人及其亲属的情绪反映和要求

自 20 世纪 60 年代起，被害人在各国刑事诉讼中的地位逐渐受到重视，被称为"恢复被害人权利"的活动得到迅速发展。死刑案件大都涉及严重暴力犯罪，犯罪后果严重。相对于其他刑事案件，被害人及其亲属与犯罪行为人处于更为尖锐的对抗之中，被害人及其亲属情绪反应激烈，要求严厉惩罚犯罪嫌疑人、被告人，对其处以极刑的愿望强烈。死刑案件法律监督稍有不慎，容易

---

① 贺卫方：《具体法治》，法律出版社 2002 年版，第 65 页。

② 刘李明："宝马撞人案中舆论与司法关系的系统论分析"，载《哈尔滨工业大学学报》（社会科学版）2005 年第 2 期。

③ 郑君芳："把握舆论利剑 杜绝'新闻审判'"，载《社科纵横》2004 年第 4 期。

④ 刘寿堂："传媒监督与司法公正：在冲突中寻求平衡"，载《经济与社会发展》2004 年第 10 期。

引发被害人亲属报复、自杀、上访等情况。但诉讼程序的终极目的是防止向自力救助倒退以致最终回归霍布斯所谓的一切人反对一切人的战争状态。① 因此，死刑案件法律监督更需要检察机关保持清醒、公正的立场，依法独立办理死刑案件，避免被害人及其亲属情绪的影响，真正做到以事实为根据，以法律为准绳。检察官代表国家行使检察权，其地位独立于刑事犯罪被害人，虽然在办案中要考虑被害人的利益，但要始终依据法律，代表公益，不能被被害人及其亲属情绪和要求所左右。

4. 正确处理党的领导与依法独立行使死刑案件法律监督权的关系

无论在哪个社会，司法独立都不是绝对的，只是意味着司法权相对于哪些人、哪些机构保持独立的问题。坚持党的领导是中国特色检察制度的重要内容之一，党的领导与检察机关依法独立行使死刑案件法律监督权是一致的。检察机关依法独立行使法律监督权的本身包含了坚持党的领导的内容，任何国家的法律都同该国执政党的政策直接相关。死刑案件法律监督是一项最重要的刑事司法权力，只有坚持党的领导才可能保障刑事司法活动的正确方向。死刑案件涉及生杀予夺的大事，在死刑案件法律监督中，检察机关既要牢固坚持社会主义法治理念，认真贯彻党的死刑政策，又要尊重司法规律，依据事实、证据和法律独立开展法律监督工作。

二、客观公正原则

（一）客观公正原则的基本内涵

在现代国家中，检察官既是刑事诉讼活动的参与者，又是法治的维护者。检察官在刑事诉讼中代表国家行使追诉犯罪职权的同时，还承担着维护法律的正确实施，维护犯罪嫌疑人、被告人、被害人合法权益，保障无罪的人不受刑事追究和有罪的人受到公正追究，以维护法律统一正确实施的法律义务。死刑案件坚持客观公正原则要求检察机关在行使法律监督权的过程中必须站在客观公正的立场上查明案件真相，正确适用法律，并督促其他诉讼主体依照法律规定开展诉讼活动。

1. 客观

在死刑案件法律监督中检察官要以证据为基础认定案件事实，既要注意不利于犯罪嫌疑人、被告人的证据、事实和法律，又要注意有利于犯罪嫌疑人、

---

① ［斯洛文尼亚］卜思天·M. 儒攀基奇：《刑法——刑罚理念批判》，何慧新等译，中国政法大学出版社 2002 年版，第 147 页。

被告人的证据、事实和法律，防止将检察机关当事人化而片面追求胜诉的倾向，努力在追诉犯罪和保障人权之间实现平衡。

2. 公正

公正是死刑案件法律监督的自然追求，死刑案件涉及人的最高利益——生命，无论是结果还是过程，都要求公正。检察机关不但要保证自身诉讼活动的公正性，还有义务保证整个死刑案件诉讼活动的公正性。检察官应排除民众对严重暴力犯罪的激愤情绪的影响，正确消解所面临的社会、政治压力，站在公正立场，不偏不倚，不论犯罪嫌疑人的罪行有多大，不论引起的民愤有多大，不论舆论批评有多大，依法平等地保护所有的人。

3. 客观与公正的关系

客观性是死刑案件法律监督的基础，公正性是死刑案件法律监督的出发点和归宿。客观是公正的前提，公正是客观的结果，失去了客观性就失去了公正性，失去公正性的客观性是没有任何意义的，二者有机结合，不可分离。

（二）死刑案件法律监督坚持客观公正原则的法理基础

1. 死刑案件法律监督坚持客观公正原则源于检察官的客观义务

检察官在刑事诉讼中的客观义务是指检察官在刑事诉讼中代表国家或人民行使追诉犯罪职能的同时，还承担着维护法律的正确实施，维护犯罪嫌疑人、被告人合法权益，保障无罪的人不受刑事追究和有罪的人受到公正追究的法律义务。[①] 检察官的客观义务是大陆法系诉讼理论的产物。客观义务原则最早确立于19世纪中后期的德国。德国的刑事诉讼法甚至直接规定当检察官发现被告人无罪时，应当提出再审申请。德国刑事诉讼法上的检察机关并非"当事人"，其并非只单方面地对被告之不利部分收集资料，其尚需"对被告之有利之情况加以调查"（刑事诉讼法第160条第2项）；若非如此，则有违其对真实性及公正性之义务。同样地，其亦得以被告之利益而提起法律救济途径（刑事诉讼法第296条第2项），并且亦得对受有罪判决者为使其无罪获释，而提起再审之声请（刑事诉讼法第365条、第301条）。而如果以这种方式可获致正确的裁判时，则其无从选择，而是必须采取这种措施。[②]

由于客观义务原则正确反映了刑事诉讼对真实与正义的追求，因而这一原则一确立就迅速传到欧洲大陆其他国家及许多诉讼传统与欧洲大陆国家接近的

---

① 顾永忠："检察官在刑事诉讼中的客观义务"，载《人民检察》2005年第5期（下）。

② ［德］克劳思·罗科信：《刑事诉讼法》，吴丽琪译，法律出版社2003年版，第66页。

亚非拉国家。①检察官的客观义务对英美法系检察制度也产生了重要的影响,成为英美法系检察官"公正执法"义务的理论渊源之一。可以说,检察官的客观义务已经得到不同法系国家和地区的一致肯定。② 美国和英国刑事诉讼中证据开示制度,要求检察官对于有利和不利被告的证据都一并展示给辩方。1994 年英国的《皇家检察官守则》对检察官的客观义务作了明确规定。该《守则》第 2.2 段规定:皇家检控署的责任是确保以准确的罪名指控应当被起诉的人,并确保所有相关的事实提交给法庭。第 2.3 段规定:皇家检察官应当是公平的、独立的和客观的。他们不应该让其对于被告人、被害人或者证人的种族或者国籍、性别、宗教信仰、政治观点或者性取向的个人观点而影响他们的决定,他们也不应当受来自任何方面的不适当或者正当的压力的影响。③ 在国际范围内,检察官客观义务被普遍接受并成为国际刑事司法准则的重要内容。联合国第 8 届预防犯罪与罪犯待遇大会于 1990 年通过的《关于检察官作用的准则》规定:检察官在履行其职责时应:(a)不偏不倚地履行其职能,并避免任何政治、社会、文化、性别或任何其他形式的歧视;(b)保证公众利益,按照客观标准行事,适当考虑到嫌疑犯和受害者的立场,并注意到一切有关的情况,无论是否对嫌疑犯有利或不利。这可以说是在世界范围内倡导检察官的行为应当具有客观性。我国的刑事诉讼法对检察官在法律监督中应当坚持客观义务也有若干规定,检察官在死刑案件法律监督中自然也要受客观义务的约束。

2. 死刑案件法律监督坚持客观公正原则是法律监督权司法属性的本质要求

法律监督权具有司法属性。从根本上说法律监督应当是以程序监督作为基础的司法纠错权力,具有一定的超然性、居中性和谦抑性,其价值目标是保证法律的统一实施。④ 罗马法学家塞尔苏斯说:"法律是善良公正之术。"⑤ 在一定程度上,司法公正代表社会公正。倘若司法公正受到怀疑,社会公正便失去

---

① 陈永生:"论客观与诉讼义务关照原则",载《国家检察官学院学报》2005 年第 4 期。

② 孙长永:"检察官客观义务与中国刑事诉讼制度改革",载《人民检察》2007 年第 17 期。

③ 闵钐:"检察官客观义务",载《国家检察官学院学报》2005 年第 4 期。

④ 上海市人民检察院第一分院课题组:"检察机关监督死刑复核程序的制度构建",载《法学》2006 年第 9 期。

⑤ 汪建成:"公正——法治的核心",载《法学评论》1999 年第 1 期。

了最后一道屏障。① 司法的判断性要求司法权力排除干扰与利诱，保持公正与纯洁，不偏不倚地依既定规则办事，"对于偏见和先入之见，公正的慧眼必须闭而不视"。公正是司法者必备的品质，司法公正是司法活动的一条基本原则，检察机关的法律监督上承侦查，下接审判，追诉犯罪和诉讼监督的准确性、程序的正当性，均要求检察机关在死刑案件法律监督活动中保持客观公正的立场，以客观公正为死刑案件法律监督的目标。

3. 死刑案件法律监督坚持客观公正原则是我国检察机关特殊性质和职能的要求

在现代法治社会，任何诉讼真正的生命意义在于它的公正性，而公正性的实现，首要的一条是得到各方面的适当制约，互相制约，互相影响，互相促进。② 检察机关的法律监督地位决定了在死刑案件法律监督中它并不是一方当事人，而是国家法律的护卫者。司法公正包括实体公正和程序公正。司法的实体公正反映出的是司法公正的精神，即司法的正义，而这种精神得以实现，必然要依赖于司法的程序公正。程序公正及其日趋丰富的内涵一是保证了司法的公正价值的真正实现，二是丰富了司法公正本身的内涵。③ 威廉·道格拉斯曾经说过，"权利法案的大多数规定都是程序性条款，这一事实绝不是无意义的。正是程序决定了法治与恣意的人治之间的基本区别"④。

保障司法公正是检察机关的法定职责，实现司法公正是法律监督的目的。在死刑案件法律监督中，检察机关通过追诉犯罪和诉讼监督来实现法律监督职能。检察机关既要确保其自身诉讼活动的客观公正，还要通过诉讼监督促使其他诉讼主体客观公正地开展诉讼活动。只有坚持客观公正原则，检察机关死刑案件法律监督活动才能得到被监督者和民众的认同，法律监督才可能树立应有的权威。包括死刑案件法律监督在内的法律监督活动坚持客观公正原则是促进刑事司法法治化的重要因素，而所谓刑事司法法治化，就是所有的刑事诉讼行为应严格按照刑事程序的规定进行，排除刑事程序之外的人为干预。⑤

---

① 公丕祥、刘敏："论司法公正的价值蕴涵及制度保障"，载《法商研究》1999年第5期。
② 吴启才、杨勇、毛建中："检察权弱化与强化的博弈——变革中的差异辨析"，载《法学杂志》。
③ 董明亮："论刑事司法实体公正与程序公正的统一"，载《政治与法律》2003年第6期。
④ 季卫东："程序比较论"，载《比较法研究》1993年第1期。
⑤ 锁正杰：《刑事程序的法哲学原理》，中国人民公安大学出版社2002年版，第91页。

4. 强调死刑案件法律监督坚持客观公正原则更是适应死刑案件特殊性的需要

死刑案件是涉及人命关天的大事，要求检察机关克服追诉犯罪倾向过强的倾向，保持应有的节制。死刑案件的特殊性，要求检察机关在办理死刑案件时，审慎开展诉讼活动，确保诉讼活动的准确性。诉讼活动的准确性，需要检察机关在诉讼中正确认定事实和适用法律，避免先入为主，甚至受到非理性情绪的影响。在实体上，通过认真审查核实证据，并以证据为基础来认定事实。在程序上，要保证犯罪嫌疑人、被告人各项诉讼权利落到实处，让当事人享有法定的诉讼处遇，确保当事人在诉讼中有充分的机会陈述自己的意见并且得到尊重。总之，只有坚持和强调客观公正原则，才能准确办理死刑案件，最大限度地避免死刑冤错案件的发生。

（三）死刑案件法律监督坚持客观公正原则的意义

1. 有利于检察官树立正确的司法理念

死刑案件因犯罪后果严重，会引起社会的广泛关注，检察机关办理死刑案件相对承受的压力也较大。长期以来的重打击、轻保护，处理严重犯罪时从重从快等惯性思维的影响，都不利于检察机关客观公正地开展死刑案件法律监督活动。坚持客观公正原则，有助于矫正检察机关过于强烈追诉倾向，将打击犯罪与切实保障人权有机结合起来，切实履行好法律监督职责。正如我国台湾地区学者林钰雄所言，"检察官乃一剑两刃的客观官署，不单单要追诉犯罪，更要搜集有利被告的事证，并注意被告诉讼上应有的程序权利。简言之，检察官不是，也不该是片面追求打击犯罪的追诉狂，而是依法言法，客观公正的守护人，有利不利一律注意"。① 死刑案件坚持客观公正原则，有利于检察官树立正确的司法理念。

2. 确保死刑案件质量，防止冤、错案件发生

死刑案件法律监督最大的功能在于纠错防冤。人类认识能力的有限性、诉讼规则的规范性，以及刑事司法活动中急功近利等非理性因素的影响，决定了诉讼活动中可能出现错误。"任何与人为的事务有关并且依赖于人为的证据的东西都容易存在可能的或者想象中的怀疑"。② 死刑是最严厉的刑罚，且死刑一旦执行便无法纠正。死刑的错判所危及的不仅是被错误追究刑事责任的被告人的人权，更重要的是它会危及全体公民对司法的公信力。哈特曾经说过：

---

① 林钰雄：《检察官论》，学林文化事业有限公司 1999 年版，第 17 页。

② ［英］J. W. 塞西尔·特纳：《肯尼刑法原理》，王国庆、李启家译，华夏出版社 1989 年版，第 549 页。

"只要发现有一个无辜者被处死，尽管这种危险小，对死刑便不能漠视。这种可能性是一种不能容忍的危险。"① 死刑的极端残酷性决定程序的复杂性和严密性必然要比一般刑事案件更高，并且程序设计和运作也相对于其他刑事案件更为复杂，周期更长。检察机关在死刑案件法律监督过程中坚持客观公正原则，有错就纠，有错必纠，通过客观的立场和活动来促进司法公正，才能够最大限度地避免错误认定案件事实，错误适用死刑。客观公正原则在案件存疑时更能凸显其价值。刑事诉讼本身就是一种由结果推知原因的活动，具有内在的不确定性，事实认定和法律适用的存疑必然存在。随着犯罪和案件情态的日益多样化，刑事存疑有增无减，成为刑事诉讼进行中的"常态"。死刑案件存疑更能考验检察官的智慧与勇气，面对事实和证据存疑的实际状况，能否客观公正地作出有利于嫌疑人、被告人的决定，直接影响死刑案件的质量。

（四）客观公正原则的实现

检察机关在死刑案件法律监督中坚持客观公正原则，需要处理好以下几个方面的关系。

1. 坚持追诉犯罪与保障人权相统一

一个旨在实现正义的法律制度，会试图在自由、平等和安全方面创设一种切实可行的综合体和谐体。② 依法追诉犯罪是检察机关的重要职责，但检察机关更是"客观公正的守护人"。死刑案件法律监督中，检察机关不是一方当事人，检察机关既要履行代表国家追诉犯罪的职责，又要保障无罪的人不受错误追究。我国刑事诉讼的直接目的包括控制犯罪和（或曰实现刑罚权）保障人权两个方面。③ 要实现正确控制犯罪，就不能忽视保障人权，要实现人权的保障，也离不开正确控制犯罪。死刑案件的被告人由于与严重犯罪的严重后果相联系，在事实上站在社会的对立面，在刑事诉讼中处于弱势地位，其权利极易受到排斥和侵害。因此，检察机关在死刑案件法律监督过程中，要强化人权保障意识，克服"重惩治犯罪、轻人权保障"的思想，树立"依法惩治犯罪与依法保障人权并重"的观念，特别是要尊重犯罪嫌疑人、被告人的各项实体权利和诉讼权利，确保法律规定给予犯罪嫌疑人、被告人的诉讼处遇的落实，不论其是贤达名流还是贩夫走卒。

---

① 贾宇主编：《死刑研究》，法律出版社 2006 年版，第 419 页。

② ［美］E. 博登海默：《法理学：法哲学与法律方法》，邓正来译，中国政法大学出版社 2004 年版，第 322 页。

③ 宋英辉：《刑事诉讼目的论》，中国人民公安大学出版社 1995 年版，第 84 页。

2. 保障犯罪行为人与保障被害人权益相统一

"社会如何对待犯罪被害人也是这个社会的文明程度的一个重要标志"。① 犯罪被害人通常是指那些由于犯罪人的犯罪行为直接受到身体伤害、精神伤害或者其财产被故意占有或毁坏的人。如果犯罪导致该人死亡，则其直系亲属也可被视为犯罪被害人。强调保护犯罪嫌疑人或被告人的权利而忽视保护犯罪被害人的权利，显然失去权利的平衡性。在这种情况下，被害人难免会发出"宁当被告人，不当被害人"的无奈声音。给予被害人恰如其分的诉讼地位与诉讼权利，已经成为人们追求司法公正、建设刑事法治文明的重要目标。美国前总统克林顿曾经在玫瑰园宣告："当一个人成为被害人，他或她应当成为刑事司法程序的核心，而不是站在外面观望……"② 《联合国打击跨国有组织犯罪公约》（我国已签署）第 25 条也明确规定，"各缔约国应在其力所能及的范围内采取适当措施，向犯罪被害人提供帮助和保护"，"使被害人有机会获得赔偿和补偿，在刑事诉讼适当阶段使被害人的意见得到表达"。死刑案件法律监督要面对犯罪行为人和被害人（包括其亲属）尖锐的矛盾冲突，因为犯罪行为人严重的犯罪行为，被害人遭受了严重的伤害。检察机关死刑案件法律监督不能只片面强调保护犯罪行为人在诉讼中的合法权益，还应重视保障被害人的合法权益，要在二者之间实现平衡，防止因国家追诉，而忽略被害人的合理诉求，甚至造成被害人因诉讼活动二次被害。

3. 处理配合与监督的关系

检察机关与侦查机关、审判机关有刑事司法活动打击犯罪的共同目标，需要在诉讼活动中互相配合以达到诉讼目的，但是讲配合不能放弃监督职责，对于侦查、审判中的违法行为，检察机关要恪尽职责，积极行使法律监督权力，予以提出和纠正。由于"无诉即无裁判"，因而，检察官理所当然成为控制法官裁判入口的把关者，肩担大任。透过上述的诉讼分权模式，法官与检察官彼此监督节制，借以保障刑事司法权的客观性与正确性。③

---

① ［德］汉斯·约阿希姆·施奈德：《国际范围内的被害人》，许章润等译，中国人民公安大学出版社 1992 年版，第 417 页。转引自刘仁文：《刑事政策初步》，中国人民公安大学出版社 2004 年版，第 59 页。

② 顾敏康："保护被害人权利：刑事司法改革的新里程"，载《法学》2007 年第 6 期。

③ 林钰雄：《刑事诉讼法》（上册，总论篇），中国人民大学出版社 2005 年版，第 102 页。

三、全面监督原则

（一）全面监督原则的基本内涵

死刑案件法律监督要求检察机关在诉讼活动中对案件进行全面审查，对诉讼活动监督进行全程监督，包括监督的全面性和监督的全程性，以及监督手段的多样性。全面监督原则需要检察机关在行使法律监督职权时，全面展开、全程监督、察疑析微，拓宽发现问题的渠道。

1. 监督的全面性

监督的全面性，要求检察机关在办理死刑案件时，全面审查和把握案件情况，充分注意嫌疑人、被告人的无罪、罪轻辩解和辩护人的无罪、罪轻辩护意见，侦查活动、审判活动、执行活动，以及下级检察院办理死刑案件的活动均是检察机关监督的对象。正如罗科信所说的那样，"刑事诉讼无法像一束箭，可直中目标；相反，它需要时间，以对相反性质的目的加以深思熟虑的权衡，并且其自始即赋予了辩论性的架构，使得不同的观点及各项可能的情况均能被顾及"①。监督的全面性包括：一是实体与程序并重，既对实体处理进行监督，又对诉讼程序的展开进行监督，保障当事人诉讼权利的实现。二是既对事实认定进行监督，又对法律适用进行监督，确保案件得到公正处理。三是审查事实和证据时既要注意被告人有罪、罪重的事实和证据，也要注意无罪、罪轻的事实和证据，将打击犯罪与保护人权统一于审查活动之中。

2. 监督的全程性

死刑案件法律监督涉及立案侦查到审判、死刑复核、执行等诉讼的全过程，将一审、二审甚至再审诉讼活动，均纳入监督视野，围绕死刑案件诉讼活动将事前、事中、事后监督相结合。

实践证明，死刑冤错案件的发生往往在侦查阶段就蕴涵了错误的因子，而其后的诉讼阶段和活动又未能发现和纠正错误。因此，死刑案件法律监督针对整个诉讼过程、诉讼活动进行，通过对诉讼全过程的梳理，发现诉讼中的错误。

3. 监督手段的多样性

监督手段的多样性是由死刑案件法律监督的全面性和全程性衍生出来的，只有监督手段的多样，才能实现监督对象的全面性和监督过程的全程性。死刑

---

① ［德］罗科信：《刑事诉讼法》（第 24 版），吴丽琪译，法律出版社 2003 年版，第 6 页。

案件法律监督中以案件审查为载体，纠正侦查机关、审判机关、执行机关违法诉讼活动，查处司法人员在案件办理中的职务犯罪行为、抗诉、列席法院审判委员会、检察建议，诉讼手段与非诉讼手段等多种监督手段均可以在死刑案件法律监督中使用。

（二）全面监督原则的法理基础

1. 坚持全面监督原则是由死刑案件的特点决定的

死刑案件直接涉及人的最高价值——生命，从立案侦查到执行，经历一系列复杂而漫长的程序。死刑处理结果的不可逆转性，决定了死刑程序设置的严谨性，任何一个环节出现问题，均有可能导致死刑案件的处理出现偏差和失误。为了确保死刑案件的正确办理，一是需要刑事司法权力在各个诉讼环节均谨慎行使，各个相关部门"守土有责"；二是需要通过一定的制度设计，使各个诉讼环节和相应的诉讼活动都能得到有效的控制和制约，围绕追诉犯罪和保障人权两大诉讼目的展开。因此，检察机关全面介入死刑案件的诉讼活动，开展死刑案件法律监督成为必要。正确的决定有赖于对与本案相关的事实、知识、资料、根据等的理性认识。① 检察机关只有全面参与死刑案件的办理过程，才可能充分掌握相关案件信息，并在此基础上作出正确的判决和采取相应的监督行动。

2. 坚持全面监督原则是由检察机关的职责义务决定的

根据法律赋予检察机关的法律监督权，检察机关对整个刑事诉讼活动都有权进行监督。死刑案件法律监督更能体现法律监督权力行使的完整性和不可分裂性，即检察机关的法律监督并不是局限于某一诉讼活动或某一诉讼阶段，全面监督是检察机关的职责使然。死刑案件自诉讼程序的启动到诉讼活动的终结，均要求检察机关通过提前介入、审查逮捕、审查起诉、提起和支持公诉、诉讼监督、死刑执行临场监督等监督方式予以介入。检察机关也只有通过对死刑案件的整个诉讼活动的介入才能实现监督的有效性、完整性，充分履行法律监督职责。联合国 1990 年 8 月第 8 届预防犯罪和罪犯待遇大会上通过的《关于检察官作用的准则》第 11 条早已规定："检察官应在刑事诉讼（包括提起公诉）和根据法律授权或当地惯例，在调查犯罪、监督调查的合法性、监督法院判决的执行和作为公众利益的代表行使其他职能中发挥积极作用。"该法律文件第 20 条进一步规定："为了确保诉讼公平而有效，检察官应尽力与警察局、法院、法律界、公共辩护人和政府其他机构进行合作。"可见检察机关

---

① 季卫东："程序比较论"，载《比较法研究》1993 年第 1 期。

在死刑案件法律监督中坚持欲速则不达的监督原则不但有国内法的依据，也有国际法的依据。

（三）死刑案件法律监督坚持全面监督原则的意义

1. 有利于检察机关充分掌握监督信息，全面履行法律监督职责

死刑案件法律监督全面展开、全程监督，有利于检察机关拓宽发现问题的渠道，充分掌握案件信息，准确作出判断，全面履行监督职责。

2. 有利于察疑析微，及时发现和纠正诉讼活动中的错误

检察机关在办理死刑案件中坚持全面监督原则，既可以从整体上把握整个案件事实和诉讼情况，又可以从细节入手，通过各个诉讼阶段具体的诉讼活动发现蛛丝马迹，及时发现诉讼中的错误，采取有效措施予以纠正。

3. 有利于促使有关国家机关在诉讼活动中每一环节严格依法履行职责，提高诉讼活动的公正性和准确性，达到维护公平与正义的目的

由于死刑案件法律监督渗透于诉讼的各个阶段，各个环节，侦查、审判、执行等诉讼活动均在检察机关的监督视线之中，检察机关的监督可以督促各相关国家机关在进行诉讼活动时，均严格依法进行。

（四）全面监督原则的实现

死刑案件法律监督坚持全面监督原则，关键在于处理好全面监督与重点监督的关系。死刑案件法律监督坚持全面监督的原则，并不否定在监督中有倾斜，有重点。实际上，整个诉讼过程有应予监督的重点，每一诉讼阶段也有相应的监督重点。因此，检察机关在办理死刑案件中，应将全面监督与重点监督有机结合起来。此处主要从整个诉讼过程的重点进行讨论，至于各个诉讼阶段的监督重点，在本书的其他部分会有详细论述。

1. 以侦查监督为重点

丹宁勋爵指出："社会必须有权逮捕、搜查、监禁那些不法分子。只要这种权力运用适当，这些手段都是自由的保卫者。但是这种权力也可能被滥用，那么任何暴政都要甘拜下风。"[1] 侦查权具有较强的扩张性，其权力的行使往往伴随着对公民个人权利的强制性限制或侵犯，处于明显的强势地位。侦查权外部监督的缺失，极易导致权力的异化与滥用。因此，现代法治国家一方面要求侦查机关充分行使侦查权，搜集充分的证据，查获犯罪嫌疑人，从而有效地惩治犯罪，维护社会秩序；另一方面又通过司法程序，凭借有效的法律监督手

---

① ［英］丹宁勋爵：《法律的正当程序》，法律出版社1999年版，第36页。

段，对侦查权的行使进行监督和制约，以维护受追诉人的基本权益。①

侦查工作的质量决定着整个诉讼程序的成败。错案的发生往往源自侦查阶段的证据收集瑕疵。② 错案之所以发生，不是刑事诉讼的一个环节、两个环节出问题的结果，但从程序上看，错案的源头毫无疑问地应归咎于侦查阶段的刑讯逼供上，而且一旦逼出口供，即使被告人事后翻供，从侦查人员到检察官再到法官（包括二审、再审的法官），都不再相信被告人的辩解。可以说侦查中的非法取证、刑讯逼供是造成死刑冤错案件的第一位的原因。重温死刑冤错案件，几乎所有死刑冤错案件都可以找到刑讯逼供的影子，即使侦查机关信誓旦旦地出具书面说明称没有刑讯逼供，但这种信誓旦旦被冤错案件一次次击碎。侦查监督重在非法证据特别是刑讯逼供所取得的口供的排除适用。死刑冤错案件的被告人被认定有罪，被告人的口供是重要的认定依据，而只要这种通过非法手段获取的所谓证据被排除使用，支撑被告人有罪的"证据体系"就会轰然倒塌。检察机关通过审查逮捕和审查起诉，对侦查活动及侦查结果作出评判，发现非法取证情形，予以排除，否定侦查机关所谓的"侦查成果"，达到及时纠正错误、避免错案进一步发展的目的，避免侦查过程中的非法取得的证据带着惯性进入下一个程序。通过否定非法取得的侦查结果，可以警示和提醒其他侦查人员，达到规范侦查讯问程序的目的，发挥侦查监督的预防作用，以免等到真凶出现或死者复活才发现冤错案件中的错误。同时，通过侦查监督促使侦查机关由以抓获犯罪嫌疑人和突破嫌疑人的口供为中心的传统侦查模式向以收集实物证据为中心的现代侦查模式转变。

2. 以事实审查为重点

死刑案件的办理既包括对事实的审查，也包括对法律适用的审查，事实不清、证据不足，法律适用就不可能正确。从错误裁判的性质看，死刑案件错误裁判基本上都是事实认定错误，而非适用法律错误。有学者精辟地总结为"死刑错误裁判的第一位原因总是取证上的刑讯逼供和证据运用中的口供主义"。③ 死刑案件冤错案件的特点之一是基本上都是事实认定错误，而极少出现法律适用错误。事实认定错误意味着在证据的审查判断方面出现了问题。正是在死刑案件中刑讯逼供等违法方式取证屡禁不止，以及难以割舍的口供情结

---

① 孙长永：《侦查程序与人权》，中国方正出版社 2000 年版，第 45 页。

② 聂昭伟："侦查阶段死刑错案的原因及对策——以当前已知的 33 个死刑错案为样本"，载《山东警察学院学报》2007 年第 3 期。

③ 李建明："死刑案件错误裁判问题研究——以杀人案件为视角的分析"，载《法商研究》2005 年第 1 期。

使得用违法方式取得的被告人供述又被用于定案处罚的依据，才酿成了死刑冤错案件。因此，事实审查是重点，是基础。对案件事实的审查，又重在对证据的审查。对证据的审查不但要注意单个证据的客观真实性，还要看收集在案的证据是否已经达到确实充分的标准，证据之间是否存在重大矛盾，以及依据证据能否得出唯一结论。

四、贯彻少杀、慎杀的死刑政策原则

（一）贯彻少杀、慎杀的死刑政策原则的基本内涵

严格控制死刑，少杀、慎杀是我国基本的死刑政策。在死刑案件法律监督中，检察机关不但自身要树立慎用死刑的理念，而且要通过法律监督活动促使其他司法机关也树立慎用死刑的理念，落实国家的死刑政策，坚持少杀，防止错杀、滥杀，在司法活动中严格控制适用死刑，将死刑实际适用的比率较大幅度地降下来。

1. 少杀

根据我国目前的实际情况，在短时间内彻底废除死刑并不现实，通过司法控制来减少死刑的适用成为最佳选择。检察机关在死刑案件法律监督中坚持"可杀可不杀的，坚决不杀"的司法观念，促使死刑立即执行适用数量有较大幅度地减少。

2. 慎杀

检察机关在死刑案件法律监督中，较之于普通刑事案件的法律监督，更强调谨慎司法，慎之又慎，促使国家刑事司法权力在死刑的适用上保持极大的克制。

3. 防止错杀

死刑是剥夺犯罪人生命，永远消除其社会存在的刑罚。死刑误判难纠，一旦执行，人的生命便不可复转。检察机关在死刑案件法律监督中，严格审查案件事实和证据，严格掌握死刑的适用条件，避免将无辜者错误判处和执行死刑，将罪不至死者判处和执行死刑。

（二）贯彻少杀、慎杀的死刑政策原则的法理基础

1. 贯彻少杀、慎杀的死刑政策原则是对生命权的尊重

天地之性人为贵。在1948年《世界人权宣言》通过至《公民权利与政治权利公约》于1976年生效的近30年，实际上已经形成了限制死刑的国际气候，而在《公民权利与政治权利国际公约》生效到《保证面对死刑的人的权利的保护的保障措施》（《关于保护面对死刑的人的权利的保障措施》）出台的

8 年间，限制乃至废除死刑的国际趋势更为明朗。① 生命权是国际社会公认的基本人权。《世界人权宣言》第 3 条规定："人人有权享有生命、自由和人身安全"，《公民权利和政治权利国际公约》规定："人人有固有的生命权。这个权利应受法律保护。不得任意剥夺任何人的生命。""在未废除死刑的国家，判处死刑只能是作为对最严重的罪行的惩罚，判处应按照犯罪时有效并且不违反本公约规定和防止及惩治灭绝种族罪公约的法律。这种刑罚，非经合格法庭最后判决，不得执行"。《关于保护面对死刑的人的权利的保障措施》规定"在没有废除死刑的国家，只有最严重的罪行可判处死刑，但应理解为死刑的范围只限于对蓄意而结果为害命或其他极端严重的罪刑"。我国宪法规定"尊重和保障人权"，而在人权中，最重要的和最基本的是人的生命权。刑罚的本质是对犯罪的惩罚，而死刑是这种惩罚的极端表现，易言之，死刑的法律本质是对犯罪的最严厉惩罚。② 死刑是社会在不得已的情况下对严重犯罪所采取的以恶制恶的应对措施。死刑的判处和执行虽然能够满足被害人一时的极端诉求，但同样是以消灭生命为代价的。再者，司法活动作为一项特殊的人类认识活动，决定了无论程序要件如何齐备也不能完全避免冤假错案，少杀、慎杀才能最大限度地避免错杀。因此，尊重生命权这一最基本的人权是死刑案件法律监督的应有之义，贯彻少杀、慎杀的死刑政策原则要求在死刑案件法律监督中，检察机关和检察人员树立生命至上的司法理念，并且将此司法理念贯彻于死刑案件的整个办理过程之中，尤其是要克服片面强调惩罚犯罪，而忽视保障被告人的合法权益的倾向。

2. 贯彻少杀、慎杀的死刑政策原则源于对死刑功能有限性的理性认识

犯罪是多种原因综合作用的结果，刑罚只不过是人类发明的用来控制和减少犯罪的一种手段，而不是唯一的良方。刑罚包括死刑在内的威慑力是有局限性的，即使将死刑与极其严重的犯罪——对应起来，也无法消除极其严重的犯罪。求生畏死固然是人的本性，因而死刑对罪犯的报应和对潜在的犯罪人的威慑作用自然是其他刑罚无法相比的，但如果过分崇尚与依赖死刑，过高地估计死刑的作用，则必然会使法律失去正义，失去公众的尊重与支持。同时还可能使包括罪犯在内的人们对这样的法律的合理性产生怀疑，使罪犯产生对法律的抵触心理，从而失去刑罚预期达到的效果。③ 因此，限制死刑的适用不失为一种较好的选择。

---

① 邱兴隆：《刑罚的哲理与法理》，法律出版社 2003 年版，第 490—491 页。

② 钊作俊：《死刑限制论》，武汉大学出版社 2001 年版，第 12 页。

③ 赵秉志主编：《外国刑法原理》，中国人民大学出版社 2000 年版，第 282—283 页。

3. 贯彻少杀、慎杀的死刑政策原则是实现死刑的司法控制的需要

限制或废除死刑是国际趋势，贯彻少杀、慎杀的死刑政策我国才能更好地融入国际社会。《公民权利和政治权利国际公约》第 6 条规定"在未废除死刑的国家，判处死刑只能是作为对最严重的罪行的惩判"，联合国经济和社会理事会 1984 年 5 月 25 日通过的《关于保护面对死刑的人的权利保障措施》的解释，"最严重的罪行"是指蓄意而结果为害命或其他极端严重的罪行。通过立法明确地、直接地限制死刑适用，甚至废止死刑具有根本性的意义。但结合我国的实际情况来看，目前通过立法大量削减死刑是不太现实的，那些主张在短期内彻底废止死刑，实现与国际潮流迅速接轨的观点过于理想主义。考察世界上其他国家废除死刑的历史，几乎都经历了一个首先司法上最大限度地限制死刑的适用，最终过渡到在立法上做到废除死刑的渐进过程。① 刑事政策决定了刑事司法活动的基本价值取向，检察机关是重要的刑事司法机关，死刑案件法律监督是国家最重要的刑事司法权力，死刑司法控制没有检察机关的参与是不可想象的，实现死刑的司法控制，需要包括检察机关在内的刑事司法机关的共同努力，通过死刑案件法律监督来推动死刑适用的限制是检察机关贯彻少杀、慎杀死刑政策的主要方式。

4. 贯彻少杀、慎杀的死刑政策原则是构建和谐社会，减少社会冲突的需要

构建和谐社会已成为当代中国的主旋律，死刑的特殊性，决定了从本质上讲，死刑的大量适用是社会不和谐的因素。德国学者耶林曾经指出："刑罚犹如双刃剑，用之不当，则国家与个人两受其害。""不考虑任何差别的残酷手段，使惩罚毫无效果"。死刑的效用是有限的，而且它对和谐社会的构建会产生负面的影响（对一个人适用死刑可能影响这个家庭以及其他亲友对国家的认知和态度），② 死刑适用得越多，对立面就越多，对抗情绪就越激烈，社会基础的稳定性就越容易受到破坏，死刑错杀更是后患无穷。少杀、慎杀在保持死刑一定程度的威慑力的同时，可以最大程度地减少和消除适用死刑的负面影响。因此，检察机关在死刑案件法律监督中，要坚持贯彻少杀、慎杀这一死刑政策。

---

① 姚华、衣家奇："死刑的司法限制及我国死刑政策反思"，载《兰州大学学报》（社会科学版）2007 年第 6 期。

② 龙宗智："构建和谐社会与行使检察权"，载《国家检察官学院学报》2007 年第 2 期。

（三）贯彻少杀、慎杀的死刑政策原则的意义

1. 防止冤错案件发生

只要是与人有关的活动，就难免会出现错误。司法活动虽然是高度理性化的活动，但是它毕竟还是人的活动，因此仍然存在出错的可能。从理论上说错案的发生不可避免。检察机关在死刑案件办理中贯彻少杀、慎杀的死刑政策，不但可以从个案上保全被告人的生命，而且也可以从总体上减少死刑错案发生的可能。少杀、慎杀才能最大限度地防止错杀。

2. 实现死刑的司法控制

再好的刑事政策也需要司法活动转化为生活现实，少杀、慎杀刑事政策是我国从司法上控制死刑的政策支撑点。目前我国刑法规定有 67 种死刑罪名，因而通过修改刑法废除死刑或大面积地削减死刑，不具备现实可能性。通过程序法的路径来限制死刑具有隐蔽性、渐进性、易为民众接受等特点和优势，可以最大程度地柔化实体法目前还不能大量削减死刑和废除死刑的僵硬。死刑司法控制是限制死刑的最直接、最便宜也最具有活力的方法，死刑司法控制可以最大限度地在现有法律未作修改的情况下，通过司法机关使实际判处、执行的死刑数目的大幅度减少达到立法上废除部分死刑罪名同样的效果。死刑案件法律监督是实现死刑司法控制的重要环节，检察机关贯彻少杀、慎杀的死刑政策，通过自身的办案活动和对审查机关的慎用死刑的监督、提醒，促使审判机关在实践中尽量少用死刑，最终实现死刑的司法控制目的。

（四）贯彻少杀、慎杀的死刑政策原则的实现

1. 树立尊重生命，尊重人权的司法理念，正确理解死刑的功能和有限作用

防治犯罪的根本出路在于制度建设，而不在于刑罚的严厉性。贯彻少杀、慎杀的死刑政策，基于对死刑功能有限性的理性判断。联合国 1988 年进行了一项关于死刑和杀人罪比率之间关系的调查研究。研究表明，尚未发现科学的证据证明死刑比无期徒刑具有更大的威慑效果，而且在未来也不可能发现这样的证据。[1] 当今世界，没有任何证据表明那些保留死刑甚至大量适用死刑的国家和地区的社会治安要好于那些废除死刑或很少适用死刑的国家和地区的社会治安。[2] 如果对罪犯的惩罚超过了必要的限度，毫无节制地不断加大打击力度，那就不但不能取得民众的同情，反而会使司法失去公信力，甚至会使民众

---

① 田文昌、颜九红："论中国死刑发展趋势"，载《当代法学》2005 年第 2 期。

② 刘仁文：《刑事政策初步》，中国人民公安大学出版社 2004 年版，第 338 页。

对法治丧失信心，造成意想不到的逆反效果。① 我国在现阶段保留死刑又慎用死刑，我们承认死刑存在的意义，但又不夸大死刑的作用，最大限度地减少死刑，既符合我国的国情、民情，又符合世界刑罚的发展潮流。检察机关开展死刑法律监督工作，需要用辩证的观点全面看待死刑的功能，克服"死刑万能"的思想，克服过于强调犯罪结果的评价、唯犯罪结果论的不良倾向，树立少用、慎用死刑的观念。

2. 养成谨慎司法的思维习惯和行为习惯

检察官在死刑案件法律监督中认真审查案件事实和证据，切实履行监督职责，防止和避免冤错案件发生，使每一起死刑案件都事实清楚无误，证据确实充分，诉讼程序合法，真正实现疑者不杀，杀者不疑。死刑是剥夺人的生命的极刑，必须慎之又慎。少杀、慎杀的死刑政策，最终要落实到司法人员的具体的司法活动上，特别是对证据和事实的审查上。死刑案件的特殊性，要求在案件事实的认定上证据标准应该更高。为了最大限度地避免发生错案，检察人员在办理死刑案件时，需要从最细微处着手，不放过证据中存在的瑕疵和矛盾，对有罪、无罪、罪重、罪轻证据反复甄别、比较、权衡，案件审查完毕时，要形成完全的内心确信。当根据证据的审查判断还心存犹豫时，坚持疑罪从无的原则，要有宁纵不枉的勇气。正如俄国哲学家亚·伊·赫尔岑所言："为了严格遵守权利和竭力保护权利，有时会使罪犯借此隐藏起来。那就让他去吧。一个狡猾的贼漏网，总比每个人都像贼一样在房间里发抖要好得多。"②

3. 严格掌握死刑适用的实体条件和程序条件

死刑案件不但有严格的实体适用条件，而且必须事实清楚无误，证据确实充分，诉讼程序合法，做到疑者不杀，杀者不疑。检察机关通过死刑案件法律监督，将少杀、慎杀的死刑政策贯穿于刑事诉讼始终，在司法实践中积极探索死刑适用标准，逐步形成有效的死刑适用限制机制，将死刑适用对象切实控制在罪行极其严重、人身危险性巨大的犯罪人这一范围之内，把刑法关于"死刑只适用于罪行极其重的犯罪分子"和"刑罚的轻重，应当与犯罪分子所犯罪行和承担的刑事责任相适应"的规定落到实处。《关于保护面对死刑的人的权利保障措施》第4条明确规定："只有在对被告的罪行根据明确和令人信服的证据、对事实没有其他解释余地的情况下，才能判处死刑"，对死刑适用的

---

① 崔敏："再论少杀慎刑与构建和谐社会"，载《中国人民公安大学学报》（社会科学版）2007 年第 1 期。

② 张建伟："从林晨案看疑罪从无原则的适用"，载《诉讼法论丛》（第 1 卷），第 208 页。

证据条件进行严格限制。检察机关通过对死刑案件的严格审查，从实体上和证据标准上准确把握死刑的适用，在司法活动中不断积累经验，逐步在检察机关内部，以及刑事司法机关内部统一执法标准，减少死刑数量。积极探索死刑缓期执行的标准，明确何谓"不是必须立即执行的"，实现判处死刑缓期执行事由的类型化，通过建议法院扩大死刑缓期执行的范围来实现死刑的司法限制，实现慎用死刑、限制死刑的目标。

五、坚持宽严相济刑事政策原则

（一）坚持宽严相济刑事政策原则的基本内涵

死刑案件法律监督中通过对犯罪事实和量刑情节的认真审查，既实现定罪准确，也实现量刑适当，防止重罪轻判、轻罪重判，做到罚当其罪，罪刑相当，重罪重判，轻罪轻判，无罪不罚。对罪行极其严重的被告人依法惩处，严厉打击；对具有法律规定应当从轻、减轻或者免除处罚情节的被告人，依法从宽处理；对具有法律规定可以从轻、减轻或者免除处罚情节的被告人，如果没有其他特殊情节，原则上依法从宽处理；对具有酌定从宽处罚情节的也依法予以考虑，"可杀可不杀的，坚决不杀"。

1. 正确把握宽严相济刑事政策的基本内涵

宽严相济的刑事政策核心在于区别对待，轻中有重，重中有轻，轻罪案件根据案件具体情况可以从重处理，而重罪案件根据具体情节也可以从轻处罚，这其中也包括死刑案件。因此，宽严相济刑事政策不能理解为轻罪才可从宽、重罪只有从严。即使是严重刑事犯罪，如果有法定或酌定从轻、减轻处罚情节的，应予从宽判处。同时，宽严相济兼顾宽与严两个方面，从严来说，对于严重刑事犯罪，包括死罪，依法从严惩处，罪当判处重刑的，依法判处重刑，直至判处死刑立即执行；从宽来说，虽然论罪当判处死刑，但如果有自首、立功等法定从轻、减轻情节的，也要依法从宽，可判可不判死刑的，不判死刑，具体来说，如果不是必须立即执行的，应依法判处死缓、无期徒刑或者有期徒刑。

2. 准确把握宽与严的度，依法从宽、从严，防止过宽或过严，出现偏差

刑罚是应当严厉还是应当轻缓取决于时代的平均价值观念，取决于国情，取决于本国人民群众的物质、精神生活水平。[1] 死刑案件办理中贯彻宽严相济刑事政策，宽和严的度在法律之中，而不在法律之外，宽与严均要于法有据。

---

① 张明楷：《刑法的基本立场》，中国法制出版社 2002 年版，第 372 页。

不能一讲从宽，而不论案件的具体情况动辄就挂"免死牌"；也不能一讲从严，在是否判处死刑时宁左勿右。同时，不能仅关注判处或未判处死刑是从宽或从严了，还需要关注在未判处死刑的情况下，是否给予了被告人其他的适当刑罚。从量刑情节上考量，从宽抑或是从严，法定情节与酌定情节的适用需要有所差别，将酌定情节当做法定情节使用可能造成宽严的失度，量刑失衡、失当。

3. 努力实现死刑案件法律监督的法律效果与社会效果的有机统一

孟德斯鸠说过，法律过于严酷，反而阻碍了法律的实施。如果刑罚残酷无度，则往往反而不处刑了。① 死刑案件办理坚持宽严相济刑事政策是实现死刑案件法律监督的法律效果与社会效果的有机统一的有效途径。从法律效果上看，死刑案件从宽从严于法有据，准确地定罪量刑，便是取得了最好的法律效果。司法结果是否能够最大程度地得到民众的认可，减少民众心理预期与司法结果的冲突和隔阂化解矛盾，能否最大限度消除敌视和对抗，恢复业已遭受破坏的社会关系则是判断死刑案件处理是否达到最好的社会效果的标准。死刑案件法律监督中贯彻宽严相济刑事政策，要努力实现案件处理的社会效果和法律效果的统一，宽要合情合理，严要得当服人。

（二）死刑案件法律监督中贯彻宽严相济刑事政策原则的法理基础

1. 刑事司法资源的有限性

根据犯罪社会学的"犯罪饱和法则"，每一个社会都有其应有的犯罪，这些犯罪的产生是由于其自然及社会条件引起的，其质和量与每一个社会集体的发展是相适应的，即犯罪现象的发生和存在都有其一定的必然性。我国处于社会转轨和大变革时期，存在多种诱发犯罪的原因，在一定时期内，犯罪的高发态势仍将持续。相对而言，受到各种主客观条件的制约，刑事司法力量严重不足，不可能针对所有的犯罪都作出有效的反应。承认犯罪不可避免是刑事政策的逻辑起点，宽严相济刑事政策，在一定程度上可以发挥案件分流的作用，对于部分符合条件的案件实行轻缓化处理，可以节约司法资源。在死刑案件办理中坚持宽严相济刑事政策，有利于集中有限的司法资源应对最严重的刑事犯罪，保持对严重犯罪的最强烈的非难和压力，真正实现刑罚的功能。

2. 犯罪原因的复杂性，更要求强调个案处理的公正性

刑事政策是指代表国家权力的公共机构为维护社会稳定、实现社会正义，

---

① ［法］孟德斯鸠：《论法的精神》（上），商务印书馆 1961 年版，第 84 页。

围绕预防、控制和惩治犯罪所采取的策略和措施，以及对由此而牵涉的犯罪嫌疑人、犯罪人和被害人所采取的态度。① 良好的刑事政策在遏制犯罪的同时，要兼顾对犯罪嫌疑人和犯罪人的权利保障。德国法学家拉德布鲁赫说："每一个时代都有每一个时代理应承受的犯罪人"，"刑法的进步意味着刑罚逐步做到非感情用事、做到冷静和理性化"。② 犯罪原因具有复杂性，犯罪是社会、经济、文化等多种原因综合的结果，要求应对犯罪的处理应该有一定的弹性，避免僵硬执法造成个案处理的不公正。这就需要借助于刑事政策的调剂作用，才可能实现对犯罪的理性、正确处理。基于现实的考量和对以前的"严打"刑事政策的反思，学界和实务界都对重构新形势下更为科学合理的刑事政策作出了不懈的努力，宽严相济刑事政策就是努力的结果，并作为"合理地组织对犯罪的反应"的一项策略被倡导。宽严相济刑事政策应当覆盖所有的刑事案件，不但对一般刑事犯罪要宽严相济，对严重刑事犯罪也同样适用，因为仅从犯罪后果的严重性而不考虑犯罪的原因和具体情形，不能有效发挥刑罚的应有作用，也不能实现个案处理的公正性。

3. 实现罪刑相当与刑罚个别化的有机统一

刑事政策实际上是根据刑罚个别化原则而发展的。世上没有两件完全相同的案件，也没有两个完全相同的犯罪人。宽严相济刑事政策核心在于区别对待，这既可以使刑罚的适用与犯罪人的行为性质、危害后果等总体相称，又可以根据个案的不同情况，犯罪行为人的社会危险性作出个别判断，实现刑罚的个别化。死刑案件中，并非死罪皆判死刑，适用死刑体现从严的方面，实现在保留死刑的情形下，刑罚与极其严重犯罪的相当性，而根据犯罪人的个人情况和案件的具体情节，不判处死刑，则体现了依法从宽的方面。从严与从宽的把持有度，实现罪刑相当与刑罚个别化的有机统一。

（三）死刑案件法律监督中贯彻宽严相济刑事政策原则的意义

1. 在保留死刑的前提下，通过准确适用死刑，实现死刑刑罚功能的最大化

重刑特别是死刑的威慑力大，对实施预防目的所起的作用也很明显。但是，抑止犯罪并非仅凭刑罚的威慑作用，更重要的是依靠社会的全面发展。③ 严格掌握和控制死刑的适用标准，确保死刑只适用于极少数罪行极其严重的犯

---

① 刘仁文：《刑事政策初步》，中国人民公安大学出版社 2004 年版，第 29 页。

② ［德］古斯塔夫·拉德布鲁赫：《法律智慧警句集》，舒国滢译，中国法制出版社 2001 年版，第 39 页。

③ 张明楷：《刑法的基本立场》，中国法制出版社 2002 年版，第 369 页。

罪分子，体现了刑罚的高度准确性和对应性，重罪重罚，罚当其罪，死刑的准确、有效适用可以最大限度地实现立法者所期望的死刑的威慑作用。

2. 有利于实现"少杀、慎杀"的死刑政策

良好的刑事政策对提高刑事立法质量和刑事司法效能具有直接的促进作用。[①] 刑罚以最大限度地预防犯罪为目的，但死刑的适用是以已然犯罪的严重性为根据，以牺牲刑罚的改造功能为代价的，因此应尽可能避免适用死刑。宽严相济刑事政策与少杀、慎杀的死刑政策相比较，前者更为宏观，少杀、慎杀的死刑政策则是宽严相济刑事政策在死刑案件中的具体要求和体现，宽严相济刑事政策则对少杀、慎杀死刑政策予以制约和指导，在实现罚当其罪、区别对待的刑罚目标上，二者是一致的。检察机关在死刑案件的办理中坚持宽严相济的刑事政策，通过严格把握死刑案件的证据条件和实体适用条件，对存在论罪当杀，但从证据、具体情节又可以和应该不判处死刑的案件，向审判机关提出相应的处理建议，实现少杀、慎杀，防止冤错案件的发生。

3. 与轻刑化、人道化的世界潮流一致，符合科学发展观的要求，符合诉讼经济原则，有利于促进社会和谐

通过贯彻宽严相济的刑事政策，有限适用和准确适用死刑，严格掌握和控制死刑的适用标准，降低了死刑的实际判处数量和执行数量，与世界范围内倡导的尊重生命，刑罚轻缓化、人道化的潮流是一致的。死刑只适用于极少数罪行极其严重的犯罪分子，最大程度地保有了生命，有利于教育和改造犯罪分子，化消极因素为积极因素。宽严相济刑事政策在死刑案件中的贯彻和体现，也反映了社会的文明和进步，国家和社会的以人为本、人文关怀，可以最大限度地减少对抗和社会矛盾，实现社会和谐。

（四）死刑案件法律监督中贯彻宽严相济刑事政策原则的实现

死刑案件法律监督贯彻宽严相济刑事政策应当贯穿于整个刑事诉讼过程，但最终体现在死刑的判处上，因此，促使法院在死刑案件量刑上充分体现宽严相济刑事政策，是检察机关死刑案件法律监督贯彻这一刑事政策的最重要也是最主要的方面。以国家运用刑罚的刑事活动的特点与刑罚之运用的特有的逻辑为根据，刑罚权可分为制刑权、求刑权、量刑权与行刑权四个方面的内容。刑罚权虽有制刑权、求刑权、量刑权与行刑权之分，但这并不意味着这四者均能单独作为刑罚权而存在。事实上，它们犹如同一生产过程中的四道工序，彼此

---

① 储怀植：《刑事一体化》，法律出版社 2004 年版，第 256 页。

联系，互相依存，有机地结合在一起，共为刑罚权的组成部分。① 检察机关对死刑案件提起公诉，根据案件的具体情况，充分运用量刑建议，切实维护公平正义，是行使求刑权的体现，也是国家刑罚权实现的必经环节。具体来说，检察机关在死刑案件法律监督过程中，根据被告人犯罪事实、性质、情节、主观恶性和社会危害程度，向法院提出适用或不适用死刑的量刑建议。对于严重暴力犯罪、造成严重后果的，依法建议法院适用死刑立即执行；对于存在自首、重大立功等法定减轻处罚情节的，依法提出适用死刑缓期执行或者无期徒刑的量刑建议。通过对死刑案件向法院提出量刑建议，促使法院根据犯罪的严重程度和被告人的人身危险性实行区别对待，促使死刑准确、有限适用，均衡适用，公正适用。

---

① 邱兴隆、许章润：《刑罚学》，中国政法大学出版社 1999 年版，第 56、59 页。

第五章
死刑案件法律监督的基本方式

　　法律监督在刑事诉讼的不同阶段或环节具有不同的形式和内容，检察机关通过参与死刑案件诉讼活动来实现对死刑案件的法律监督，履行法律监督职责的基本方式应与死刑案件法律监督应有的职权及功能相适应。死刑案件的特殊性对检察机关的法律监督活动提出了更高的要求，因为涉及人的生命，死刑案件法律监督应更为谨慎，更为准确。我们认为，死刑案件法律监督主要可以通过以下方式进行。

一、通过审查核实证据对死刑案件侦查活动进行法律监督

（一）审查核实证据的法律监督方式的界定

　　正如有学者所言，"证据是诉讼的基础"，"诉讼是围绕证据问题展开的"。① 也如我国台湾地区学者所言，"唯在法治社会之定分止争，首以证据为正义之基础，既需寻求事实，又需顾及法律上其他政策。认定事实，每为适用法律之前提。因而产生各种证据法则，遂为认事用法之所本"。② 而死刑案件法律监督的有效开展以及目标的实现，离不开刑事证据的证明和支撑作用，忽视证据或者不准确掌握和理解刑事证据的取证标准，就无法保障法律监督活动

---

① 陈一云主编：《证据学》，中国人民大学出版社 1996 年版，第 15—16 页。
② 李学灯：《证据法比较研究》，五南图书出版公司 1992 年版，第 1 页。

的准确性和实效性。死刑案件法律监督中树立科学的证据观是保障法律监督活动准确程度和效力的前提。而审查逮捕与审查起诉，实现对非法证据的排除，是检察机关对死刑案件法律监督的重要方式，该监督方式的核心在于通过对侦查机关获取的证据的审查核实，从而准确认定全案事实，为正确适用死刑打下坚实的证据基础。具体而言，它是指检察机关对证据进行复核，分析，研究，判断，以鉴别真伪，其目的是确定其有无证明能力和证明力以及证明力大小。[①] 因为一方面证据只有同时具备证据能力和证明力，才能作为定案的根据；另一方面确定证据与案件事实的联系的紧密程度，联系越紧密，其证明力越大，反之，其证明力就越小。

（二）审查核实证据的法律意义

正义不仅应当实现，而且应当以看得见的方式实现。证据本身作为实体公正的实现者，同时也承载着程序公正的重要使命。侦查机关对证据的收集的合法与否、适当与否对死刑的准确适用，对人权的依法保障有着重要的意义。

1. 审查核实证据是检验收集证据成效的唯一方法

只有经过对证据的审查判断，才能确定已收集到的证据是否真实可靠，是否足以认定案件事实。如果对收集到的证据的真实性还有疑问或认为已收集到的证据尚不足以认定案情，则必须继续收集证据，直至没有疑问或遗漏为止。

2. 审查核实证据是确定证据的证据能力和证明力的根本手段

证据材料是否具有证据资格，需要审查判断。对于证据的真伪，证据与案件事实有无联系以及证据证明力的强弱等，必须由检察人员通过分析、研究和鉴别才能确定。

3. 审查核实证据是完成证明任务的必经程序

刑事诉讼法明确规定，证据必须经过查证属实，才能作为定案的依据。所谓查证属实，其实质就是在于审查核实。离开了证据的审查核实，对证据的查证属实就是一纸空谈。对死刑案件的事实的认定，必须经过收集证据，审查、核实、判断证据，提出证据和认证等环节才能完成。如果没有证据的审查核实判断，就无法对案件事实进行正确认定。

（三）死刑案件审查核实证据的具体做法及要求

审查逮捕以及审查起诉的核心内容是审查作为定案根据的证据，必须具有证明能力且与待证事实具有关联性，对待证事实具有证明作用。因此，审查核实证据的要求，就是要分析、研究证据是否具有证据能力，关联性和客观性的

---

① 卞建林主编：《证据法学》，中国政法大学出版社 2000 年版，第 409 页。

大小，从而确定所收集的证据能否作定案的根据及其证明力的大小。

审查证据的客观性，也即审查证据的真实性与可靠性。刑事诉讼法明确规定，证据必须经过查证属实，才能作为定案的依据。因此，审查判断证据真实性，就成为审查判断证据的首要任务。具体而言，应从以下两个方面着手：一方面是审查核实证据的来源，查明证据是如何提供或收集的，收集方法是否科学，是否受到主客观因素的影响；另一方面是审查核实证据的内容，证据本身是否一致，证据与证据之间是否相互矛盾等。

审查证据的关联性，即证据与案件事实之间的内在联系。具体而言，可以从以下三个方面入手：一是分析判断证据与案件事实之间有无客观联系，凡是与案件事实无关的事实或材料，均应从诉讼证据中排除；二是分析判断证据与案件事实之间联系的形式与性质，是因果还是非因果，是必然或偶然，是内部或外部，是直接或间接；三是分析判断证据与案件事实之间由于联系程度不同而表现出不同的证明价值，只有查明证明价值的大小，才能对不同性质的证据加以正确运用，以有利于对死刑案件事实作出正确的认定。证据与要证明的事实间是否具有关联性，是证据资格和证据采信要把握的首要条件。

审查证据的合法性，是死刑案件中对侦查机关活动进行法律监督的重要内容，也是审查起诉与审查逮捕中证据审查的一个关键环节。办理死刑案件的重要原则之一是"坚持程序公正与实体公正并重，保障犯罪嫌疑人、被告人的合法权利"①。死刑案件的证据合法性，是关系到对案件的证据能力以及案件事实的准确认定的一个重要属性。基于此，笔者作重点阐述。

证据的合法性，是指证据的形式以及证据的收集和运用必须符合法律的规定。② 具体而言，包括合证据法、合实体法以及合程序法三个层次和方面，是从不同的角度对证据合法性的综合规定和调整。

我国刑事诉讼法在第 32 条对证据的收集进行了规定："审判人员、检察人员、侦查人员必须依照法定程序，收集能够证明被告人有罪或者无罪、犯罪情节轻重的各种证据。"而在死刑案件的审查起诉与审查逮捕的法律监督中，非法证据是指经法定程序查证具有客观性和关联性的非法定主体提供的用于证明案情的事实材料，或法定主体违反法定程序、法定形式以非法手段提取或认定的证明案情的事实材料，根据刑事证据则可以从以下几个方面对证据的合法性审查进行把握。

---

① 最高人民法院、最高人民检察院、公安部、司法部《关于进一步严格依法办案确保办理死刑案件质量的意见》第 2 条第 3 项，2007 年 3 月印发。

② 卞建林主编：《证据法学》，中国政法大学出版社 2000 年版，第 414 页。

第一，审查收集或者提供证据材料的主体是否符合证据法律规范的要求。主体非法包括身份不合法和能力不合法两类：第一类是收集提供证据材料的主体不具备法定身份。如无搜查、扣押权的主体而为搜查、扣押的行为，不具有解决案件专门问题所必须具备的专业知识的人员而为鉴定行为，应当回避的书记员、翻译人员及鉴定人所作的记录、翻译、鉴定或非省级人民政府指定的医院所作的对人身伤害重新鉴定结论等均属主体身份不合法。第二类是提供证据的主体不具有诉讼行为能力。如生理上、精神上有缺陷或年幼不能辨别是非，不能正确表达者。死刑案件中，"对于可能属于精神病人或者怀孕的妇女的犯罪嫌疑人，应当及时进行鉴定或者调查核实"。①

第二，审查获取或认定证据材料是否违反法定程序或采取非法手段。这又可分为两类：第一类是违反法定程序获取或确认证据材料。如搜查、扣押无搜查证、扣押证；物证取得未有相关人在场见证以及无被扣押人签名；讯问多名犯罪嫌疑人、询问证人、被害人时未各个进行而获得的言词证据；讯问、询问聋哑人或者少数民族、外国人、无国籍人时，被要求运用民族或相关国家语言而没有运用，也未聘请翻译人员参加讯问、询问而获得的言词证据；辨认未单独进行，辨认时给辨认人暗示或者被辨认人人数、照片少于法定数量而形成的辨认笔录；讯问犯罪嫌疑人或询问证人时未告知法定应当告知的事项等。第二类是以非法手段获取证据材料，包括以暴力、胁迫、利诱、欺诈、违法羁押及其他违法方法进行取证。最高人民法院、最高人民检察院、公安部、司法部《关于进一步严格依法办案确保办理死刑案件质量的意见》中明确提出，提讯在押的犯罪嫌疑人，应当在羁押犯罪嫌疑人的看守所内进行。严禁刑讯逼供或者以其他非法方法获取供述。讯问犯罪嫌疑人，在文字记录的同时，可以根据需要录音录像。同时，该意见还明确要求，侦查人员询问证人、被害人，应当依照刑事诉讼法第97条的规定进行，严禁违法取证，严禁暴力取证。

第三，审查证据是否符合法定形式。我国刑事诉讼法规定了物证、书证、被害人陈述、被告人供述和辩解、证人证言、鉴定结论和勘验、检查笔录、视听资料等。而如测谎仪、警犬辨认、步法鉴定等结论则因不符合法律规定的形式要求而不能作为定案的证据，仅可作为侦查线索。

上述非法证据主要表现出的几个方面，也就是检察机关对死刑案件证据审查核实的法律监督中体现出的常见的非法证据的情形，它侵害了国家宪法赋予公民的基本权利，扭曲了司法机关的公正形象，降低了司法机关的威信，妨碍

---

① 最高人民法院、最高人民检察院、公安部、司法部《关于进一步严格依法办案确保办理死刑案件质量的意见》第3条第1项，2007年3月印发。

了纠正立法、司法实践中重实体、轻程序的痼疾，具有明显的危害后果。而在死刑案件刑事非法证据的几种类型中，以违反法定程序和非法方法取证的危害最大，而证据形式不合法和提供证据的主体不合法则危害相对较小一些。因此，结合现在刑事诉讼的多元价值目标追求，检察机关在对此进行法律监督，在设定刑事非法证据问题的程序性法律后果时也应区别对待，大致可以分为三类情况：首先，原则上否定违法取证行为所获得的非法证据材料的证明能力，这种程序性法律后果主要是针对危害严重的严重违反法定程序和刑讯逼供等非法方法获取证据的行为。其次，补正违反诉讼程序规定的取证或认定行为，有条件地承认其证据材料的证明能力。这主要是针对那些危害较轻的违反法定程序规定的行为，或形式不符合法定要求的证据材料，要求这些证据材料补充、更正为合法行为或合法形式的证据材料。如侦查人员未在证言笔录上签字的可予以补正、未经庭审质证的证据材料予以重新开庭查证等。最后，特殊情形的排除例外处理。这种程序性法律后果主要是针对下列特殊情形：刑事非法证据涉及国家主权、国家统一或国防安全等重大利益的；虽是以侵犯被告人诉讼权利方式取得的实物证据材料，但被告人亦申请采用的；刑事非法证据是无罪证据的；非法证据的收取主体是出于善意或过失，或者迫于形势紧迫不得已，且非法取证行为未构成侵权的。

由此，我们可以看到，检察机关通过审查逮捕、审查起诉中对证据的审查核实，分析判断从而作出死刑案件证据能力的认定，而这一认定受制于在法律监督中所采取的不同的刑事诉讼价值观：实体真实价值观、程序正当和保障人权价值观、实体真实与程序正当并重价值观。在刑事非法证据材料证明能力的问题上则形成了三种观点：一是全盘否定说；二是真实肯定说；三是折中说。检察机关对死刑案件中非法证据予以排除，对侦查机关取证活动进行法律监督时，宜采取第三种价值观作为排除非法证据的原则，即刑事诉讼的目的包括追求实体真实、实现国家刑罚权和维护正当程序、保护人权，且两者并重。在对待非法证据问题上则综合权衡刑事诉讼多元价值目标追求，以及非法证据材料的非法因素的社会危害大小，从有利于实现刑事诉讼旨在维护社会秩序稳定的根本目的的角度出发，确立原则上排除非法证据材料证明能力，特殊情形允许例外的规则，即对于那些严重违反诉讼程序或以违法方法获取的证据材料原则上排除其证明能力，而对于主体不合法及证据形式不合法或轻微违反程序规则并可以补正或其他一些特殊情形的证据材料，则综合考虑非法证据材料的非法因素与刑事诉讼法规定的背离程度，行为人的主观心态，是否为紧急情况而不得已，案件性质及非法证据材料的重要性，非法证据材料非法因素弥补的可能性，非法证据材料非法因素的社会危害性等方面。通过对以上诸因素综合考虑，从而确定其证明能力的取舍。

二、通过检察引导侦查的方式对死刑案件侦查活动进行法律监督

（一）检察引导侦查法律监督方式的界定

检察机关对侦查活动的监督，应当充分体现法律监督的权威性，不应当是消极监督，而应当是积极制约。因此，检察机关应当依法拥有随时介入侦查活动，并对侦查主体进行一定引导、建议、制约和纠正错误的权力，通过同步监督侦查权的运作，积极引导侦查机关履行追诉职责，并监督、保障侦查行为在法律规定的范围内运作，才能充分履行宪法赋予的检察法律监督职能。

检察引导侦查，是指在现行的法律框架下，检察机关为指控、证实犯罪，保证侦查活动的合法进行，通过适时介入，参与指导公安机关重大案件的侦查活动，围绕批捕、起诉标准，引导公安机关确立正确的侦查方向，依法准确、全面地收集、提取、固定证据，并对侦查活动进行法律监督，使侦查、批捕、起诉工作相互协调的一种工作机制。

（二）检察引导侦查的价值

在死刑案件中推行检察引导侦查的监督方式，有助于控制犯罪与保障人权双重价值的体现。具体而言：

1. 有助于实现司法的实体公正价值——打击预防犯罪，维护社会的秩序和安全

打击和预防犯罪、维护社会的秩序和安全是刑法的基本任务，而刑法的强制力是通过司法审判来确定犯罪，惩罚犯罪。公诉活动是司法审判的重要组成部分，揭露犯罪、证实犯罪是公诉的目的，这一目的的达到要靠能满足公诉需要的确实、充分的证据，这些合乎要求的证据来源于侦查取证。因此，侦查取证的最终目的，就是为了提起公诉，进行法庭审判，侦查取证应紧紧围绕这个目的进行，为之服务。实行检察引导侦查机制，检察机关可以根据需要参加侦查机关的侦查活动和对重大案件的讨论，从批捕、起诉角度向侦查机关提出建议，使证据的收集以公诉为指向。通过介入侦查活动，提高检察机关判断的准确性，使侦查机关与检察机关形成合力，从而提高侦查和公诉质量，保证国家刑事追诉权的有效行使，保障社会秩序的安全和稳定。

2. 有助于实现司法的程序公正价值——维护自由及保障人权

维护人的自由价值及保障人权，是刑事诉讼的基本目的之一，刑事诉讼在注重打击犯罪的基本价值取向的同时，更加应当注重人的自由和权利保障，检察引导侦查工作机制很好地体现了这一价值。司法实践中，一方面，公安机关

享有广泛的侦查职权，除逮捕必须经过检察机关批准外，其他涉及公民人身、财产权利的强制处分，如勘验、检查、搜查、取保候审、监视居住等，均可以自行决定，自行执行。权力如果缺乏真正有效的制约，往往导致滥用。另一方面，检察机关审查批捕及审查起诉的大量工作均是书面审查侦查机关报送的材料，而侦查活动很难反映在案卷中，即使犯罪嫌疑人等向检察机关反映在侦查中有刑讯逼供、诱供等违法行为，如无明显证据，实际上多数也难查实，有些虽然能查实并对违法犯罪行为人给予适当制裁，但侵犯公民合法权益已成事实，由此造成了损失和恶劣影响已难以挽回。实行检察引导侦查，检察机关把侦查活动纳入视野，及时发现违法行为，并进行纠正，一改事后监督、被动监督的弊端，可以有效地保障犯罪嫌疑人及其他公民的合法权益。

3. 有助于实现诉讼效率。检察与侦查之间的职能具有统一性，目标上有一致性，即围绕提起公诉，支持公诉，行使国家追诉权

正是这种统一性，决定了双方在刑事诉讼各个方面、各个环节必然出现相互协作、及时协调、互为补充，进而形成合力，共同追求侦查、控诉职能实施的高效率。而检察引导侦查是提高诉讼效率的最佳切入点：一是有利于检察人员及时熟悉、了解案情，掌握证据获取情况，又有利于提高侦查人员的证据意识，尤其是控诉意识，有利于对证据的及时收集、固定和保全，从而减少诉讼成本；二是能够实现侦检思路互补，人员的互补，技术和设施的互补，从而进一步实现侦检职能的互补。

（三）检察引导侦查的具体做法

根据效率与公正的要求，检察引导侦查的重点是证据的收集，对侦查活动的合法性进行监督，前者符合世界现在通行的做法。最高人民检察院也提出："检察机关引导侦查工作重点是引导收集证据，固定证据和完善证据。"[①]

1. 检察引导侦查的主体及权限

检察引导侦查，包括死刑案件中的检察引导侦查涉及检察机关侦查监督部门和公诉部门，因此在建立具体的引导侦查取证机构时，应当由这两个部门共同协商组成，在具体人员组成上应当包括一名侦查监督部门的副职领导，一名公诉部门的主诉检察官，以提高引导侦查取证的效力。除此之外，还应当有相应的侦查人员参加，以能够对案件证据进行全面审查，对案件主要事实及适用法律等提出确有见地的意见，立足审查逮捕的具体要求，对收集、固定证据以

---

① 柴春元、张安平："以改革推动'严打'，在'严打'中深化改革——全国刑事检察工作会议综述"，载《检察日报》2002年7月17日。

及完善证据体系等提出具体建议，确保公诉任务的顺利完成。

在检察引导侦查中，对引导侦查人员权限的设定，能充分发挥引导侦查机制的功能，有利于提高办案效率。从现有的法律规定来看，引导侦查的主体人员应有以下几种权限：一是参与侦查活动权。如引导侦查人员必要时参加现场勘察、检查、讯问犯罪嫌疑人及询问证人等。二是侦查建议权。引导侦查人员可以从控诉必需的角度出发，对案情，侦查方向、思路，证据的收集、固定等方面发表意见，提出要求，有权列席侦查机关对于案件的讨论，并可以提出侦查建议。三是提供证据权。引导侦查人员可以通过制作《完善证据建议书》、《补充侦查提纲》、《提供法庭所需证据意见书》等要求侦查人员收集、补充、固定和保全有关证据，同时检察人员对证据应享有取舍权。四是随时调阅案卷材料权。五是纠正违法权。引导侦查人员发现侦查人员有违法现象或不适当侦查行为时，有向侦查机关提出立即停止并纠正的权力，侦查机关应将调查处理的情况及时通知检察机关。

2. 检察引导侦查的案件类型

由于我国的司法资源有限，检察引导侦查取证的范围应当给予限制，无须也不可能对每一起案件都进行引导，只有突出重点，才能保证检察引导侦查取证的效果，实现其真正的目的。从司法实践上看，对死刑案件的检察引导侦查取证的重点为以下几种类型的犯罪案件：

一是涉嫌黑恶组织犯罪案件。这类犯罪案件往往案情复杂，涉及面广，社会影响大，侦查和取证难度大，检察机关提前介入引导侦查取证有利于对证据的收集固定，也有利于将来检察机关对案件材料的审查和控诉犯罪。二是严重危害社会治安的暴力犯罪案件。这类案件涉及犯罪嫌疑人与公安执法人员，当地干部群众有矛盾冲突，介入引导侦查更能保证公正性。三是重大经济案件。这类案件原属检察机关管辖，在侦破这类案件方面检察机关长期以来积累了丰富的经验，介入引导侦查取证更能显示出其优势。四是在本地有重大影响及其他需要引导侦查取证的重大案件。这类案件由于在本地有较大的影响，检察机关及时介入到公安机关的侦查活动中，可以增强案件办理的法律效果、政治效果和社会效果。

3. 检察引导侦查的内容

在死刑案件的检察引导侦查取证中，应当注意检察机关不能代替公安机关的侦查活动，引导侦查取证在内容方面限制在以下三个方面：

一是在不同性质的案件所需证据的收集上。针对各种不同的类案，制定相应的证据标准和证据规则，明确收集证据的实质要件和具体要求。

二是在对各种证据的固定方式上。明确对七种证据的固定原则，明确如何进行提取，以何种形式和方法进行固定，对形式和方法加以规范，以利于指控犯罪。

三是在法律适用方面的引导。法律适用引导实际上是对证据引导的延伸或扩展，因为证据引导最终是要围绕法律规定的构成要件展开。在法律适用引导方面，要共同制定追诉犯罪标准的逮捕、公诉证据的参考标准。追诉犯罪的标准，实际上就是立案标准；逮捕公诉证据参考标准，是按照逮捕、公诉条件具体做法收集、审查证据的角度对具体犯罪构成要件的分解和细化。

4. 检察引导侦查的方式

在死刑案件检察引导侦查收集证据上，具体方式包括以下几个方面：一是重特大案件发案、立案阶段，检察机关及时在熟悉、掌握情况的基础上，帮助侦查机关确定正确的侦查方向。二是侦查过程中提出指导性建议，协助侦查机关迅速有效地搜集罪案证据和遏制犯罪嫌疑人的反侦查行为。三是出席重、特大疑难案件捕前、侦结前的案件综合讨论，帮助侦查机关准确定性，梳理证据，并就强制措施的适用，侦结后的处理，证据材料的完善，提出指导性建议。四是对提请批准逮捕、移送起诉的案件，审结后提出补充侦查意见。

在死刑案件检察引导侦查中，注意把握以下几个方面，规范引导取证的具体方法：首先，把握个案和类案指导上的区别。对于个案，采取法律明确规定的方式，即人民检察院派员参加公安机关对重大案件的讨论；参加公安机关勘验、检查、复验、复查；发出《补充侦查提纲》、《补充侦查决定书》、《提供法庭审判所需证据材料意见书》以及其他各种建议等。对于类案，一要研究制定受理审查逮捕案件证据标准，以便于公安机关了解侦查监督部门审查批捕的证据标准，从整体方向上介入侦查、引导取证；二要通过召开联席会议等方式，由侦查机关和检察机关的侦查监督部门、公诉部门研究一段时间内重点案件的侦查取证中的共性问题，对复杂性、疑难的个案进行讨论和研究，交流意见、看法，统一思想认识，提高案件的证据收集质量。其次，把握实体上和程序上的区别。在实体上引导侦查取证即对公安机关在侦查中收集、固定证据提出各种建议，建议而不干预；在程序上对侦查活动的合法性进行监督，对侦查过程中发现的违法违纪情况及时提出口头或书面意见，监督而不袒护。最后，把握案件整体和局部的区别。检察引导侦查取证要注重从案件整体上进行把握指导，省级以上人民检察院根据不同案件性质制定相应的起诉案件证据参考标准或证据采信规则或非法证据排除规则，从整体方向上引导侦查取证。引导侦查的核心就是规范取证行为，提高证据质量，通过检察引导侦查，使侦查机关收集的证据更加具有稳定性和合法性，检察机关也更能及时发现和纠正侦查活动中的违法行为，以实现追诉犯罪和对侦查活动进行有效法律监督之目的。

三、通过出席法庭对庭审活动进行法律监督

出席法庭是人民检察院对刑事审判活动进行监督的最主要、最直接、最有效的方式，是人民检察院行使检察权的重要组成部分，其目的和作用在于监督审判机关严格执行法律，维护国家法律的公正实施。具体而言，出席法庭一方面能够促进人民法院及时、有效、准确地追究犯罪；另一方面能够保证司法权在刑事诉讼中不被滥用，充分保障诉讼参与人的权利，在死刑案件中，出席法庭履行审判监督的中心任务就是要实现死刑的准确适用和慎重适用，体现少杀、慎杀的刑事政策，确保实现"控制犯罪与保障人权"的双重刑事诉讼目的。监督的具体方式包括以下几个方面：

（一）通过提出纠正意见对庭审的程序性违法活动进行监督

由于我国的检察机关不仅是国家的法律监督机关，同时也是刑事诉讼中的公诉机关，这两种法律地位，决定了检察机关在诉讼进入审判程序后，承担着法律监督者和国家公诉人的双重身份。近段时间，在司法改革的大讨论中，对作为控诉方的检察机关对刑事审判的法律监督会不会影响法官的中立地位，有广泛的争议，如有学者认为："如果不甚恰当地将刑事司法活动比拟为一种竞技活动，那么，控辩双方是运动员，而法官是裁判者。在这种情况下，作为当事人的检察官如果享有对法官的法律监督权，那么，确实存在一个既当运动员又当裁判员的悖论……势必破坏控辩之间的对等关系，动摇法官的中立地位，使检察官成为'法官之上的法官'。"[①] 又比如有观点认为："检察官与被告人在诉讼中应是平等的诉讼主体，享有平等的权利，同时也不应当对法官施加任何与众不同的影响，而检察官在法庭上的法律监督者身份，使辩护方和法官都无法摆脱检察官的监控，这就有可能给法庭审判带来负面影响并使法官的中立形象受到冲击。"[②]

我们认为，检察官在法庭上的双重身份，并没有影响法官的独立审判权。从目的上看，司法独立的基本旨趣，是希望作为仲裁者的法官在评判争端时超然于争端，既不倾向于争端中的任何一方，更不得与争端本身具有利害关系，由此获得公正司法的预期和结果，可见公正是司法独立的目的，而检察机关行使法律监督权同样以追求司法公正为目的，"对于实现程序公正和实体公正的

[①] 陈兴良："从'法官之上的法官'到'法官之前的法官'"，载《中外法学》2000年第 6 期。

[②] 左卫民：《刑事程序问题研究》，中国政法大学出版社 1999 年版，第 234 页。

有效性，是刑事审判监督的价值之所在。如果一项监督机制构建合理，监督及时有效，成为预防所监督的对象违法与误判的有效手段，就能够促进与保障审判公正实现，具备产生公正结果的能力"①。所以，法律监督制度与司法独立并不矛盾；从权利行使方式上看，检察机关通过提出纠正意见、抗诉等途径进行监督，这些方式只是一种司法请求权，并不会对法官的独立的、终局的裁判权构成冲击。最后，司法独立不是无限度的司法自由，独立的司法权同样应当受到监督和必要的制约，才能保证其公正，实现刑事诉讼的目的。

出席法庭的检察人员应当对审判活动中的以下程序行为进行监督，有违法情况的应当进行纠正。

1. 庭审是否符合公开审判的法律规定

公开审判包括审判公开和宣判公开。"阳光是最好的防腐剂"，公开审判是司法公正的基本保障和前提，它将审判活动置于社会监督之下，使人民群众既了解审判活动的程序是否公正，也可以透过程序了解实体是否公正，既可以消除人们对法官是否清廉的疑虑，也可以树立法官公正裁判的形象。因此，公开审判在当今世界各国诉讼制度中都得到了确认，成为现代诉讼制度文明、民主、科学的重要标志。

按照国际通行的做法，公开审判是原则，不公开审判是例外，我国刑事诉讼法及《最高人民法院关于执行〈中华人民共和国刑事诉讼法〉若干问题的解释》规定的不公开审判的情况包括：涉及个人隐私的案件；涉及国家秘密的案件；当事人提出申请的确属涉及商业秘密的案件；十四岁以上不满十六岁未成年人犯罪的案件；经人民法院决定不公开审理的十六岁以上不满十八岁未成年人犯罪的案件。

在庭审中，检察人员应当注意法庭是否宣布以哪种方式进行庭审。对于决定公开审理的案件，应当查明人民法院是否依照刑事诉讼法第151条的规定，在开庭3日以前先期公布案由、被告人姓名、开庭时间和地点；法庭决定进行不公开审理的，应当当庭说明理由。如果不具备法定理由而决定不公开审理，或者应当不公开审理而宣布公开审理的，应当立即建议法庭纠正，因为违反公开审理规定属重大程序违法，是上级人民法院发回重审的法定理由，为了避免不必要地降低司法效率，检察人员应当当庭提出纠正意见。

在不公开审判的理由中，要注意准确界定国家秘密和个人隐私的内涵和外延。涉及国家秘密应当是指案件事实本身属国家秘密，而不是指案件的侦查手

---

① 宋世杰、陈果："刑事审判监督价值分析引论"，载《中国刑事法杂志》总第46期。

段涉及国家秘密，如果人民法院以案件侦破过程涉及国家秘密为由宣布不公开审理，检察人员应当进行纠正。对于个人隐私，当前我国并没有作出有法律效力的明确界定，一般认为隐私是体现自然人独立人格权的、与公共利益无关的、不为他人知悉的个人信息、私人活动和个人秘密。我们认为这里的个人隐私首先既包括被告人的隐私，也包括被害人的隐私。其次对隐私的界定应当从保护案件当事人的个人利益的角度从宽把握，但显然不能将案件审理过程或判决结果可能对被告人的个人名誉、人格造成侵害作为不公开审理的理由。

在死刑案件中，可能被判处死刑的被告人不存在因年龄而不公开审理的情况，但在共同犯罪案件中，存在可能被判处死刑的被告人已经成年而同案被告人中有未成年人的情况，此时全案仍然应当不公开审理。

2. 法庭审理案件是否违反法定送达期限

在开庭准备阶段，法庭应当履行相关的送达职责，并在开庭审理时通过询问当事人确认是否履行，检察人员应当审查人民法院是否将起诉书副本至迟在开庭 10 日前送达被告人；传唤当事人，通知辩护人、诉讼代理人、证人、鉴定人和翻译人员的传票和通知书是否至迟在开庭 3 日以前送达；是否将开庭的时间、地点在开庭 3 日以前通知人民检察院。在二审和再审中，应当审查人民法院是否将抗诉书副本或再审决定书至迟在开庭 10 日前送达全案被告人。庭前按照法定期限送达相关文书是防止审判突袭的屏障，对切实维护被告人的权利特别是辩护权有重要影响，因而不容忽视，检察人员发现法庭未履行送达职责的，应当提出纠正意见，如果被告人、辩护人据此提出要求时间准备的，检察人员应当建议法庭休庭，待法定的送达期限届满后才能重新开庭。

3. 法庭组成人员是否符合法律规定

出庭检察人员应当查明合议庭的组成人员是否是单数，在中级人民法院审理的一审案件中，合议庭是否由 3 人组成（死刑案件不应由基层人民法院审理，也不应当独任审判），在高级人民法院审理的一审案件中，合议庭是否由 3 至 7 人组成，审判上诉案件和抗诉案件，合议庭是否由 3 至 5 人组成，院长或庭长参加合议庭的，是否由院长或庭长担任审判长。此外，有人民陪审员参加合议庭的，应当审查人民陪审员是否由当地权力机关委任。

4. 法庭组成人员是否应当回避

回避是切实维护案件当事人的合法权益、保障司法公正的一项重要诉讼制度，出庭检察人员应当注意审判长是否告知当事人、法定代理人有权申请回避，当事人、法定代理人提出回避申请及理由后，法庭作出的是否准许的决定适当与否，根据《刑事诉讼法》第 28 条的规定，审判人员、检察人员、书记员、鉴定人、翻译人员具有下列情形之一的，应当回避：是本案的当事人或者是当事人的近亲属的，本人或者他的近亲属和本案有利害关系的，担任过本案的证人、鉴定人、辩护人、诉讼代理人的，与本案当事人有其他关系，可能影响公正处理案件的。此外还要审查决定回避的主体是否符合《刑事诉讼法》第30条的规定。当事人、法定代理人对决定不服，申请当庭复议时，合议庭未休庭复议的，检察人员应当纠正，建议合议庭休庭，待复议决定作出后方才继续开庭审理。

5. 法庭是否为没有委托辩护人的被告人指定辩护人

辩护权是一项宪法性权利，它包括被告人自行辩护权和委托辩护权，被告人委托专业律师为其辩护，特别是在庭审阶段获得律师帮助，由此保证其合法权益不被作为国家权力的司法权侵犯，具有重要的宪政、法治意义。

在死刑案件的庭审中，为切实保障被告人获得辩护帮助的权利，检察人员应当注意：被告人可能被判处死刑而没有委托辩护人的，法庭应当指定承担法律援助义务的律师为其提供辩护。这里要准确把握"可能被判处死刑"这个条件，它是指被告人有被判处死刑（包括死缓）的可能性。如重庆市一起抢劫杀人案，被告人一审被判处无期徒刑，公诉机关以量刑畸轻为由提出抗诉，在二审的时候法庭认为没有改判可能（这种未审而定的做法本身就大错），没为被告人指定辩护人，出庭检察人员当即提出意见，并建议休庭为其指定辩护人，依法另行确定开庭时间，后本案经开庭审理后被告人被改判死缓，检察机关的法律监督避免了一起重大程序违法。又如重庆市一起共同麻醉抢劫案，主犯被告人黄某一审被判处死缓，公诉机关未抗诉，黄某未上诉，但其同案人提出上诉，在二审中，法庭认为黄某未上诉，且考虑到上诉不加刑，故无须给黄某指定辩护人。出庭的检察人员提出纠正意见，认为黄某虽然一审被判处死缓，但该判决要经过二审维持后才得以生效，所以黄某实际上是被二审法院判处死缓，如果在二审中不为其指定辩护人，则属于明显违反刑事诉讼法的规定。

6. 法庭是否侵犯被告人、辩护人及其他诉讼参与人的诉讼权利和其他合法权利

在庭审中，除了被告人拥有申请回避权、自行辩护权和委托辩护权外，当事人和辩护人、诉讼代理人还享有以下权利。

（1）申请通知新的证人到庭，调取新的物证，申请重新鉴定或者勘验。法庭对于上述申请，应当作出是否同意的决定。刑事诉讼中，辩方与控方事实上处于不对等状态，这种不对等不是双方在地位上不平等，而更多地表现为双方没有获得平等的"武装"，即辩方收集、获取证据的能力和机会大大弱于以强大国家权力为支持的控方，在庭审中，辩方申请法庭通知新的证人到庭，调

取新的物证，申请重新鉴定或者勘验，是缩减这种差距的最后手段，也有利于法庭查明事实、实现公正审判。所以法庭没有正当理由而不同意申请，侵犯辩方的诉讼权利的，检察人员应当提出纠正意见。

（2）经审判长许可，辩方可以对证人、鉴定人发问，可以对证据和案件情况发表意见并且可以与出庭的检察人员互相辩论。司法实践中，出庭的检察人员对法庭是否切实保障辩方的该项权利监督不力，因为辩方的意见肯定是与作为控方的检察人员的意见相悖的，由于重打击轻保护思想的惯性作用，法庭往往有意无意偏袒控方，就可能出现不让辩方充分陈述意见的情况（特别是在质证阶段），此时的检察人员为了保证实现指控，往往就对法庭侵害辩护权的行为视而不见。这种以牺牲审判公正为代价的功利主义的思想极其有害，检察人员应当通过辩论的方式，充分运用证据和严密的逻辑分析，堂堂正正地反驳辩方的不当意见，而不应因担心指控不能而投机取巧。所以，当法庭侵害辩护权的时候，哪怕客观上对控方有利，检察人员也应当提出纠正意见。

（3）控、辩双方出示的书证、物证应当交对方当庭辨认、查看。物证、书证以其物理属性对案件事实起证明作用，具有强大的证明力，这种物理属性一般情况下是外显的、直观的，易于感知，所以对书证、物证最好的质证方法就是交对方辨认、查看。庭审中容易出现的问题，一是在一方举示书证、物证后，审判长疏于将证据交另一方查看；二是由于书证、物证在侦查环节一般都已经交被告人辨认并形成了辨认笔录，检察人员在出示物证时一般要同时举示辨认笔录，此时法官往往省去辨认、查看程序，直接要求被告人发表意见；三是只将物证、书证交被告人查看，忽略掉辩护人。以上做法在一定程度上都损害了辩护权，检察人员应当进行纠正。

（4）被告人享有最后陈述的权利。被告人最后陈述是庭审的最后一个程序，司法实践中该程序的虚置现象严重，究其原因，一是经过前面的庭审，掌握庭审节奏的法官对案件事实、证据和法律适用基本了然于胸，被告人的最后陈述、是否陈述对法官完成审理任务所起作用不大，这种功利思想会极大影响法官对被告人最后陈述的重视程度；二是经过长时间的庭审，法官的精力消耗较大，懈怠情绪会驱使法官急于结束庭审，作为最后程序的被告人最后陈述当然容易被忽视；三是被告人自身能力不足，法律知识不够，加上心理受影响，在最后陈述时要么茫然无措，不知该说什么，要么词不达意，不知所云，要么离题甚远，把最后陈述当成发泄不满情绪的机会，而对切实维护自己的合法权利完全于事无补。

但是，最后陈述权是辩护权的一项重要内容，它是被告人在法庭审理终结时表达自己观点、意见和理由的最后机会，"无罪的被告人迫切希望法庭了解他没有实施犯罪行为，更迫切希望法庭了解他为什么无罪却又被认定为犯罪，成为被追究刑事责任的被告人的缘由；有的被告人迫切希望法庭了解他犯罪中可以减轻或从轻的情节，更迫切希望了解他为什么实施犯罪行为成为犯罪分子的某些难言之隐和情有可原的缘由"。① 因此，被告人最后陈述制度不仅彰显了刑事审判对被告人应有的人文关怀，而且增进了法庭发现真实和正确裁判的实践理性，有效地兼顾了刑事诉讼的双重目的。此外，在被告人最后陈述中，控方不得对被告人的最后陈述权施加任何形式的干涉，从而有效地弥补了其他诉讼环节中容易导致的控辩不平等趋向，有利于提升被告人的主体性地位。

在庭审中，法官应充分保证被告人的最后陈述权，既要明确提示被告人应当陈述的内容，又要尽量保证被告人作自由的、完整的陈述，对无故干涉、取消被告人最后陈述的，检察人员应当提出纠正意见。

（二）通过讯问（询问）、举证、质证、发表公诉（出庭）意见、辩论对庭审的采信证据、认定事实、定罪量刑进行监督

检察人员参加庭审活动，在法庭的主持下，讯问被告人、询问证人、鉴定人、举证、质证、发表公诉（出庭）意见、与辩方相互辩论，一方面是向法庭证明犯罪、履行控诉职能的过程；另一方面也是对庭审的采信证据、认定事实、适用法律进行监督的过程。出庭的检察人员履行监督职责，因一、二审具体任务的不同而有不同的侧重点，在一审中，公诉人的核心任务是指控、证明犯罪，庭审重点是针对被告人及其行为，监督职责也应当围绕、服务于该任务，主要体现为：法庭采信的证据是否经过当庭举示和质证；法庭采信的证据是否具有合法性、客观性、关联性，证据之间是否相互印证，形成锁链，并能够得出唯一的结论；法庭认定的定罪事实和量刑事实与法庭根据庭审采信的证据之间是否一致；一些不需要证据证明的量刑情节，如被告人是否当庭认罪、悔罪及其程度如何，是否被法庭如实评价。在二审中，庭审的重点是审查一审判决是否正确、合法。如果二审是上诉引起的，出庭的检察员并不当然地站在上诉人的对立面，应根据案件事实和证据的具体情况，以及一审诉讼的实际情况，履行法律监督职责。如果上诉理由成立，应同意上诉人的上诉理由，支持上诉人一方，建议二审法院采纳上诉理由对一审错误判决予以纠正。如果认为上诉理由不成立，则用相关的事实、证据和法律规定来驳斥上诉理由，证明一审判决没有错误，上诉理由不能成立，要求二审法院维持一审的正确判决；如果二审是抗诉引起的，二审检察机关支持一审检察机关抗诉及抗诉理由的，出

① 徐友军："中国刑事诉讼与人权"，载《中外法学》1992年第2期。

庭检察员发表支持抗诉的意见，用事实和证据来证明一审判决确有错误，要求二审法院纠正一审法院错误的判决。如果二审检察机关认为抗诉虽然正确，但抗诉理由不正确、不充分的，出席二审法庭时，应以二审检察机关的抗诉意见为准，对一审检察机关的抗诉理由进行修正和充实；如果既有抗诉又有上诉的，二者不一定处于对抗状态，出庭的检察员需要根据抗诉理由、上诉理由的实际情况作出判断，对上诉有理的，应当予以听取，建议法院采纳，对上诉无理的，围绕抗诉理由，针锋相对予以反驳，并对抗诉理由和上诉理由进行综合分析，要求法院维持或改变一审判决。

四、通过抗诉对判决、裁定进行法律监督

刑事抗诉是人民检察院依照法定职权，通过诉讼程序，对人民法院作出的确有错误的刑事判决、裁定要求进行改判的监督活动。它是法律赋予人民检察院实行法律监督的一项重要职能，对于贯彻有错必纠的原则，准确、合法地惩罚犯罪，保证国家法律的统一、正确实施，有效地维护当事人的合法权益发挥了积极的作用。以下以重庆市人民检察院死刑案件的抗诉工作为视角，就此进行探讨。在重庆市人民检察院死刑案件的抗诉工作中，为了深入贯彻最高人民检察院《关于刑事抗诉工作的若干意见》、《关于进一步加强刑事抗诉工作、强化审判监督的若干意见》两个文件的精神和要求，切实履行法律监督职责，针对死刑案件自身的特点，着力抓了以下工作。

（一）死刑案件二审程序抗诉

1. 夯实抗诉基础

一审判决确有错误是引发二审抗诉的原因，如何判断一审判决确有错误，是能否提出抗诉的关键环节。要准确地作出判断，一审的起诉质量是重要的保障因素，一审控方认定事实清楚、证据充分，适用法律准确、量刑建议恰当的，就容易使一审判决的错误凸显出来，有利于二审作出判断，提出抗诉更理直气壮，针对性更强，抗诉效果更好。如果一审起诉质量不高，本身就存在认定事实不当，指控证据不充分，带病起诉，适用法律不当，未明确共同犯罪人的地位、作用或界定错误等方面的瑕疵，二审往往很难提出抗诉，即使抗诉，效果也会差强人意。

2. 抓住抗源

为及时发现并纠正抗诉不力的问题，一方面通过分院内部挖潜，抓住抗源。省级院加强对分院公诉部门的沟通，深入了解一审公诉部门对抗诉工作的态度、面临的困难，提高他们对抗诉工作的认识，帮助他们解决人力、物力上

的困难，排解因抗诉带来的环境压力。同时要求他们围绕抓抗源建章立制，承办人收到一审判决后要立即填写判决审查表，连同审结报告、起诉书交处长、分管检察长逐级审查，便于及时、准确地发现判决的错误；另一方面通过外部约束，防止漏抗。对辖区的所有一审死刑案件，省级院要求下级院在收到一审判决后，立即报送起诉书、审结报告、判决书及审查意见备案，由省级院指定的专人审查，审查后发现一审判决存在问题的，立即与下级院沟通，必要时采取通知下级院来院汇报、调卷审查、办理死刑案件的业务部门集体讨论、向分管检察长汇报、与高级人民法院沟通等方式，在法定的抗诉期内，通过缜密的研究、论证，确定一审判决是否确有错误。

3. 抗前内部协调

为了提高抗诉效率，保证抗诉准确，节约司法资源，一审公诉部门审查认为一审判决有误，在提起抗诉或不能确定是否有抗诉必要之前，应加强向上的沟通协调，向上级院阐述抗诉理由和抗诉的必要性，如案件在当地的影响程度、当事人是否申请抗诉等，以便于上级院在决定是否支持抗诉前，全面预测抗诉的法律效果和社会效果。同时，对是否应当抗诉、如何确定抗点、是否需要充实相关证据等问题，上级院要给下级院作出明确的建议。

4. 集体讨论，领导审批

《人民检察院刑事诉讼规则》第 399 条规定，对需要提出抗诉的案件，审查起诉部门应当报请检察长决定；案情疑难或者重大复杂的案件，由检察长提交检察委员会讨论决定。但没有规定是否支持抗诉的决定应当通过什么程序作出，鉴于死刑抗诉案件通常具有重大疑难的特点，集体讨论和领导审批制度都是必要的。在支持抗诉之前，检察机关应当发挥集体智慧的力量，由公诉部门集体讨论是否支持抗诉、如何找准抗点、如何阐述抗诉理由，并将集体讨论意见提交分管检察长审批。

5. 庭前认真准备，庭上深入说理，庭后充分沟通

出席抗诉庭前，检察人员应当全面审查案件材料，熟练把握案件事实和相关证据，根据一审起诉书、一审判决、抗诉书制作支持抗诉意见书、出庭意见书等法律文书；在庭审中的调查、举证、辩论各阶段，检察人员应当针对一审判决的错误、围绕抗诉理由展开工作，特别是发表出庭意见时，应当充分运用证据和法律规定，对抗诉理由作缜密的阐述，要详细说明一审判决错在何处、为何有错，并依法提出明确的改判建议；在庭审结束后，检察机关应当与二审法院充分沟通，了解二审法院对抗诉案件的态度，运用检察长列席审判委员会的机会，进一步阐述抗诉理由，以期说服法官采纳抗诉主张，改变一审的错误判决，为争取抗诉成功作出最大努力。

(二) 死刑案件审判监督抗诉

对于二审法院改判为无期徒刑以下刑罚的,二审检察机关对确有错误的判决应当依照审判监督程序提请最高人民检察院抗诉,这无论是在理论上还是在法律规定上都没有障碍。但是对于二审法院改判为死刑缓期二年执行,以及维持或者改判为死刑立即执行而裁判确有错误的,二审检察机关通过何种方式进行监督,目前法律没有明文规定。检察机关对刑事审判的监督既包括对审判过程的监督,也包括对审判结果的监督,检察机关可以和应当对错误的死刑二审裁判进行监督是不容置疑的。但是二审法院改判为死刑缓期二年执行的,是否还需要报最高人民法院核准法律没有规定,对死刑缓期二年执行的判决是否立即生效也有不同看法。法律关于死刑内涵的界定及死刑复核实施机关的规定并不明晰,容易引发多种理解。① 我们倾向于认为高级人民法院判决的死刑缓期二年执行的判决尚未立即生效,仍需报请最高人民法院核准。高级人民法院维持或改判为死刑立即执行的,尚有报请最高人民法院核准的程序,裁判也未立即生效。对于这两种情形,采取什么样的监督方式,既要考虑两种情形本身的差异,又要考虑避免与死刑复核程序的冲突,节约司法资源,避免对诉讼程序的稳定性和严肃性造成破坏。因此,我们认为对这两种情形,不宜用抗诉的方式来监督。高级人民法院的死刑缓期二年执行的判决确有错误的,二审检察机关通过向作出判决的高级人民法院提出监督意见的方式,要求予以纠正,与此同时,将监督意见和其他相关案件材料报最高人民检察院备案。高级人民法院的死刑立即执行的裁判确有错误的,二审检察机关应及时向最高人民检察院汇报,并将案件材料送最高人民检察院,通过最高人民检察院提出监督意见,在介入死刑复核程序时发表监督意见,要求最高人民法院纠正错误裁判。

五、通过侦查司法职务犯罪对死刑案件的侦查、审判活动进行法律监督

(一) 司法职务犯罪侦查法律监督方式的界定

与普通刑事犯罪相比较,司法工作人员的渎职、贪贿犯罪具有职务枉法性,其危害性更大。② 犹如英国 17 世纪思想家弗兰西斯·培根针对司法不公

---

① 韩大元、王晓滨:"强化检察机关监督死刑复核程序的宪法学思考",载《人民检察》2006 年第 6 期。

② 所谓司法工作人员,根据《刑法》第 94 条的规定,是指有侦查、检察、审判、监管职责的工作人员。

所指出的,一次不公正的裁判,其恶果甚至超过十次犯罪。因为犯罪只是冒犯法律——好比污染了水流,而不公正的审判,即毁坏法律则好比污染了水源。① 加强对司法工作人员职务犯罪的检察监督,是当前促进司法公正、根除司法腐败的重要途径。具体而言:首先,维护权力运行秩序,通过对其他权力的制约、控制,对逾越法律规定界限的其他权力给予相应的纠偏、调控;其次,维护诉讼秩序,启动纠正诉讼违法的程序,也就是实现诉讼正义。② 在死刑案件中,对司法工作人员职务犯罪的查处是对司法腐败渎职犯罪进行检察法律监督的重要方式。

(二) 司法职务犯罪侦查的意义

对死刑案件中司法工作人员职务犯罪的侦查,不仅体现了检察机关对国家工作人员职务活动的监督,更是对诉讼活动实行法律监督的必要手段和重要保障。职务犯罪侦查权在检察机关全部法律监督活动中具有后盾作用,是各项法律监督职能的权威性和有效性的保障。法律赋予检察机关的其他监督职能的落实,都离不开职务犯罪侦查权。检察机关如果没有侦查权,对诉讼的法律监督就会变得软弱无力,监督的效果也难以保证。

检察机关对司法工作人员职务犯罪行使侦查权,是其履行法律监督职能,保障法律统一、正确实施的具体体现。检察机关因其担负的保障法律公正实施的法定职责,因此,具有了指控犯罪和监督侦查机关侦查活动、审判机关审判活动依法行使的权能。

1. 对司法工作人员职务犯罪的侦查具有司法弹劾的性质,是监督和制约权力的机制

司法工作人员职务犯罪是司法工作人员发生的亵渎职责的严重腐败行为,直接危害司法权力的运行秩序,作为法律监督机关的检察机关对其进行侦查,体现了以权力制约权力的监督理念。权力制衡的实质就是要保障司法权力按照法定的轨道正常运转,权力运行的轨道是依法确定的,保障司法权力在法制轨道上运行,实质也就保障了法律的正确实施,因此决定了职务犯罪的侦查与法律监督的内在关联。

2. 对司法工作人员职务犯罪的侦查具有诉讼监督的性质,是保障严格执法和公正司法的重要环节

---

① [英] 弗兰西斯·培根:《培根人生论》,何新译,陕西师范大学出版社 2002 年版,第 216 页。

② 汤志勇:"论检察监督与司法公正的相恰互适性",载《检察论丛》(第五卷),法律出版社 2002 年版,第 52 页。

公安机关、检察机关、审判机关等国家司法机关工作人员在行使有关诉讼权力的过程中发生的职务犯罪，直接妨害了诉讼程序的正常进行，损害了司法的权威。由检察机关对发生在诉讼领域的职务犯罪进行侦查和追诉，是保障国家法律在诉讼领域内正确实施、保障法律公正实施的重要内容，法律监督的性质和目的相吻合。由此，我们认为，职务犯罪侦查的上述两个特点，决定了它是从法律监督权中派生的重要权能。

（三）司法职务犯罪类型及犯罪立案侦查的具体做法

死刑案件司法职务犯罪侦查的对象主要是以下几种类型的司法职务犯罪：首先，徇私舞弊、贪赃枉法。司法人员在刑事司法过程中有法不依、违法办案。为了一己私利或小团体利益，故意包庇有罪的人，隐瞒其犯罪事实；或随意以"在逃"为由不积极执行逮捕决定；受利益或人情驱动，利用手中的权力，在司法过程中偏袒一方，甚至为一方当事人出谋划策，使其逃避法律的追究。对因此构成犯罪的案件，甚至是情节严重的犯罪案件，作降格处理，重罪轻判。其次，权钱交易，贪污受贿。司法工作人员与当事人进行权钱交易，办金钱案、关系案，从中索贿受贿，中饱私囊，或违反禁令接受请吃请玩，为当事人充当说客或介绍律师，甚至与律师结成利益共同体，从中得利。再次，滥用职权、刑讯逼供。司法工作人员为打击报复或因立功心切，滥用职权，故意颠倒黑白、歪曲事实，无视法律规定，严重地侵犯了犯罪嫌疑人的合法权益。最后，玩忽职守等渎职类犯罪。司法工作人员在执法过程中，对工作严重不负责任，不履行或不正确履行职责，致使人民的生命财产遭受重大损失，或使犯罪嫌疑人逃避法律制裁。

死刑案件中，司法职务犯罪的立案侦查的具体方式包括以下几个方面：通过密切与信访、纪检部门的联系，多渠道、多角度、多层次广泛宣传职务犯罪检察部门的性质、作用、立案范围和标准，对一些典型的司法工作人员案例公开进行展览。重视舆论监督作用，必要时借助媒体适当介入，适时曝光。积极从新闻舆论、律师、举报人、受害人等多方面收集司法工作人员职务犯罪的案件线索。在职务犯罪检察部门设置专员负责直接受理司法工作人员职务犯罪的报案、举报和控告。检察机关的侦监、公诉部门在行使职权过程中通过认真审阅批捕材料和移送起诉的卷宗材料等，发现可能存有徇私枉法、司法腐败问题的要主动采取调查手段求证，并及时保全证据，然后移交职务犯罪检察部门审查。借助侦监、公诉部门进行初期侦查工作，一方面有利于隐蔽侦查意图、避免干扰，另一方面有助于及时收集、保全证据，以更好地履行法律监督工作。

六、通过采取纠正违法的方式对死刑案件在侦查、审判、执行环节进行法律监督

（一）死刑案件纠正违法监督方式的界定

检察院在对死刑案件刑事诉讼活动进行监督的过程中，发现侦查机关、审判机关和刑事执行机关的侦查、审判和刑事执行活动存在违法情形后，依法向有关机关提出纠正违法意见，要求其纠正。

纠正违法权作为一项检察机关独有的权力，具有排他性，法律仅授予检察机关具有此项权力，而其他主体不具有合法资格。纠正违法权的行使，必须具有特定的事实根据，任何权力都必须预先设定必要的范围和行使的条件，才有可能避免权力的滥用。纠正违法同样应当限定在一定范围内："首先，必须基于一定的事实根据，这种事实根据应当是有关机关及其工作人员已经实施的违反法律或者没有履行法定职责造成一定危害后果的行为事实。因为这样的事实不利于法律的实施，危害了社会的整体利益，而检察机关作为国家的法律监督机关，有责任督促有关机关保障法律的遵守和实施。其次，必须向特定的对象提出，即只能适用于有这种特定事实的主体。最后，必须是确有必要。既然是一种权力，就不能随意行使，而必须控制在确有必要的范围内。检察机关行使这种权力时，必须权衡可能涉及的各种利益，在认为确有必要时，向特定的对象提出。"[1]

（二）死刑案件纠正违法的意义及原则

纠正违法作为死刑案件的一种重要的法律监督方式，有利于促进司法公正，促进诉讼和谐。而在纠正违法的同时检察机关说明理由，也有利于促进办案机关之间的和谐关系，消除被监督者的抵触情绪，使监督者和被监督者之间的互相配合、互相监督的机制更加理性和民主；同时这也是对法律监督机关自身的一种约束。

当然，我们还应当注意，纠正违法应坚持两个原则：一是有利于发挥检察机关法律监督职能的原则。法律不能仅仅赋予检察机关形式上的纠正违法权，同时要强化检察机关纠正违法通知的执行力和强制性，这样才能保证监督实效。检察机关不仅要有职务犯罪侦查权这一特殊的调查权，而且对于刑事诉讼中的违法行为也应有调查权，这是保持检察权完整性，有效发挥检察监督职能

---

[1] 张智辉：《检察权研究》，中国检察出版社 2007 年版，第 202—203 页。

的需要。① 二是程序制约原则。完善纠正违法制度要增强纠正违法制度的理性和民主性，防止检察机关法律监督权的滥用和专横，使纠正违法制度符合程序正义。②

（三） 死刑案件纠正违法的具体做法

1. 对死刑案件侦查活动纠正违法的做法

《刑事诉讼法》第 76 条规定，人民检察院如果发现公安机关的侦查活动有违法情况，应当通知公安机关进行纠正，公安机关应当将纠正情况通知人民检察院。在死刑案件的侦查中，人民检察院发现公安机关或公安人员在侦查或采取执行、变更撤销强制措施等活动中有违法行为的，应当及时提出纠正意见，以保证刑事诉讼的正常进行。人民检察院通知公安机关纠正违法情况可以采取两种形式：第一种形式是口头纠正。即对于情节较轻的违法行为，应及时提出纠正，但应注意不要在犯罪嫌疑人在场时提出。办案人员口头提出纠正后，一般不要求对方书面答复。但对于通知纠正这一情况应当记录在案。第二种形式是书面纠正。对于公安机关在侦查活动中比较严重的违法行为，应当向公安机关发出纠正违法通知书。纠正违法通知书是一种重要的检察监督文书，一经发出，便具有法律效力，一般适用于严重违反诉讼程序、可能导致对无罪者的错误追究或者放纵犯罪分子的，侦查人员刑讯逼供，非法拘禁，侵犯公民民主权利和人身权利，侵吞、挪用、集体私分赃款赃物，利用特情耳目引诱犯罪和制造假证据，造成错案的，无根据对公民进行刑事追究的，经多次口头纠正后仍不纠正的等情节严重的行为，但尚未构成犯罪等情况。

2. 对死刑案件审判活动纠正违法的做法

《刑事诉讼法》第 169 条规定，人民检察院发现人民法院审理案件违反法律规定的诉讼程序，有权向人民法院提出纠正意见。在死刑案件的审理中，检察机关的监督主要表现在：法院受理刑事案件活动违法的；法院对刑事案件的管辖不符合法律规定的；法院违反法定审理和送达期限的；法庭组成违反法律规定的；开庭活动违反法律规定的；法庭审理违反法律规定的诉讼程序的，如不允许被告人、被害人就起诉书指控的犯罪进行陈述，法庭审理中无正当理由

---

① 湖北省在全省试行《刑事立案与侦查活动监督调查办法》，对侦查机关的 14 种违法侦查行为进行调查，该办法规定了调查的范围、程序、方式方法，规定调查结果要落实在《检察建议》和《纠正违法通知书》上，侦查机关要及时回复纠正违法或者落实检察建议情况等。参见 2006 年 10 月 15 日《检察日报》第一版。

② 参见尚爱国："刑事诉讼检察监督中纠正违法制度的立法完善"，载《人民检察》2006 年第 12 期（上）。

限制辩护人发言等；侵犯当事人和其他诉讼参与人的诉讼权利和其他利益的，如侵犯当事人和辩护人、诉讼代理人申请通知新的证人到庭，调取新的物证，申请重新鉴定或勘验的权利，被告人最后陈述权等。人民检察院向人民法院发出纠正意见的方式仍分为口头形式和书面形式两种。

人民检察院的纠正违法通知书虽未在法律上规定其具有强制效力，但它是依法制作的，一经发出便具有法律效力，侦查、审判等机关依法将纠正情况通知人民检察院。如果侦查、审判机关不接受纠正意见，又没有正当理由，人民检察院必要时可以采取进一步的监督措施。人民检察院发出纠正违法通知书后侦查、审判机关不纠正违法情况，应当及时向上级人民检察院报告，并抄报上一级侦查、审判机关。上级人民检察院对于下级人民检察院的报告应当及时审查，认为下级人民检察院意见正确的，应当与同级侦查或审判机关共同督促下级机关纠正；上级人民检察院认为下级人民检察院纠正违法的意见有错误需要撤销的，应当通知下级人民检察院撤销发出的纠正违法通知书，并将这一情况通知同级侦查或审判机关。

3. 对死刑执行活动纠正违法的做法

《刑事诉讼法》第 224 条规定："人民检察院对执行机关执行刑罚的活动是否合法实行监督。如果发现有违法的情况，应当通知执行机关纠正。"《刑事诉讼法》第 212 条规定，人民法院在交付执行死刑前，应当通知同级人民检察院派员临场监督。人民检察院应当查明同级人民法院是否收到最高人民法院或按规定应由高级人民法院核准死刑的判决和执行死刑的命令；对停止执行后重新执行死刑的案件，应当查明有无重新签发的执行死刑的命令，以保障执行死刑的准确性。检察人员对死刑执行进行临场监督，主要应当从以下几个方面进行：执行场所是否符合法律规定；执行方法是否合法：根据立法规定，死刑采用枪决或注射等文明、人道的方法，不能采用不文明，不人道的虐杀方式执行；执行程序是否合法：审判人员在执行之前是否按规定验明正身，询问有无遗言信札，发现有《刑事诉讼法》第 211 条规定的停止执行的情形之一的，是否停止执行死刑，报请原核准执行死刑的最高人民法院裁定；在执行死刑前发现有下列情形之一的，应当建议人民法院停止执行：被执行人并非应当执行死刑的罪犯的；罪犯犯罪时不满 18 岁的；判决可能错误的；在执行前罪犯检举揭发重大犯罪事实或有其他重大立功表现，可能需要改判的；罪犯正在怀孕的。另外，检察人员如果发现执行死刑的场地和现场秩序可能会造成人员伤亡，也可视情况建议法院停止执行死刑。

七、通过检察长列席同级审判委员会的方式对死刑案件进行法律监督

（一）检察长列席同级审判委员会的界定及法律依据

检察长列席审判委员会是法律赋予检察机关的监督职权，是检察机关履行法律监督职能的重要形式，是深化审判监督的一个有效途径。《人民法院组织法》第 11 条第 3 款规定："各级人民法院审判委员会会议由院长主持，本级人民检察院检察长可以列席。"该条法律规定了检察长可以通过列席同级审委会的方式来监督法院的审判活动。2005 年 10 月 26 日，最高人民法院发布的《人民法院第二个五年改革纲要》强调，要落实人民检察院检察长或检察长委托的副检察长列席同级人民法院审判委员会的制度。

（二）检察长列席同级审判委员会监督方式的合理性及存在价值

1. 检察长列席审判委员会有利于充分发挥法律监督作用

检察长列席审判委员会，进一步拓展检察机关法律监督职能，全面了解人民法院的审判活动，掌握人民法院在审判程序、认定事实、适用法律方面的情况，实现对审判委员会决定案情的法律监督，更直接、更有效地监督审判委员会严格依照法律规定的程序进行，监督审判委员会公正、客观地对案件作出决断，增强审判委员会运作的透明度，避免暗箱操作，防止审判权的滥用。

2. 检察长列席审判委员会有利于提高案件质量

检察长列席审判委员会，无论是对承办案件的法官或是检察官，都是一种监督与约束，既能防止和纠正承办法官对案件事实的片面理解和汇报案件的避重就轻，促进承办案件的法官提高自身素质，严格依法办案，客观公正地审理案件，保证办案质量；又能发现承办案件的检察官在办案中存在的问题和不足，以便有针对性地采取有效的改进措施，提高检察队伍的业务水平和办案质量。

3. 检察长列席审判委员会有利于保障司法公正的需要

审委会制度是具有中国特色的司法制度，它在我国审判实践中发挥着重要的积极作用。但法院的审委会与合议庭之间，存在着"审者不判，判者不审"的情况，在一定程度上存在着事实认定与法律适用脱节的问题，使得对"以事实为根据，以法律为准绳"原则的贯彻存在隐患。一方面，合议庭对案件的汇报可能不全面，不真实，有些事实可能会被遗漏或隐瞒，有些事实可能会被夸大或淡化；另一方面，审委会对案件的讨论决定可能会主观、随意，由于缺少审判的亲历性，审委会委员对事实的认定、证据的取舍容易流于主观随

意，并且，审委会讨论案件的基础是合议庭的汇报，不可避免地对汇报内容存在依赖性，故检察机关列席审判委员会有利于保证司法公正，避免枉法裁判。

（三）检察长列席同级审判委员会监督方式的具体做法

1. 检察长列席审判委员会，通过监督审判委员会依法对死刑案件进行讨论，履行法律监督职责，① 主要从以下两个方面监督

（1）对审判委员会讨论决定死刑案件是否依照法定的原则和程序进行予以监督。审判委员会应依照刑事诉讼一审、二审、死刑复核程序的法定原则和程序讨论决定案件，保证案件的公正、准确处理。检察长在列席中对审判委员会是否依照法定程序讨论决定案件的监督应包括以下内容：

一是审判委员会参加人员有无《刑事诉讼法》第28条规定的应回避的人员参加。二是审判委员会讨论决定案件是否实行民主集中制。检察长在列席中应注意监督审判委员会在讨论决定案件时有无违反民主集中制的情况。即参加讨论决定案件的审判委员会成员是否超过了法院审判委员会成员的半数；审判委员会成员讨论决定案件的权利是否得到了保障，有无以少数人意见代替多数人意见的情况。三是审判委员会讨论决定案件有无未审先决的情况。我国《刑事诉讼法》规定了先开庭后进行判决的程序，这是保障诉讼参与人合法权益，防止错判案件的有效制度。因此，审判委员会也应遵循这一审判原则进行讨论决定案件，即先组成合议庭开庭审理后再提交审判委员会讨论决定。

（2）对合议庭和审判委员会在死刑案件认定事实，运用证据，适用法律，处以刑罚等实体内容上是否合乎法律规定标准实行监督。"犯罪事实清楚，证据确实、充分"是刑事诉讼法规定的审查起诉的证据标准，这也是人民法院进行案件判决的前提条件。检察长在列席中如发现合议庭或审判委员会错误地改变人民检察院起诉认定的事实、定罪和适用法律的意见，应向审判委员会提出纠正意见，通过制约，使审判委员会准确、公正地判决案件。

2. 检察长列席审判委员会，通过发表法律监督意见，履行法律监督职责②

审判委员会讨论案件并作出决定的基础是听取合议庭的汇报。为了避免案件的承办法官以偏赅全，造成汇报内容不真实、不完全，检察机关对于合议庭介绍的有关案件事实认定、证据采信、法律适用等问题发表法律监督意见，阐明检察机关对案件全面客观的评判，包括所有影响定罪量刑的事实、证据、情

---

① 陈旭文："检察院派员列席法院审判委员会会议制度的完善"，载《法学》2005年第9期。

② 陈旭文："检察院派员列席法院审判委员会会议制度的完善"，载《法学》2005年第9期。

节的分析，其内容不仅应当包括对被告人不利的事实和证据，而且应当包括对被告人有利的事实和证据，从而使审判委员会全面真实地了解案件的事实证据以及控辩双方争议的焦点，以便作出客观公正的决定。

第六章
死刑案件实体法律监督

目前，我国正处于社会转型期，经济尚不发达，法制尚不健全，犯罪一度呈现高发态势，危害生命安全的暴力型犯罪大量存在，客观形势需要严厉打击罪行极其严重的犯罪，实现死刑刑罚的价值。尽管在我国立即废止死刑尚不是一个现实的主张，但应当保留死刑并严格限制死刑的适用。人民检察院作为法律监督机关，在限制死刑的适用方面发挥着不可或缺的重要作用。这项工作对于贯彻落实"强化法律监督，维护公平正义"的检察工作主题和"加大工作力度，提高执法水平和办案质量"的总体要求，依法打击犯罪，强化诉讼监督，贯彻党和国家"保留死刑，严格控制死刑"的基本死刑政策和宽严相济的刑事政策，切实保障人权和维护社会和谐稳定具有重大意义。在死刑案件法律监督中，对实体问题的监督无疑是重中之重，但目前司法实践中，由于种种因素，死刑案件在实体方面存在诸多问题，亟待改革和完善。

一、死刑案件法律监督存在的主要实体问题

（一）死刑适用的总标准——"罪行极其严重"内涵不明确，导致检察机关法律监督的实体法依据不够具体

1. 死刑适用标准的历史考察

在古代，刑法理论、刑法法制和刑法实践均不甚发达。刑法中死刑的适用条件并不像现在这样有一个明确、统一和概括的规定，

而是在各个具体犯罪之中予以简单规定，甚至表现出临事议罪、因事设刑，从而使死刑的适用缺乏规范，任性随意。如古埃及将违背誓言、诬告他人等行为规定为死刑的适用条件。古印度对盗窃他人财物者，初犯断其一手，再犯断其一足一手，三犯即可适用死刑。① 夜间破壁入室盗窃的、首陀罗诱奸婆罗门之妻的、通奸的等，都可适用死刑。在古巴比伦《汉谟拉比法典》中，死刑的适用范围较为宽泛，修女在修道院经商或者饮酒，甚至买卖不能证明属于自己的财产，都可适用死刑。② 在我国奴隶制社会中，死刑也被大量使用。据《汉书·胡建传》的记载，对有盗窃嫌疑的"奸人"，就要处死。③ 德国的《加洛林纳刑法典》是一部典型的死刑法典，根据该法典，连在池塘捕鱼、堕胎也要处死。④ 在奴隶制、封建制社会里，出于对刑罚维护阶级功能的迷信，死刑的适用基本上无标准可言。所谓的死刑适用的标准，是在人类社会发展到一定阶段，人类文明发展到一定程度后，人们对死刑适用进行反思的产物。

2. 死刑适用的国际标准——"最严重的犯罪"的理解

死刑适用的国际标准是指国际机构和组织制定、通过的死刑适用的有关国际规范。目前，明确规定死刑适用标准的国际性文件主要有：1966 年 12 月 16 日第 21 届联合国大会通过、1976 年 3 月 23 日生效的《公民权利与政治权利国际公约》（ICCPR，以下简称《公民权利公约》）；联合国经济与社会理事会于 1984 年 5 月 25 日批准的《关于保护死刑犯权利的保障措施》（以下简称《保障措施》）；1989 年 5 月 24 日第 1989/64 号决议通过的《保护死刑犯权利的保障措施的执行情况》；1989 年 12 月 15 日第 44 届联合国大会通过的 1984/50 号决议《旨在废除死刑的〈公民权利和政治权利国际公约〉第二任择议定书》（以下简称《议定书》）。

《公民权利公约》第 6 条第 2 款规定："在未废除死刑的国家，只能对最严重的犯罪判处死刑。"（in countries which have not abolished the death penalty, sentence of death may be imposed only for the most serious crimes.）人权委员会表示，它将会对"最严重的犯罪"作限制性的解释，并且明确，死刑的运用若要与公约第 6 条第 2 款相符合，就只能作为一种例外的措施。从目前的情况来看，国际社会对可适用死刑的"最严重的犯罪"有以下解释：一是只限于致人死亡的故意犯罪或其他极其严重的故意犯罪。如联合国经济与社会理事会批

---

① 由嵘主编：《外国法制史》，北京大学出版社 1992 年版，第 46 页。
② 钊作俊：《死刑限制论》，武汉大学出版社 2001 年版，第 101 页。
③ 宁汉林、魏克家：《中国刑法简史》，中国检察出版社 1999 年版，第 28 页。
④ 贾宇：《罪与刑的思辨》，法律出版社 2002 年版，第 230 页。

准的《保障措施》第 1 条规定："在没有废除死刑的国家，只有最严重的罪行可判处死刑，但应理解为死刑的范围只限于对蓄意而结果为害命或者其他极端严重后果的罪行。"（Their scope should not go beyond intentional crimes with lethal or other extremely grave consequences.）二是在最严重的犯罪中排除非暴力犯罪，即排除财产犯罪、经济犯罪和政治犯罪。如《美洲人权公约》第 4 条第 4 款规定："不得对政治犯罪或者相关的普通刑事犯罪判处死刑。"三是排除某些犯罪。如对成年妇女所犯的强奸罪，1977 年在"科克尔诉佐治亚州"（Coker v. Georgia）一案中，美国联邦最高法院裁决，因强奸罪而判处死刑为宪法第 8 条修正案所禁止的不相称惩罚。[①] 四是把最严重的犯罪仅限于战争期间的重大暴力犯罪。如《议定书》要求在缔约国管辖范围内，除在战争时期可对在战时犯下的最严重的军事罪行被判罪的人适用死刑外，任何人不得被判处死刑，每一缔约国应采取一切必要措施在其管辖范围内废除死刑。[②]《欧洲人权公约》第 6 任择议定书第 2 条则将"最严重的犯罪"限定为战争期间或者紧急的战争威胁时的犯罪。

综上可见，按照有关联合国的文件规定，"最严重的犯罪"应当理解为不超出故意犯罪致人死亡或者与此相当的极其严重后果的故意犯罪，显然不危及人的生命安全的非暴力犯罪原则上不应包括在内。国际社会通常的理解是，仅限于故意非法剥夺他人生命，或者与蓄意杀人或谋杀相当的罪行，对于非暴力犯罪是不能适用死刑的。也就是说，最严重的犯罪，应当是指致人死亡的故意犯罪和具有其他极其严重后果的故意犯罪。我们认为，可作以下理解：

（1）致人死亡的故意犯罪。"致人死亡的故意犯罪"可分为两类，即故意致人死亡的犯罪和故意实施犯罪过失致人死亡的暴力犯罪。故意致人死亡的犯罪包括故意杀人或者谋杀和其他严重暴力犯罪中故意非法剥夺被害人生命的犯罪。如在抢劫、绑架、放火、爆炸、投放危险物质等故意犯罪中，由于犯罪人使用暴力手段，导致被害人死亡的情况。故意实施犯罪过失致人死亡的暴力犯罪是指故意实施犯罪行为而过失致人死亡的暴力犯罪，主要包括暴力犯罪的结果加重犯。在这类犯罪中，行为人虽然没有致人死亡的故意，但是在其实施相应的暴力行为的时候就具有致人死亡的危险，而且最终导致了被害人死亡的后果。如日本刑法中的强盗致死罪、强盗强奸致死罪；美国科罗拉多州的绑架致

---

① Elizabeth A. Palmer："死刑看法的变化"，载《美国思想与生活杂志》2001 年第 4 季刊。

② 黄芳："论死刑适用的国际标准与国内法的协调"，载《法学评论》2003 年第 6 期。

被害人死亡罪，乔治州的伤害身体绑架致被害人死亡罪等。

（2）造成其他极其严重后果的故意犯罪。这是一个比较含混和具有某种弹性的标准，是各种不同意见妥协折中的产物。结合《公民权利公约》、《保障措施》和《议定书》的规定，"造成其他极其严重后果的故意犯罪"是指实施暴力犯罪行为故意或者过失造成其他特别严重的侵犯人身后果的故意犯罪。具体应包括以下四个构成要素：一是故意犯罪。这种犯罪的实行行为必须是故意行为。二是暴力犯罪。这种犯罪的实行行为必须是暴力行为。三是结果犯或者实害犯。犯罪行为必须已经造成了具体的危害后果。四是犯罪后果极其严重，即实施暴力犯罪故意或者过失导致除致人死亡以外的其他极其严重的后果。[1] 什么是"其他极其严重的后果"，在国情、社情、党情不同的国家，有不同的理解和认识。但是，国际性规范文件对此有一个相对权威的解释，即联合国经济与社会理事会秘书长在关于死刑的第六个五年报告《死刑与贯彻〈保证面对死刑的人的权利的保障措施〉》中所论述的："其他极其严重的后果的含义倾向于暗示着这样的犯罪应该是危及生命的犯罪。在这个意义上，危及生命是行为的一种极为可能的结果。"[2] 按照这种理解，我们认为，"其他极其严重的后果"是指在那些实施暴力故意犯罪，故意或者过失地引致了除被害人死亡以外的特别严重的危及生命或者侵害身体健康的结果。

3. 我国死刑适用总标准的理解与评析

我们认为，要准确理解"罪行极其严重"的含义，应对我国刑法总则中对死刑适用总标准规定的历史发展过程进行考察。1954 年 9 月 30 日，中央人民政府法制委员会拟定的《中华人民共和国刑法指导原则（草稿）》在"刑罚"一章的第 10 条中规定："对于罪行严重的卖国贼、间谍、反革命罪犯和罪行特别严重的其他罪犯，可以判处死刑。"[3] 这里使用的死刑适用总标准是"罪行特别严重"。1979 年 2 月的刑法草案（第 35 稿）第 35 条规定："死刑只适用于罪大恶极、必须判处死刑的犯罪分子。"1979 年 3 月的刑法草案（第 36 稿）第 44 条规定："死刑只适用于罪大恶极、民愤很大、必须判处死刑的犯罪分子。"1979 年 6 月的刑法草案（第 38 稿）第 43 条规定："死刑只适用

---

① 任志中：《死刑适用问题研究》，吉林大学法学院博士论文，第 115 页。
② 邱兴隆译："死刑与贯彻《保证面对死刑的人的权利的保障措施》"，载邱兴隆主编：《比较刑法》（第一卷·死刑专号），中国检察出版社 2001 年版，第 190 页。
③ 北京政法学院刑法教研室 1980 年编印：《我国刑法立法资料汇编》，第 42 页。

于罪大恶极的犯罪分子。"① 1979 年刑法的规定也是"死刑只适用于罪大恶极的犯罪分子"。在对 1979 年刑法进行修改研讨过程中，对死刑的适用总标准到 1996 年 12 月 20 日的修改稿中的规定一直都是"罪大恶极"。1997 年 1 月 10 日的修改稿中将死刑的适用总标准由"罪大恶极"修改为"罪行极其严重"。此后的修改稿直到 1997 年刑法的通过，死刑的适用总标准都是"罪行极其严重"。

对于修改后的死刑适用的总标准，人们存在不同的认识。有的持肯定态度，如有的学者认为，以"罪行极其严重"取代"罪大恶极"更易于把握，可以认为对适用死刑的要求更加严格了。② 有的学者持否定态度，认为这一修改并不成功，有词不达意之嫌。因为"罪行极其严重"似乎侧重于行为的客观危害，反不及"罪大恶极"一词，兼顾客观危害和主观恶性两个方面，而且通俗易懂。③ 在现行刑法暂时不能修改的情况下，如何理解和把握"罪行极其严重"的精神，即如何认识和理解死刑适用的总标准，对于死刑的适用十分重要。目前，学者有以下不同认识：

一要素说。(1) 法定刑标准说。有的学者认为，法定刑是立法者对具体罪行的社会危害性及其程度进行评判的结果，因此，法定刑的轻重是比较罪行轻重的唯一标准。所谓"罪行极其严重"，是指行为人的行为构成法定最高刑为死刑的罪。④ (2) 客观标准说。有的学者认为，认定"罪行极其严重"应当以犯罪行为的严重程度为标准，犯罪行为的严重程度包括犯罪分子所实施的具体罪的性质和犯罪行为所造成的严重后果的严重程度，即只有当犯罪分子实施了刑法中有死刑条款的罪，且犯罪行为造成了极其严重的危害后果，才可以适用死刑。⑤ (3) 危害结果说。有的学者主张，所谓"罪行极其严重"，是指所犯罪行对国家和人民利益危害特别严重和情节特别恶劣的情况。⑥

二要素说。(1) 主客观统一说。"罪行极其严重"是指犯罪行为对国家和人民的利益危害特别严重，社会危害性极大，而判断是否属于罪行极其严重，

① 高铭暄、赵秉志主编：《新中国刑法立法文献资料总览》，中国人民大学出版社 1998 年版，第 407 页。
② 陈兴良：《刑法适用总论》(下)，法律出版社 1999 年版，第 166 页。
③ 翟中东主编：《刑种适用中疑难问题研究》，吉林人民出版社 2001 年版，第 11 页。
④ 赵廷光："论死刑的正确适用"，载《中国刑事法杂志》2003 年第 3 期。
⑤ 王作富主编：《中国刑法的修改与补充》，中国检察出版社 1997 年版，第 31—32 页。
⑥ 胡康生、李福成主编：《中华人民共和国刑法释义》，法律出版社 1999 年版，第 53 页。

应当坚持主观罪过和客观危害相统一的原则，以使死刑的适用与犯罪行为所造成的客观危害和犯罪分子的主观恶性相适应。① （2）罪行为主、主观恶性为辅说。对罪行极其严重应从主观和客观两个方面来把握，即主观方面恶性极大，客观方面罪行极大，罪行与恶性、客观与主观在死刑适用中的地位并不相同，天平的砝码是倾向于罪行这一客观方面的。②

三要素说。有的学者认为，"罪行极其严重"应该体现在以下三个方面均达到极其严重的程度，一是犯罪行为对刑法保护利益所造成的客观危害；二是行为人主观上对刑法所保护价值的对立态度及其程度；三是犯罪人的社会危险性。③ 也有学者认为，"罪行极其严重"应当包括行为的客观危害及行为人的主观恶性与人身危险性。法院在量刑时，一方面应当根据犯罪分子的社会危害行为和后果去确定是否应当判处死刑，另一方面也应考察犯罪分子的主观恶性和人身危险性。④ "在分析罪重罪轻和刑事责任大小时，不仅要看犯罪的客观社会危害性，而且要结合考虑行为人的主观恶性和人身危险性，把握罪行和犯罪各方面因素综合体现的社会危害性程度，从而确定其刑事责任程度，适用相应轻重的刑罚。"⑤

我们认为，以上几种观点都有其合理性的一面。出现这种"百花齐放"的情况，是由我国死刑适用的总标准的规定本身所导致的。

第一，缺乏具体化。《公民权利公约》规定的死刑适用标准——"最严重的罪行"，得到了《保障措施》的具体化、明确化。《保障措施》规定："最严重的罪行的范围只限于对蓄意而结果为害命或者其他极端严重后果的罪行。"我国1997年刑法对死刑适用总标准没有进行具体化，即没有对什么是"罪行极其严重"进行明确解释。

第二，有客观主义的倾向。我国1997年刑法规定的"死刑只适用于罪行极其严重的犯罪分子"，与1979年刑法规定的"罪大恶极"相比较，后者同时强调犯罪行为的客观方面和行为人的主观恶性，前者则只是强调客观上的犯罪行为危害社会极其严重的程度这一方面。⑥ 尽管张明楷教授认为，这种客观主义倾向值得称道，因为，它有利于发挥刑法的正义性、目的性和安定性的理

---

① 赵秉志主编：《新刑法教程》，中国人民大学出版社1997年版，第300页。

② 钊作俊：《死刑适用论》，人民法院出版社2003年版，第51页。

③ 陈忠林："死刑与人权"，载《中国刑法学年会文集》（2004年度·第一卷），中国人民公安大学出版社2004年版，第109—110页。

④ 赵秉志主编：《刑法总则问题探索》，法律出版社2003年版，第153页。

⑤ 高铭暄：《新编中国刑法学》，中国人民大学出版社1998年版，第24—25页。

⑥ 赵秉志主编：《刑罚总论问题探索》，法律出版社2003年版，第153页。

念，有利于合理保护社会利益与个人利益。① 但是，我们认为，在死刑的适用总标准上，还是应强调行为的客观危害及行为人的主观恶性与人身危险性，否则容易导致"客观归刑"的错误。

第三，低于国际公约标准的要求。我国 1997 年刑法规定的"罪行极其严重"看似与《公民权利公约》规定的"最严重的罪行"基本相当，但实质上有较大的差别。"最严重的罪行"是通过与各类犯罪进行比较，判断哪类犯罪属于故意犯罪致人死亡或者与此相当的极其严重后果的故意犯罪。而"罪行极其严重"的着眼点，是在社会危害性很大的各类犯罪中的每一类犯罪进行内部比较，进而确定哪些罪行属于罪行极其严重。从我国 1997 年刑法分则众多可适用死刑的故意犯罪的具体规定来看，可以更清楚地发现"罪行极其严重"的范围，显然比《保障措施》第 1 条对"最严重的犯罪"解释的范围更宽一些。所谓"极其严重的罪行"并不局限于"具有极其严重的后果"。②

（二）死刑适用的具体标准抽象、模糊，导致检察机关对法院量刑监督有效性降低

1. 外国刑法中死刑适用具体标准的考察

（1）美国死刑适用的具体标准。在美国，最早的合法的死刑出现在 1776 年，一个英国士兵纳森·汉尔（Nathan Hale）因在革命战争中犯间谍罪而处以绞刑。第一个在电椅上处以死刑的人是在 1890 年 8 月的纽约人维廉·凯姆勒———一个用斧头杀人的人。1972 年，美国最高法院裁决死刑违宪，但是 1976 年立法又宣布推迟废除死刑，现在美国有哥伦比亚特区和 12 个州禁止死刑，这 12 个州是：密歇根州、威斯康星州、缅因州、明尼苏达州、北达科他州、夏威夷州、阿拉斯加州、爱荷华州、西弗吉尼亚州、麻省州、罗得岛州、佛蒙特州。③ 美国联邦政府、美国军方和 38 个州保留死刑。如阿拉巴马州（Alabama）规定：绑架杀人、强盗杀人、强奸杀人、猥亵杀人、侵入住宅夜盗杀人、妨害风化强加暴力杀人或者纵火杀人；杀害治安员、惩治官员、公职人员；无期徒刑服刑中杀人、为谋利或者教唆杀人、劫机、具有杀人前科杀人（杀人犯之累犯）、杀害犯罪之目击证人。加利福尼亚州（California）规定：叛国罪、无期徒刑受刑人加重伤害、特别情况之一等谋杀、连续破坏、伪证致处死刑。亚利桑那州（Arizona）规定：一级（等）谋杀（凡采用蓄谋、预谋、

① 张明楷：《刑法的基本立场》，中国法制出版社 2002 年版，第 69—71 页。
② 任志中：《死刑适用问题研究》，吉林大学法学院博士论文，第 116—118 页。
③ Limiting the Death Penalty, http://www.deathpenaltyinfo.org/article.php? scid = 15&did = 411, 06/25/06.

毒杀等手段在犯有或者企图进行纵火、强奸、抢劫、盗窃等罪行中杀人者均属一等谋杀罪）。①

美国保留死刑的司法区所规定的死刑适用的范围和适用标准不同，除极少数州中的极少数罪行外，都以发生致被害人死亡结果为死刑适用的条件。如加利福尼亚州（California）规定的叛国罪和无期徒刑受刑人之加重伤害；乔治亚州（Georgia）规定的叛国罪；密西西比州（Mississippi）规定的重大强奸罪（十八岁或者十八岁以上之人强奸未满十四岁之孩童）；南达科他州（South Dakota）规定的绑架而致被害人遭受严重且永久的身体伤害罪。总之，美国的死刑适用具体标准具有以下特点：适用范围较小、标准要求相当高、注重犯罪人主观恶性、强调致被害人死亡的结果。②

（2）日本死刑适用的具体标准。日本刑法中，共有 17 种犯罪（其中，特别法中有 5 种）规定有死刑，即内乱罪（第 77 条第 1 款）、外患诱致罪（第 81 条）、援助外患罪（第 82 条）、对有人居住建筑物等放火罪（第 108 条）、爆炸罪（第 117 条）、水淹有人居住建筑物等罪（第 119 条）、颠覆列车致人死亡罪（第 126 条第 3 款）、威胁交通罪的结果加重犯罪（第 127 条）、水道投毒致人死亡罪（第 146 条后段）、杀人罪（第 199 条）、抢劫致死罪（第 240 条后段）、抢劫强奸致死罪（第 241 条后段）。特别刑法中规定的使用爆炸物罪（《取缔爆炸物罚则》第 1 条）、决斗致死罪（《有关决斗的法律》第 3 条）、劫持航空器等致人死亡罪（《有关劫持航空器等的法律》第 2 条）、使航空器坠落致人死亡罪（《有关劫持航空器罪等的法律》第 2 条第 3 款）、杀害人质罪（《有关处罚劫持人质等行为的法律》第 4 条）。其中，外患诱致罪中规定的死刑是绝对死刑，而其他犯罪中，死刑都是可以选择适用的刑罚。③

分析日本刑法中 17 种可能适用死刑的犯罪，可以发现其死刑适用具体标准具有以下特点：一是死刑适用的范围相当狭窄，即只对数量很小（仅有 17 种犯罪）的罪行特别严重的犯罪设置了死刑；二是死刑适用具体标准的要求相当严格，在 17 种死刑之罪中除 3 种因国事论处，其他 14 种犯罪都要求实行行为是暴力行为，并且其中的 10 种犯罪必须要有特别严重的危害结果的发生，如致人死亡，否则不能适用死刑；三是大多数死刑适用具体标准属于混合型标准。高度独立型标准仅有 1 个罪名，即外患诱致罪；相对独立型标准有 5

---

① 许春金等：《死刑存废之探讨》，冠顺印刷事业有限公司 1994 年版，第 20—23 页。
② 任志中：《死刑适用问题研究》，吉林大学法学院博士论文，第 143—146 页。
③ ［日］大谷实：《刑法总论》，黎宏译，法律出版社 2003 年版，第 375—376 页。

个罪名，即内乱罪、颠覆列车致人死亡罪、威胁交通罪的结果加重犯罪、抢劫致死罪、抢劫强奸致死罪；其他死刑罪名都采取了混合型标准。

2. 我国死刑适用具体标准的规定和评析

（1）死刑罪名的分布情况。据我们统计，我国刑法规定了 68 种死刑罪名。

第一章危害国家安全罪规定了 7 个死刑罪名，即背叛国家罪；分裂国家罪；武装叛乱、暴乱罪；投敌叛变罪；间谍罪；为境外窃取、刺探、收买、非法提供国家秘密、情报罪；资敌罪。

第二章危害公共安全罪规定的死刑罪名共计 14 个，即放火罪；决水罪；爆炸罪；投放危险物质罪；以危险方法危害公共安全罪；破坏交通工具罪；破坏交通设施罪；破坏电力设备罪；破坏易燃易爆设备罪；劫持航空器罪；非法制造、买卖、运输、邮寄、储存枪支、弹药、爆炸物罪；非法制造、买卖、运输、储存危险物质罪；盗窃、抢夺枪支、弹药、爆炸物、危险物质罪；抢劫枪支、弹药、爆炸物、危险物质罪。

第三章破坏社会主义市场经济秩序罪规定的死刑罪名共计 16 个，即生产、销售假药罪；生产、销售有毒、有害食品罪；走私武器、弹药罪；走私核材料罪；走私假币罪；走私文物罪；走私贵重金属罪；走私珍贵动物、珍贵动物制品罪；走私普通货物、物品罪；伪造货币罪；集资诈骗罪；票据诈骗罪；金融票证诈骗罪；信用证诈骗罪；虚开增值税专用发票、用于骗取出口退税、抵扣税款发票罪；伪造、出售伪造的增值税专用发票罪。

第四章侵犯公民人身权利、民主权利罪规定了 5 个死刑罪名，即故意杀人罪；故意伤害罪；强奸罪；绑架罪；拐卖妇女、儿童罪。

第五章侵犯财产罪的死刑罪名只有 2 个，即抢劫罪；盗窃罪。

第六章妨害社会管理秩序罪规定了 8 个死刑罪名，即传授犯罪方法罪；暴动越狱罪；聚众持械越狱罪；盗掘古文化遗址、古墓葬罪；盗掘古人类化石、古脊椎动物化石罪；走私、贩卖、运输、制造毒品罪；组织卖淫罪；强迫卖淫罪。

第七章危害国防利益罪规定了 2 个死刑罪名，即破坏武器装备、军事设施、军事通信罪；故意提供不合格武器装备、军事设施罪。

第八章贪污贿赂罪规定的死刑罪名共计 2 个，即贪污罪；受贿罪。

第十章军人违反职责罪的死刑罪名共计 12 个，即战时违抗命令罪；隐瞒、谎报军情罪；拒传、假传军令罪；投降罪；战时临阵脱逃罪；阻碍执行军事职务罪；军人叛逃罪；为境外窃取、刺探、收买、非法提供军事秘密罪；战时造谣惑众罪；盗窃、抢夺武器装备、军用物资罪；非法出卖、转让武器装备罪；战时残害居民、掠夺居民财物罪。

（2）死刑适用具体标准的评析。

第一，死刑适用具体标准与死刑适用总标准错位，导致死刑罪名过多。刑法分则规定的许多经济犯罪的死刑适用具体标准是"数额巨大"或者"数额巨大＋情节严重"，有的犯罪只要实施实行行为就可以适用死刑，法律根本没有明确其他附加条件，这与"罪行极其严重"并没有明确的统一，也是死刑适用具体标准的要求偏低。"从国际社会其他国家的情况看，截止到 2005 年 10 月 74 个保留死刑的国家中，绝大部分国家的死刑罪名都在 20 种以下，并且许多国家的死刑仅仅适用于谋杀、叛国等重罪。如美国的死刑罪名如果不重复计算，数量不过 9 种，并且有 29 个州的死刑仅适用于谋杀罪。拥有 10 多亿人口的印度也仅将死刑适用于对印度进行战争罪、帮助军人叛变罪、谋杀罪、无期徒刑犯在刑罚执行期间又犯谋杀罪、土匪犯谋杀罪等几种严重谋杀罪和两种军事犯罪。"① 而目前，我国的死刑罪名总数相当大。我国刑法规定的罪名略超过 200 个，而死刑罪名已达到 68 个，占罪名总数的四分之一强。

第二，大多数死刑适用的具体标准缺乏明确性和具体性。我国刑法中除了劫持航空器罪、绑架罪等极少数犯罪的死刑适用标准规定得较为具体外，其他绝大多数犯罪都没有规定明确、具体的死刑适用标准。以"情节严重"、"数额巨大＋情节严重"为死刑适用条件的罪名多达 36 个，占死刑罪名总数的52.94%。对于人命关天的死刑适用，以此模糊条件剥夺犯罪人的生命是极不合理的。

第三，死刑适用具体标准之间缺乏平衡性。我国刑法规定的死刑适用具体标准"百花齐放"，有的以非法剥夺被害人生命为适用条件，有的以严重侵害他人身体健康为适用条件，有的以对国家造成特别严重的物质损失为适用条件，有的以犯罪涉及物品的价值或者数量为适用条件，有的以侵犯刑法保护的重要对象为适用条件，有的则以在犯罪中实施了某种法定行为为适用条件等。这些适用标准中，生命价值、身体健康价值和国家财产价值之间明显不具有可比性，显现出死刑适用标准之间的失衡与不公。

第四，死刑适用的具体标准中混合型标准过多，导致缺乏独立性。我国刑法中高度独立型死刑具体标准，有 15 个罪名，占死刑罪名总数的比例为22.06%；混合型死刑具体标准，有 53 个罪名，占死刑罪名总数的比例为77.94%。在 15 个高度独立型死刑具体标准中，又有 12 个死刑适用标准是抽象的，或者以"对国家和人民的利益危害特别严重、情节特别恶劣"等为具

---

① 高铭暄："略论我国死刑制度改革中的两个问题"，载《法学家》2006 年第 1 期。

体标准。面对这些抽象的具体适用标准，司法人员享有很大的自由裁量权。混合型死刑适用具体标准将死刑、无期徒刑、有期徒刑的适用混为一体，而且也没有对其适用作出明确规定。这种类型的死刑适用具体标准很难保证刑罚的准确适用。

（三）死刑立即执行与死刑缓期执行的界限不明确，导致检察机关对法院量刑监督针对性不够

1. 死刑缓期执行制度的由来

死刑缓期执行制度，即死缓制度，是我国刑法独创的一种刑罚执行制度。该制度的形成最早可溯及到"死刑缓刑"制度，而"死刑缓刑"之称谓最早见于民主革命时期的 1930 年 11 月中央通知第 185 号《关于苏区惩办帝国主义的办法的决议》。该决议规定，对外国人可适用"死刑缓刑"，即判处死刑后缓刑若干时期，暂时监禁，缓刑期限无定期。1944 年 3 月，《晋冀鲁豫边区太行区暂行司法制度》则进一步规定了"死刑保留"制度，即对于应判处死刑而认为有可能争取改造者，可判处"死刑保留"，但它不能单独使用，必须同时并处徒刑或者罚金。死刑保留期间的长短，根据具体情节，可定一年到五年。在保留期间，如果重犯前罪或者另犯其他种更重罪行，经法庭重新讨论，即执行枪决；如果过保留期间不再犯罪，其死刑就可不执行。[①] 1951 年 5 月，毛泽东同志在《第三次全国公安会议决议》修改意见中指出："对于没有血债、民愤不大和虽然严重地损害国家利益，但尚未达到最严重的程度，而且又罪该处死的，应当采取判处死刑，缓期两年执行，强迫劳动，以观后效的政策。"[②] 此时死缓适用的对象仅是反革命罪犯。最高人民法院在毛泽东同志提出这一政策后，不久发布了《关于正确执行"判处死刑，缓期两年，强迫劳动，以观后效"政策的通报》，在此后的司法实践中，普遍实施了这一刑罚制度。[③] 1951 年 6 月，《中央公安部关于各地量刑标准的综合通报》指出："对于抢劫、绑票、枪杀事主、严重破坏国家建设等严重犯罪分子，如果罪行较立即执行的程度较轻者或者虽犯于立即执行的罪行相同，但有显著立功表现者，均执行判处死刑缓期两年，强迫劳动，以观后效。"1952 年 3 月 31 日，政务

---

① 张正新："我国死缓制度的产生、发展及思考"，载《中国刑事杂志》2003 年第 5 期。

② 张希坡主编：《中华人民共和国刑法史》，中国人民公安大学出版社 1998 年版，第 362 页。

③ 周振想："关于'死缓制度'的几个问题"，载《中央政法管理干部学院学报》1994 年第 6 期。

院公布的《中央节约检查委员会关于处理贪污、浪费及克服官僚主义错误的若干规定》指出："有期徒刑、无期徒刑及死刑，均得按情节轻重，宣告缓刑。"1952 年 4 月 21 日，中央人民政府公布的《中华人民共和国惩治贪污条例》还指出："对于死刑、无期徒刑和有期徒刑，均得酌情予以缓刑。缓刑主要适用于坦白悔改或有立功表现的犯人。死刑缓刑和无期徒刑缓刑均实行监禁，在监禁和强制劳动中加以考察，并根据其在缓刑期间的表现，决定执行原判或于缓刑期满时予以减刑改判。"死缓制度立法规定始于 1954 年 9 月 30 日中央人民政府法制委员会提出的《中华人民共和国刑法指导原则草案（初稿）》第 10 条第 2 款规定："对于判处死刑的罪犯，如果不是必须立即执行的，可以宣告缓期二年执行，在监管中强迫劳动改造，以观后效。"①此后的刑法草案各稿对死缓制度均有所规定，并最终形成了 1979 年刑法对死缓的规定，1997 年刑法也承袭了 1979 年刑法之规定。

2. 死刑缓期执行适用的实证考察

目前，我国死刑案件的数据属于国家机密，涉及死刑的司法统计都不易进行。我们现以某直辖市高级人民法院 2006—2007 年将一审死刑立即执行改判死缓的 20 个案例和某直辖市人民检察院支持抗诉死缓案件、市高级人民法院改判死刑立即执行的 3 个案例，张正新博士在其专著《中国死缓制度的理论与实践》（武汉大学出版社 2004 年版）中收集的 87 个故意杀人罪的死缓案例以及媒体、司法机关通报的错案：云南省杜培武案件和孙万刚案件、湖北省佘祥林案件、海南省黄亚全、黄圣育案件，共计 114 个案例为样本进行分析，可发现死刑缓期执行的适用呈现出以下特点：

（1）判处死缓的主要理由有下列几类：根据案件具体情况；被害人自身存在一定过错；自首；立功；鉴于被告人及其家属与被害人家属就附带民事赔偿达成协议，并作出适当的经济赔偿；精神发育迟滞，人格障碍等；案发由邻里纠纷引起，被害人有对打行为；案发由家庭纠纷引起；案发由民事债务纠纷引起；根据认罪、悔罪态度等；被告人家属协助警方抓捕被告人；等等。

（2）改判死缓的理由比较突出的是：一是因被告人家属积极赔偿取得被害人谅解而改判，这类案件有 7 件，占死刑二审案件改变量刑的 35%。二是由于法定、酌定情节的认定而改判，这类案件有 9 件，占全部死刑二审案件改变量刑的 45%；由于被告人罪行严重程度认识不一致而改判的有 3 件，占全部死刑二审案件改变量刑的 15%；由于量刑证据存疑留有余地而改判，这

① 高铭暄、赵秉志主编：《新中国刑法立法文献资料总览》（上），中国人民公安大学出版社 1998 年版，第 109—116 页。

类案件有 2 件，占全部死刑二审案件改变量刑的 10%。另外，在 111 个死缓案例中，法院认定被害人有过错而判死缓的案例有 30 个，占 27%；法院认定被告人有自首情节而判处死缓的案例有 36 个，占 32.4%。

（3）判处死缓理由存在不够明确、具体的情况。在 111 个死缓案例中，根据含糊不清的理由（如根据本案的具体情况；鉴于本案的特殊性；考虑到本案案情）而适用死缓的案例有 19 个，占 17.1%，约占总数的 1/6 强。这既说明"不是必须立即执行"的理由比较复杂，也说明司法的裁量空间较大，个案之间的平衡的维持难度较大，还说明加强裁判说理的迫切性和重要性。特别是上级法院将下级法院的死刑立即执行案件改判为死缓时，很有必要说明理由，这样才能发挥上级法院对下级法院司法指导的作用，也可以避免被害方或者国民不必要的猜测甚至对司法公正的怀疑，这样才能树立司法的公信力与权威性。[1]

（4）判处死缓成为事实、证据缺陷的救济。在司法实践中，"铁证办铁案"已经成为司法人员公认的刑事司法理念。然而，事实上司法实践中偏离这种刑事司法理念的现象时有发生，在案件事实存有疑点时采取"罪疑从轻"的现象时有存在。换言之，在被告人被指控的犯罪事实如果查证属实即应依法适用死刑立即执行，但事实上证明其有罪的证据尚未达到确实充分的证明程度、案件事实的认定尚存在重大疑问的情况下，为了避免判处死刑立即执行可能造成的不可挽回的后果，同时又不让"可能的犯罪分子"逃脱法网，于是判处死刑缓期执行，在给被告人"留生路"的同时，也给法官自己"留后路"，以便将来获得新的证据时进行事后救济。[2] 因案件事实、证据存在一定缺陷而留有余地的判处死缓，最终被证明是冤案的主要有：云南省杜培武案件和孙万刚案件、湖北省佘祥林案件、海南省黄亚全、黄圣育案件等。

3. 死刑立即执行与死刑缓期执行的界限

死刑缓期执行作为隶属于死刑刑种的一种执行制度，它保留了死刑作为极刑对犯罪人最为严厉的否定的社会政治和法律评价；同时作为生命之刑又给受刑人以生的希望，彰显控制死刑的实效。如何在司法实践中正确、恰当地予以运用，最为重要和最为关键的问题是如何选择适用死刑立即执行与适用死刑缓期执行的界限问题。对此，我国法学界进行了较为充分的研讨，也提出了多种论点，主要有以下几种：

---

[1] 任志中：《死刑适用问题研究》，吉林大学法学院博士论文，第 185—186 页。

[2] 梁根林："中国死刑控制十大论纲"，载陈兴良、胡云腾主编：《死刑问题研究》（上册），中国人民公安大学出版社 2004 年版，第 445 页。

（1）四条界限说。此学说又有两种不同的观点。一种观点认为，如果所犯罪行极其严重，有下列四种情况之一的，可适用死刑缓期执行，否则，应适用死刑立即执行。一是具有法定从轻情节的；二是能如实交代罪行，有立功表现的；三是一贯表现较好，犯罪动机不十分恶劣，因偶然原因犯了特别严重之罪的；四是被害人有过错的。① 另一种观点认为，有下列情形之一的，可判处死缓：一是社会危害性尚未达到最严重的程度；二是犯罪分子有从宽处罚的情节；三是在共同犯罪中所起作用不是最主要的，罪行不是最严重的；四是其他留有余地的情况，如存活证据，结合国内形势和刑事政策，考虑民族习惯、宗教信仰、国际影响等。②

（2）五条界限说。此说认为，如果所犯罪行极其严重，但具有下列情形之一的，一般可视为"不是必须立即执行"，可适用死缓：一是有自首或者立功表现的；二是共同犯罪中有多名主犯，其中的首要分子或者最严重的主犯被判处死刑立即执行的，其他主犯不具有最严重罪行的；三是犯罪分子的智力发育不健全的；四是由于被害人的明显过错，引起罪犯激愤而实施犯罪行为的；五是有其他应当留有余地情况的。③

（3）九条界限说。此说认为，如果所犯罪行极其严重，但具有下列情形之一的，可适用死缓：一是犯罪人的人身危险性。对人身危险性特别大的适用死刑立即执行，对人身危险性不是特别大的适用死刑缓期执行。二是受害人及其他人在本案中有无过错。对受害人或其他人完全无过错的案件适用死刑立即执行，对受害人或其他人有过错的案件适用死刑缓期执行。三是犯罪人是否在共同犯罪中起最重要作用。共同犯罪案件中只应对最重要的主犯适用死刑立即执行，其他重要的主犯可适用死刑缓期执行。四是犯罪人有无自首或者悔改和立功表现。对于有自首或者悔改和立功表现的犯罪人，应当适用死刑缓期执行。五是是否"疑罪"。对于事实完全清楚、证据充分确凿的犯罪人适用死刑立即执行，对于个别"疑罪"则适用死刑缓期执行。六是是否有利于国际影响。如果适用死刑立即执行可以取得较好的国际影响则适用死刑立即执行，否则应适用死刑缓期执行。七是是否属于值得保存的"活证据"。如果保留该犯罪人能够起到"活证据"的作用，从而可能破获其他重大案件，则可适用死刑缓期执行。八是是否属于土地、山林、草场、水源等边界纠纷或者民族、宗教、宗派斗争导致的犯罪。如果是，可适用死刑缓期执行。九是是否属于少数

---

① 陈广君："论我国的死缓制度"，载《法学研究》1986 年第 4 期。

② 梁华仁等："我国死刑的立法限制"，中国法学会刑法学研究会 1996 年年会论文。

③ 陈兴良：《刑法疏议》，中国人民大学出版社 1997 年版，第 139 页。

民族公民、宗教人士、华侨、归侨和侨眷中的犯罪分子。根据我国的法律规定和政策精神，对上述人士中的犯罪分子应尽量不判处死刑立即执行。①

（4）十条界限说。此说认为，在裁量适用死刑与否时，可以从以下十个方面对死刑立即执行和死缓划分出一些较为具体的界限：一是以法定情节为依据，对罪该处死，有法定从重、加重情节的罪犯，判处死刑立即执行；对罪该处死，但有从轻、减轻情节的罪犯，判处死缓。二是看民愤大小。对罪该处死，民愤又大的罪犯，判处死刑立即执行；对罪该处死，民愤不大的罪犯，判处死缓。三是看认罪态度好坏。对罪该处死，证据又充分确凿，但拒不承认或者抵赖罪行甚至抗拒侦查、审判的罪犯，应判处死刑立即执行；否则可适用死缓。四是从慎重出发，对性质清楚、证据充分的罪犯，应当判处死刑立即执行；对个别情节不够清楚、证据不够扎实的罪犯，采取留有余地的办法判处死缓。五是考虑斗争形势的需要。对于斗争形势无大的影响的反革命分子，判处死刑立即执行；对极少数罪该处死，但对社会各方面的斗争形势有重大影响的反革命元凶，可以判处死缓。六是为避免一案杀人过多，对共同犯罪案件的个别主犯，判处死刑立即执行；对其他不是起最主要作用的主犯，判处死缓。七是看数额大小。对于经济犯罪数额特别巨大的，判处死刑立即执行；对数额巨大但其他情节不是特别恶劣的，可判处死缓。八是从团结出发。对于边界纠纷和宗派械斗一类案件，尽量少判或者不判死刑，对其中不是最主要的主犯，尽管造成了严重危害，也可判处死缓。九是根据我国的少数民族、宗教、华侨政策，对于少数民族、宗教人士、华侨和侨眷中的犯罪分子，尽量不判处死刑，必要的时候可判处死缓。十是从教育、挽救初犯青年和预防青少年违法犯罪出发，对初犯"死罪"又及时悔改的罪该处死的已满18岁的青年罪犯，应尽量少判死刑，多适用死缓。②

（四）影响死刑适用的自首、立功等法定情节和被害人过错、被告人赔偿等酌定情节界定不明确，直接影响检察机关法律监督的实效

1. "形迹可疑"和"有犯罪嫌疑"的认识

自首作为一种法律制度，是我国宽严相济刑事政策在刑法中的具体体现。它对瓦解犯罪分子，打击少数，争取多数，节约司法资源，教育改造罪犯具有重要意义。对于死刑案件，是否认定自首，可能直接关系到被告人的生死存

---

① 参见马克昌主编：《刑罚通论》，武汉大学出版社1995年版，第462—465页。

② 参见陈兴良主编：《刑种通论》，人民法院出版社1993年版，第111—116页。

亡。目前，尽管刑法及司法解释对自首制度作了较为详细的规定，但由于实践的多样性，检法两家围绕自首的认定问题一直存在较多的分歧。我们认为：

首先，"形迹可疑"应当和"有犯罪嫌疑"区分开来。有学者主张行为人仅因手持赃物遭到盘问但立即交代犯罪事实的，应认定为自首。也有论者认为，如果司法机关没有掌握行为人实施犯罪的任何证据、线索，行为人身上或所携带的物品也不能证明行为人有实施犯罪的嫌疑，仅因形迹可疑被有关组织或者司法机关盘问，或者有关组织或司法机关进行例行检查，行为人如实交代自己所犯罪行的，应视为自首。如果司法机关掌握一定线索，已将行为人纳入排查范围，或者行为人被盘问时，其身上比如衣服上有血迹或所携带物品能证实其有实施犯罪嫌疑的，如枪支、毒品、赃物等，行为人"主动"交代自己罪行的，不能视为自动、主动交代自己罪行，不能认定为自首。[①] 我们赞同后一种理解，同时还应当根据行为人持有可疑物品的种类，如枪支、弹药、毒品、假币等刑法禁止持有的违禁品和来路不明的其他可疑物品等，对"形迹可疑"和"有犯罪嫌疑"进行区分，不能简单地认为行为人持有来路不明的物品就是有犯罪嫌疑。如果是因被发现身上有枪支、弹药、毒品、假币等刑法禁止持有或私藏的违禁品而遭到盘问即如实交代了关于枪支、弹药、毒品、假币的犯罪事实，因其具备犯罪嫌疑，即使不交代犯罪事实也因为持有刑法禁止持有的违禁品而被动归案，故不能认定为自动投案，因而也不能认定为自首。对持有来路不明的一般可疑物品，则可以再区分是否染有可疑痕迹，比如染有可疑痕迹如血迹的菜刀、水果刀、螺丝刀、老虎钳、衣裤鞋袜、提包等和没有染有可疑痕迹的上述物品。如果是因为遭到盘问被发现持有染有可疑痕迹的物品，则因认为是由于有犯罪嫌疑而被动归案，不能认定为自动投案。如果遭到盘问时没有发现染有可疑痕迹仅仅根据被盘问人的衣着、举止等认为是不正常（非物品本身有可疑点）的物品（不包括可以确定为赃物或犯罪工具可能的物品），盘问人不能将被盘问人与具体案件联系起来的，这种情况就应认为是因神情、举止（形迹）可疑遭到盘问而主动交代罪行，应视为自动投案，成立自首。

其次，应严格按照法律规定认定司法机关介入前的自首。例如"两规"、"两指"期间如实交代犯罪事实的情形。"两规"是指有违法犯罪嫌疑的党员

---

① 曹坚："自首和立功的司法适用问题研究"，载《中国检察官》2006 年第 2 期。

在纪委规定的地点规定的时间交代问题。① 对非党员国家机关工作人员采取的在指定地点指定时间内交代问题的措施简称"两指"。② 实践中有学者认为，"两规"期间，犯罪分子实际上尚未进入严格意义的司法程序、没有被采取强制措施，只要符合其他条件（意指"如实交代或最终如实交代"），仍可认定为自首。③我们认为，一概因为纪委不是司法机关，犯罪分子实际上尚未进入严格意义的司法程序，就认定为自动投案和自首，那么这对于犯罪行为直接由公安、检察查处的犯罪人来说，是不公平的，违反了平等适用法律的原则。因为被公安、检察机关传讯后（一般都是发现一定犯罪事实才传讯）一开始不交代，经教育或经采取强制措施后再如实交代犯罪事实的，一般只能被认为是坦白而非自首。所以，在"两规"期间如实交代犯罪事实，要认定为自动投案，同样要符合法律和司法解释规定的自首条件。

2. 帮助立功的再认识

立功作为对被告人量刑产生重要影响的法律行为，其制度设计本身和执行情况不仅关乎对个案中当事人权利的保障程度，更在一定程度上折射出一国法治化进程的实现程度，有理论和实践双重研究价值。由于刑法对立功制度的规定较其他制度而言较为粗疏，导致一些具体个案是否适用往往认识不一。而在司法实践中，被判处或可能被判处死刑的犯罪分子，因所犯罪行严重，为求得生存，更是不惜一切手段进行立功，争取从宽处罚。这类案件大多数的立功依赖于他人的帮助而得以实现，从而导致信息来源渠道多样化，立功方式具有多样性。其中包括犯罪分子的亲友，与犯罪分子羁押在一起的同舍人员，犯罪分子的辩护律师以及接触犯罪分子的司法工作人员等帮助犯罪分子立功。对上述各种情况是否认定为立功，理论及实践中有多种分歧意见。

（1）亲友帮助立功的认定。亲友帮助立功，是死刑案件中被告人立功的最为常见的一种形式。它包括被告人的亲属通过书信、律师合法会见等渠道，

---

① 《中国共产党纪律检查机关案件检查工作条例》第 28 条规定："凡是知道案件情况的组织和个人都有提供证据的义务。调查组有权按照规定程序，采取以下措施调查取证，有关组织和个人必须如实提供证据，不得拒绝和阻挠。……（三）要求有关人员在规定的时间、地点就案件所涉及的问题作出说明。……"

② 《中华人民共和国行政监察法》第 20 条规定："监察机关在调查违反行政纪律行为时，可以根据实际情况和需要采取下列措施：……（三）责令有违反行政纪律嫌疑的人员在指定的时间、地点就调查事项涉及的问题作出解释和说明，但是不得对其实行拘禁或者变相拘禁。……"

③ 高爽："论自首认定中的若干问题"，载《吉林公安高等专科学校学报》2006 年第3 期。

将其获得的有关案件或案犯线索传递给被告人，后者进行检举揭发，司法机关据此侦破案件或捉获其他犯罪嫌疑人的情形；也包括被告人请求其亲属协助公安机关捉获其他犯罪嫌疑人的情形。在后一种情形中，如果被告人将其他犯罪嫌疑人或同案犯的有关线索告知亲属，其亲属据此查找尚未归案的犯罪嫌疑人或同案犯，并协助公安机关捉获的，则可以认定提供线索的在押人员有立功表现；但如果被告人本人并无具体的检举行为，仅有请亲友协助司法机关捉获其他犯罪嫌疑人的意愿，则只能认定为其亲友协助捉获，不能认定被告人立功行为成立。我们认为，在认定这类立功时，首先应排除违法犯罪行为的存在，即如果系被告人亲友通过以身试法或其他违法犯罪行为获取的立功线索而向被告人提供的，不能认定为立功。此外，还需要审查被告人的检举行为与捉获在逃人员或破获其他案件之间是否存在必然的客观联系，检举行为对捉获犯罪嫌疑人或破获案件所起的作用，被告人除了有立功的主观意愿外是否具备具体的检举行为等。

此外，关于被告人亲友帮助立功还有两种特殊情形需要引起注意。第一种情形，如果被告人的亲友通过以身试法等违法犯罪行为帮助其立功是否成立，我们认为，这是不成立的：一方面这类行为会导致违法犯罪行为增加，扰乱社会的管理秩序；另一方面也与减少诉讼成本，及时惩治犯罪的立功宗旨相违背。第二种情形，在帮助犯罪分子立功的亲友当中，并不仅限于一般身份的人，还包括司法工作人员以及其他负有查禁犯罪活动职责的国家机关工作人员。因此，这类立功情形还应排除负有查禁犯罪活动职责的国家机关工作人员的亲友将自己利用职务、工作之便获得的立功信息告知犯罪分子的情况。

（2）在押人员帮助立功的认定。在押人员帮助立功，是指被告人与另一名在押人员商议，双方以某种条件达成协议，由被告人作为检举人向司法机关检举在押人员的犯罪行为，以企图使检举的被告人立功的情形。这种"协议"有两种情况：第一种是同舍的在押人员（犯罪嫌疑人或被告人）出于江湖义气，或出于条件交换（如提供者要求接受者将来照顾自己的家人等）提供线索给被告人，由被告人检举的情况。对此类行为是否能认定立功，有两种观点。一种观点认为应当认定立功，理由是：一方面，刑法对犯罪分子所掌握的他人犯罪线索的来源并没有作限制性规定，不论其从何处得来，该线索经查证是属实的，在客观上也起到了侦破其他案件的作用；另一方面，可激励犯罪分子积极向上，促进其改造。另一种观点认为不构成立功，理由是：一方面，这类帮助立功本质上是串通立功，主观上是恶意的，其目的是为了逃避法律的制裁；另一方面，行为人的人身危险性及主观恶性没有弱化。我们认为，这类情况可以认定立功成立。理由是：首先，这类立功虽动机不纯，系出于恶意，但它并不为法律所禁止，对其只能从道义上进行谴责，并没有从根本上损害国家及社会利益，总体上权衡利弊，仍属利大于弊。其次，至于否定说谈到的主观恶性问题，如前所述，立功本质并不包含有悔罪，比如犯罪分子立功后脱逃及翻供均不影响立功的成立，但在法官对其考量从宽的幅度时，可以与其他立功相区别，酌定减小对其从轻处罚的力度。

"协议"的第二种情况是立功交易，即被告人采取不正当手段收买其他在押人员的犯罪事实和犯罪线索，其他在押人员将本人的余罪或通过不良生活背景获知的其他犯罪线索待价而沽，从而帮助被告人逃避法律制裁的行为。对此类行为是否构成立功，理论和实践中也有两种观点。一种观点认为构成立功。我国刑法对立功的成立是从行为本身来判定，并没有将行为人的目的、动机、手段作为立功的构成要件，不论是悔罪还是出于其他目的，不论其立功线索如何获得，只要客观上符合了立功的条件即构成立功。另一种观点认为不构成立功，理由是买功行为本质上是一种"交易"，双方人身危险性与主观恶性没有弱化，反而更加膨胀，有违公平正义的刑法精神。我们认为，这种行为不能认定其立功成立，理由是：首先，从公平正义角度而言，我们要避免过分追求功利而对司法公正造成的负面影响。如果通过出卖线索帮助立功的行为能成立买功者的立功，那就认可被告人可以通过金钱来减轻刑罚，以钱抵刑，这有违司法公正的原则。如果认定通过交易完成的立功成立，掌握线索的犯罪人将待价而沽，不会主动向司法机关揭发、提供犯罪线索，且被告人采取买卖立功的线索从长远来看不利于惩治违法犯罪。综上，虽然这类立功能对犯罪分子揭发、提供他人犯罪线索、破获案件具有促进作用，但与此同时，它也容易滋生其他违法犯罪，有违公平正义的司法理念，不利于犯罪人思想上的教育改造，故对这类立功的认定，应当认真权衡公平正义与功利性价值之间的利弊。[①] 其次，被告人通过与他人立功交易而获取死刑的改判，这是一种逃避法律应有的制裁的行为，是对法律的挑战与嘲弄，严重损害了法律的尊严。同时，它还会导致广大公民对法律失去信心，终将会危及法治事业的健康发展，而这些，均是我们法律研究者和实践者所不容忽视的，也是我国的法治进程中应当极力避免的。

此外，对于"立功交易"中的司法人员利用履行职务过程中掌握的犯罪信息向他人"出卖"而获取利益，不能认定为立功。一是由于因其检举的犯罪线索本系司法机关已经掌握的，经交易由在押人员重新"检举"，这一做法严重破坏监管秩序，也不符合立功系挖掘潜在的未被司法机关掌握的犯罪资源

---

① 参见罗欣："买功现象当引起司法关注"，载《检察日报》2006 年 9 月 26 日。

的立法意图。二是由于这类行为具有"贿买"性质，故其在破坏监管秩序的基础上，还同时侵犯了国家工作人员的职务行为的廉洁性，因而也具有更大的社会危害性。负有查禁犯罪职责的国家工作人员如将自己利用职务、工作之便获取的立功信息告知犯罪分子，构成犯罪的，应当以我国《刑法》第417条帮助犯罪分子逃避处罚罪的规定追究其刑事责任。

（3）司法人员帮助立功的认定。司法人员帮助立功，是指司法人员将其利用职务行为获取的犯罪信息通过不履行或消极履行法定职责的渎职手段主动提供给被告人，由被告人检举揭发的情况。我们认为，上述行为侵犯了国家机关的正常职能，且违背了法律赋予司法人员的法定职责。如果认定为立功，法律规范的指引和评价功能很有可能被具有法定职责的人员所利用，发生扭曲，立功法律规范的评价、指引功能实现的不是积极效果，而是消极效果，违背立法之本意。

（4）辩护律师帮助立功的认定。辩护律师帮助立功，是指辩护律师在会见在押的被告人（犯罪嫌疑人）或与之通信时，将有关他人的犯罪信息提供给被告人，被告人向司法机关检举揭发，经查证属实的情形。对这类立功是否成立，我们认为，如果能排除辩护律师有违法犯罪行为，则可以认定其构成立功；反之，如果辩护律师采取其他违法犯罪行为获取的信息提供给犯罪分子，则不能认定为立功。辩护律师帮助立功与被告人亲友帮助其立功的最大的不同，就在于由于辩护律师身份的特殊性，其具有相应的诉讼权利与诉讼义务。虽然犯罪分子获取有关犯罪信息并向司法机关检举揭发是无过错而且可以构成立功，但辩护律师利用执业之便，向在押的犯罪分子传递有关信息的行为，则违反了律师执业纪律规范，可依照2002年3月3日中华全国律师协会《律师职业道德和执业纪律规范》第23条之规定给其纪律处分或者行政处罚。

3. 被害人过错的把握

长期以来，在以犯罪与刑罚为核心的刑法体系中，人们的视线无不以犯罪行为和犯罪人为出发点和归宿，出于打击犯罪的需要，往往有意回避或无意忽视了被害人在犯罪事件中的地位和作用，但犯罪人和被害人之间不是一种简单的侵害与被害、主动与被动的静态关系，而是一种动态的、互相影响、彼此作用的互动关系。被害人不仅是犯罪行为的承受者和被害者，而且在某些犯罪中，他也可能是招致自己被害的积极主体。在很多情况下，犯罪的发生和升级都是犯罪人与被害人相互作用的结果。因此，犯罪不完全是犯罪人单方所决定的，被害人也起着重要的影响、制约和推动作用。① "被害人在罪行发生之前的行为，不论其是否应受谴责，只要该行为推动了犯罪人的暴力反应，那么犯罪人的应受谴责性就会得到适当的、幅度不同的降低。"②

死刑案件大量集中在致人死亡的暴力性犯罪如故意杀人、故意伤害、抢劫，据统计，某直辖市检察院 2006—2007 年度这三类死刑案件约占全部死刑案件的 4/5。在这种暴力性犯罪的死刑案件中加害人与被害人的责任并非完全处于两个极端——加害人的责任为 100%，被害人的责任为 0%，多数情况下被害人对案件的发生也负有一定的责任，而且调查发现在严重的暴力犯罪中被害人有明显过错案件的比例占 1/3 左右。被害人过错对刑事案件的刑罚裁量起着十分重要的影响作用，在死刑案件中被害人过错对死刑适用具有特别的影响力，因为在死刑案件的量刑中，被害人的过错是从轻情节，故它在死刑适用时具有重要意义。但是不同类型的被害人过错对加害人刑事责任产生什么样的影响，在我国刑法中有的作出了明文规定，有的则没有明文规定。我国刑法规定，被害人负完全责任（负完全责任的被害人过错）时，加害人不负刑事责任，即我国刑法第 20 条第 1 款、第 3 款规定因加害人正当防卫对被害人造成损害的不负刑事责任。另外，我国刑法第 20 条第 2 款规定，被告人防卫过当应当负刑事责任（即存在严重的被害人过错时），但是应当减轻或者免除处罚。其他类型的被害人过错责任，在我国刑法中却没有加以规定，只是类似司法解释性质的文件——1999 年 10 月 27 日最高人民法院颁布的《全国法院维护农村稳定刑事审判工作座谈纪要》（以下简称《纪要》）——规定："对故意杀人犯罪是否判处死刑，不仅要看是否造成了被害人死亡结果，还要综合考虑案件的全部情况。对于因婚姻家庭、邻里纠纷等民间矛盾激化引发的故意杀人犯罪，适用一定要十分慎重，应当与发生在社会上的严重危害社会治安的其他故意杀人犯罪案件有所区别。对于被害人一方有明显过错或对矛盾激化负有直接责任，或者被告人有法定从轻处罚情节的，一般不应判处死刑立即执行。"由此可见，《纪要》中指出，可以不适用死刑立即执行的情况有三：被害人一方有明显过错；被害人对矛盾的激化有直接责任；被告人有法定从轻情节。《纪要》显示出将"被害人过错"与法定从轻处罚情节等量齐观的观点，很快被各级法院作为酌定量刑情节广泛运用，且不局限于上述两类罪名和判处

---

① 参见杨向华："论犯罪被害人的过错"，载《山西经济管理干部学院学报》2006 年第 2 期。

② 陈旭文："西方国家被害人过错的刑法意义"，载《江南大学学报》（人文社会科学版）2004 年第 3 卷第 1 期。

死刑的案件。①

（1）被害人过错的特征。我们认为，被害人过错是指诱发犯罪人的犯罪意识产生，进而引起犯罪人实施加害行为、造成犯罪侵害结果的被害人故意或过失的错误行为。其具有如下特征：一是客观性且具有可谴责性。被害人的这种过错，无论是诱因性过错事实、激化矛盾的过错事实，还是侵害性事实，或者是事后导致继发不良后果的过程，都是通过被害人自身的客观行为加以体现的。同时，"它是一种违背社会良好秩序的行为；或者是违背有关法律、法规、其他规章制度的行为；也可以是违反社会公序良俗或道德规范的行为。这是其最为显著的特征"②。二是时间的特定性。由于这种过错才导致犯罪行为的发生，或者犯罪行为发生后，由于这种过错的产生才导致危害后果的继发。三是因果关联性。被害人过错能诱发犯罪人犯罪意识、产生犯罪侵害行为或者能在犯罪过程中加剧犯罪侵害程度。如果被害人的行为与诱发犯罪人的犯罪意识、加剧犯罪行为程度没有直接因果关系的，就不能称之为被害人过错。

（2）被害人过错的表现形式。一是挑衅。这类被害人过错主要发生于聚众斗殴、民事纠纷等原因引起的故意杀人、故意伤害等暴力犯罪案件中。挑衅是指被害人向守法者进行攻击而使之受到刺激。被害人的故意挑衅行为，在一定的情境之下，激发了被告人的犯罪意识及犯罪行为，因而可以认为，被害人在犯罪的起因上存在着过错。二是激将。即在一般纠纷或争吵斗殴中因被害人使用激将语言或行为诱发犯罪人犯罪意识导致犯罪侵害。学理上往往把激将称做"被害人推动"，加害人本无实施严重加害行为的故意，由于被害人用言语刺激加害人，而促使加害人实施犯罪行为。三是暴力或生活中品质恶劣的其他行为。这类被害人过错主要发生在婚姻家庭生活矛盾引发的暴力犯罪案件中。如被告人长期因生活琐事遭其丈夫即被害人的殴打、辱骂，被告人因此将被害人杀死；又如被告人的配偶与第三者发生不正当性关系，被告人十分愤怒，遂将其配偶或第三者杀死等。上述情况下的被告人原亦系受害人，但正是案件中被害人的种种恶劣行为，经长时间的积累而导致了被告人的报复心理，使被告人实施了犯罪。因而被害人的行为对于案件的发生具有直接的因果关系。四是贪欲。被害人的贪欲常常表现为勒索的行为，这种勒索的对象包括金钱等物质利益，也包括其他非物质的利益。如被害人因敲诈麻将室老板而被该老板开枪打死。如被害人与被告人发生不正当两性关系后，常常以将此事告知被告人工

---

① 参见任永鸿："刑事被害人过错解读"，载《人民法院报》2005年4月13日。

② 周晓杨、陈洁："刑事被害人过错责任问题研究"，载《法学杂志》2003年第6期。

作单位领导为要挟，多次向被告人索要巨额钱款，被告人不堪重负，遂起意将被害人杀死。①

（3）被害人过错的分类。

第一，根据性质的不同，犯罪学上把被害人过错分为未尽预防义务的被害人过错和引发犯罪的被害人过错。未尽预防义务的被害人过错，是指在特定的情境下，被害人实施的、与防止自身被害这一目的相悖的、导致犯罪发生、犯罪结果扩大的行为或所持的心理状态。对群居在社会中的每个人来讲，自我保护、防止个人权益被侵害，不仅是一种权利，而且是一种义务，对被害人利益具有最大保护义务并且能够行使最恰当保护措施的，应该就是被害人本人。如果未尽到足够的注意义务，如言行举止不当、无知、轻信、疏忽、贪利、安全措施不到位等，导致被犯罪侵害，不能不说本身存在过错。这类过错在与犯罪的因果联系上表现为犯罪人提供条件、制造机会，使犯罪人更易于实施和完成犯罪，借此不能降低犯罪人的主观恶性。因为这种过错并没有侵犯犯罪人的任何权益，相反，是犯罪人在恶意利用被害人的过错实施犯罪，这里面找不出可以对犯罪人作谅解性评价的道义因素。也就是说，在被害人未尽注意义务而将自己的权益置于某种危险境地时，法律仍然可以期待其他人不去利用这种条件将危险现实化。期待可能性的存在，合理阻断了对犯罪的社会危害性和犯罪人的人身危险性作下调性评价的可能。所以，未尽预防义务的被害人过错不是刑法意义上的被害人过错，不影响量刑。

引发犯罪的被害人过错又称诱发性过错，是指被害人实施的与犯罪的发生具有直接因果关系的不当的作为或不作为。它有一个最基本的特点，就是被害人的过错直接侵犯了犯罪人或其他人甚至被害人本人的某些权益，从而导致犯罪人实施犯罪，过错行为与犯罪行为之间有明显的关联性。由于权益遭到侵害，"尽管存在着对公民面对挑衅应该保持正常自我克制的强烈的期待，但是一旦人们面对这类行为而失去自我控制时，在不同的程度上，这又是可以理解的"②。根据被害人与犯罪人的互动形态的不同，这类过错可分为：

①被害人单方推动型的过错。在这种形态中，犯罪人本无犯意，但由于被害人单方首先实施了侵害犯罪人或其他人的合法权益的行为，如暴力攻击、语言挑衅、侮辱等，推动犯罪人产生犯罪动机，诱发犯罪，而使自己成为被害人。被害人首先制造冲突，并最终导致自己被害，其行为是诱发犯罪的主导因

---

① 参见任志中：《死刑适用问题研究》，吉林大学法学院博士论文，第197页。

② 陈旭文："西方国家被害人过错的刑法意义"，载《江南大学学报》（人文社会科学版）2004年第3卷第1期。

素。对存在这类过错的严重犯罪案件，一般不应当适用死刑，但还需要具备程度条件为前提，也即被害人的先行不当行为，应当达到一般社会标准看来也是难以接受的、无法容忍的程度。对于被害人实施轻微不当行为引发的犯罪，不宜认定被害人有过错，因为在这种情况下，底线的道德标准仍然可以要求犯罪人保持基本的理智和应有的克制，也就是说，法律上的期待可能性并无降低，此时犯罪人若违背期待，选择犯罪，说明其自制能力低于社会认可的平均标准，不能降低其主观恶性的评价。

对于被害人侵害其他人的合法权益，引发权益未受侵害的犯罪人对其实施犯罪的，同样可能存在被害人过错，例如，被害人长期虐待自己的父母，作为邻居的犯罪人义愤之下将被害人打成重伤。但对这类过错应当结合犯罪动机从严把握，只有动机正当的（如前例中的义愤）才能认定被害人有过错。

②冲突型的被害人过错。即被害人与犯罪人相互推动型的被害人过错。在这种形态中，犯罪人与被害人之间有着明显的互动，他们可能为某种个人利益冲突发生矛盾，随着双方的相互作用和相互影响，矛盾不断升级，最后才产生出侵害与被害的结果。结果出现之前，双方都有可能加害对方或者被害，谁成为最终的犯罪人和被害人，并不确定。不难看出，在这种形态中被害人、犯罪人都有过错，都是导致犯罪的原因。司法实践中通常认为案件起因于双方冲突，不应当认定被害人有过错。这种认定有违公正，因为被害人过错和犯罪人过错都是刑事认定，它们应该并且只能通过量刑予以反映（被害人过错对犯罪人有利、犯罪人本身的过错则对其不利），而不能依民法上对混合过错的归责原则，在量刑前就将两种过错冲抵。

这种相互推动型的过错在死刑案件中十分常见，是否影响量刑是实践中的一个复杂问题，我们认为既要审查冲突的始发环节，也要审查冲突的升级环节，还要审查是否存在要求犯罪人保持克制的期待可能性，然后对双方过错的大小进行比较，被害人的过错对引发犯罪起主要作用或者双方作用相当的，一般不应适用死刑，被害人过错只起次要作用或者对犯罪人保持克制的期待可能性没有消失的，就不应当影响量刑。

有一种特殊情况即聚众斗殴，其也是典型的双方互动形成的冲突形态，我们认为不应当认定被害人过错，即使斗殴产生事实上的受害人（例如被对方致重伤、死亡），另一方也不能以被害方有过错作为抗辩理由，聚众斗殴罪侵犯的客体是公共秩序，对斗殴双方的首要分子和积极参加者均应定罪处罚，可见刑法对被害方的过错的评价视角已经发生变化，将这种过错上升为聚众斗殴罪的构成要件事实，此时在刑法看来，斗殴双方不是互有过错，而是从社会本位的立场，认定他们共同对侵犯公共秩序这一后果负有过错。如果把一方的构成要件事实作为同一案件中另一方的量刑情节，是在同一判决中将同一事实从不同角度作二次评价，在逻辑上难以成立。

③被害人承诺。又称被害人同意，是指法益主体对于他人侵害自己可以支配的权益的行为所表示的允诺。由于被害人承诺，没有犯意的犯罪人对其实施了侵害，承诺与犯罪行为和结果之间具有关联性，所以被害人承诺构成被害人过错。这种过错也是被害人单方推动的，但它与被害人单方推动型过错的区别在于前者的不当行为不是侵犯犯罪人或其他人的权益，而是损害本人的权益，"安乐死"就属于这类情况的典型。我国刑法没有对被害人承诺作出规定，司法实践中一般把它视为酌定从轻的量刑情节，由于被害人存在重大过错，已经不能将这类犯罪归于严重犯罪的范围，即使出现被害人死亡等严重后果，死刑也当然被排除适用。

刑法意义的被害人过错并不仅限于诱发性过错，还有一种继发性过错，继发性过错是指被害人实施的与犯罪结果的扩大、加重具有直接因果关系的不当的作为或不作为。这类过错发生在犯罪过程中或犯罪行为结束之后，因而有别于诱发性过错。刑法鼓励被害人在遭受犯罪时进行自我救济，救济的内容包括在犯罪行为结束后积极避免犯罪结果扩大。考虑到犯罪行为对被害人的权益的紧迫威胁及被害人的情绪、判断力因此受到的超乎常规的影响，即使救济行为在正常情况下看来存在瑕疵和不足，也不应超出刑法可以接受的范围。但是，正如英美刑法中的"合理预见规则"所指出的："如果被害人的行为是如此的'愚笨'或者如此的不可期待，以致不但侵害者无法实际预见，而且任何正常人都无法预见时，就中断了侵害行为与结果之间的因果链条。"① 可见，如果被害人的救济行为明显超过一般社会大众的认知水平、认可范围，不当造成犯罪后果扩大，就构成继发性过错。例如，恋爱中甲男与乙女因琐事发生争执，甲男用玻璃杯砸伤乙女手臂（轻伤），随后离去。乙女在完全能够到医院进行包扎的情况下，出于羞怒，放任伤口流血不止，最终休克死亡。在这样的案例中，被害人在完全有能力防止犯罪结果扩大，但其放弃对自身利益的救济，超出了社会能够认可的范围，导致了犯罪行为本身不能合乎规律地引起的严重后果，该结果也超出了犯罪人的认识能力和范围。此时，不能要求犯罪人对严重后果负责。可见，这类过错在功能上已经是定罪情节，而非量刑情节，死刑当然也应排除。

第二，与刑罚适用最相关的是根据被害人过错程度不同而作出的分类。有的学者将被害人过错分为四种类型：一是过错责任小于加害人的被害人过错；

---

① 张绍谦：《刑法因果关系研究》，中国检察出版社 2004 年版，第 4 页。

二是过错责任等同于加害人的被害人过错；三是过错责任大于加害人的被害人过错；四是负完全责任的被害人过错。① 前三种被害人过错对加害人（被告人）量刑产生影响，第四种被害人过错（如正当防卫的情形）可以排除加害人的刑事责任，即加害人的加害行为不构成犯罪。按照被害人过错在诱发犯罪中的作用大小可将被害人过错分为：较大被害过错、较小被害过错、无被害过错。被害人积极制造冲突或放任冲突的发生，使被害人行为与犯罪行为之间具有了直接的因果关系，称为较大被害过错；被害人不自觉或无意识的过错行为遭致犯罪侵害，使被害人行为与犯罪侵害间有一定间接因果关系的，为较小被害过错；无被害过错指犯罪发生前被害人与犯罪人之间没有显著互动，在被害人被动甚至积极避免冲突的情况下发生的侵害，如美国"9·11"案件中的被害人，南京"汤山投毒案"中的被害人便属此类且最为典型。②

4. 被告人赔偿的理性适用

全国各地的高级人民法院在死刑案件中因被告方赔偿对被告人予以从轻处罚的情形，屡见不鲜。据了解，广东省东莞市中级人民法院在多宗刑事案件中进行了裁判，被告人通过"赔钱"获得了"减刑"；重庆市高级人民法院自2006 年 1 月以来，因被告方积极赔偿，取得被害方谅解而由死刑立即执行改判为死刑缓期执行的案件占全部死刑二审案件改变量刑案件总数的 33.3%。目前，被告方积极赔偿属审判人员自由裁量的范围，具有较大随意性。为全面、准确贯彻"保留死刑，严格控制死刑"的基本死刑政策和宽严相济的刑事政策，结合我国目前的人民内部矛盾凸显、刑事犯罪高发、对敌斗争复杂的治安状况，我们认为，对死刑案件被告方赔偿作为影响量刑的重要情节，直接关系到被告人的生死，关系到社会的稳定、和谐，有必要构建较完善的制约机制，指导司法实践。

（1）因被告方赔偿而对被告人予以从轻处罚的可行性。

首先，具有法律依据。2000 年 12 月颁布的《最高人民法院关于刑事附带民事诉讼范围问题的规定》第 4 条规定："被告人已经赔偿被害人物质损失的，人民法院可以作为量刑情节予以考虑。"2007 年 1 月《最高人民法院关于为构建社会主义和谐社会提供司法保障的若干意见》中也明确："对于具有法定从轻、减轻情节的，依法从轻或者减轻处罚，一般不判处死刑立即执行；对于因婚姻家庭、邻里纠纷等民间矛盾激化引发的案件，因被害方的过错行为引

---

① 汤啸天等：《犯罪被害人学》，甘肃人民出版社 1998 年版，第 111—113 页。

② 参见张宝义："暴力犯罪中犯罪人与被害人的关系特征及过错责任分析"，载《河南公安高等专科学校学报》1999 年第 2 期。

发的案件，案发后真诚悔罪并积极赔偿被害人损失的案件，应慎用死刑立即执行。"可见，如果被告人及其亲属的积极赔偿行为抚慰了被害方的情感，使被害方对被告人产生了谅解，既反映了其悔罪态度，也表明了其人身危害性的降低，同时也缓和了激烈的社会矛盾，使犯罪的社会危害性在某种程度上得到减轻。既然人身危险性和社会危害性都有所降低，根据罪刑相当的刑法原则，将其视为酌定从轻的量刑情节，并不是对法律的僭越。

其次，符合政策精神。现行的刑事责任仅仅是一种抽象的责任，犯罪人通过接受惩罚承担了抽象的责任，却逃避了现实的具体责任，即面对被害方，了解自己行为的后果，向被害方道歉并提供赔偿，寻求社会成员谅解的责任。无数实践经验表明，只有当刑事政策作用于人、使人产生积极的情感反应并影响其未来行为时，刑事政策才能收到其预期的功效。刑事政策的任务在于消解犯罪人与被害人之间的对立冲突。消解冲突的关键，一方面在于通过公正的刑事追诉程序给予犯罪人应得的惩罚，使被害人的报复欲望和正义诉求得到满足，从而缓解被害人的复仇心理，强化对法律的尊重和认同；另一方面通过合理的刑事被害人赔偿机制，补偿被害人因犯罪而遭受的损害，从而也给犯罪人一个直面悔罪、重新做人的机会。① 从贯彻宽严相济刑事政策的角度来看，既然被害方与被告方达成赔偿协议，并表示谅解被告人，那么国家在尊重被害方决定的基础上对被告人从轻处罚，体现了刑法的谦抑性，修复了被破坏的社会关系，有利于保障被害方权益的实现，减少社会对抗，促进社会和谐。

（2）对因被告方赔偿而对被告人予以从轻处罚进行规范的必要性。

正如前文所述，"死刑具有最大的威慑力、遏制力，是预防犯罪的最为有效的手段"。目前，我国正处于社会转型期，经济尚不发达，法制尚不健全，犯罪一度呈现高发态势，危害生命安全的暴力型犯罪大量存在，客观形势需要严厉打击罪行极其严重的犯罪，实现死刑刑罚的价值。如果一相情愿，为了某种崇高的目的不适用死刑，而不顾社会的实际情况，可能危及国家安全，破坏社会秩序。2007年8月《最高人民法院关于进一步加强刑事审判工作的决定》也特别强调，充分考虑维护社会稳定的实际需要，充分考虑社会和公众的接受程度，对那些罪行极其严重，性质极其恶劣，社会危害极大，必须判处死刑立即执行的，坚决依法判处死刑立即执行。因此，有必要对因被告方赔偿而对被告人予以从轻处罚进行规范，防止片面追求维护被害人利益而丧失死刑刑罚的价值，甚至牺牲法律的公平性、严肃性。对犯罪客观危害特别严重、主观恶性

---

① 参见史小峰："积极赔偿损失适当从轻处罚的适用依据"，载《人民法院报》2007年9月5日。

特别恶劣、人身危险性十分突出的犯罪分子，也不能因为其积极赔偿而不判处死刑立即执行。

日本学者大谷实认为："有关死刑存废的问题，应根据该社会中的国民的一般感觉或法律观念来论。"① 基于传统报应刑观念，目前在我国国民心理中，"杀人偿命"是天经地义。尽管其不能作为适用死刑的一个理由，但不可否认其在原始报应和朴素公正框架内的成立。在死刑案件中，由于死去的是自己的亲人，被害方一般很难发自内心地谅解被告人，如果法院不判处被告人死刑立即执行，被害方往往情绪激动，到处上访，甚至聚众闹事。并且，我国国家救助刑事被害人制度已正式进入实质性操作阶段，也正在山东、广东、浙江、湖北、四川等地的若干城市试点。② 建立刑事被害人补偿制度，积极开展刑事被害人国家救助，由国家给予被害人及时有效的补偿救济，这在一定程度上削弱了对被告方赔偿的依赖，也在一定程度上抑制出现"有钱就可保命"、"无钱只有偿命"的不正常效果。因此，需要对因被告方赔偿而对被告人予以从轻处罚进行规范，防止涉案上访激增，减少社会的"不和谐"因素，杜绝出现"穷人"、"富人"法律适用的不平等。

（五）赦免制度过于原则，没有赋予检察机关对死刑犯赦免申请权

1. 赦免的历史考察

"赦免通常是指国家对犯罪人免除或减轻刑罚的一种制度。"③ 赦免分为大赦和特赦两种，大赦是指国家对某一时期内犯有一定罪行的不特定犯罪人实行赦免的一种制度，可以使罪和刑都归于消灭；特赦是指国家对某一时期特定犯罪人实行赦免的一种制度，只赦刑不赦罪。赦免制度从纯粹政治性的角度看，其本质是一种政治需要；从刑罚人道性视角看，则体现了国家对死刑犯的人文关怀。

关于赦免制度历来就有争议，中国古代就有一些学说支持赦免在特定范围内的合理性，但更多的思想家则提出了"非赦"的观点。西方法律思想史表明，赦免的合理与否一直是学者们讨论的主题。乃至现代，关于赦免的争论仍未平息，概而言之，反对者认为，赦免否定了罪刑法定，有损法律的权威，是一种凌驾于司法制度之上的特权，不利于犯罪人的教育与改造。赞成者认为，

---

① ［日］大谷实：《刑事政策学》，黎宏译，法律出版社2000年版，第113页。

② 吴兢："'国家之手'救助犯罪被害人"，载《人民日报》2007年9月5日。

③ 高铭暄主编：《刑法学原理》（第三卷），中国人民大学出版社1992年版，第679页。

赦免对社会政治、经济和文化起调节作用，可以补充法律的不足，对僵硬的法定处罚予以补救。① 尽管存在不同认识，在现实中赦免制度却因为具有其他社会调整手段无法替代的刑事政策意义而一直为许多国家所重视，在现代，许多国家通过宪法、刑法、刑事诉讼法或者专门的赦免法予以规定。

2. 美国行政赦免制度

在美国，行政赦免（the executive clemency）制度在限制美国死刑执行中曾经起到了极其重要的作用。虽然行政赦免制度是一个行政干预司法的制度，但在 20 世纪的美国，它是刑事审判制度的有机组成部分。② 行政赦免长期以来被视为美国死刑的"安全阀（safety valve）"。③ 在行政赦免的模式上，美国联邦宪法赋予总统"批准适用缓期执行和赦免"的权力。在联邦政府中，总统拥有赦免与否的完全决定权（当然，在总统行使赦免权前，有一系列相关工作要做，这是由司法部来完成的）。38 个规定有死刑的州中每个州都有自己的赦免程序，根据该程序，州长或州的赦免委员会（clemency board）可以对死囚予以赦免。14 个州将赦免之权赋予州长一人行使，州长拥有给予或拒绝给予赦免的完全决定权。另外 24 个规定了死刑的州设有赦免委员会。其中，在 9 个州中赦免委员会在赦免与否上的立场约束了州长的决定：在没有得到该委员会的赞同的情况下，州长不得对死刑判决减刑；如果该委员会建议赦免，最后的决定权将取决于州长。另外的 9 个州也设有提出建议的赦免委员会。但在这些州中，该委员会的决定对于州长没有约束力，州长可以遵守或拒绝赦免委员会关于是否给予赦免的建议。还有 6 个州的赦免委员会本身具有作出是否给予赦免的最终决定。不过，其中 3 个州的该委员会的成员组成中，州长是其中的一员。④

赦免申请是死刑案件在死刑执行前最后的诉请，这一申请被提交给州长和（或）决定作出的委员会。据统计，从 20 世纪开始至死刑执行暂停令的发出（在 1967 年到 1976 年的"死刑暂停执行期间"，美国没有死刑的执行。其目

---

① 参见郭金霞、苗鸣宇：《大赦、特赦——中外赦免制度概观》，群众出版社 2003 年版，第 357—385 页。

② Michael A. G. Korengold, Todd A. Noteboom, Sara Gurwitch：And Justice for Few：The Collapse of the Capital Clemency System in the United States. Hamline Law Review, Winter, 1996. at 1298.

③ Kathleen Dean Moore, Pardons：Justice, Mercy and the Public Interest. 1989. at 26 – 27.

④ 参见赖早兴："中美死刑赦免制度及其比较——兼论我国死刑赦免制度之完善"，载赵秉志、邱兴隆主编：《死刑正当程序之探讨——死刑的正当程序学术研讨会文集》，中国人民公安大学出版社 2004 年版，第 221—222 页。

的是等待联邦最高法院判定死刑是否为合宪的刑罚方法。后来，联邦最高法院判定死刑合宪，1977 年美国开始恢复执行死刑），有 20% 至 25% 的死囚得到了赦免减刑。① 但从 1977 年至 2002 年，死刑案件的赦免率较 20 世纪早期低得多。从 1977 年恢复执行死刑至美国联邦最高法院在 2002 年在阿特金斯案（Atkins）（被告人 DarylRenard Atkins 于 2002 年 6 月 20 日，因绑架罪、武装抢劫罪和谋杀罪被弗吉尼亚最高法院判处死刑。但美国联邦最高法院认为对心理、智力迟钝者适用的死刑，是"残忍、异常之刑"，这被宪法第八修正案所禁止）中作出判决，美国共执行了 784 个死刑（从 1977 年恢复执行死刑至 2002 年年底，美国共执行死刑 820 例），但只有 90 个死刑犯被赦免而免于死刑。有学者认为，福尔曼案以后，尽管死刑执行率空前的高，但被赦免者的数量却下降到几乎可以忽略不计的程度。②

3. 我国赦免制度的设置和适用情况

在中国，赦免制度古已有之，包括了对死刑犯的赦免。古代赦免死刑犯已经形成了一套独特的法律制度。统治者认为，"政事不休是致灾的原因，而政事中刑狱杀人最为不祥，其中不免有冤枉不平之狱，其怨毒之气可以上达云霄，激起神的忿怒"③。《周礼·司刺》"三宥三赦之法"即有对弱、老旄、蠢愚犯法的宽免。《尚书·舜典》就有"眚灾肆赦"、"流宥五刑"的记载。随着历史演进，朝代更迭，赦免制度逐步发展，汉代、唐朝及至清末，各代封建王朝对赦免制度均有较完善的规定，只不过传统的赦免作为君王的特权，纯属统治者稳定社会的工具而已。

新中国建立后，同样设置了赦免制度。1954 年《宪法》曾规定有大赦和特赦制度，并将大赦的决定权赋予全国人大，特赦的决定权赋予全国人大常委会，大赦令和特赦令均由国家主席发布。1978 年、1982 年《宪法》均取消了大赦制度，仅保留了特赦制度。现行《宪法》第 67 条规定，全国人大常委会有权决定特赦；第 80 条规定，国家主席根据全国人大常委会的决定发布特赦令。这是我国现行法律关于特赦的概括性、原则性规定。从实践情况看，我国于 1959 年 9 月 17 日至 1975 年 3 月 17 日共进行过 7 次特赦。

1959 年 9 月 17 日对在押的确已改恶从善的蒋介石集团和伪满洲国的战争

① Hugo Adam Bedau, The Decline of Executive Clemency in Capital Cases, 18 N. Y. U. Rev. L. & Soc. Change (1990 – 91). at. 255, 262.

② 参见赖早兴："美国行政赦免制度及其对死刑执行的限制"，载《河北法学》2006 年第 4 期。

③ 瞿同祖：《中国法律与中国社会》，中华书局 1981 年版，第 155 页。

罪犯、反革命罪犯和普通刑事犯实行了特赦。此次特赦令规定：判处死刑缓期2年执行的罪犯，缓刑时间已满1年，确实有改恶从善表现的，可以减为无期徒刑或者15年以上有期徒刑。第2次、第3次特赦分别于1960年11月19日和1961年12月16日实施。这两次特赦的对象和内容完全一致，对判处死刑缓期2年执行的蒋介石集团和伪满洲国的战争罪犯，缓刑时间已满1年，确实已改恶从善的，可以减为无期徒刑或15年以上有期徒刑。第4次、第5次、第6次特赦分别于1963年3月30日、1964年12月12日和1966年3月29日实施。均规定，对蒋介石集团、伪满洲国、伪蒙疆自治政府的战争罪犯被判处死刑缓期2年执行的，缓刑时间已满1年，确实有改恶从善表现的，可以减为无期徒刑或者15年以上有期徒刑。第7次特赦于1975年3月17日实施，此次特赦令规定，对全部在押的战争罪犯，实行特赦释放，并予以公民权。自1975年以后，我国便再没有发布过特赦令。

4. 从限制死刑的角度评析我国的赦免制度

就限制死刑的趋势而言，赦免的价值应该得以肯定。第一，赦免发展到今天，彰显统治者恩德的功能已大为减弱，更多地体现出人道主义的关怀，死刑是对人生命权的剥夺，基于人道主义的赦免制度更有利于死刑适用的大幅度减少。第二，赦免制度可以救济法律规定的不足，从而减少死刑的适用。法律具有确定性、普适性。这对于法律权威的树立，使人们对法律产生信赖无疑具有积极意义。但社会复杂多变，法律的发展总是落后于社会的变化。尤其是一个大国，各地法制环境与法律文化不尽相同，同样的法律也不可能适合一切情况。死刑判决时经常遇到"法理"与"情理"矛盾的现象，其原因就在于法律规定僵硬，赦免制度的存在即可极大地克服法律规定的弊端，在很多情况下，有利于减少死刑的实际执行。第三，赦免制度可以纠正司法的错误，在一定程度上防止误杀。即使法律对死刑适用有严格的程序和规则予以控制，但司法错误的可能性是永久存在的，死刑的执行将造成错误的无法弥补，对死刑罪犯的赦免，将减少死刑错误适用发生的概率，尤其是将赦免制度与确定的法律规定相结合对错案进行监督，更有利于限制死刑。①

国际人权公约极力推动保留死刑的国家建立死刑赦免制度。联合国《公民权利公约》第6条第4款规定："任何被判处死刑的人应有权要求赦免或减刑。对一切判处死刑的案件均得给予大赦、特赦或减刑。"这一规定一方面赋

---

① 参见刘健："完善我国赦免制度简论——基于限制死刑的思考"，载赵秉志、邱兴隆主编：《死刑正当程序之探讨——死刑的正当程序学术研讨会文集》，中国人民公安大学出版社2004年版，第216页。

予被判处死刑者有要求赦免的权利；另一方面责成各缔约国政府给予被判处死刑者赦免的义务。事实上在许多国家和地区，赦免已成为减少死刑适用的重要途径。①

我国赦免制度规定极为简单，从程序和实体方面均无可以援引的具体的、可操作的法律规范，在操作上的困难恐怕也是我国赦免制度长期备而不用的原因之一。

二、死刑案件法律监督产生实体问题的原因分析

（一）法治意识还需提高

刑罚的适用，除了应当严格遵循刑事法律的基本原则、法条规定以外，必然会受刑罚适用主体——司法工作者自身刑法理念的直接影响。作为掌握生杀予夺大权的司法工作者，首先应当具有强烈的法治意识，并贯穿于刑事实体法、程序法的全过程。法治不仅是国际社会普遍接受的观念，也是国际社会普遍遵循的行为准则。法治乃法律理性的实现，司法官乃法律理性实现的最终承载者。司法工作者能否坚守法治观念，直接关系到法治目标能否实现、国民的正当权利能否得到切实的保障。英国学者米尔恩认为，"法律下的自由"、"法律至上"、"法律面前平等"这三个相互关联的特定原则共同构成"法治"这个一般原则。② 针对死刑案件，更应该充分重视"法律至上"，一切否定"法律至上"的行为都是否定法治的做法，或者说至少是法治意识淡薄的表现。正是由于法治意识存在问题，导致对"保留死刑，严格控制死刑"基本死刑政策认识不够，对宽严相济的刑事政策理解不够全面，最终导致对死刑适用的标准、死刑立即执行与死刑缓期执行的界限等把握不到位，对影响死刑适用的法定情节、酌定情节评判不统一等实体问题。特别是针对死刑案件，既要防止重罪轻判，也要防止轻罪重判，做到该严则严，当宽则宽，宽要有节，严要有度，罚当其罪。在法律规定的范围内，做到宽严合法，于法有据。

（二）人权意识还需强化

充分享有人权是人类长期以来共同追求的伟大理想和崇高目标。中国人民在中国共产党的领导下，也正在为国民享有充分的人权而努力着。2004 年 3

---

① 参见邱兴隆主编：《比较刑法》（第一卷·死刑专号），中国检察出版社 2001 年版，第 201 页。

② ［英］A. J. M. 米尔恩：《人的权利与人的多样性——人权哲学》，夏勇、张志铭译，中国大百科全书出版社 1995 年版，第 130 页。

月十届全国人大二次会议通过了宪法修正案，首次将保障人权写入宪法，这也标志着我国对人权保护的高度重视和运用法律提供保障的决心。什么是人权，如何理解人权，目前并没有统一的认识。但是，学者们一致认为，生命权是人权理念中最基本的内容。[①] 生命权有绝对生命权与相对生命权之争。贝卡利亚从自然权利学说中引出了生命权的绝对不可剥夺性。[②] 事实上，国际社会主流观念并不赞同绝对生命权的观点。《公民权利公约》已经充分表明，国际人权公约只是为了保护人权而要求严格限制并鼓励废除死刑。我国也是赞成保留死刑，但严格控制死刑，但是由于人权意识没有达到较高层次，导致出现了死刑适用的标准不明确、死刑立即执行与死刑缓期执行的界限不清楚，对影响死刑适用的法定情节、酌定情节把握不准确等实体问题。针对死刑案件，一方面，要始终不移地坚持"严打"方针，正确运用死刑这一刑罚手段，有效遏制刑事犯罪的高发态势，增强人民群众的安全感；另一方面，要克服重打击、轻保护，重实体、轻程序的错误观念，依法保障死刑案件被告人的各项诉讼权利，尊重被告人的诉讼地位和人格尊严，切实保障被告人的人权。

（三）法律本身存在不完整、可操作性不强的缺陷

"有法可依，执法必严"。只有有了全面、严谨的实体法律，才能切实保证检察机关的法律监督职能的充分发挥，才能从实体上确保案件质量。通过前文对死刑适用总标准和具体标准的评析、死刑缓期执行适用的考察和相关法定情节和酌定情节的认识，可充分看出，出现上述实体问题，与我们的立法及司法解释存在的问题不无关系。由于立法规定过于原则、概括，司法部门可能基于自身部门工作的性质甚至是"需要"，而对相关内容进行发挥。这些发挥不仅零散，缺乏系统性，也没有和谐性。同样，立法粗疏，也给执法机关留下了很大的空间，可能导致权力的滥用。

三、死刑案件法律监督实体问题的改革完善

（一）我国死刑适用总标准的重构

死刑适用是根据犯罪人的罪责而适用刑罚的司法活动，所以死刑适用必须遵守新刑法规定的罪责刑相适应原则。死刑适用标准的确立也应当遵从这一原

---

① 参见邱兴隆主编：《比较刑法》（第一卷·死刑专号），中国检察出版社 2001 年版，第 67 页。

② ［意］贝卡利亚：《论犯罪与刑罚》，黄风译，中国大百科全书出版社 1997 年版，第 45 页。

则。"在分析罪重罪轻和刑事责任大小时，不仅要看犯罪的客观社会危害性，而且要结合考虑行为人的主观恶性和人身危险性，把握罪行和犯罪各方面因素综合体现的社会危害性程度，从而确定其刑事责任程度，适用相应轻重的刑罚。"① "这里的刑事责任，作为与罪行相平行的概念，其实质就是指犯罪人的人身危险性。"② 因此，罪责刑相适应原则的实质内容，应当是以所犯罪行的轻重和犯罪人人身危险性的大小作为量刑的尺度。死刑作为最重的刑罚方法，其裁量标准更不能例外，必须是所犯罪行极其严重与人身危险性极大的统一。即一方面要求刑罚要与罪行相适应，另一方面要与刑事责任相适应，即罪责刑相适应原则要求刑罚的轻重必须与犯罪的社会危害性和犯罪人的人身危险性相适应。总之，评价犯罪人的刑事责任大小，应当综合考察犯罪行为的社会危害性，犯罪人的主观恶性和人身危险性。犯罪行为的社会危害性是客观行为的侵害性与主观意识的罪过性相结合的社会危害程度，主要包括：犯罪行为的严重程度、犯罪结果、犯罪情节、主观罪过等。主观恶性是指存在于犯罪人身上的罪前、罪中和罪后表现出来的恶劣品性，它以违反社会道德和法律秩序为基础，表现为违反社会规定的反社会品质。

应当说，我国刑法规定的死刑适用的总标准——"罪行极其严重"是有道理的，但为统一前文提到的"一要素说"、"二要素说"、"三要素说"，解决其存在的客观主义倾向、内涵不明确、不具体的问题，我们认为，应在罪责刑相适应的原则下，参考国际标准，明确其内涵和把握的方法。

1. 将"罪行极其严重"明确为"犯罪客观危害特别严重，犯罪人的主观恶性特别恶劣，且人身危险性十分突出"

客观危害特别严重，应包括犯罪性质特别严重、犯罪情节特别严重、危害后果特别严重。"犯罪人的主观恶性特别恶劣主要表现为犯罪人对刑法所保护最重要的利益持最严重的对立态度，一般表现为极端恶劣的手段或者极端卑劣的动机。人身危险性是指犯罪人再度实施犯罪行为的现实可能性。"③ 如果从犯罪人的角度考察，得不出在一般情况下完全可能再度实施犯罪的结论，就不应该属于"罪行极其严重"的范畴。只有犯罪人恶性至极，才可以死刑惩治。"客观危害特别严重"和"主观恶性特别恶劣、人身危险性十分突出"是互相

---

① 高铭暄：《新编中国刑法学》，中国人民大学出版社 1998 年版，第 24—25 页。
② 陈兴良：《刑法适用总论》，法律出版社 1999 年版，第 64—65 页；张明楷：《刑法学》（上），法律出版社 1997 年版，第 51 页。
③ 陈忠林："死刑与人权"，载赵秉志、邱兴隆主编：《死刑正当程序之探讨——死刑的正当程序学术研讨会文集》，中国人民公安大学出版社 2004 年版，第 452 页。

独立、互相统一的判断罪行是否"极其严重"的两个方面。这两个方面不能割裂，不能单独作为判断标准。只有客观危害和主观恶性均极其严重时，才可适用死刑。

2. 评判罪行是否极其严重的方法

"罪行极其严重"，不仅要明确其内涵，而且还应确定通过什么途径来评判。我们认为，可从以下几个方面来把握：（1）历史比较。所谓历史比较，就是指在评判是否属于"罪行极其严重"时，应当将正在进行评判的犯罪行为和以前被判处死刑的犯罪行为进行比较，正在进行评判的犯罪行为如果属于"罪行极其严重"，罪行的严重程度不能低于以前的犯罪行为"罪行"的严重程度。进行历史比较的目的，主要是防止对死刑适用标准的随意降低，应当维持刑法死刑适用标准的前后统一，特别是不能以形势所需为借口，降低死刑的适用标准。（2）地区比较。所谓地区比较，就是指在判断是否属于"罪行极其严重"时，应当结合我国刑法管辖范围内其他地区判断"罪行极其严重"的各项条件（也就是对各地区死刑适用标准的比较），以确保全国范围内衡量"罪行极其严重"各种条件的统一和保持地区间刑事司法的均衡。（3）同案中数个被告人之间的比较。在共同犯罪中，应当将该数个被告人的罪行进行比较，只有对最重要的主犯适用死刑立即执行。（4）同种罪不同个案之间的比较。各地法院，应当将同时决定适用死刑的同种犯罪的不同个案进行比较，以确保适用死刑的案件，其社会危害是最为严重的。[①]

3. 引入有限死刑判例制度，严格死刑标准

刑事判例和刑事司法解释同样都属于刑法适用解释，区别之处在于，前者是针对个案的解释，具有个案针对性；后者是规范性司法解释，具有普遍适用性。关于判例的地位和作用，英美法系自不待言，大陆法系也日益重视判例法的渊源性。在德国和法国，其司法实践中都存在着"先例"，并且相当严格地遵守着这些先例，而在日本，其《裁判所法》第4条中更是明确规定：上级裁判所作出的判断，对下级裁判所在审理相关案件时具有拘束力。[②] 在我国，早在殷商时期就有"有咎比于罚"的原则，即有了罪过，比照对同类罪过进行处罚的先例来处理。[③] 北洋政府时期，由于既没有大规模立法，也不沿用清末法律，所以当时的大理院创制了大量判例，成为各级法院处理案件必须遵循

---

① 参见范登峰："对我国死刑适用标准的反思和重构"，载《西南政法大学学报》2004年第6期。

② 梁淑芳：《略论限制量刑自由裁量权》，湘潭大学硕士论文，第36—37页。

③ 武树臣：《中国传统法律文化》，北京大学出版社1994年版，第168页。

的"先例"。《法院编制法》明文规定，"凡大理院所作出之判词，都具有法律效力，下级法院不得争论"。① 针对死刑案件，我们认为，引入判例制度，可以弥补立法和司法解释简洁、笼统、可操作性差的不足，较好地解决作为定罪量刑的刑法一般规范与具体个案之间的鸿沟，有利于统一全国的死刑执法，严格死刑标准，有利于限制适用死刑，真正贯彻"少杀"、"慎杀"的刑事政策。但应注意以下两点：一是所适用的判例必须是由最高人民法院发布，只有这样，才能维护案例的权威性和法律的统一性。二是我国成文法是法律的基本渊源，法律原则和法律规范在成文法中已经规定出来，因此，判例在我国主要是通过对具体案件的处理，来对法律规范起一种补漏与具体化的作用。因而，其内容不得与现行刑法的内容和原则相违背，不具有创制法律的功能。

（二）我国死刑适用具体标准的矫正

我们认为，刑法分则在对死刑适用标准具体化时，必须以刑法总则规定的死刑适用标准——"罪行极其严重"——为指导，而且应当对"罪行极其严重"作限制性的理解，这样才能保证刑法分则中的死刑适用具体标准与刑法总则规定的死刑适用的总标准保持统一性，才能克服死刑适用具体标准要求过低的不足，才能实现死刑适用具体标准之间的平衡。有鉴于此，对我国刑法分则中的死刑适用具体标准进行矫正时，要遵从的原则是：（1）严格遵守罪刑相适应原则，在分析罪重罪轻和刑事责任大小时，不仅要考虑犯罪的客观社会危害性，而且要结合考虑行为人的主观恶性和人身危险性，把握罪行和犯罪各方面因素综合体现的社会危害性程度。（2）务必以"罪行极其严重"为统一指导，综合考虑犯罪客观危害结果，犯罪人的主观恶性、人身危险性等因素。（3）坚持死刑适用具体标准尽量明确化、具体化，尽可能排除抽象性、模糊性的适用标准。只有这样才能适当约束法官的自由裁量权，防止死刑适用的随意性和不确定性。原则上拒绝"情节严重或情节特别严重"、"数额巨大或数额特别巨大"、"严重后果"等抽象性、模糊性适用标准，废除现行刑法中的"情节型标准"，对死刑适用具体标准尽量明确化。（4）坚持相对独立型死刑适用标准，尽可能避免混合型适用标准。混合型死刑适用标准的最大不足在于将死刑、无期徒刑、有期徒刑的适用标准混为一体，将死刑适用标准模糊化，授予法官过大的自由裁量权，在刑罚适用过程中稍有不慎就会造成死刑的滥用。

---

① 董白皋：《司法解释论》，中国政法大学出版社 1999 年版，第 338 页。

（三）我国死刑缓期执行适用的条件

如前文所述，由于死缓适用的"不是必须执行"标准缺乏客观性和可操作性，导致在司法实践中死缓适用相当混乱。我们认为，在"保留死刑，严格控制死刑"基本死刑政策和宽严相济刑事政策的指导下，结合司法实践，应从以下几个方面来把握：

首先，确定被告人是否应当判处死刑。犯罪人罪该判处死刑，这是死缓适用的前提条件，如果犯罪人的罪责达不到这种程度，就谈不上死缓的适用。我们应当注意的是，犯罪人的罪行可能极其严重，但综合其主观恶性和人身危险性之后，犯罪人不属于罪该处死之列，这种情况下就应当排除死刑的适用。此时应充分考虑犯罪人的从轻情节，不能将原本可以作为排除死刑适用的从轻情节，错误地作为决定死缓适用的情节来适用。

其次，从社会危害性和从宽情节两个方面来把握是否"必须立即执行"。在评判时，我们一定要抛弃"重法定从轻情节，轻酌定从轻情节；重罪中情节，轻罪前、罪后情节；重反映社会危害性的情节，轻反映人身危险性的情节"的司法观念，全面对从严、从宽情节进行综合平衡。对于危害程度达到不可宽恕的地步的，即使有从宽的要素，也要充分考虑维护社会稳定的实际需要，充分考虑社会和公众的接受程度，必须判处死刑立即执行的，坚决依法判处死刑立即执行。如"渝湘鄂张君团伙抢劫杀人案"中张君等人残害 28 人；"渝云贵叶永华抢劫杀害出租车司机案"中叶永华等人残酷杀害出租车驾驶员 15 人；"南京汤山投毒案"陈正平投毒致死 42 人等。

从长期的司法实践经验来看，结合判处死刑涉及罪名较集中的故意杀人罪、故意伤害罪、毒品犯罪，属于"不是必须立即执行"的特殊从宽情节，主要有以下几种情况：

1. 对具有下列情形的罪行极其严重的被告人，可以酌情考虑判处死刑缓期执行

比如：具有法定可以从轻处罚情节的；犯罪时刚满 18 周岁或者已满 70 周岁的；犯罪时怀孕在采取强制措施前流产或引产的妇女，哺乳期的妇女；犯罪后具有积极抢救被害人、积极减小危害后果等真诚悔罪表现的；被告人及其亲属积极赔偿被害方损失且被害方对被告人表示谅解的；多个主犯中罪行最严重的主犯被判处死刑立即执行，其他罪行相对较轻的主犯；共同犯罪人责任不清的；共同犯罪人作用、地位相当，责任相对分散的；主犯在逃，有证据证明被告人的作用次于在逃犯或者在案证据难以证明在案的被告人是起最主要作用的主犯的；对在案的被告人适用死刑立即执行可能影响对在逃的同案人定罪量刑的。

2. 对具有下列情形仅致一人死亡的故意杀人犯罪，一般可不判处被告人死刑立即执行

比如：间接故意杀人的；因婚姻、家庭、邻里以及山林、水流、田地纠纷等民间矛盾激化而杀人的；被害人一方有明显过错或者对矛盾激化负有主要责任的；基于义愤、大义灭亲或不堪忍受被害人压迫欺凌的；临时起意、醉酒的人杀人的；犯罪前表现良好，犯罪后认罪较好，有救助被害人表现的；被告人亲属协助司法机关抓获被告人的；被告人主动归案的；共同犯罪的被告人被抓获后，坦白交代全案，对侦破案件和抓获同案犯有价值的；被害人的死亡与被告人的行为有直接关系，但有救治不当等因素介入的；犯罪动机、情节、手段、后果一般的等。

3. 对具有下列情形的故意伤害犯罪，一般可不判处被告人死刑立即执行

比如：因婚姻、家庭、邻里以及山林、水流、田地纠纷等民间矛盾激化引发的；被害人有过错或者对矛盾激化负有责任的；因生活琐事发生斗殴的；临时起意的；义愤、激情伤人的等。

4. 对具有下列情形的被告人，一般可不判处死刑立即执行

（1）对海洛因、甲基苯丙胺、鸦片以外的其他种类的毒品犯罪，即使数量大、情节特别严重的。（2）对于尚无量刑数量标准或者毒效难以确定的新类型毒品案件。（3）对虽达到适用死刑的数量标准，但具有以下具体情节的：毒品犯罪数量刚达到死刑数量标准，但系偶犯或者初犯的；查获时已卖出的毒品尚未达到死刑数量标准，加上查获的尚未卖出的毒品犯罪数量刚达到死刑数量标准的；公安机关已查获的毒品犯罪数量尚未达到死刑数量标准，被告人到案后又主动坦白公安机关尚未掌握的毒品犯罪事实，累计数量超过死刑标准的；制造毒品尚未制造出成品的；共同犯罪总额达到死刑数量标准，但各被告人作用、地位相当，责任比较分散的；家庭成员共同实施毒品犯罪，对其中起最主要作用的成员判处死刑立即执行，其地位、作用相对较小的；受指使或者受雇佣参与毒品犯罪活动的主犯，作用相对较小的；以贩养吸的被告人，被查获的毒品数量刚达到死刑数量标准的。（4）运输毒品犯罪的被告人运输的毒品数量即使达到了判处死刑的标准，具有下列情形的：受指使、受雇佣或者被诱骗而偶尔运输毒品的；推定为明知是毒品而运输的；运输毒品的偶犯、初犯。（5）掺假毒品具有下列情形的：对查获的毒品，有证据表明大量掺假，经鉴定查明毒品含量极少；因故不能进行鉴定，无法排除大量掺假可能的；对掺假后毒品数量才达到死刑数量标准的。（6）毒品案件中特情引诱犯罪具有下列情形的：有证据证明存在犯意引诱的；有证据证明存在数量引诱的；有证据表明可能存在犯意引诱或者数量引诱且疑点无法排除的。

（四）自首、"帮助立功"与死刑适用

1. 自首与死刑适用

一般情况下，自首表明犯罪人的人身危险性较小，具体表现在：客观上，犯罪人的自动归案使犯罪所引发的社会不安和心理恐惧等负面影响得以缓解。主观上，犯罪人能够自动投案，如实供述自己所犯罪行，表明其对犯罪行为作出形式上的自我否定，和社会对立态度降低，并发生从对抗法律到皈依法律的嬗变，反映出正常的规范意识在犯罪人的价值观里是可以修复和重建的。犯罪人在一定程度上具备了矫正的主观基础，至少说明其反社会的人格还没有到冥顽不化、坚不可摧的程度。较小的人身危险性正是法律对自首犯从宽处罚的依据。[①]

关于自首的本质，理论上向来有争议，有观点认为自首的本质是悔罪，主流的看法认为自首的本质是犯罪人自动承担刑事责任。我们认为主流的看法是正确的，首先，在通常的情况下，犯罪人总是被动地接受司法机关的追诉，而自首是犯罪人主动提请司法机关追诉其所犯的罪行，这才是自首不同于其他行为的本质所在。其次，功利主义大师边沁认为，求乐避苦原则是人性的根本，快乐是人们一切行为的依据，"对某行为的肯定或否定，取决于该行为是否具有增进涉及切身利益的当事人的幸福，或者说，是以能否促进幸福来评价行为"[②]。司法实践中，很多犯罪人选择自首主要是希望换得从轻处罚，纯属趋利避害的权衡。最后，最高人民法院《关于处理自首和立功具体应用法律若干问题的解释》对自动投案的成立作了宽松的把握，如并非出于犯罪人主动，而是经亲友规劝、陪同投案的，或者亲友主动报案后，将犯罪人送去投案的，也应当视为自动投案。可见，只要具备自动投案、如实供述的形式要件即成立自首，没有要求犯罪人在主观动机与以上行为保持一致，并非出于悔罪的其他动机所支配下的自首，同样被认可。一般来说，犯罪人犯罪后的心理态度有好坏两类。好的心理态度可分为认罪、悔罪和赎罪三种。它们分属三个不同的层次，每个层次之间呈递进式关系。认罪是悔罪的前提，但认罪并不等于悔罪。自首与悔罪心理无必然联系，它只要求犯罪人在认识自己犯罪行为的违法性和应受惩罚性的基础上，产生认罪的心理。

---

① 我们认为，自首从宽还有一个功利的依据：降低司法成本、提高诉讼效益。此外，认为社会危害性减少是自首从宽处罚的依据的观点不妥，作为构成要件的客观危害，是一个既定的量，它随犯罪的既遂而同步呈现并被法律作静止性评价，包括自首在内的犯后行为都不可能使之增加或减少。

② 马克昌：《近代西方刑法学说史略》，中国检察出版社1996年版，第55页。

刑法规定，对于自首的犯罪分子，可以从轻或减轻处罚。悔罪虽然不是自首的本质，却是检测犯罪人人身危险性的重要标尺，因而，对罪行极其严重的自首犯罪人来说，是否悔罪及悔罪程度大小，是司法机关是否对其适用死刑的决定性因素。我们根据不同的投案态度和动机，对自首作了不同的分类，在此基础上审查死刑是否应当适用。

第一种是悔罪、赎罪型的自首。在自首之前，犯罪人的内心一般都有一个复杂的矛盾斗争过程，斗争的一方是因自首造成的忧虑，如会领受刑罚之苦，遭到社会责难、歧视，丧失既有的社会地位、名誉、财产、家庭等，另一方是因逃避造成的不安，如对罪行败露的恐惧，对被害人、家人的负罪感，对犯罪过程挥之不去的记忆、良心上的自我谴责等，两种势力持续交织、冲突，让犯罪人饱受精神折磨，最终后者战胜前者，促使犯罪人选择自首，求得解脱，这种因人性感召自主选择的自首，就是在悔罪、赎罪心理支配下进行的，它表明犯罪人的人身危险性较小，其反社会的人格特征已经在一定程度上得到自我矫正，可以预见犯罪人通常不会再次危害社会，即使所犯罪行极其严重，应当尽可能考虑对其从轻处罚。

如何认定犯罪人自首是出于悔罪心理，我们除了审查犯罪人是否有明确的表述（如当庭对被害人或其亲属表示忏悔）外，还要综合考虑犯罪后是否有施救行为、是否在短期内归案、是否完整供述犯罪事实、是否翻供、是否积极努力赔偿等方面作评判。另外，此类自首常见于过失犯罪或间接故意犯罪中，而直接故意犯罪中的犯罪人一般很难自发产生悔罪心理，故罪过形式对作出正确判断也有帮助。

第二种是被迫型的自首。犯罪人本身并无自首的意愿，系迫于外界压力而自首。如本人不自愿，但被亲人送去司法机关投案，或者在畏罪潜逃被通缉、追捕期间，由于缺钱少粮、孤立无援而在走投无路的情况下才主动归案。在这些情况下，投案人对其行为的危害性往往并无真正的反省和自我否定，其人身危险性并没因为自首而明显降低。

对投案者"是否出于被迫"的判断，可以将其投案时间作为一项依据。怀有这种心理的犯罪人大多不是在犯罪后就自动地投案自首，而是在较长一段时间之后，或者是在其犯罪事实已被司法机关发觉后，迫于客观情势对其带来的巨大压力，不得已才作出投案行为的。除了投案时间之外，其在投案时的态度等也是反映其是否存在被迫心理的重要方面。

第三种是功利型的自首。犯罪人在形式上主动投案，或者如实供述罪行，但其动机是希望以此换得从宽处罚的结果，实质上是把自首用做规避法律惩罚的手段。在司法实践中，这种类型的自首最为常见，如亲人送去自首的情形。

第四种是供小瞒大型的自首。它是指犯罪人在犯罪后迫于社会严厉打击犯罪之情势，自首一部分轻微罪行而隐瞒重罪行，以转移注意力，企图以此蒙混过关，逃避因另一部分可能更为严重的罪行而遭致的惩罚。

第五种是预谋型的自首。有些犯罪分子了解刑法中关于自首制度的规定，作案前就预谋在犯罪后自首，妄图钻法律的空子以从轻、减轻或免除处罚。

在后三种类型中，自首已经异化为犯罪人可资利用的手段，成为他们规避法律的武器，特别是后两种自首，它们折射出的不是犯罪人的人身危险性减少，而是增加。如果对这样的自首也作从轻处罚，显然与罪责刑一致的原则不符，不但让刑罚期待的预防目的付之东流，反而滋长犯罪人的侥幸心理，弱化刑罚对他们的威慑功能，从而极大地增强了再犯的可能。

在死刑案件审判监督中，我们对自首采取了"宽进严出"的态度，即只要犯罪人的行为符合司法解释规定的形式要件，就认定其具有自首情节，但在考虑是否从轻、减轻处罚时，作从严把握：对基于恶意动机投案的，不予从轻，如某直辖市检察院办理的程某某故意杀人案，犯罪人程某某长期不遵守工作纪律，被车间主任、被害人杨某按规定多次扣奖金，由此产生报复恶念，其预谋将杨某杀死后立即自首以确保不被判处死刑，一天，程某得知又被扣奖金后，即持刀窜至公司厂房，连续数刀将杨某杀死，杀人后当即前往公安机关，途中被抓获。一审判决以其作案前准备自首、作案后在自首途中被抓获，自首成立为由，对其从轻判处死缓。检察院审查后认为其自首纯属规避法律的恶意之举，不能据此降低评价其人身危险性，一审判决作出从轻处罚不当，并依法提出抗诉。

2. 帮助立功与死刑的适用

如前文所述，帮助立功的方式具有多样性，且是否认定为立功也有分歧。那么，即使认定为立功，针对不同情况是否从宽处罚，我们认为，也要具体案件具体分析。是否从宽并不完全由立功情节本身决定，还要受犯罪情节等因素的影响与制约，也就是说立功情节具有二重性，即独立性与依附性。所谓立功的独立性，是指立功情节独立于其他情节之外而单独存在，并可根据立功的情节决定刑罚的轻重。而立功的依附性，是指对立功的从轻、减轻或免除处罚，并不完全由立功情节自身决定，还要依附于犯罪事实。因此，具有立功情节是否从宽处罚，一要根据犯罪事实；二要考虑具体的立功情节。

（1）关于犯罪事实对具有立功情节的犯罪人的量刑影响问题。犯罪一旦发生，犯罪便成为客观存在了，犯罪人的检举立功行为虽然可以协助国家对其他犯罪人的打击，但其犯罪事实给国家和人民造成的损害，却不会随着立功行为的出现而消失，因此，对立功的犯罪分子量刑时，与其他犯罪分子量刑一样，仍要以犯罪事实作为确定刑罚的主要根据。最后判处的刑罚的轻重，主要取决于罪行的大小。如果片面强调立功情节，不分罪行轻重一律轻判，那就是本末倒置了。我们认为，决定是否对立功者从宽时，一是应将立功者功与罪进行比较。如果所立之功大于所犯之罪，应当从宽；如果功罪基本相抵，也可以从宽；但如果功不抵罪，可以不从宽。如前文提到的"危害程度达到不可宽恕的地步的"，即使有一般立功情节也可不予从宽。二是要将立功者立功行为的社会价值与所犯罪行进行比较。如果立功行为带来的社会价值大，比如重特大案件告破，科研生产等重大突破，舍己救人引起社会强烈反响等，可以从宽，并可考虑较大幅度的从宽；如果价值较小或者一般，可以不予从宽或较小幅度的从宽。

（2）关于具体的立功情节对犯罪人的量刑影响问题。对立功的犯罪人的处罚，在以犯罪事实为根据的基础上，考虑立功情节，以决定对立功犯是否从宽以及从宽的幅度。立功情节主要包括以下几个方面：一是立功者的悔罪态度。悔罪态度的好坏，直接反映出立功行为的根本性质，如果犯罪之后认罪伏法，立志悔改，则立功行为就是行为人立功赎罪的真诚表现；反之，若犯罪之后拒不认罪，否认抵赖，或者避重就轻，企图逃避法律的严厉制裁，则其"立功"行为就极有可能是投机钻营，妄图通过"立功"获得从宽。因此，如果悔罪态度较好又有立功表现，可以综合其他情节考虑从宽，否则，可不从宽或在从宽的幅度上予以减少。二是立功的方式。立功的方式不同，表明了外在客观因素对立功人所起作用的差异，从而也表明了立功人对自己所犯罪行的悔悟程度。如前文所述的同舍人员协议帮助立功，这类立功虽在法律上未受到限制，但由于其属于动机不纯的串通立功，故法官对其考量从宽的幅度时可以与其他立功相区别。又如对于自行提供线索立功与其亲属或辩护律师向其提供立功线索帮助立功的行为之间有所不同，在量刑时，前者比后者更易获得从轻、减轻或免除处罚，获得的从宽幅度相应地要大。

（五）被害人过错与死刑适用

被害人过错的有无、过错的程度等影响着对被告人刑罚裁量的轻重，在死刑案件中尤其关系到被告人的生与死。认真考量被害人的过错往往对死刑适用的正确与否起着决定性作用。根据司法实践经验，我们认为，应从以下两个方面来把握。

1. 被害人过错的认定

对被害人过错的认定应紧密结合前文提到的被害人过错的三个特征进行。同时，我们认为，还必须结合被害人和被告人的生活环境进行考量。就过错产生的实际情况看，过错的产生与走上犯罪道路是一个从量变到质变的发展过程，其主观心理具有前后的联系性。一般而言，被害人平时表现较差的，发生"过错"情况的可能性就大，其程度也会较重，对犯罪发生的影响力也就较大；而被告人平时表现较差的，则因缺少正常的抑制能力和是非观念，极易对他人的过错产生强烈的报复心理，从而导致犯罪的发生。目前，由于我国司法机关对被害人过错的重视程度还不够，客观上对被害人死亡或严重残疾的严重后果充分注意，而对被害人的过错容易忽视。侦查机关在收集证据时，也通常都把重点放在对犯罪证据的收集上，往往忽略对被害人过错证据的收集。我们认为，对于认定被害人是否有过错这一事实，其证明标准应当确立在"证据确实、充分"，但同时坚持"存疑有利被告人"的原则。在具体认定时，不仅要考虑被告人的供述，还要综合全案证据，考虑是否有其他证人证言、被害人陈述或者相关鉴定结论等证据能予以佐证。一般情况下，如果仅有被告人的供述，没有其他证据佐证，原则上不能认定，但根据被告人、被害人在案件整个过程中表现出来的行为，通过合理的推定可以相信被告人所作的被害人有过错的供述有相当的合理性的，也可认定被害人过错的存在。在认定被害人过错的证据未具完全的排他性，个别证据存疑时，应采取"事实存疑有利于被告人"的原则，确认存在被害人过错，对被告人作出从宽的裁判。

2. 准确把握被害人过错的大小与死刑适用的关系

结合前文论述的被害人过错的分类，依据《纪要》的文件精神，我们认为，被害人的过错可分为"严重的被害人过错"、"明显的被害人过错"、"激化矛盾的被害人过错"、"较小的被害人过错"。（1）"严重的被害人过错"以被害人积极实施严重违法犯罪活动主动制造冲突为起因。由于被害人过错十分明显，所以这一类被害人过错比较容易认定。在死刑案件中，如果查明被害人存在严重的过错，原则上就排除死刑的适用；但如果其"危害程度达到不可宽恕的地步的"，也可以考虑适用死刑。（2）"明显的被害人过错"以被害人主动实施严重不道德或者违法行为引起犯罪行为发生，被害人的过错对犯罪的发生起了较大的促进作用，即如果没有被害人的先行行为，被告人的犯罪就不可能发生。在死刑案件中，如果有明显的被害人过错情节，那么原则上不能适用死刑立即执行；但是如果其"危害程度达到不可宽恕的地步的"或者被告人心理变态，对过错的反应过度敏感，犯罪的主动性较大的，也可以考虑适用死刑立即执行。（3）"激化矛盾的被害人过错"往往由于被害人与被告人双方的不当行为对引起犯罪发生都有一定的过错，加之其责任的过错不如明显的被害人过错那样的明显，所以其认定比较复杂。《纪要》中提出"被害人对矛盾激化负有直接责任"，这里的"责任"一词当有两层意思：一是被害人的行为与矛盾激化的后果有直接因果关系，二是被害人的行为有过错。所以，如果第一层次"升级"到第二层次的原因与被害人的过错行为紧密相关，直接引发犯罪行为人的侵害行为，就具备对被告人酌情从轻处罚的条件。在死刑案件中，"激化矛盾的被害人过错"情节原则上也可以起到阻却死刑立即执行的适用，但是它的力度要弱于"明显的被害人过错"情节。（4）"较小的被害人过错"可能诱发或者引起犯罪，对犯罪的发生起了一定的积极作用。但是这种过错与加害行为的发生没有必然的因果关系，对加害行为的发生的促进作用也不大，所以一般情况下其对刑罚裁量的影响力较小。①

（六）被告方积极赔偿与死刑适用

在被告方积极赔偿被害方后，人民法院基于被害方的宽恕与谅解情绪而对被告人进行从轻改判，不仅符合死刑政策，也在一定程度上维护了被害人的利益，体现了宽严相济的刑事政策。我们认为，基于赔偿而从轻改判应当具有一定限度，受到一定限制，从而防止和杜绝出现"被告方赔偿就对被告人从宽处罚"的倾向。这种限制既包括诉讼程序上的，也包括实体上的。

1. 实体方面

（1）应当强调被害人或者其亲属的自愿性。我国《刑事诉讼法》第 77 条第 1 款规定，被害人由于被告人的犯罪行为而遭受物质损失的，在刑事诉讼过程中，有权提起附带民事诉讼。该规定明确了提起附带民事诉讼要求被告人赔偿物质损失是被害人的一种诉讼权利，而非义务，故其必然具有自愿性。并且，被害人或者其亲属总是犯罪后果的最直接的承受者，其有权强烈要求处死被告人，也有权在接受了被告方的赔偿后，表示愿意宽恕被告人。在死刑案件中，被害方出于自愿接受"被告方赔偿"，是对被告人从轻处罚的前提。如果在赔偿过程中，被害人或者其亲属的意志受到司法暗示或一定程度上的法外威胁、强制，存在"以判压调"、"以压促调"等情形，即使达成协议，也只会增加不稳定因素，会制造新的社会矛盾，其结果也将适得其反。

（2）应当查明被告人认罪态度好，再度实施犯罪行为的现实可能性很小。被告人如实供述自己的犯罪事实，反映了他的悔罪心理，表明其能够认识到自己的人身危险性和犯罪行为的社会危害性。如果被告人对自己的犯罪行为不如实供述，那就根本谈不上悔罪，同时也表明其社会危害性程度和人身危险性大小并未降低，对其从轻处罚不符合我国的刑法原则。在查明被告人认罪态度好的同时，还应对其再度实施犯罪行为的现实可能性作一判断。如果从行为人的角度考察，可以得出完全可能再度实施犯罪的结论，即使其赔偿也不能对其从

---

① 参见任志中：《死刑适用问题研究》，吉林大学法学院博士论文，第 206—208 页。

轻处罚。

（3）应当注意审查及确认赔偿是否真正实现。只有达到一定的赔偿度才能对被害人或者其亲属起到一定的精神抚慰及物质补偿作用，才能防止人为因素的暗箱操作而导致司法不公，确保刑事司法的公正合理。对从轻处罚的赔偿额可以参照我国民事法律的规定，被告人应当赔偿的金额，同时还应结合当地社会经济发展的实际情况来综合确定，充分体现区别对待原则。对于贫者可能倾其所有负债累累，对富者却无关痛痒。因此，如果不考虑犯罪人的支付能力，而将犯罪人的刑事责任搁置一边，这首先就难以实现刑罚的预防犯罪的功能，难以符合刑罚的个别化要求，因此，一方面，可以从其支付能力来考察其主动性，支付能力较弱而能赔偿损失，则说明其主动挽回损失的程度更高；另一方面，从被害人的实际状况来考察其恢复性，紧迫状态下说明其诚意更大。应综合考虑全案以及被害人的经济状况和犯罪嫌疑人的支付能力，以符合我国对犯罪分子适用刑罚的目的，与我国刑事立法精神以及有关的刑事政策相一致。不能一味追求赔偿额，而置被告方基本生活保障于不顾。如被告方因为赔偿而倾家荡产、负债累累，这与宽严相济的刑事政策不符，也会增加社会的不和谐。

（4）应当注重法律效果与社会效果的统一。法院的判决必须考虑社会稳定、经济发展的问题，而不应为了追求一个法律价值而不顾其他社会价值。"法官在司法过程中必须统筹考虑，权衡利弊，在原则性与灵活性之间寻找有机的平衡。"[1] "社会效果是法律效果的内在底蕴，它高于法律效果，对法律效果具有优先性。"[2] 在死刑案件中，虽然应承认被害人与被告人之间的个人利益的冲突，但是国家与犯罪人之间的冲突仍然是主要矛盾。为了实现司法的公正和刑罚的威慑功能，被害方接受了被告方的赔偿后表示宽恕谅解而对被告人从轻判处，也只能限定在一定的范围内。对那些罪行极其严重，性质极其恶劣，社会危害极大，必须判处死刑立即执行的犯罪分子，也不能因为赔偿了被害方的物质损失，就不判处死刑立即执行，以避免造成负面社会效果。

（5）应当注意赔偿情节与其他从宽处罚情节竞合时的死刑适用。在死刑案件中，除了民事赔偿之外，被告人可能还有其他从宽处罚情节，如自首、立功、被害人过错等。从司法实践来看，需要重视的是赔偿情节与自首、立功、被害人过错等分别竞合或交叉竞合的情形。我们认为，被告人具有此类"应

---

① 肖扬："挑战与改革"，载《中国司法》2005 年第 1 期。

② 杜月秋："论裁判的正当性基础——以法律效果和社会效果的相互关系为视角"，载《法学论坛》2007 年第 3 期。

当型"法定从宽处罚情节同时又积极赔偿时，应当不能适用死刑；被告人具有此类"可以型"法定与酌定从宽处罚情节同时又积极赔偿时，原则上不能适用死刑，但并不绝对排斥死刑的适用。

2. 程序方面

（1）应当对赔偿的时间作一定限制，可以考虑将此时间规定在二审法院决定开庭审理之前。目前，由于法律未对此进行限制，被告人在二审庭审以后，任何时候均可以进行赔偿，这当然有利于发挥赔偿制度的价值，充分保障被害人的权益。然而，由于在二审庭审以后进行的赔偿，法院一般没有组织再次开庭审理，这样不利于检察机关履行法律监督职责，不利于司法的公开、公正性价值的实现。因此，可对赔偿时间进行适当限制，从而杜绝被告人（上诉人）在失去有效监督的诉讼环节中进行赔偿，也使刑事附带民事诉讼更为公正透明。

（2）相关赔偿的证据应当进行质证。据统计，某直辖市高级人民法院2006年度因被告方积极赔偿而改判为死刑缓期执行的7件案件中，7件案件被告方赔偿被害方的相关证据均没有质证，两件案件没有载明实际赔偿数额，却认定"积极赔偿被害人亲属的经济损失"。对于相关赔偿的证据，可以设计由辩护人进行举示的规则。在审判长的主持下，由公诉人（一审）或检察员（二审）对此证据进行质证，以体现刑事诉讼的公正性。虽然这部分证据是民事诉讼的证据，但其同时也是影响被告人（上诉人）刑事量刑的重要证据，故检察机关对此部分证据通过庭审质证的方式介入，并非是对法院审判权的干涉。相反，这一举措有利于检察机关全面履行法律监督职责，也有利于维护被害人的诉讼权利。

（3）赔偿事实以及相关证据应当载明在裁判文书中。将这部分事实、证据予以载明，是审判公开原则的要求，有利于当事人及诉讼外公民对法院量刑是否适当的审视，有利于对宽严相济刑事政策的宣传贯彻，也有利于促进司法的公正。

（七）我国死刑赦免制度的完善

"公平正义不等于刑罚，完美的公平正义一定伴随着赦免，赦免是法律的一部分。换句话说没有赦免制度的死刑制度，一定是不完善的。"① 完善我国赦免制度，一方面是《公民权利公约》的要求，是我国立法者的义务；另一

---

① 蒋兰香、李昀："死刑赦免制度构建的必要性和可行性分析"，载《时代法学》2007年第5期。

方面也是我国进一步加强人权法律保护的重要内容。我们以为,可以从以下几个方面对我国赦免制度加以完善。

　　一是建立系统的赦免程序。具体应包括赦免启动程序和审议程序。二是明确死刑犯的申请赦免权、检察官的赦免申请权。根据我国的政治体制和司法状况,赦免权仍应坚持由全国人民代表大会、全国人民代表大会常务委员会和国家主席结合行使。同时,应明确赋予死刑犯的赦免申请权,并借鉴其他国家之经验,将特赦之申请权授予检察机关,由具体担负死刑案件公诉职责的检察官提出。三是宽泛赦免对象。从我国曾经实施的几次特赦看,我国死刑犯之赦免是基于其确实改恶从善。我们认为,改恶从善当然应当作为死刑犯赦免之理由,但赦免的理由不应当仅仅限于这一方面。我们认为可以将下列因素作为死刑犯赦免的原因:(1)被告人因丧失心理能力、智力迟钝等失去理性行为的能力;(2)检察官明确地要求;(3)在犯有同样罪行的同案犯中刑罚不平等或完全不相称;(4)行为人在等待死刑执行时改过自新;(5)从道德的角度看,死刑是不公正的;(6)审判不公正;等等。四是延长等待死刑执行的时间。历次的赦免都是针对被判死刑缓期二年执行者,对于被判处死刑立即执行的犯罪分子,从判决宣告到死刑核准完毕以执行死刑,其间的时间间隔较短。在短时间内,被告人要获得赦免是极为困难的。对此,可借鉴国外的做法,延长死刑犯等待死刑执行的时间。①

---

　　①　在美国,死刑犯等待死刑执行的时间通常比较长,有时长达十余年,有时甚至长达近20年。在此期间,死刑犯有相对充足的时间走完赦免所需的程序。

第七章
死刑案件证据法律监督

　　在刑事诉讼活动中，证据是"无言的裁判者"，无论控诉方、辩护方还是法官，都必须以证据为基础提出自己的主张、论证自己的观点。证据是认定案件事实的基础，是保证案件质量的关键。刑法实现是指总体上实现刑法的目的和任务，即打击犯罪和保护国家、社会和公民的权益，具体上，达到对具体犯罪的惩治。刑法所规定的具体犯罪的构成是依赖于确实、充分的证据证实的，没有足够的证据，任何犯罪的构成都是不可证明的。当然，刑事证据制度作为刑事诉讼制度的灵魂，是整个刑事诉讼活动的基础与核心，同时也是体现司法公正的必要条件。针对死刑案件，证据本身及证据制度又显得尤为重要。人民检察院作为法律监督机关，在死刑的适用方面发挥着不可或缺的重要作用，同样，在严把证据的客观性、关联性和合法性，坚持严格地适用死刑证据标准，健全证据制度，确保死刑案件质量，防止错杀、冤杀等方面，也起到至关重要的作用。

一、死刑案件法律监督存在的主要证据问题

　　（一）死刑案件"证明标准"偏低，影响检察机关法律监督的质量、效果

　　1. 刑事证明标准的国外考察

　　刑事证明标准又称证明要求、证明任务，是指在刑事诉讼中承

担证明责任的诉讼主体即控诉人提供证据对案件事实加以证明所要达到法律规定的程度。在诉讼中，如果待证事实的证明没有达到证明标准时，则该待证事实就处于真伪不明的状态。证据已达到证明标准时，法院就应当以该事实作为裁判的依据。西方两大法系国家对刑事证明标准有两种表述：大陆法系国家对刑事证明标准的表述是"内心确信"、"高度的盖然性"；而英美法系国家对刑事证明标准的表述是"排除合理怀疑"。

"内心确信"的证明标准最早是由法国确立的，法国1808年刑事诉讼法第342条规定，法律要求陪审员掌握的判断证据和事实的全部尺度一言以蔽之："你们是真诚的确信吗？"法国1957年刑事诉讼法第304条规定：陪审官应以"诚实自由的人们所应有的公平与严正，根据指控证据和辩护理由，凭借自己的良心和确信作出判断"。① 德国刑事诉讼法于1877年采用自由心证原则后通过帝国裁判所的判例逐渐形成了"高度盖然性"（或称"紧邻确实性的盖然性"）的标准，即有罪认定的作出除要求法官的诚实、良心和基于此而产生有罪的内心确信外，还要求通过证据在量和质上的积累而使要证事实达到客观的"高度盖然性"。② 大陆法系国家将心证划分成四个等级：微弱的心证、盖然的心证、盖然的确实心证、必然的确实心证。有罪判决的证明标准为"必然的确实心证"，这种证明标准是排除了任何疑问的内心确信，在证据法理论中，常将其概括为"高度盖然性"。这种高度盖然性，一方面是指在公开的法庭上通过证据的提出和调查，以及当事人双方的辩论而逐渐形成的证据在质和量上的客观状态，以及这种客观状态所反映出来的要证事实的明白性和清晰性；另一方面是指法官对这种客观状态的认识，即证据的客观状态作用于法官的心理过程而使其达到的确信境界。在保留死刑的大陆法系国家，"内心确信"标准也是死刑案件适用的证明标准。③

"排除合理怀疑"（Beyond reasonable doubt）标准最早产生于18—19世纪的英国，英国最初适用的证明标准是对被告人的定罪量刑必然有"明白的根据"，直到1798年在都柏林（Dublin）所审理的谋逆案中，确立了"排除合理怀疑"的证明标准。美国在早期的普通法中就要求国家必须"排除合理怀疑"地证明一名被告人有罪。由于这一标准被判例法、制定法和州宪法如此广泛地接受，以致很少有人提问这一标准是否属于联邦宪法保证的正当法律程

---

① 转引龙宗智：《相对合理主义》，中国政法大学出版社1999年版，第427页。

② 黄友明："刑事诉讼证明的真理观与价值观研究"，载孙长永主编：《刑事诉讼证据与程序》，中国检察出版社2003年版，第38页。

③ 参见任志中：《死刑适用问题研究》，吉林大学法学院博士论文，第222页。

序规定的要求。后来，在温石普（Winship）一案中，最高法院对这个问题作了如下裁决："正当法律程序条款保护被告人非因证据达到排除合理怀疑的程度不被定罪的权利，这些证据必须排除合理怀疑地证明构成他所被指控的犯罪所必需的每一事实。"① 美国律师协会制定的《模范刑法典》（1962 年）中也规定："对任何人，如果构成犯罪的一切要件都得不到超出合理怀疑程度的证明，不应当认定有罪。没有这一证明时，应当认定被告无罪。"现今，"排除合理怀疑"的证明标准已被明白地确认为美国《宪法》第 5 条和第 14 条修正案关于正当程序的要求，但对于"排除合理怀疑"的内涵并没有统一的规定。有学者认为，"排除合理怀疑"是指，无须达到确定，但必须包含高度的盖然性。排除合理怀疑的证明并不意味着排除任何怀疑的影子，如果对被告人不利的证据是如此之强，只留下了对他有利的一丝遥远的可能性，从而正好应了这么一句话"当然有这种可能性，但这种可能性没有一点儿现实性"，那么案件已获排除合理怀疑的证明。而任何低于此种情况的证明都不能说满足了要求。② 也有学者主张，"排除合理怀疑"的证明标准并不要求绝对肯定，并不要求一丁点儿怀疑的影子都没有，而是要求已经存在的一点点怀疑也是有充分的理由可以排除而不予考虑的。下列种类怀疑都不能属于"排除合理怀疑"的范畴：（1）任意妄想的怀疑（fanciful doubt）；（2）过于敏感的怀疑（ingenious doubt）；（3）臆测的怀疑；（conjecture）；（4）故意挑剔、强词夺理的怀疑（captious doubt）；（5）基于无凭证证言的怀疑（unwarranted by the testimony）；（6）故意为被告开脱罪责的怀疑（toescape conviction）。以上任何一种怀疑，都不是通常有理智的人所作的合理的、公正的、诚实的怀疑。③《布莱克法律词典》解释道："'排除合理怀疑'的证明，并不排除轻微可能或者想象的怀疑，而是排除每一个合理的假设，除非这种假设已经有了根据；它是'达到道德上确信'的证明，是符合陪审团的判断和确信的证明，作为理性的人的陪审成员在根据有关指控犯罪是由被告人实施的证据进行推理时，是如此确信，以至于不可能作出其他的推论。"④ 在美国，针对死刑案件，学者主张，在"排除合理怀疑"标准之上确定最高级别的刑事证明标准——"绝对有罪

---

① See Evidence, by Mueller and kirkpatric, Second Edition, Aspen law & Business. (1999) p. 145.

② ［英］丹宁勋爵：《法律的界碑》，刘庸安等译，群众出版社 1992 年版，第 131 页。

③ 李学灯：《证据法比较研究》，五南图书出版公司 1992 年版，第 667 页。

④ 转引自樊崇义主编：《刑事证据法原理与适用》，中国人民公安大学出版社 2001 年版，第 289 页。

证明"（absolute proof of guilt）即可以排除包括无理怀疑在内的一切怀疑的证明，这是判处死刑的案件中应该达到的证明标准。事实上，在美国司法实践中，死刑案件的证明标准的要求确实要严于其他刑事案件的要求。

2. 我国刑事证明标准的立法规定、特点及学者改革完善意见

我国《刑事诉讼法》规定的证明标准是"犯罪事实清楚，证据确实、充分"。由于法律对死刑案件没有另行规定更高的证明标准，所以它也是死刑案件的证明标准。对于"犯罪事实清楚，证据确实、充分"的证明标准，我国学者的通说认为，这是一个很高程度的证明标准，相当于"排除合理怀疑"或者认为"排除合理怀疑"的表达方式更为可取。① 它只是单方面仅就控方证明的要求而言的，在辩方提出合理怀疑的情况下，并不影响这一标准的成立，因为并不要求使结论具有唯一性和排他性。同时，由于这一标准过于含糊、抽象空洞，导致实践操作性差，缺乏实际效用的"空洞概念"，甚至是同义反复，从而给审判机关留下比较大的自由裁量权，给检察机关带来法律监督的不便。并且将死刑案件的证明标准与一般刑事案件的证明标准混同起来，也不能引起司法人员对死刑案件的高度重视和特别审慎。

针对我国刑事诉讼证明标准的缺陷，学者对改革完善我国刑事诉讼证明标准提出了多种意见：②

（1）确实充分说。即一些学者坚持现行法律规定的证明标准，并对该标准作了明确解释。他们认为，所谓犯罪事实清楚，是指与定罪量刑有关的事实和情节都应当查清；所谓证据确实充分，是对作为定罪根据的证据质和量的综合要求。具体是指达到以下标准：①据以定案的每个证据都已查证属实；②每个证据必须和待查证的犯罪事实之间存在客观联系，具有证明力；③属于犯罪构成各要件的事实均有相应的证据加以证明；④所有证据在总体上已足以对所要证明的犯罪事实得出确定无疑的结论，即排除其他一切可能性而得出的唯一结论。

（2）排他说。这是指我国一些学者建议借鉴英美国家的"排除合理怀疑"的刑事诉讼证明标准，但他们对英美国家的刑事证明标准没有直接照搬。所谓"排他性"是指从证据的调查和运用上要排除一切矛盾，从运用证据对案件事实所得出的结论上，本结论必须是排除其他一切可能而是本案的唯一结论，这一结论在事实和证据两个方面，还要经得起历史的检验。

---

① 樊崇义主编：《证据学》，法律出版社 2001 年版，第 220 页。
② 参见甄贞主编：《刑事诉讼法学研究综述》，法律出版社 2002 年版，第 255—258 页。

（3）折中说。我国有些学者主张既坚持客观确定性的证明标准，又吸收、借鉴"排除合理怀疑"的合理因素，由此确立一种全新的证明标准。如龙宗智教授主张应建立一个主观标准和客观标准、现实标准和理想要求相结合的证明标准，具体包括：①总体标准：证据确实、充分；②客观标准：完全的确定性结合高度的盖然性；③主观标准：内心确信与排除任何合理怀疑。①

（4）层次说。陈光中教授对刑事证明标准问题进行了潜心的研究，在立足现实、融通中外的基础上提出建立层次性证明标准，即确定无疑的证明标准、接近确定无疑的证明标准以及有确实证据的推定的证明标准。其中，"确定无疑的证明标准"被视为有罪判决的最高标准。对死刑案件应当确立"确定无疑的证明标准"。②

（5）分离说。陈卫东教授认为，对于死刑案件的证明标准，不能笼统地主张其证明标准应该高于普通刑事案件的证明标准。对死刑案件的证明标准问题应当采取分而治之的策略：死刑案件定罪的证明标准应当采取与普通刑事案件相同的"排除合理怀疑"的证明标准，判处死刑的证明标准则应当采用更高的"排除一切怀疑"的证明标准。③

（二）证人、侦查人员出庭制度不健全，一定程度上削弱检察机关法律监督的力度

1. 国外刑事诉讼对证人、侦查人员出庭作证的规定

（1）国外刑事诉讼对证人出庭作证的规定

①英美法系国家刑事诉讼对证人出庭的相关规定

在英美法系国家，案件的事实审理部分由陪审团裁决，这要求证人在法庭上就自己知道的案件事实向陪审团提供证言，陪审团成员通过证人的陈述，在亲身感知案件的经过后作出裁判。可以看出证人出庭作证，对于保证陪审团尽可能了解案件事实是非常重要的。美国刑事诉讼法的一条基本原则是证人"必须在公开法庭以言词方式作证"，"法庭可以自己提议或者根据当事人的建议传唤证人"。④《美国联邦地区法院刑事诉讼规则》第 26 条规定："在一切审理中，证人证言应于公开法庭上以口头提供……"明确地规定了出庭作证

---

① 龙宗智：《相对合理主义》，中国政法大学出版社 2000 年版，第 440—441 页。

② 陈光中："构建层次性的刑事证明标准"，载《检察日报》2002 年 3 月 26 日。

③ 陈卫东、李训虎："分而治之：一种完善死刑案件证据标准的思路"，载《人民检察》2007 年第 8 期。

④ 何家弘、张卫平主编：《外国证据法选译》，人民法院出版社 2000 年版，第 1378 页。

是刑事证人必须遵守的法定义务。英国为了保障证人出庭作证，专门制定了《证人出庭法》，该法第 3 条规定："任何人无正当理由，不服从要求他出庭的传证人令或证人传票，应以藐视法庭罪论处。"法官有权在法庭审判后，证人没有出庭作证的情况下，决定是否休庭还是继续审理。

②大陆法系国家刑事诉讼对证人出庭的相关规定

在一些大陆法系国家，虽然刑事诉讼大都采取职权主义调查模式，与对抗式诉讼有很大的区别，但同样要求证人出庭作证。大陆法系国家普遍采取自由心证主义。自由心证的特征是，法律不预先规定各种证据的证明力和判断运用证据的规则。证据的取舍和证明力的大小，争议事实的认定，由法官包括陪审员自由判断，法官和陪审员只根据自己的内心确信来判断证据和认定事实。[①]这就要求证人必须出庭作证，在法官面前陈述案件事实，接受法官询问，保证法官在亲自感知的情况下形成自己对案件事实的认识和判断。法国和德国就此都规定了证人不出庭作证的强制措施。法国《刑事诉讼法》第 109 条规定："如果证人没有到庭，预审法官可以对拒绝出庭的证人采取传讯措施，通过警察强制其到庭，以传讯通知书的方式处第五级违警罪。证人应不迟延地直接被带到采取这一措施的法官处。证人如在此后出庭，在出具附理由的证明后，在共和国检察官的请求下，预审法官可以解除处罚。"德国《刑事诉讼法》第 51 条规定："证人经依法传唤而不到场的，应当承担因此造成的费用。同时科处秩序罚款，不能缴纳罚款时易科秩序拘留。相应地适用第一百三十五条规定。证人再次应传不到的，可以再次科处秩序罚。"[②] 为了保障证人出庭作证，大陆法系国家对证人获得补偿的权利也作出了规定。德国有专门的《证人、鉴定人补偿法》，对如何补偿证人因到庭作证而遭受的损失有一套完善的制度；日本的《刑事诉讼法》规定，证人可以提出获得交通费、日津贴及住宿费的请求。

（2）国外刑事诉讼对侦查人员出庭作证的规定

①英美法系国家刑事诉讼对侦查人员出庭的相关规定

英美法系国家的证人概念非常宽泛，包括了所有在诉讼过程中向司法机关提供口头证词的人。诉讼当事人可以成为合法的证人，警察理所当然具有证人资格。《美国联邦诉讼规则及证据规则》第 601 条就规定："除该规则另有规

[①] 陈光中、徐静村主编：《刑事诉讼法学》，中国政法大学出版社 2002 年版，第 24 页。

[②] 何家弘、张卫平主编：《外国证据法选译》，人民法院出版社 2000 年版，第 1386 页。

定外，每个人都有资格作证。"规则的"另有规定"（第605、606条）已排除了"法官和陪审员"的证人资格。在美国只要案情需要，警察就必须出庭作证，且要像普通证人一样宣誓，然后接受辩护方的讯问和质证。如果宣誓后说谎，将构成伪证罪；而如果置法院的通知于不顾，则可能构成妨害司法罪。在英国，根据《1984年警察与刑事证据法》第76条的规定，法庭应当排除被告人声称基于非法手段获得的供述，除非控诉方能够向法庭证明供述并非"非法"获得的。由于检察官并不直接取证，所以要求警察以证人身份出庭证明取证的合法性非常普遍。通常情况下，警察出庭作证的目的都在于，了解警察实施某一侦查行为的情况，如逮捕、搜查、扣押、讯问、现场勘验等，以法庭明确警察对某一实物证据的保全情况等。

②大陆法系国家刑事诉讼对侦查人员出庭的相关规定

大陆法系传统理论将主办案件的法官、检察官及协助其侦查犯罪的警察排除在证人之外，认为证人专指向司法机关陈述所知案件情况且又不具有其他诉讼身份的人员。比如《意大利刑事诉讼法典》第195条规定："司法警官和警员不得就从证人那得知的陈述内容作证。"但是，随着两大法系的融合，警察出庭作证这一体现诉讼规律的做法正逐渐为多数大陆法系国家所接受。在法国，警察作为"行政机关的工作人员，在法庭上就其进行的勘验与查证作说明介绍时，应当进行证人宣誓"。在轻罪审判程序中，法官通常先询问检察官的证人，警察最先，专家证人最后，然后询问被告人、民事当事人的证人。德国刑事诉讼法也指出，如果警察人员以证人身份在被讯问时作陈述，其虽然无法对该案有所记忆，但其所制作之所有的检举告发书状已尽力符合真实了，此时依联邦最高法院之见解，则审判的刑事法官得依据该书面的及该制作检举告发书状的警察所为之空白保证，就被告之罪责以自由心证之方式来形成确信。我国台湾地区的"司法行政部"认为："在别无录音带或录音带附在讯问笔录可供调查时，对于取得被告自由之经过，法院实有了解之必要，作为采用自白证据之依据，为此必须传唤取得被告自白之司法警察官员，以警察证人之身份出庭说明取得被告自白之经过。"①

2. 我国刑事诉讼证人、侦查人员出庭作证的立法规定和实践状况

（1）我国刑事诉讼证人出庭作证的立法规定和实践状况。我国《刑事诉讼法》第47条、第157条及最高人民法院《关于执行〈中华人民共和国刑事诉讼法〉若干问题的解释》第58条的有关规定，都表现出了一种"书证中心

① 吴茜："警察出庭作证问题研究综述"，载《贵州警官职业学院学报》2006年第4期。

主义"的倾向。2006 年 9 月 21 日,"两高"作出《关于死刑第二审案件开庭审理程序若干问题的规定》的司法解释,明确规定了三种情况应当通知证人、鉴定人、被害人出庭作证。这是确保死刑案件质量,防止冤假错案的发生,保障当事人诉讼权利的重要举措。证人出庭作证,接受质证、交叉询问,可以保证证据调查的真实性、公开性,既有助于检察官履行法律监督职责,又有助于法官发现与查明案件的事实真相,切实防止因采信虚假甚至非法的证据而导致冤假错案的发生。这是现代诉讼的必然要求。但在司法实践中,由于各方面的原因,证人不出庭作证的现象极为普遍,绝大多数案件证人不出庭作证,甚至连死刑案件这样的重特大案件中关键证人也不出庭作证,法庭对证人证言的调查仅局限于笔录,存在司法不公正以及酿成冤假错案的严重危险。据有关资料显示,我国检察机关提起公诉的案件中,存在明确证人的超过 80%,但是真正出庭作证的在上海、北京、深圳等经济发达地区不到 5%,在全国范围内平均水平不到 1%。① 另据统计,某直辖市死刑案件二审期间,2006 年只有 7 人出庭作证,2007 年只有 3 人出庭作证。目前,我国刑事证人出庭作证具有如下特点:第一,刑事诉讼中证人出庭率非常低,几乎到了形同虚设的地步。证人往往只向侦查机关提供证言,而不用出庭。第二,法院无论在庭审前还是在审理案件的过程中,很少主动依职权提出要求证人出庭作证。第三,公诉人为了证据的稳定性,不愿意证人出庭作证。第四,由于辩方证人出庭的申请审查过于严格,造成辩护人已经不习惯提出证人出庭作证的要求。第五,证人不愿意作证,更加不愿意出庭作证。

(2) 我国刑事诉讼侦查人员出庭作证的立法规定和实践状况。按照我国《刑事诉讼法》第 48 条的规定,凡是知道案件情况的人,都有作证义务,生理上、精神上有缺陷或年幼,不能辨别是非、不能正确表达的人不能作为证人。从此规定来看并没有否认侦查人员作为证人的资格。但第 28 条同时又规定,曾担任过本案证人的侦查人员必须回避,这实际上否定了承担侦查任务的警察作为本案证人的资格。这两个前后矛盾的条款使得警察能否出庭作证没有确切的依据。但是《最高人民法院关于执行〈中华人民共和国刑事诉讼法〉若干问题的解释》第 138 条规定:"对指控的每一起案件事实,经审判长准许,公诉人可以提请审判长传唤证人、鉴定人和勘验、检查笔录制作人出庭作证……被害人及其诉讼代理人和附带民事诉讼的原告人及其诉讼代理人经审判长准许,也可以分别提请传唤尚未出庭的证人、鉴定人和勘验、检查笔录制作

---

① 刘炬:《刑事诉讼证人出庭作证问题的研究》,中国政法大学研究生院硕士论文,第 11 页。

人出庭作证。"《人民检察院刑事诉讼规则》第 343 条规定："公诉人对于搜查、勘验、检查等侦查活动中形成的笔录存在争议，需要负责侦查的人员以及搜查、勘验、检查等活动的见证人出庭陈述有关情况的，可以建议合议庭通知其出庭。"这两条就是我国侦查人员出庭作证的直接依据。

侦查人员出庭作证，有利于保障刑事诉讼的对抗和平衡，对发现案件真实，使案件证据更加充分，事实更加清楚，审判更有说服力，依法保护被告人合法权益无疑具有重大作用。同时可进一步增强侦查人员的侦查意识、调取证据意识和执法责任意识，提高侦查人员的办案水平，提高法院审查案件的效率和质量，确保司法公正。但在司法实践中，侦查人员出庭的情况少之又少。据统计，某直辖市死刑案件二审期间，2006 年没有侦查人员出庭作证，2007 年只有两名侦查人员出庭作证。我们认为，思想观念上的障碍是侦查人员不出庭作证的重要原因。其一，受现有侦诉模式的影响，未认识到出庭作证的意义。认为侦查部门的任务是查明犯罪事实，抓获犯罪嫌疑人，一旦侦查终结便大功告成，提起公诉和判决有罪是公诉部门和审判机关的事。对于侦查程序中的有关事项需要进一步了解的，由侦查部门出具书面材料进行说明即可，无须由侦查人员通过作证方式加以证明。其二，特权思想。部分侦查人员乃至侦查部门认为，侦查人员代表国家侦查犯罪，出庭接受曾经被其拘留、逮捕和讯问的被告人及其辩护人的质证，会有损侦查人员的形象，不利于侦查工作的开展。其三，怕麻烦、怕影响工作的思想。一是长期以来，我国形成了以笔录等书面证明材料为主要证据的做法，在侦查阶段，基本上就认定的犯罪事实已形成了比较完备的书面证据材料。即使有不完备之处，经过公诉部门自行补充侦查或退回补充侦查，也进一步得到完善，因而认为侦查人员再出庭作证纯属多此一举。二是对于侦查部门而言，认为侦查人员担负着维护社会稳定的重任，工作任务繁重，再出庭作证势必会影响其本职工作。另外，侦查人员出庭作证，就要在法庭上接受公诉人、被告人及其辩护人的质证，就必须将办案的一些经过和盘托出，对于保守刑事办案秘密是极为不利的。其四，侦查人员自身有顾虑。一是认为侦查人员出庭作证，轻则对其自身和亲友的人身安全带来不利影响，重则会遭到打击报复；二是侦查人员本身存在违法取证行为，不敢出庭接受被告人及其辩护人的询问和质证，怕庭审查明后被追究法律责任。[1]

---

① 参见乔汉荣等："构建侦查人员出庭作证制度相关问题研究"，载《国家检察官学院学报》2004 年第 2 期。

（三）非法证据排除规则不健全，一定程度上影响检察机关法律监督的独立性

1. 两大法系国家关于非法证据排除规则的实践与发展

（1）英美法系国家。非法证据排除规则起源于美国，是 1914 年美国联邦最高法院在威克斯诉美国案中确立的，即执法人员在侦查过程中违反宪法第四修正案的规定非法搜查和扣押获得的证据不得在联邦法庭上使用。但在很长一段时间内，威克斯案确立的非法证据排除规则仅适用于美国联邦法院，并不能自行适用于各州，联邦的一些侦查人员为了使用非法证据，规避非法证据排除规则，通过没有建立排除规则的州的侦查人员收集证据，由此导致"银盘理论"的出现。直到 1960 年，"银盘理论"才被美国联邦最高法院禁止。1961年，"马普诉俄亥俄州"一案确立了非法实物证据排除规则在全美国联邦和州法院的适用。1966 年，美国联邦最高法院通过审理米兰达诉亚利桑那州一案，创建了著名的"米兰达规则"，从而确立了非法言词证据排除规则。后来，又通过"最终或必然发现的例外"、"善意的例外"、"独立来源"、"因果关系削弱"、"质疑"等例外，作为非法证据排除规则的补充。但无论是理论上还是司法实务中，例外均很少适用，严格非法证据的基本立场没有松动。英国的非法证据排除规则遵循普通法的一个基本原则，即"证据的取得方式不影响证据的可采性"。一般来说，对于非法取得言词证据予以排除，但对于非法取得的物证主张权衡原则。即以公正原则为出发点，授予法官较大自由裁量权，对于非法取得的证据是否维护了公正进行取舍，非法取得的物证具有更大价值时，可由法官裁量予以排除。英国 1984 年颁行的《警察与刑事证据法》第 78条规定了非法实物证据的证据能力。英国对"毒树之果"的处理除了属于《警察与刑事证据法》中规定的绝对排除事项外，英国的法官有自由裁量权。①可以看出，英国的非法证据排除规则远没有美国的严格，被排除的非法证据是很有限的。

（2）大陆法系国家。德国的非法证据排除规则是根据《基本法》的"人的尊严是不可侵犯的"、"人拥有自由发展人格为目标的权利"有关规定逐步确立起来的。总体上，德国对非法证据持部分排除的态度。对于非法取得的言词证据的证据能力，1981 颁行的《德国刑事诉讼法典》第 136 条 a 作出了明确的规定。该法第 136 条 a 规定，对采用虐待、疲劳战术、伤害身体、服用药

---

① 汪海燕、胡常龙：《刑事证据基本问题研究》，法律出版社 2002 年版，第 307—310 页。

物、折磨、欺诈、催眠以及损害被告人记忆力和理解力等方法取得的证据，即使被指控人同意，也不允许使用。① 在德国，对于非法取得的实物证据的证据能力，即违反宪法规定进行搜查、扣押所取得的证据并不导致自动排除，而是由法官以"权衡原则"决定是否排除。法官进行权衡的原则主要考虑采纳非法搜查、扣押所取得的证据是否违反了"法治国家"原则，是否侵犯由宪法规定人的尊严和人格权利，证据的排除是否符合刑事诉讼规则所确立的目的等。在德国，"毒树之果"的效力被称为"波及效"，除危及通信和电讯秘密的非法证据外，一般不予排除。法国与德国具有相同的法律传统，因此，在对非法证据的证据能力的规定，与德国表现出一定的相似性。日本对非法证据的处理上受美国影响较大，采取排除的态度又有所不同。对非法取得言词证据一般予以排除，对非法取得实物证据态度却相对保守，只有"重大违法"时才予以排除。

2. 我国对非法证据的观点分析

中国学界对非法证据的探讨已经有十多年，但是立法并没有明确规定排除规则。即使在最高人民法院、最高人民检察院、公安部、司法部于 2007 年 3 月联合下发的《关于进一步严格依法办案确保办理死刑案件质量的意见》中，针对死刑案件也仅仅明确"对刑讯逼供取得的犯罪嫌疑人供述和以暴力、威胁等非法方法收集的被害人陈述、证人证言，不能作为指控犯罪的根据"。刑事诉讼的核心问题就是对证据认定和运用的问题。证据关系到案件的事实，而对于死刑案件，证据关系到生杀予夺。可见，对非法证据的范围界定、非法证据的效力规定显得尤为重要。然而，目前我国对此立法上并不完全明确，最终影响检察机关法律监督的质量。

第一，非法证据的界定不够明确。何谓非法证据，我国《刑事诉讼法》并没有明确的界定。《牛津法律词典》有个关于"非法获得的证据"的词目，其释义为"通过某些非法手段而获得的证据"；我国《诉讼法大辞典》列有"非法证据"词目，释义为"不符合法定来源和形式的或者违反诉讼程序取得的证据"。目前，诉讼理论界最具有代表性的解释是，"非法证据是指不符合法律规定的证据内容、证据形式、收集或提供证据的人员及程序、方法的证据材料。它包括四种非法情形：证据内容不合法，证据表现形式不合法，收集或提供证据的人员不合法；只要具有这四种情形之一就是非法证据。"② 从司法

---

① ［德］克劳思·罗科信：《德国刑事诉讼法》，吴丽琪译，法律出版社 2003 年版，第 214 页。

② 李学宽："论刑事诉讼中的非法证据"，载《政法论坛》1995 年第 2 期。

实践中的情况来看，非法证据主要包括两种情形：一是不具有法定资格的主体收集的证据，如纪委、监察部门或者其他行政机构在刑事案件中收集的证据；二是合法的侦查机关违反法定程序所收集的证据。对于前者，应当说现行法上已经有了比较明确的界限；而对于后者，法律上的界限并不完全清楚。

第二，非法证据效力的规定不甚明确，① 如何认识和对待非法证据，在法律理论、司法实践界均有不同的看法。国内存在以下几种观点：一是一律排除说。凡是违反刑事诉讼法规定所取得的证据材料都不具有证明效力，即使是查证属实的也不能作为定案的依据。二是不排除说。凡查证属实的非法证据，都可采信。三是例外不排除说。对于某些特定的刑事案件，如严重危害国家安全和严重危害社会利益的刑事案件，司法人员依法不能取得足够的证明被告人实施了此类犯罪，那么用违反刑事诉讼法有关规定的方法和手段取得的证据材料，经查证属实，可以作为定案的依据。四是区别对待说，即应该将非法取得的言词证据和实物证据区别对待。非法取得的言词证据无论其真实性如何，都应将其排除；而非法取得的实物证据则不会因收集程序和方法的违法而改变其性质，只要查证属实，就可以采信。五是折中说。即非法取得的言词证据无论其真实性如何，都应将其排除；对于非法收集的物证是否具有证据能力，应当根据违法取证行为与刑事诉讼法规定违背的程度加以判断。如果仅仅是违反一般技术上的规定，且对人权保障和客观真实的发现并没有直接影响，那么所获得的证据材料仍作为证据使用，具有证据效力；如果所违反的程序直接影响到人权保障或者客观真实的目的，则所收集的证据应当予以排除。②

---

① 我国《刑事诉讼法》第 43 条中规定："审判人员、检察人员、侦查人员必须依照法定程序，收集能够证实犯罪嫌疑人、被告人有罪或者无罪、犯罪情节轻重的各种证据。严禁刑讯逼供和以威胁、引诱、欺骗以及其他非法的方法收集证据。"《最高人民法院关于执行〈中华人民共和国刑事诉讼法〉若干问题的解释》第 61 条中规定："凡经查证确实属于采用刑讯逼供或者威胁、引诱、欺骗等非法的方法取得的证人证言、被害人陈述、被告人供述，不能作为定案的根据。"《人民检察院刑事诉讼法规则》第 265 条第 1、2 款规定："严禁以非法的方法收集证据。以刑讯逼供或者威胁、引诱、欺骗等非法的方法收集的犯罪嫌疑人供述、被害人陈述、证人证言，不能作为定罪的依据。人民检察院审查起诉部门在审查中发现侦查人员以非法方法收集犯罪嫌疑人供述、被害人陈述、证人证言的，应当提出纠正意见，同时应当要求侦查机关另行指派侦查人员重新调查取证，必要时人民检察院也可以自行调查取证。"可见，我国法律对非法取得的言词证据持否定态度，但同时规定，可以依法重新取证；未明确规定以违法手段取得的书证、物证的效力和"毒树之果"规则。

② 参见汪海燕、胡常龙：《刑事证据基本问题研究》，法律出版社 2002 年版，第 277—278 页。

针对死刑案件，应建立明确的非法证据排除规则，即明确非法证据的范围、效力，具有重大意义。只有前提明确，检察机关才有充分的依据，严把死刑案件质量关，把死刑案件办成"铁案"，经得起历史的考验，杜绝佘祥林等冤假错案的发生。

（四）传闻证据规则没有确立，一定程度上影响检察机关法律监督的效果

1. 传闻证据的概念

传闻证据（Hearsay Evidence），按普通法的理解，是指"在审判或询问时作证的证人以外的人所表达或作出的，被作为证据提出以证实其所包含的事实是否真实的，一种口头或书面的意思表示或有意无意地带有某种意思表示的非语言行为"①。传闻证据是指两种证据资料：一是证明人在审判期日以外对直接感知的案件事实亲笔所写的陈述书及他人制作并经本人认可的陈述笔录；二是证明人在审判期日就他人所感知的事实向法庭所作的转述。传闻证据的特点在于：首先，它是以人的陈述为内容的陈述证据；其次，它不是直接感知案件事实的人亲自到法庭所作的陈述，而是对感知事实的书面的或者口头形式的转述；最后，它是没有给予当事人对原始人证进行反询问的机会的证据。

2. 国外传闻证据排除规则的立法状况

所谓传闻证据排除规则（The rule against hearsay），是指传闻证据原则上不具有可采性，其在审判中被排斥作为认定犯罪事实的根据的证据规则。它"只不过是排斥证明手段的法则"，而"不是排除事实的法则"。② 传闻证据排除规则是英美法中最重要的证据排除法则。关于传闻证据排除规则确立的理由，从英美法的观点看，主要有以下两个方面：其一，传闻证据的使用违背了对抗制诉讼的基本精神。英美法系国家采取彻底的当事人主义，不仅证据由当事人自行收集，证人也由当事人自行询问。这种交叉询问是考查证据可信性和真实性的最可靠、最有效的方法，是对抗制诉讼的关键。但由于主询问人大都只就对自己有利的事项进行询问，所以需要反询问来确定它的真实性。而如果允许使用传闻证据，即允许原供述者本人不出庭而由他人代为陈述，事实上就剥夺了双方当事人询问和反询问的权利。传闻证据由于无法以交叉询问进行质证，一般认为缺乏信用性和可靠性，应当原则上加以排除。其二，传闻证据的

---

① ［美］乔恩·R. 华尔兹：《刑事证据大全》，何家弘等译，中国人民公安大学出版社 1993 年版，第 81 页。

② 欧阳涛等：《英美刑法刑事诉讼法概论》，中国社会科学出版社 1984 年版，第 307 页。

使用违反了直接审理原则。由于法官未能直接听取原始人证陈述，未能从陈述的环境和条件、陈述的内容和陈述时的态度、表情、姿势等各方面情况对陈述的真实性进行审查，不利于法官获得正确的心证。① 传闻证据应予排除的理由，有学者认为还有以下两点：第一，传闻证据没有经过原供述人的宣誓，所以不承认其可采性；第二，传闻证据具有很大的误传的危险性，所以不足采信。②

传闻证据排除规则在英美有时被称为"例外的规则"，原因在于"一些传闻，由于对其可靠性有确切的外围保证，弥补了未经宣誓和交叉询问的不足，因而是可靠的传闻，甚至有可能是非常重要的传闻"。③ 如果绝对排除传闻证据，不仅会造成诉讼拖延，而且也势必妨碍查明事实真相，有违设立传闻证据排除规则的初衷，因此制定法或判例法规定了种种例外情形，以确认其有证据能力，可以作为定案证据使用。英美证据理论认为，构成传闻证据排除规则的例外需具备两个条件：一是具有"可信性的情况保障"，即传闻证据足以认为具有真实性，即使不赋予对方当事人交叉询问的机会也没有妨碍；二是具有"必要性"，即存在无法对原始人证进行反询问的客观情形，因而不得不适用传闻证据，如原始人证死亡、病重、旅居海外或去向不明等。美国《联邦证据规则》第803条和第804条规定了两类例外：一是陈述者可否作证无关紧要；二是陈述者不能到庭作证。对第一类例外具体列举了24种情形，对第二类例外也列举了5种情况。④

而大陆法系以职权主义为基础，即法院应依职权调查证据，询问证人，没有所谓的交叉询问权的保护问题。其直接审理主义的主要目的是依证人的态度，形成法官正确的心证，即偏重态度证据。因而在大陆法系国家，有的立法例设有传闻证据排除规则之类似规定，有的则在法律上很少加以限制，其证据能力全由法官自由裁量。日本刑事诉讼法很大程度上吸收了英美法的传闻证据排除规则，并形成了自己的特色。其十分详尽地规定了排除的例外情形。⑤ 其中，对被告人以外的人书写的供述书或者记录该人的供述而由供述人签名或盖

---

① 雷经升：《刑事诉讼证据规则论纲》，安徽大学研究生院硕士论文，第18—20页。
② 刁荣华主编：《比较刑事证据法各论》，汉林出版社1984年版，第218—219页。
③ ［美］乔恩·R.华尔兹：《刑事证据大全》，何家弘等译，中国人民公安大学出版社1993年版，第94页。
④ 参见《美国联邦刑事诉讼规则和证据规则》，卞建林译，中国政法大学出版社1996年版，第120—126页。
⑤ 参见《日本刑事诉讼法》，宋英辉译，中国政法大学出版社2000年版，第73—76页。

章的书面材料，分别在一定情形下，承认其证据能力。准备审判笔录、法院或法官的检证笔录、侦查机关的检证笔录和鉴定人之鉴定书，也例外地承认其有证据能力。根据传闻证据排除规则的例外，可以作为证据的书面材料或者陈述，法院必须先调查其任意性，因为供述的任意性是证据能力的要件。

3. 我国对传闻证据的研究现状

我国刑事诉讼法中没有规定传闻证据的资格问题，无论是在立法中还是在司法解释上都没有使用"传闻证据"法律术语，也没有规定传闻证据的证据能力。一般而言，对证据的证据能力及证明力，是由法官结合其他相关证据，根据"内心确信"来加以认定的。我国《刑事诉讼法》第47条中规定："证人证言必须在法庭上经过公诉人、被害人和被告人、辩护人双方讯问、质证，听取各方证人的证言并且经过查实以后，才能作为定案的根据。"从此条的规定看，可以理解为反对部分传闻证据。但同时又规定了，"公诉人、辩护人应当向法庭出示物证，由当事人辨认，对未到庭的证人的证言笔录，鉴定人的鉴定结论，勘验笔录和其他作为证据的文书，应当当庭宣读。审判人员应当听取公诉人、当事人和辩护人、诉讼代理人的意见。"这样无疑导致，"在法庭审判中通过主询问、反询问、交叉询问，这个被美国法学家威格莫尔称为是'查明事实真相而创立的最佳法律装置'难以完全实现"[①]。这也是造成我国目前很多刑事案件中证人不愿意出庭作证的重要原因。

从中国国情的实际和中国"入世"以后与国际条约、惯例和国外法律理论、理念的冲突，我们认为，应当吸收英美法系和大陆法系关于传闻证据规则的合理性，尽快从立法上建立自己的传闻证据规则，以防止有不真实、不可靠可能性的证据作为定案的依据，同时保障控辩双方能够真正行使法律规定的交叉询问的权利。

二、死刑案件法律监督产生证据问题的原因分析

（一）法治意识、人权意识需提高

如前文所述，司法工作者的法治意识、人权意识，同样也影响对"证明标准"的把握，证人、侦查人员出庭的重要性的认识，非法证据、传闻证据的评判等。最终，也决定着死刑案件的质量。司法实践中，如果司法工作者法治意识、人权意识不到位，可能其出于或者迫于舆论、政治因素、稳定因素等非法定原因，导致公检法产生合力追诉犯罪的思维惯性，证据审查流于形式，

---

① 张正德："刑事诉讼价值评析"，载《中国法学》1997年第4期。

"证明标准"人为降低,"非法证据"予以采信等,而导致冤错案件的发生。

(二)立法不完善

如前文所述,在证人、侦查人员出庭的法律规定方面,一是没有明确证人、侦查人员不出庭所要承担的不利的法律后果;证人、侦查人员保护制度不完善;没有规定证人、侦查人员作证的经济补偿问题等。二是我国刑事诉讼法与司法解释出现了一定的矛盾,导致能否作证、是否全面出庭作证模糊。在对非法实物证据如何排除、传闻证据如何排除法律规定均不够明确。

(三)传统文化意识影响证人出庭

中国的传统文化观念强调人与人之间以和为贵,许多人奉行"息事宁人"、"多一事不如少一事"的处世哲学,尤其忌讳正面冲突,担心遭到报复。他们即便知道作证是自己的义务,但出于怕麻烦、怕得罪人等想法,对于作证都是尽量回避。对于丑恶现象,更习惯用道德的标准去谴责,而不愿意用法律的武器去打击。另外,公民普遍存在的"厌讼"、"惧讼"、"仇讼"等心理,也是我国传统法律文化的沉淀,成为证人不愿出庭作证的又一原因。

(四)社会治安形势影响非法证据排除规则、传闻证据规则的完善、确立

"如果说法文化传统是制约包括证据排除规则在内的刑事诉讼程序的深层次或者是根本制约因素,那么一个国家的犯罪率高低、政治上的需要则是直接的制约因素。"[1] 当国家比较稳定、犯罪率较低以及改变现行政治制度和体制呼声不高时,一个国家的刑事证据制度偏重于公民个人权利的保护;反之,当犯罪率较高、社会动荡不安,以各种方式要求改变现行政治时,统治阶级就把刑事证据制度的设计偏向于制裁和惩罚的功能。如何建立我国刑事诉讼非法证据排除规则,建立怎样的非法证据排除规则,在我国法学界已经讨论得比较充分,但分歧意见较大。[2] 我们认为,对非法证据效力的评判必须立足于刑事诉讼客观规律,充分认识到非法证据的效力与法文化传统、社会治安状况等因素的关系,根据我国的实际情况,作出切合我国国情的度衡。

---

① 汪海燕、胡常龙:《刑事证据基本问题研究》,法律出版社 2002 年版,第 269 页。
② 参见郭立新主编:《检察机关侦查实务》(《侦查证据·文书鉴定》卷),中国检察出版社 2005 年版,第 62—65 页。

三、死刑案件法律监督证据问题的改革完善

（一）我国死刑案件证明标准的重构

从实体法角度看，在证据量及证明力不变的情况下，证明标准的设置和实体掌握的宽严决定案件的实体处理。死刑案件中科学合理的证明标准的确立对于死刑的正确适用更是极为关键。1984年5月25日联合国经济及社会理事会批准的《关于保护死刑犯权利的保障措施》第4条规定："只有根据明确和令人信服而且对事实没有其他解释余地的证据而对被告定罪的情况下，才能判处死刑。"可见，"明确和令人信服"以及"对事实没有其他解释余地的"实际上是一种"确定无疑"的证明标准，要求排除任何其他怀疑而并不强调"怀疑"合理性。①结合陈光中教授提出的"层次说"，② 我们认为，在确定死刑案件的证明标准时，"根据罪行轻重，适用不同的证明标准"和"不同证明对象适用不同的证明标准"的证据学理论具有十分重要的指导意义。死刑案件的证明标准应当高于一般刑事案件的证明标准；实体法事实的证明标准应当高于程序法事实的证明标准。

针对死刑案件，在死刑案件中影响死刑适用的要素可以分为两大类：一是犯罪构成要件；二是量刑情节。死刑案件人命关天，死刑案件的处理更应慎重，证明有罪的标准较之其他案件更高更严，认定犯罪事实的结论必须具有不容置疑的唯一性和排他性。所以，对于犯罪构成要件的事实适用的标准应当高于一般刑事案件的证明标准，要适用最高级别的证明标准，达到"确定无疑，排除一切怀疑"，特别是对于犯罪主体一定要达到最高级别的确信。因为，犯罪构成要件事实特别是犯罪主体确定正确与否关系到刑罚适用对象是否正确以及生命权剥夺是否适当等重大问题，所以对此类证明事实要适用最高级别的证明标准。量刑情节对死刑适用来说也十分重要，是否适用死刑、适用死缓还是死刑立即执行都有赖于量刑情节的确认，因此对此类情节的证明标准也不能采

---

① 黄芳："论死刑适用的国际标准与国内法的协调"，载《法学评论》2003年第3期。

② 江苏省高级人民法院颁布实施的《关于刑事审判和定案的若干意见》第66条规定："对死刑案件应当做到案件事实清楚，证据确实、充分，排除一切怀疑，否则不能判处死刑立即执行。一切合理怀疑是指：（一）现有证据不能完全涵盖案件事实；（二）有现象表明某种影响案件真实的情况可能存在，且不能排除；（三）存在人们常识中很可能发生影响案件真实性的情况。"显然，这在很大程度上强调了死刑案件较之非死刑案件的更严格的证明标准。

取较低的要求。从对犯罪人权益影响的角度来看，量刑情节可以分为有利情节和不利情节。为了保证死刑的正确适用，从保护被告人的合法权益和限制死刑扩大适用出发，对于被告人不利情节的证明标准应当设置一个较高的证明标准，即"确定无疑，排除一切合理怀疑"的证明标准。对被告人有利的情节可以设置一个较低的证明标准，即低于"确定无疑，排除一切合理怀疑"的证明标准，相当于英美法系中的"优势证明"①。例如，如果被告方在庭审中提出侦、诉机关曾对其刑讯逼供，那么，被告方就应对"存在刑讯逼供"这一情节进行证明，如其证明刑讯逼供可能性大于控诉方证明的没有刑讯逼供，法官可认为刑讯逼供存在。这也是"案件事实存疑时应当作出有利于被告人的处理"原则在证明标准适用上的体现，这能有效防止刑罚权的滥用，特别是死刑适用权的滥用。

（二）完善我国证人、侦查人员出庭作证的基本设想

1. 完善我国证人出庭作证的基本设想

证人不愿出庭是个世界性的问题，人们不愿出庭作证去证明自己的邻居有罪，或为此承担被报复的风险。对此，美国的解决方法很简单，即强迫证人出庭，否则要受到法律的制裁。在英国，无论在庭审中有无陪审团，证人都必须出庭。在德国，"如果法庭可以传唤目击证人，就不能以听取询问过该证人的警官的证言，或者宣读询问该证人的笔录来代替。这一基本原则被称为直接原则"②。庭审中最重要的证明活动是质证，证人到庭是庭审质证的重要前提。证人出庭作证有利于当庭质证，避免暴力取证、骗证。证人证言由于是自然人

---

① 在美国证据法上，有学者将证明标准分为七个级别：第一个也是最低的级别是"无意义证明"，即没有事实根据的猜疑，适用于不限制人身自由的侦查活动；第二个级别是"合理根据"，即嫌疑人确有实施犯罪的可能性，适用于临时限制人身自由的措施；第三个级别是"盖然性理由"，即嫌疑人具有实施犯罪的可能性，适用于逮捕罪犯的可能性；第四个级别是"优势证据"，即基于全部已知证据，嫌疑人实施犯罪的可能性大于其没有实施犯罪的可能性，适用于交付预审等决定；第五个级别是"表见证据"，即仅根据公诉方的证据可以排除合理怀疑地相信被告人有罪，适用于提起公诉的决定；第六个级别是"排除合理怀疑的证明"，即根据所有证据可以排除合理怀疑地相信被告人有罪，适用于有罪判决的决定；第七个也是最高级别是"绝对有罪证明"，即可以排除包括无理怀疑在内的一切怀疑的证明，这是刑事诉讼一般不用达到的证明标准，也有人认为在判处死刑的案件中应该达到该标准。参见何家弘主编：《法律英语》，法律出版社1997年版，第339—340页。

② ［德］托马斯·魏根特：《德国刑事诉讼程序》，岳礼玲、温小洁译，中国政法大学出版社2004年版，第184页。

主体经过思维后的言语表述，均无法避免地带有一定的主观性。一般来讲，被害人往往会将受害程度扩大。而作为证人由于受个人判断力、理解力等因素的影响，也并不能完全客观真实地证明事实真相。有些情况，眼见并不一定为实。因此，就需要证人当庭质证，由双方当事人分别就有歧义的焦点问题展开询问，来辨明证言的真伪。① 同时，证人出庭作证也可以使法官"听其言、观其行"，通过观察证人的陈述的声调、语气、表情及陈述的内容是否连贯、有无矛盾等，减少证人因职业、年龄、生理、教育程度、喜好等主观因素对其感知的影响，来准确判断证言是否真实可信。

由于种种原因，证人出庭在我国存在诸多困难，对所有案件强行要求证人出庭还需要一个过程。但是，对于可能判处死刑的案件，要强制要求证人出庭作证，接受双方质询。一方面，可以使人命关天需要慎之又慎的死刑判决得到正确的适用；另一方面，又可以照顾到普遍要求证人一律出庭作证还存在的现实困难。通过在死刑案件的庭审中证人出庭的先行实践，可以总结强制要求证人出庭作证的经验，而后逐步扩展至所有的刑事案件，以最终在所有案件的庭审中普遍达到真正意义上的质证要求。具体来讲，首先，完善证人权利的法律规定。公民依法作证是公民应尽的义务。以往我们往往会以此为理由要求证人切实履行义务。如果仅因为有义务就必须履行，要求证人无条件地出庭作证，这样的法律未免苛刻。目前，关于证人的保护规定，无论是立法还是司法都显得空泛，只让我们看到了保护证人安全的一个概括性导向，缺乏具体操作的内容而且保护范围狭窄，保护证人安全就像一句套话，起不到真正保护证人的作用。只有真正建立权利保障机制包括人身保护机制、经济补偿机制等，使证人的权利义务真正统一，才可以从根本上消除当前普遍存在的证人拒证现象。其次，完善证人义务的法律规定。所谓证人义务主要有两项，即出庭作证义务和如实作证义务。在我国司法实践中，证人拒证现象非常普遍的重要原因之一，就是立法未规定强制作证的有效方法。我们可以借鉴前文提到的英美法系国家对证人出庭的相关规定，在规定证人依法作证是法定义务的基础上，辅之以一定的强制作证的措施。

2. 完善我国侦查人员出庭作证的基本设想

侦查人员出庭作证，具有公正价值。让侦查人员当庭陈述勘验、扣押、搜查中获收的各种物证及痕迹情况如获取的时间、地点、位置、状态及保管的过程是否受到污染等情况，并接受被告方的质证，有利于维护被告方的质证权等

---

① 参见张爱萍："对完善我国证人制度的几点思考"，载《福建政法管理干部学院学报》2004 年第 4 期。

程序性权利。而对那些只有侦查人员及被告方双方在场情况下取得的证据,更须通过质辩,才能揭露他证,弥补被告方取证能力之不足,进而增强被告方的防御能力,实现程序正义。侦查人员出庭作证,也无疑有利于强化证据的证明力,进而有力地揭露犯罪,支持公诉。同时,也可对其他证人起到模范、表率的作用。

具体来讲,一是明确侦查人员的拒证权。作为国家公职人员,侦查人员的拒证权主要体现在以下两个方面:①亲属拒证权。基于国外经验及对我国传统的继承,应赋予其亲属拒证权。① ②公务拒证权。美国刑事诉讼法规定,国家或州公务员认为其证言足以损害公务利益,可拒绝陈述,但经机关主管人员同意的不在此限。② 对此,我们应加以借鉴。二是建立出庭侦查人员人身保护制度。目前,关于侦查人员出庭保护规定,与证人出庭保护规定一样,无论是立法还是司法都显得空泛,起不到真正保护的作用。三是建立侦查人员出庭经济补偿制度。出庭侦查人员所在单位应为侦查人员出庭作证提供便利条件,因出庭作证而支付的交通费等,应通过法院由国家予以补偿。四是明确侦查人员出庭作证的义务及违反该义务的制裁措施。为实现侦查人员出庭作证,可作如下规定:对于轻微违反出庭作证义务的侦查人员,给予训诫、批评教育等行政制裁;对于无正当理由拒绝出庭的,通过罚款、拘传、拘留等强制性措施要求其出庭;对于严重影响法庭权威的情况应将其定性为犯罪行为给予刑罚制裁。

(三)健全我国非法证据排除规则的构想

1. 进一步明确非法言词证据排除的范围

正如前文所述,我国的司法解释已明确规定了非法言词证据应该排除,但是对变相"刑讯逼供"、"威胁、引诱、欺骗"程度如何进行把握并没有明确规定。刑讯逼供使强壮的罪犯无罪释放,而无辜的弱者遭受刑罚。传统刑讯逼供取得的口供,这是世界普遍认为需要排除的。变相的刑讯逼讯取得的口供,这是目前我国实践中广泛存在的一个顽症。现在传统的酷刑刑讯逼供在实践中比较少用,更多的是用高强度的灯光照射犯罪嫌疑人、不给饭吃、车轮战审讯、不给水喝、夏天暴晒太阳以及用皮鞭抽打等新型刑讯逼供,用这些方法获得的证据应该是非法证据的范围。

刑讯逼供得到口供之后,侦查人员或检察人员在不使用刑讯逼供的方式下再次讯问时得到的口供,对于此种口供有的学者认为二次口供如果与刑讯逼供

---

① 房国宾:"侦查人员出庭作证制度之理性分析",载《世纪桥》2007 年第 6 期。

② 姚淇清:《英美证据法之研究——比较刑事诉讼法各论》,汉林出版社 1984 年版,第 155 页。

的口供完全一致则应当排除，如果不一致则二次口供中不同的部分可以不排除。① 我们认为，此种原则上应该排除，因为犯罪嫌疑人因尝到了刑讯逼供的"滋味"惧怕再次受到毒打，会为了迎合办案人员而虚假承认自己的犯罪事实。但是犯罪嫌疑人在遭受刑讯逼供后又自愿供认犯罪事实的，且其承认犯罪事实没有受到先前刑讯逼供的影响，应该不属于非法证据的范围。

对于因威胁而获得的口供，威胁的方式主要有如果你不说就关你的"小号"，不给饭吃，把你的家人也抓起来等。我们认为，以威胁的方式而获得的口供原则上应属于排除的范围，但是根据我国目前的治安形势，应结合对人权的侵犯程度、可否替代等多元要素予以综合评判。但如果那些"威胁"变成了现实，获得的口供应当予以排除。

因引诱、欺骗而获得的言词证据，例如办案人员对犯罪嫌疑人说："同案人已经把你供出来了，如果你不把你的同伴供出来，这事都你一个人扛着。""讲了我们就放你回家"、"我们已经查清你的犯罪事实，现在给你一个坦白从宽的机会"等，我们认为，类似的欺骗可以属于办案人员与犯罪嫌疑人斗智，不能完全把通过此种方式获得的证据列入非法证据排除的范围。

2. 原则上承认非法实物证据的效力，但应当限制

尽管非法实物证据的采用同样也伴随着对人权价值的破坏，有违法治精神，但这种破坏往往不会给公民的自由、健康、生命等人身权利造成损害；而且由于物证本身的特点，收集程序的违法一般不会改变其固有的性质和形态，不会导致证据内容的失实，造成对证据价值的破坏。如果一概否定其效力，必将对案件真实的发现产生不利影响。考虑到我国目前的实际情况，设立过于严苛的非法实物证据排除规则不仅不利于打击犯罪、实现刑法的安全价值，更不容易为民众心理接受。有的学者提出应当结合西方国家的经验和做法，原则上应该以非法证据种类和对人权的侵犯程度以及在刑事诉讼中可否替代的程度等多元要素作为标准。② 我们认为，这种认识具有一定的合理性，应当在当前对实物证据证据能力一概采信的基础上加以适当限制，对于采取严重非法手段获取的实物证据应当严格排除，不得作为定案的根据。至于什么是"严重非法手段"，检察机关可以从以下几个方面进行掌握：一是严重违反了刑事诉讼法的取证程序规定；二是该违规取证行为严重侵犯了被取证对象的合法权益；三

① 杨宇冠：《非法证据排除规则研究》，中国人民公安大学出版社 2002 年版，第 256 页。

② 卞建林："我国非法证据排除的若干重要问题"，载《国家检察官学院学报》2007 年第 1 期。

是该取证手段将严重影响司法公正。同时还应当注意，在排除关键实物证据时，上述标准应当从严掌握。

3. 对于非法证据的衍生证据即"毒树之果"应承认其效力

"毒树之果"理论（the fruit of the poisonous tree），即凡由非法方法取得的证据是"毒树"，从其中获取资料进而获得的其他证据，则为毒树之"果实"。"毒树之果"包括以刑讯逼供、威胁、引诱等方式取得的言词证据、非法取得的物证以及其他违法行为所衍生的证据，具体表现形式包括言词证据和实物证据。世界上对"毒树之果"作出明确规定的国家只有美国和英国。美国采取"砍树弃果"原则。其最高法院坚决反对使用通过非法证据获得的材料，认为"禁止以某种方式取得证据的实质，并非仅指该项证据不得为本院所采用，而是在根本上就不得加以利用"。但考虑到打击犯罪的需要，后来又确立了"独立来源"的例外、"必然发现"的例外、"稀释"的例外、"因果联系削弱"的例外等。[①] 而英国采用的是"排除毒树"而"食用毒树之果"的原则，即只要"毒果"具备相关性和其他条件，就可以采纳为定案根据。我们认为，在目前我国犯罪形势十分严峻、司法资源相对紧缺、司法人员素质参差不齐、侦查技术手段严重滞后的情况下，在"安全"和"自由"的价值选择上，不可矫枉过正，对"安全"价值不可偏废，于是不能将"毒果"纳入一概排除的范围。根据收集证据的违法行为与刑事诉讼程序相违背的程度、收集证据主体主观恶性的大小，可将非法取证行为分为三类：构成犯罪的违法取证行为；严重违法的取证行为；较轻微违法取证行为。如"毒树之果"是"构成犯罪的违法取证行为"和"严重违法的取证行为"取得的证据衍生来的，不具有可采性。但是，我们要借鉴美国的"毒树之果"原则设立若干例外。如"毒树之果"是"轻微违法取证行为"取得的证据衍生来的，不宜排除。另外，如果言词证据是侦查人员通过对证人或者被害人使用非法手段获得的，又以该言词证据为线索获得了其他证据，其他证据具有证明效力。因为衍生证据的取得没有侵犯犯罪嫌疑人、被告人的合法权益，不能因为对第三人实施违法行为而让犯罪嫌疑人、被告人获益。并且，受害的证人、被害人可以通过诉讼请求国家赔偿。

（四）确立我国传闻证据规则的基本设想

在推进司法改革的大背景下，为确保死刑案件的质量，借鉴国外的传闻证

---

① 参见汪海燕、胡常龙：《刑事证据基本问题研究》，法律出版社 2002 年版，第 307—310 页。

据规则在我国具有现实的意义。首先，确立传闻证据规则有助于证人出庭作证。证人出庭作证问题一直是困扰我国刑事审判方式改革的"瓶颈"，司法实践中出庭作证者寥寥可数，被告人的质证权难以落实，庭审缺乏对抗色彩，庭审过程仍易流于形式，致使刑事审判方式改革的目标难以实现。其次，传闻证据规则可以通过对证明力不高的证据材料的过滤，促进事实真相的查明。在我国的司法实践中，证人不出庭作证的直接后果是大量传闻证据被法庭采纳，特别是书面证言的恶性膨胀。而由于传闻证据的固有缺陷往往会妨碍事实真相的查明，因此难保不会产生冤假错案。再次，确立传闻证据规则有助于保障人权。遏制刑讯逼供、防止非法取证，制度保障是关键。传闻证据规则排除庭外陈述的证据能力，犯罪嫌疑人向警察、检察官所作的供述并不当然具有效力，还要经过法庭的对质才可能被法庭采纳，这有助于从源头上防止非法获取口供行为的发生，具有与非法证据排除规则相似的功能。最后，传闻证据规则可以增强诉讼的对抗性，使法庭上的交叉询问落到实处。

但是，尽管在我国确立传闻证据规则具有必要性和紧迫性，但绝不意味着我国可以全盘照搬英美法的传闻证据规则。我们认为，借鉴传闻证据规则必须考虑我国无陪审团裁决事实的机制，考虑我国的对抗性尚不彻底的现实，考虑我国法官判断证据能力不强的实际情况，考虑我国引进该制度的成本和司法资源。根据以上思路，我国刑事诉讼中的传闻证据规则可以从以下三方面进行构建。

首先，刑事诉讼法应当明确规定传闻证据规则的一般原则，即"传闻证据，除法律另有规定的以外，应当予以排除，不能作为定案的根据"。但同时借鉴日本刑事诉讼法的规定，[①] 我国立法可以规定简易审理程序和被告人认罪的普通审理程序不适用传闻证据规则，以降低司法成本，提高诉讼效率。

其次，应当合理设定该规则的适当例外。确立传闻证据规则的重点和难点就在于如何设计该规则的例外规定，参考国外立法，可以考虑设置如下例外情形：

1. 证人因客观原因无法出庭作证的例外

包括：（1）证人等已经死亡、下落不明、旅居国外、路途遥远而无法传唤的；（2）在审判期间身患重病、精神障碍、行动极为不便而无法陈述的；

---

① 日本刑事诉讼法规定，对于简易审判程序、简易程序和交通即决裁判程序，因当事人无争执，且案件轻微，为谋求减轻诉讼关系人之负担及增进法院审理案件之效率，不采用传闻法则。参见［日］土本武司：《日本刑事诉讼法要义》，董璠舆、宋英辉译，五南图书出版公司1997年版，第349页。

（3）证人到庭后无正当理由拒绝作证的。但是，要求所有证人出庭作证，不仅成本高、难度大，而且不一定效果就更好，因而是不可能的，也是不必要的。如果证言对案件的审判不起直接决定作用的，或者双方当事人对庭外证言的使用均无异议的，证人可不必出庭作证。

2. 先前陈述的例外

一是在先前审理程序中作出的陈述，例如一审中的证人出庭作证，二审的时候没有到庭，则可以采纳其一审中记载的证言；二是证人、被告人的庭外陈述与当庭陈述不一致时，证人的先前证言、被告人的庭外供述可以作为弹劾其品格的证据使用，在特别可信赖的情况保障下，可以作为定案根据使用；三是不利于己的先前陈述，但是被告人的庭外自白除外。

3. 特定文书证据的例外

公务文书和业务文书，虚伪的可能性小，具有较高程度的可信性，因此可以规定下列文书具有证据能力：（1）公务员职务上制作的文书，但是警察、检察官基于刑事诉讼法上的职责而制作的笔录除外；（2）因通常业务上制作的文书，但是具有不可信的显然情形除外；（3）其他具有特别可信性的文书，但是鉴定结论不在此列。

4. 法官自由裁量的例外

从最近英美法传闻证据规则的变革中可以看出，法官裁量权是避免传闻规则僵化的有效措施，也能更好地实现国家的司法利益。英国《2003 年刑事司法法》就规定，对于第一手传闻，甚至是多重传闻，如果法官认为采纳该证据不违背司法的利益，该传闻证据就具有可采性。①

---

① ［英］内政部：“英国 2003 年刑事司法法立法说明”，郑旭译，载陈光中主编：《21 世纪域外刑事诉讼立法最新发展》，中国政法大学出版社 2004 年版，第 154 页。

第八章

死刑案件程序法律监督

　　死刑案件的程序正当性，是我们在审视死刑案件程序法律监督时，首先需要关注和面对的话题。正当法律程序（Due Process of Law）源自西方的自然法学说，其思想源头可以追溯到古希腊、古罗马时期。据英国学者考证，当时的人们认为"若一个人未经审判或定罪（akriton krteinein）而被判处死是一种暴行……是不经判决的暴力"，这表明在当时"至少存在着一种强烈的，即使并不专业性的支持有序的、无偏的司法程序的情感"。① 在权力和权利的斗争历史中，人们对程序公正和正义的追求始终没有停止。死刑案件法律监督的一个重要方面，正是从侦查到审判的程序正当性问题。

一、死刑案件法律监督存在的主要程序问题

（一）死刑案件侦查监督程序存在的问题②

　　侦查程序是死刑案件在内的一切刑事案件诉讼程序的重要组成

---

　　① ［爱尔兰］J. M. 凯利：《西方法律思想简史》，王笑红译，法律出版社 2002 年版，第 29—30 页。

　　② 此处的侦查监督是指人民检察院依照法定的职权和程序，通过法定手段和途径，对侦查机关及其部门追诉犯罪的刑事侦查活动是否合法，在认定事实和适用法律上是否正确进行审查、判断、指导和纠正的专门活动。也就是说，侦查监督既包括对侦查机关程序违法方面的监督，也包括对侦查机关实体违法方面的监督。

部分，对死刑案件的质量有着至关重要的意义。"就司法实践而言，起诉和审判在很大程度上依赖侦查的结果，99%以上的有罪判决率，事实上是靠强有力的侦查来维系的。如果单从国家追究犯罪的效果这个角度来观察中国的刑事程序，侦查毫无疑问是整个程序的中心，在一定意义也可以说，真正决定中国犯罪嫌疑人和被告人命运的程序不是审判，而是侦查。"① 侦查活动的核心是收集证据，为庭审作准备。根据我国《诉讼法大辞典》的定义，司法人员违反法定程序、以非法手段获得的证据，以及证据的内容、证据的表现形式、收集证据的主体等因素不合法的证据都是属于"不符合法定来源和形式的或者违反诉讼程序取得的证据资料"。围绕证据展开的一系列侦查行为虽然是侦查机关在法律规定的限度内依职权主动进行的，具有行政性，但是侦查程序毫无疑问应当受到司法审查和制约，因此我们有必要高度关注非法收集证据的侦查活动，将其纳入法律监督的范畴。②

通过审视目前被曝光的一批错案，我们不难发现这些错案无一例外地存在侦查程序违法问题，例如佘祥林故意杀人案、杜培武故意杀人案等，均存在刑讯逼供等违法取证问题。这些死刑错案暴露出来的侦查程序法律监督缺失问题值得我们深思。在佘祥林故意杀人案的侦查过程中，虽然京山县检察院指派办案人员提前介入侦查，但对侦查活动没有进行监督；对由公安人员带路指认作案现场等异常侦查行为未提出异议，更未制止；在审查批捕时，面对佘祥林无罪辩解与四次矛盾供述，未能把住事实关、证据关，而是轻率批捕。京山县检察院起诉科1994年审查案件时，承办人发现该案在证据上存在较多疑点，提出了补查意见，对侦查机关未按退查要求补查现场、作案工具、尸源、死者衣物来源、死者血迹、被烧衣物等关键证据、重大情节以及未进行 DNA 检测等

---

① 孙长永：《侦查程序与人权·比较法考察》，中国方正出版社 2000 年版，第 5 页。
② 目前对侦查程序中的取证活动进行法律监督的法律依据包括：《刑事诉讼法》第 43 条的规定"审判人员、检察人员、侦查人员必须依照法定程序，收集能够证实犯罪嫌疑人、被告人有罪或者无罪、犯罪情节轻重的各种证据。严禁刑讯逼供和以威胁、引诱、欺骗以及其他非法的方法收集证据"。《最高人民法院关于执行〈中华人民共和国刑事诉讼法〉若干问题的解释》第 61 条中规定："凡经查证确实属于采用刑讯逼供或者威胁、引诱、欺骗等非法的方法取得的证人证言、被害人陈述、被告人供述，不能作为定案的根据。"最高人民检察院在《人民检察院刑事诉讼法规则》第 265 条规定："严禁以非法的方法收集证据。以刑讯逼供或者威胁、引诱、欺骗等非法的方法收集的犯罪嫌疑人供述、被害人陈述、证人证言，不能作为指控犯罪的根据。人民检察院审查起诉部门在审查中发现侦查人员以非法方法收集犯罪嫌疑人供述、被害人陈述、证人证言的，应当提出纠正意见，同时应当要求侦查机关另行指派侦查人员重新调查取证，必要时人民检察院也可以自行调查取证。"

未能把关；在公安机关未按要求补充证据的情况下，仍然提出了对佘祥林提起公诉的意见。荆门市检察院公诉处承办人审查案件时，在发现案件疑点较多，佘祥林称公安机关对其刑讯逼供、诱供，否认杀人的情况下，对佘祥林多次申诉、提审时的辩解、入狱后的体伤等均未全面复核；有关人员对承办人审查佘案后提出的"间接证据不能形成锁链、作案凶器未找到、不能排除张在玉出走可能"的意见，未引起重视并予以采纳。① 正是由于侦查程序中存在着这些法律监督的空白，导致侦查权没有得到严格的司法控制，从而使随后的审判程序缺乏正当性基础。

1. 侦查取证活动不规范

（1）取证主体不合法。某直辖市区公安局侦查的一起贩卖毒品案件中，竟然出现了参与毒品交易的证人作为侦查人员收集证据的情况。该案移送审查起诉后，检察院立即发出纠正违法通知书要求侦查机关对该情况予以纠正。② 该案例属于取证主体不合法的典型。我国法律规定收集证据的合法主体包括侦查人员、检察人员、审判人员以及辩护律师，而目前存在的取证主体不合法现象主要包括以下两种情形：

一是非刑事诉讼法规定的主体作为刑事诉讼活动中的取证主体，如某些类型的刑事案件立案前是由行政执法机关或者纪检监察机关作为前期开展调查的主体进行材料收集工作。我们认为，在正式进入刑事诉讼程序以前，由这些机关对问题展开初步的调查工作是于法有据的。③ 但是进入刑事诉讼程序以后，这些主体所获得的载有证据信息的材料应当转换后才能作为刑事诉讼的证据使用。④ 又如，对妇女的人身检查，未严格由妇女或医师进行；有侦查机关违反

---

① 参见高检院：《关于认真组织学习讨论佘祥林等五个典型案件剖析材料的通知》。

② 渝检一分院公一纠违〔2005〕1号。

③ 相关行政执法依据较多，如《中国共产党纪律检查机关案件检查工作条例》第10条规定："纪检机关对检举、控告以及发现的下列违纪问题，予以受理：（一）同级党委委员、纪委委员的违纪问题；（二）属上级党委管理在本地区、本部门工作的党员干部的违纪问题；（三）同级党委管理的党员干部的违纪问题；（四）下一级党组织的违纪问题；（五）领导交办的反映其他党员和党组织的违纪问题。属下级党委管理的党员和党组织重大、典型的违纪问题，必要时也可以受理。"又如《中华人民共和国税收征收管理法》第77条第1款规定："纳税人、扣缴义务人有本法第六十三条、第六十五条、第六十六条、第六十七条、第七十一条规定的行为涉嫌犯罪的，税务机关应当依法移交司法机关追究刑事责任。"

④ 例如重庆市高级人民法院、重庆市人民检察院2006年7月出台的《关于办理高速公路交通肇事刑事案件证据运用问题的意见》中规定："重庆市交通行政执法总队高速公路支队依法取得的物证、书证、鉴定结论、勘验、检查笔录等证据材料，经公安机关依法调取后，可以作为交通肇事刑事案件的证据使用。"

回避的相关规定，进行勘验检查的情形。法律规定此类回避，是为了防止有关司法人员因同案件当事人有某种利害关系或其他特殊关系而受个人感情、恩怨及私人成见的影响而徇私舞弊，确实保证司法人员依法办案，切实维护当事人的利益，消除其思想顾虑，增加其对有关办案人员的信任感。此外，实践中还存在参加勘验的人员未签名，而签名者系没有参加勘验的人员的情况。出现这类情况的原因通常是侦查机关内缺少具备勘验资格的专门人员，因而导致没有资格的人参加勘验、在笔录上签名却是没有参加勘验的人。不论该现象是何原因形成，从客观上看，这一做法严重违背取证的真实性原则及合法性原则，对此类证据不应当认定为合法，不能据此定罪量刑。

二是刑事诉讼法规定的有限定范围的取证主体超越管辖取证的。具体分为两类，包括一开始具备侦查管辖权，后来发生变更和自始至终没有侦查管辖权两种类型。前者如公安机关一开始以涉嫌职务侵占罪立案侦查，在侦查过程中发现系国家工作人员实施的职务犯罪，应当由检察机关立案侦查的情形。① 后者如既非犯罪发生地也非犯罪人所在地的侦查机关，对不属于自己地域管辖的案件进行立案侦查的。我们认为，前者属于不纯正的取证主体不合法，只需要对证据进行转换，就可以作为合法证据使用。② 而后者则属于纯正的取证主体不合法，所取证据应当作为非法证据加以排除。

（2）取证程序不合法。取证程序不合法在侦查程序中体现为刑讯逼供、暴力取证等问题。比较典型的案例如杜培武故意杀人案，云南省昆明市戒毒所民警杜培武因涉嫌杀害两名警察被羁押，随后在侦讯过程中遭受拳打脚踢、吊挂悬空、不让睡觉等各种酷刑折磨长达 21 天。作为一名警察，他事先对这种逼供是有一定的心理准备的，但侦查人员采用的刑罚手段和强度却远远超出了他的生理和心理的忍受极限，精神多次濒临崩溃。只求速死的杜培武在无法忍受的情况下只能招认杀人一事，在警察的一次次诱供下完成口供。

杜培武案所反映出的非法取证问题极具代表性，被刑讯逼供人是警察，对刑事法律较为熟悉，原本应当拥有更强的自我保护能力和维权意识。然而当强大的国家机器以非理性的方式运行时，个体的权利被漠视，个人的尊严被碾

---

① 参见《公安机关办理刑事案件程序规定》第 21 条："公安机关侦查的刑事案件涉及人民检察院管辖的案件时，应当将属于人民检察院管辖的刑事案件移送人民检察院。涉嫌主罪属于公安机关管辖的，由公安机关为主侦查；涉嫌主罪属于人民检察院管辖的，公安机关予以配合。"

② 如果在审判环节改变定性的，一般认为该类证据不需要转换使用，参见刘福长："法院改变案件定性是否需要转换证据"，载《人民检察》2006 年第 11 期。

压。这一切最终都可以归咎于正当法律程序在司法实践中不被严格地遵循和看待。"虽然在不同的历史时期、不同的国家或地区关于'正当程序'可能会有不同的理解，但其基本思想总是一脉相承的，那就是：官方追究犯罪的一切活动，必须通过适当的法律程序进行，为此，官方的强制权力必须受到立法和司法的严格控制；被官方怀疑或指控有罪的公民的个人权利必须得到严密的保障；司法机关必须独立、公正地行使裁判权，在官方追究犯罪的合理需要和人民的权利保障之间保持适度的平衡。"[①] 因此，我们可以将正当程序解读为对权力的制约、对权利和自由的伸张。

然而对于"正当程序"这一舶来品，我们似乎缺乏文化认同感。因为我们的社会历史背景和社会基础与现代法治所需要的土壤相去甚远，"统领西方传统文明主流并对近现代西方政治理念、制度产生深远影响的是人民主权。人民主权表明国家权力由人民所有，天下是天下人的天下，国家权力是天下人的，其集大成者是法国伟大的思想家卢梭。卢梭认为，民主国家是在社会契约的基础上产生的，每个缔约者毫无例外地向它交出了全部权利，因此每个公民都是国家权力的主人"，而"中国的传统权力文化观最集中地体现为君主专制，其实质就是君主对于国家权力的独占与绝对私有"。[②]

传统文化的差异也必然导致观念的不同，正如前文所提到的杜培武案件，检察机关没有对侦查机关的违法取证行为进行监督，本来应当履行法律监督职责的监督者在这样一起性命攸关的死刑案件上失语了，此时的监督已不再是制约侦查机关的神圣权力，而成为了与侦查机关同仇敌忾打击"犯罪"的有力工具。透过这一起案件我们可以审视死刑案件侦查程序法律监督的现状，也可以看到更远的将来，在追寻正当程序的道路上，法律监督在权力与权利之间做着艰难的平衡。

（3）证据形式不合法。证据形式合法性属于侦查程序法律监督的对象之一，我国刑事诉讼法规定了七种证据形式，证据形式不合法在司法实践中的表现包括制作证据形式不规范、讯问笔录只有一名侦查人员签名、扣押物品清单无见证人签字等。从严格意义上讲，证据形式不合法的取证活动如果没有侵犯

---

① 孙长永：《探索正当程序：比较刑事诉讼法专论》，中国法制出版社 2005 年版，第 4 页。

② 石柏林："权力文化观与现代法治"，载《徐州师范大学学报》（哲学社会科学版）2007 年第 1 期。

当事人的诉讼权利，属于有瑕疵的取证活动。① 对于这类证据形式不合法的问题，有的检察机关采取补救、完善的方式进行法律监督。② 在实践中也取得了一定的效果，"避免了冤假错案，更重要的是提高了案件质量、办案效率，最大限度地维护了当事人的合法权益"③。

值得注意的是，目前游离在法定证据之外一些载有证据信息的材料形式合法性缺乏明确规定。例如以刑警队、派出所、公安局的名义出具的证明材料，往往是证明侦查人员抓获犯罪人的经过、讯问过程合法性、犯罪人的检举立功情况等。这些"说明材料"能够证明案件的诉讼经过和犯罪人的量刑情节，在司法实践中被广泛运用。但是由于这类材料难以被划分到现有的证据形式中，因此对其形式合法性的法律监督缺乏明确依据。以影响量刑情节的立功材料为例，在实践中有以侦查人员个人名义出具的，也有以刑警队、派出所等非独立单位名义出具的，这种形式上的混乱和不统一带来的危害就是证明材料出具的随意性和司法审查的盲目性，也为司法腐败提供了一块不受制约的空间。

例如，某直辖市中级人民法院在审理罗某贪污、受贿上诉案过程中，凭借

---

① 一般对于侦查程序中非法取证的关注更多地集中在证据"获得"的非法性，参见 M. Delmas – Mary and J. A. E. Vervaele：the Implementation of the Corpus Juris in the Member-States，将非法证据分成三类：第一类是非法获得的证据（evidence obtained illegally），如通过闯入住宅或盗窃等不法行为而获得的证据；第二类是违规获得的证据（evidence obtained irregularly），即以违反法律规则的方式收集来的证据，例如，法律规定律师必须在场，但证据却是在律师未在场的情况下收集的；最后一类是不正当获得的证据（evidence obtained mi properly），即以欺骗的方法收集到的证据，例如，警察对犯罪嫌疑人谎称，在用来实施犯罪的手枪上已发现了他的指纹印，从而获得了嫌疑人认罪的口供。

② 参见上海市人民检察院 2006 年制定的《上海市检察机关公诉部门非法证据排除规则的实施细则（试行）》第 4 条："对虽未严格遵守法律规定收集、调取证据，但未造成严重侵犯诉讼参与人的合法权益及严重影响司法公正等后果的，经核实内容真实，在案件中具有不可替代作用且无法按规定重新收集，通过合理转换、制作说明等补救方法能够补充完善的，可以作为指控犯罪的根据。"类似的地方性规定还有郑州市检察院、郑州市公安局 2006 年会签的《郑州市检察院、郑州市公安局关于排除非法证据的若干规定》（以下简称《规定》）、四川省高院、省检察院、省公安厅 2005 年联合下发的《关于规范刑事证据工作的若干意见（试行）》等。

③ 据郑州市检察院公诉一处负责人介绍，《规定》出台后，郑州市检察院公诉一处受理各类刑事案件 181 件 335 人，同比上升 14.2%；审结 155 件 285 人，审结率同比上升 2.8%；起诉数同比上升 25.8%，所有起诉案件均获有罪判决；公安机关移送的案件质量大幅提高，撤回案件数与去年同比下降 75%。参见高传伟："郑州规定刑讯逼供等方式取得证据不予采纳"，载《检察日报》2006 年 10 月 16 日。

一纸派出所出具的证实材料，认定罗某有检举立功情节，将一审判处的有期徒刑四年减轻改判为有期徒刑两年零六个月。[①] 后经过检察院侦查，发现该案的立功说明系虚假信息。这样一纸伪证是如何出炉的呢？在上诉期间，辩护人为了帮助罗某在二审判决中实现减轻刑罚的目的，与当地的一名副庭长、派出所副所长、看守所民警共谋，为罗某出具了其举报陈某盗窃案（该案确有其案，但并非通过检举发现线索）的虚假证实材料，通过看守所民警将检举信传递给罗某抄写，以某派出所的名义出具了证实材料。辩护人、副庭长、副所长、民警从中收受罗某家属给予的好处费人民币 2 万元，为此，法院以伪造证据罪分别判处四人六个月至有期徒刑一年半不等的刑罚。[②]

2. 人身强制措施适用不规范

在我国刑事诉讼中，刑事强制措施是指"公安机关（国家安全机关）、人民检察院、人民法院为了保证刑事诉讼的顺利进行，防止发生逃避侦查和审判的意外情况，依法对犯罪嫌疑人、现行犯和被告人采取的暂时限制人身自由各种强制方法的总称"。[③] 根据"两院两部"《确保死刑案件质量意见》的明确要求，办理死刑案件要坚持惩罚犯罪与保障人权相结合的原则。由于强制措施是对人身自由的限制与剥夺，与人权保障有极其密切的关系，加之死刑案件的特殊性，故对死刑案件犯罪嫌疑人采取强制措施时，更要尊重其诉讼地位，严格保障其合法的诉讼权利，以实现保障刑事诉讼的顺利进行，排除犯罪嫌疑人逃避侦查和防止其继续犯罪的法律价值。

根据我国《刑事诉讼法》的规定，强制措施有五种，即拘传、取保候审、监视居住、拘留和逮捕。其中取保候审与监视居住仅仅"限制"而不是"剥夺"人身自由，拘传则剥夺自由时间较短，而拘留和逮捕却附带有相当长的人身羁押后果。在侦查、起诉阶段，除了侦查机关逮捕犯罪嫌疑人时必须经过检察机关批准以外，所有的人身强制措施均由侦查机关自行决定，即使是最严重的人身强制措施——逮捕，也无须在作出批准决定前听取犯罪嫌疑人或其辩护人的意见。刑事拘留与逮捕作为死刑案件中侦查机关适用的主要的强制措施，与其后续的羁押行为没有实现程序上的分离，以致羁押成为刑事拘留和逮捕的自然结果，导致了侦查羁押适用的普遍化。此外，由于法律上关于适用人身强制措施的目的、理由、程序、救济渠道等，规定得不够具体或不尽合理，加之其他诸种因素的影响，司法实践中，非法拘禁、任意拘留尤其是超期羁押

---

① （2004）渝四中法刑终字第 12 号刑事判决书。

② （2005）黔刑初字第 21 号刑事判决书。

③ 徐静村主编：《刑事诉讼法》（上），法律出版社 1997 年版，第 203 页。

现象屡禁不止，严重地侵犯了犯罪嫌疑人的人身权利。

（1）刑事拘留适用不规范。我国刑事诉讼法规定，刑事拘留是侦查机关在紧急情况下，对某些现行犯或者重大嫌疑分子，依法决定采用的临时剥夺其人身自由的强制方法。其主要特征表现为：一是它由公安机关或检察机关依法决定，由公安机关执行；二是它是在紧急情况下采用；三是刑事拘留是一种暂时性强制性措施。在我国，刑事拘留必然导致羁押的强制措施在实践中已成为一种常态。而从我国死刑案件刑事拘留强制措施的适用现状来看，主要存在以下问题：

第一，不按法定期限执行刑事拘留。根据我国刑事诉讼法规定，刑事案件中犯罪嫌疑人最长的拘留期限是14天，而对有流窜作案、结伙作案、多次作案嫌疑的犯罪嫌疑人最长拘留期限是37天。司法实践中，最长特定拘留期限并非只适用于有"流窜作案，结伙作案，多次作案"嫌疑的"特殊拘留"。究其原因，一方面是由于侦查机关执法不规范所带来的必然结果，另一方面也是由于我国刑事拘留的期限配置不当造成的。从中外比较来看，我国刑事拘留的羁押时间在世界范围内是相当长的，这对公民的人身自由权利构成极大威胁，同时也违反了我国参加的有关国际公约。我国1998年10月签署的联合国《公民权利和政治权利国际公约》第9条第3项规定："任何因刑事指控被逮捕或拘禁的人，应被迅速带见审判官或其他经法律授权行使司法权力的官员，并有权在合理的时间内受审判或释放。等候审判的人受监禁不应作为一般规则，但可规定释放时应保证在司法程序的任何其他阶段出席审判，并在必要时报到听候执行判决。"我国侦查机关将被刑事拘留人羁押14天甚至37天的做法显然与"应被迅速带见审判官或其他经法律授权行使司法权力的官员"的规定相去甚远。

第二，以拘代侦现象严重。在我国刑事诉讼中，刑事拘留作为一种重要的侦查手段被广泛地采用。侦查机关在办案中时常把采取拘留措施作为向犯罪嫌疑人施加心理压力、赢得调查取证时间的重要途径。死刑案件办理中侦查机关有时基于"命案必破"的压力，不顾刑事诉讼法的规定，对"重大嫌疑分子"作扩大解释，将一些通过摸底排查出来的所谓"重点人员"均视为"重大嫌疑分子"，并且不管是否符合《刑事诉讼法》第61条对刑事拘留规定的七种情形，一律拘留，以求获取线索破获案件。这种办案方式对刑事拘留过分倚重，导致一些侦查机关为了突破案件，扩大办案成果，必然看重犯罪嫌疑人供述在案件中的作用，从而利用拘留剥夺嫌疑人人身自由、断绝其与外界接触、促使嫌疑人心理防线弱化的功能，加大突破犯罪嫌疑人的审讯力度，在一定程度上容易诱发刑讯逼供。

第三，变相延长拘留期限。我国《刑事诉讼法》第 128 条规定，在侦查期间，发现犯罪嫌疑人另有重要罪行的，自发现之日起依照刑事诉讼法第一百二十四条的规定重新计算侦查羁押期限。有的公安机关以涉嫌甲罪拘留犯罪嫌疑人并提请逮捕，当检察机关作出不批准逮捕决定后，公安机关则在办理释放手续的同时又以乙罪对该犯罪嫌疑人实施拘留，再以乙罪向检察机关提请逮捕，甚至还出现了对同一个人再以丙罪提请逮捕的问题。这种做法变相延长了犯罪嫌疑人的拘留时间，是于法无据的，检察机关应当予以及时纠正。否则拘留权的适用会过于膨胀，在保护犯罪嫌疑人的合法权利方面会产生消极影响。

第四，被拘留者的实质性救济措施的缺位。现代法治国家，凡是涉及限制或剥夺犯罪嫌疑人或被告人人身权利的措施时，都有以下特征：一方面，对权力的行使进行了最大程度的制约，权力的行使有着极为严格的程序要求；另一方面，被限制、剥夺权利的人拥有必要的、可实现的权利保障措施，如知情权、异议权、律师帮助权等。就第二个方面而言，我国刑事拘留中被拘留者缺乏一些基本的程序性保障措施和实质性救济措施。例如，执行拘留时的告知内容不充足。告知的对象是被拘留者的家属或单位而非本人，告知的内容仅限于拘留逮捕原因与羁押的处所，而一般不告知其被拘留的理由，更谈不上告知其享有的具体权利尤其是如何行使这些权利，而且通常被拘留者不享有异议权。虽然刑事诉讼法规定，犯罪嫌疑人或律师可以就其诉讼权利的限制或羁押期限的延长等问题提出申诉控告，但这种申诉和控告不能向司法机关提起，而只能向侦查机关的上级机关提起申诉，或向诉讼程序之外的部门，如信访、人大等机构提出"上访"。此外，被拘留者的律师帮助权也未能切实保障。我国《刑事诉讼法》第 96 条规定："犯罪嫌疑人在被侦查机关第一次讯问后或者采取强制措施之日起，可以聘请律师为其提供法律咨询、代理申诉、控告。"实践中犯罪嫌疑人获得律师帮助通常都是第一次讯问之后，而第一次讯问往往是犯罪嫌疑人心理最为脆弱，也是侦查人员最为容易侵犯其权利之时。所以，律师介入诉讼的滞后实质上导致了被追诉者律师帮助权的落空。此外，还有一个问题，我国律师不享有审讯时的在场权，故在拘留的审讯期间，即使侦查人员有侵犯犯罪嫌疑人权利的情形，也不能得到律师的帮助。

（2）逮捕适用不规范。在我国，死刑案件中适用逮捕这一强制措施存在以下几个方面的现实问题：

第一，死刑案件中逮捕强制措施的适用存在捕押合一的普遍化现象。在中国的审判前阶段，无论是在实体上，还是在适用程序上，羁押与逮捕都没有实现严格的分离。逮捕这一强制措施已等同于羁押，法律没有规定独立的羁押条件，也没有规定逮捕后变更为羁押的程序。由于逮捕的功能被片面夸大、混淆甚至异化，造成了逮捕适用扩大化、普遍化的现状；同时由于片面强调逮捕的作用，将逮捕作为打击犯罪和维护社会稳定的工具，把逮捕视为惩罚的一种方式，使逮捕一定程度上承担了预支刑罚的功能。在司法实践中，在侦查阶段，羁押期间与办案期间合二为一，在审查起诉和审判阶段，羁押期限无须审批自动延长，甚至存在超过诉讼期限也不释放的情况。这一现状，与《公民权利和政治权利国际公约》第9条第3款的规定是相背离的，该条款明确规定，"等候审判的人受监禁不应当作为一般规则，但可规定释放时应保证在司法程序的任何其他阶段出席审判"。绝大多数西方国家都以犯罪嫌疑人在被逮捕后保释为原则，以受羁押为例外。而我国司法实践中，以羁押为原则，以取保候审为例外的侦查方式已经成为诉讼中的常态。

第二，逮捕后的羁押期限长。我国刑事诉讼法对逮捕后的侦查期限虽然作了较为明确的规定，却又规定了多种可以延长的情形，而使羁押期限过长，一定程度上违背了逮捕"临时性"的特点。虽然每一次延长都要经检察机关审批，公安机关只要向上一级检察机关或省级检察机关提交《提请批准延长侦查羁押期限意见书》及简要案情，无须对延长的理由进行充分说明，而检察机关对材料的审查是通过书面方式进行的，并不当面听取犯罪嫌疑人、被告人的意见，这种提请极易获得批准，故造成被告人在合法逮捕后，羁押期限被屡屡延长，不能切实保障犯罪嫌疑人的合法权益。

第三，死刑案件中逮捕后很难变更强制措施。根据我国刑事诉讼法第74条、第75条的规定，"犯罪嫌疑人、被告人被羁押的案件，不能在本法规定的侦查羁押、审查起诉、一审、二审期限内办结，需要继续查证、审理的，对犯罪嫌疑人、被告人可以取保候审或者监视居住"。"对于被采取强制措施超过法定期限的犯罪嫌疑人、被告人应当予以释放、解除取保候审、监视居住或者依法变更强制措施。"侦查机关应当依职权主动审查是否存在超期羁押的情形，并应当对符合法定条件的犯罪嫌疑人变更强制措施。司法实践中，公安机关出于打击犯罪的需要，往往对于不能在法定期限结案的，也未变更强制措施，侵犯了死刑案件犯罪嫌疑人的诉讼权利。

第四，无有效的羁押替代措施。基于无罪推定原则，西方国家将羁押视为一种例外措施，并普遍适用羁押中的保释制度。无论英美法系还是大陆法系国家，都有比较完备的保释制度，将保释作为羁押的替代措施。一方面，大量适用保释可以节约国家为羁押犯罪嫌疑人所必要的资源；另一方面，保释的适用可以保证犯罪嫌疑人的基本权利，实现程序公正。我国刑事诉讼法虽然也有取保候审的规定，但从整个强制措施体系来看，取保候审是一种单独的强制措施，有其独立的适用对象和适用条件，而不是逮捕羁押的一种替代措施。

（3）羁押普遍化。在死刑案件的办理中，羁押与刑事拘留与逮捕相比，并不是一种法定强制措施，而是由刑事拘留和逮捕的适用所带来的持续限制犯罪嫌疑人、被告人人身自由的当然状态和必然结果。从剥夺犯罪嫌疑人的人身自由这一点出发，羁押与拘留、逮捕似有相同之处，但实际上三者在性质上是不同的。拘留与逮捕只是一种强制到案行为，只能短暂剥夺人身自由，而羁押是强制到案后进一步处置的状态。考察英、美、法、德、日等法治国家，无论拘留或逮捕，都是一种强制到案的方法，可以作为收集口供和其他证据的侦查手段来运用。但是，在犯罪嫌疑人被强制到案后，如果需要较长时间关押的，必须经过法院批准，变更为羁押措施。因此，羁押是一种不同于逮捕或拘留的强制措施。① 而我国刑事诉讼法没有将未决羁押作为一项独立的强制措施进行设置，而是作为刑事拘留、逮捕的自然延续和必然结果，从而造成我国未决羁押适用普遍化。

羁押普遍化容易带来一系列的危害后果。例如，异地办理的刑事案件中，虽然当地公安机关因其他犯罪事实已将犯罪嫌疑人刑事拘留或逮捕，但办案单位因受逮捕人犯数量等工作任务压力，在将其押回本地后，又再次办理刑拘、逮捕手续，此类情况屡有发生。这不仅违反了我国刑事诉讼法的相关规定，而且严重侵犯了犯罪嫌疑人的人身权利，人为造成了对犯罪嫌疑人的超期羁押和将来执行折抵刑期的困难。此外，从我国羁押场所的设置地点来看，将羁押场所作为侦查机关的附属机构，无疑便于公安侦查人员随心所欲地提审犯罪嫌疑人。从逻辑上看，看守所与刑事侦查部门的关系越密切，被羁押者的权利和自由就会面临越大的被侵犯的危险，公平与正义也就越难实现。②

（二）死刑案件审判监督程序存在的问题

死刑案件的程序正当性要求实现法官的中立，要求裁判者在发生争端的各方参与者之间保持一种超然和无偏袒的态度和地位，而不得对任何一方有偏见和歧视。③ 法官的中立是以司法独立为前提的，我们强调司法独立，但同时也要看到对司法进行监督的重大意义。孟德斯鸠早已论述了这种必要性，"一切有权力的人都容易滥用权力，这是万古不易的一条经验"，"要防止滥用权力，就必须以权力约束权力"。因此，加强检察机关对法院的监督④是防止司法专

---

① 孙长永：《侦查程序与人权》，中国方正出版社 2000 年版，第 190—191 页。

② 陈瑞华："未决羁押制度的理论反思"，载《法学研究》2002 年第 5 期。

③ 陈瑞华：《刑事审判原理论》，北京大学出版社 2003 年版，第 54 页。

④ 检察机关对法院的监督包括审判监督，刑事判决、裁定监督和执行监督，此处我们探讨的特指死刑案件的审判监督和死刑执行监督。

横和司法腐败的良策之一，是从制度上保证司法公正的途径，只有建立起以检察机关的权力制约审判机关的权力这种司法机关（广义）内部的权力制约机制，才能保证监督的全面性、持久性和有效性。①

1. 死刑案件庭审法律监督局限于书面证言

据资料显示，全国约 90% 的案件证人是不出庭的，只是宣读证人证言。如在上海，刑事案件证人出庭率为 5% 左右。② 即使是在有可能判处死刑的重大复杂案件中，也鲜有证人出庭。在没有建立证据开示制度的情况下，控方或辩方证人所作的证言都是秘密的、书面的，证人也不用接受控辩双方的交叉询问，这样的庭审调查方式严重违反了直接言词原则。在庭审中大量使用书面证人证言带来的危害后果之一就是，控方或辩方要么在一片盲目中匆匆交锋，要么就频繁地面对证据突袭。由于法庭调查证据是以宣读书面证言的方式进行的，而大量的书面证言又并不属于庭前双方必须交换的范畴，因此握有书面证言的一方就具有绝对的优势，他对于宣读或者不宣读、宣读哪些证言拥有完全的自主权，而丝毫不必担心对方提出质疑。因为证人究竟作了哪些有利于或不利于指控的证言，没有掌握书面证言的一方毫不知情也无从掌握。

这就使得检察机关对庭审调查证据的法律监督局限于书面证人证言，缺乏完整审查和判断证人陈述真实性的基础。另外一个危害后果就是容易造成证人陈述的内容与客观真实相差甚远的弊端。虽然现行法律也规定如果证人作伪证应当承担相应的法律责任，但是因为证人不用在法庭上提供口头陈述，因此没有面对控辩双方的心理压力。同时由于搜集和固定证据的难度，在实践中以伪证罪追究刑事责任的情况也相对较少。这就使得证人证言极易受到外界因素干扰，从而变得充满戏剧性的变化，反复不定。在某直辖市区检察院办理的一起杨某故意伤害案③中，甚至出现了控方关键证人完全推翻其以前的书面证言，称之前证言系被害人收买他让他作伪证所提供的虚假内容。经过调查，该所谓的"收买"事实并不成立。证人之所以能够毫无顾忌地提供前后两份迥然不同的证言，关键原因不仅在于现行法律体系难以追究其妨害司法的刑事责任，更重要的原因还在于证人不用承担不出庭作证的消极后果。应当说，证人不出庭作证给司法实践所造成的危害已经到了必须改革、刻不容缓的地步。

2. 死刑案件法律监督依据的证明标准有待改进

证明标准作为司法实践中判断证据充分与证据不足、罪与非罪的直尺，是

① 参见"依法治国与司法体制改革研讨会纪要"，载《法学研究》1999 年第 4 期。
② 陈光中："关于刑事证据立法的若干问题"，载《南京大学法学评论》2000 春季号。
③ 合公诉字〔2006〕86 号。

刑事诉讼制度的一个重要组成部分。我国目前适用于死刑案件的证明标准缺乏可操作性，同时在侦、诉、审环节标准均为同一，与其他轻刑案件的证明标准也同一，不具备区别性。因此使死刑案件法律监督在证明标准问题上缺乏具备可操作性的依据。从实践效果来看，有的时候证明标准不再是向审判环节看齐，而是颠倒过来向侦查环节靠拢。由于侦、诉、审环节的证明标准同一，伴随着不诉率、无罪判决率的严格考核，导致侦结必诉、诉必判有罪的局面，在侦查环节被确定的事实基本不可能被否定，形成了我国刑事案件侦查、起诉、审判严密协作一条龙的局面。无可否认的是，我国打击犯罪的司法工作以高效率著称，各地公安机关提倡的"命案必破"口号足以让人敬佩侦查机关的业绩和能力。但是另一方面，我们也不能不遗憾地看到个别错案触目惊心，如前文所述的杜培武、佘祥林案件等。这让我们不得不对每年高达99%以上的有罪判决率①的案件质量持谨慎的保留态度。

3. 死刑二审程序法律监督存在空白地带

根据我国签署的联合国《对保障措施的补充规定》第2条规定："在所有死刑犯罪案件中规定强制性上诉并在复审时考虑恩减或特赦。"这里的强制性上诉应当理解为是死刑的救济程序之一，而不是可以放弃的权利。换而言之，死刑案件无论被告人自己是否提出复审的请求，均应自动转入上一级法院进行审理。从某种角度而言，"死刑案件是个人与国家尖锐对立的最高表现，因此在这种案件中赋予当事人以程序权利与国家对抗，不仅有利于通过当事人与国家之间的对话和沟通增强国家适用死刑的内在说服力，而且可以使当事人将心中的不满发泄出来，缓和与社会的对抗，从而减轻行政手段在解决社会冲突时所遇到的阻力。法律赋予当事人的程序权利越合理，当事人对国家依法适用死刑的反弹性就越低，对社会的不满就越有可能被诉讼的过程所吸收"②。

目前，我国检察机关实行死刑二审案件法律监督的案件范围仅限于死刑上诉、抗诉案件，对于未上诉也未抗诉的案件则无力监督。虽然死刑案件的被告人大多会自动提出上诉，但在实践中也不排除无辜者顶罪或认罪而不上诉的情形，后者发生的几率虽小，但导致死刑误判的危险较前者大得多。事实上，被告人不上诉有多种可能性：可能是因为认罪伏法而自动放弃权利，也有可能是因为对法律的绝望和身陷囹圄的无奈，还有可能是因为被告人对自己犯罪性质

---

① 仅以某直辖市2007年1月至11月的有罪判决率为例，无罪判决率为0.56‰，有罪判决率高达99.99944%。

② 杨正万："死刑的正当程序与死刑的限制"，载《死刑正当程序之探讨：死刑的正当程序学术研讨会文集》，中国人民公安大学出版社2005年版，第80页。

和法律的错误理解。总而言之，被告人不上诉不能必然得出判决正确无误的结论，相反，错过了具有纠错功能的二审程序反而可能给错杀和滥杀留下更大的空间。

4. 死刑案件审判委员会决议制度缺乏有效监督

审判委员会决议制度的法律渊源是我国《人民法院组织法》第11条的规定："各级人民法院设立审判委员会，实行民主集中制。审判委员会的任务是总结审判经验，讨论重大的或者疑难的案件和其他有关审判工作的问题。"从这一规定中我们可以看出，审判委员会的讨论是死刑案件必经的诉讼程序之一，因为所有的死刑案件都无一例外地属于重大案件。尽管审判委员会不直接主持或参加死刑案件的法庭审判，却实际承担着审判职能。

对于审判委员会在司法实践中暴露出的不足，最高人民法院负责人归纳为："组织形式行政化、存在'审而不判、判而不审'现象、以'会场'代替'法庭'等。"① 审判委员会决议制度的封闭性和行政性决定了它具有若干先天不足，具体而言，存在以下弊端。

首先，死刑案件的实质决定权掌握在远离证据、远离案件事实、远离控辩双方的审判委员会手中，违背了基本的直接审判原则。如果说审判委员会的法律适用水平更高倒也可以理解，但是关键在于大多数的死刑案件需要把握的是事实和证据问题，对于没有亲历法庭审理的审判委员会委员而言，通过"讨论"和"研究"显然是无法判断出案件事实真相的。因此审判结果中出现事实不清、适用法律不当的现象也就不足为怪了。

其次，死刑案件审判委员会决议制度缺乏法律监督的另一个弊端就是使司法过程出现高度政治化倾向。"会场"代替"法庭"的实质，就是带有浓厚政治色彩的会议讨论取代了司法活动，其结果或许与一时的某种政治需要合拍，却可能与法治原则相去甚远。虽然任何社会的法治建设都不能脱离当时的政治环境，但就具体司法过程而言，以政治导向取代法律规定显然是对法律尊严和法治秩序的破坏。

以上弊端决定了死刑案件审判委员会决议制度需要更强有力、更有效的法律监督，检察长列席审委会是检察机关实现法律监督的重要途径之一，但目前检察长列席审委会的法律依据仅有《人民法院组织法》第10条的规定："各级人民法院审判委员会会议由院长主持，本级人民检察院检察长可以列席。"对于死刑案件是否应当邀请检察长列席审委会、列席的具体职责范围，法律均未作明确规定。

---

① 张天蔚："审判委员会行政化弊端重重"，载中国法院网。

5. 死刑犯的人道权利不能得到很好的保障

死刑作为人类历史上最古老的刑种，执行方式也经历了从野蛮到文明的过程。1757 年，在巴黎格雷夫广场被处决的罗伯特·弗兰科伊斯·达米恩斯经历了数个小时的行刑后才死亡，一群拷打者在他的身体上打着、烧着、烫着、压着、挖着、割着，即使在当时看来，达米恩斯的命运也是可怕的。多少世纪以来，在所有的鲜血被擦净之后，报应的严酷历史留下来的是同样的绝望在抗议。那些被判处死刑的人最憎恨的不是肉体痛苦、恐惧、屈辱和丧失生命，而是被判处和被遗弃的感觉。① 为什么人们会对酷刑怀有普遍的恐怖和强烈要求惩罚应该"人道"？换言之，在所有主张更仁慈的刑法制度的要求中，包含两个因素——"尺度"和"人道"。② 因此，死刑的执行是否在最大程度上体现和保障了被执行者最后的人权，是决定死刑程序正当与否的重要因素。

目前在死刑执行程序法律监督中存在的问题主要体现在执行方式和人权保障方面。一是死刑执行方式的确定不公开、不透明。我国《刑事诉讼法》第212 条规定：死刑采用枪决或者注射等方法执行。但是究竟是采取枪决还是注射的方法执行，选择权和决定权在哪儿呢？一种观点认为，死刑的执行是人民法院的法定职责，采取何种方法执行死刑当然也应当由人民法院决定。另一种观点认为，法律既然规定了死刑采取枪决或者注射等方法执行，而死刑犯在法律面前都是平等的，在适用执行死刑的方法上也应当是平等的。因此，应当赋予被执行人对死刑执行方法的选择权。否则，易使被执行人及社会公众产生厚此薄彼、程序不公的不良影响，影响执行工作的权威性。③

二是法律监督无从保障被执行死刑者的人道权利。最高人民法院、最高人民检察院、公安部、司法部 2007 年联合出台《关于进一步严格依法办案确保办理死刑案件质量的意见》规定："执行死刑应当公布，禁止游街示众或者其他有辱被执行人人格的行为，禁止侮辱尸体。人民法院向罪犯送达核准死刑的裁判文书时，应当告知罪犯有权申请会见其近亲属。罪犯提出会见申请并提供具体地址和联系方式的，人民法院应当准许；原审人民法院应当通知罪犯的近亲属。罪犯近亲属提出会见申请的，人民法院应当准许，并及时安排会见。"但是检察机关对于死刑的监督仅限于临场监督，监督的内容也仅限于是否有需

---

① 参见［法］西莉亚·布朗奇菲尔德：《刑罚的故事》，郭建安译，法律出版社 2006 年版，第 2—8 页。

② ［法］米歇尔·福柯：《规讯与惩罚》，刘北成、杨远婴译，北京三联书店 2003 年版，第 83 页。

③ 胡常龙：《死刑案件程序问题研究》，中国人民公安大学出版社 2003 年版，第 306 页。

要改判的情形。对于司法解释赋予被执行者的种种人道权利，究竟是纸上的权利还是转化为了现实的人道主义关怀，法律监督则无能为力。

（三）法律监督自身运行存在的问题

1. 控辩地位有待平衡

程序平等（Procedural Equality）一般可称为平等武装，这是公正审判的一项内在要素。① 控辩双方的程序平等体现为诉讼地位的平等、诉讼手段上的对等等。死刑案件的控辩平衡不仅涉及死刑案件程序正当性问题，更是法律监督自身合法性的重要因素。正如有学者指出的那样，"人人均可获得平等的程序武器这种形式上的保障正当化着司法系统"。②

由于监督者相对于被监督者而言，地位本来就居高临下，如果在具体的诉讼过程中再不赋予辩方以强大的诉讼武器，就会使本来弱小的个人处于严重劣势的地位，在强大的国家权力和暴力面前无法进行有效的自我防御，这样的监督又谈何公正。

事实上，几乎所有国家的刑事诉讼都存在严重的不平等现象。首先，侦控机关作为国家利益的代表，以国家的名义行使刑事追诉权，而犯罪嫌疑人、被告人在这方面则只能依靠自己的个人力量对侦控机关的追诉进行被动防御。其次，侦控机关掌握着数量可观的国家司法资源。最后，侦控机关掌握着直接控制对手人身自由的权力。③

就我国而言，控辩严重失衡主要体现在庭审前控方对证据的垄断，削弱了辩护人应有的地位和作用。

从现行立法来看，赋予辩护人以调查取证权体现在我国《刑事诉讼法》第37条的规定：辩护律师经证人或者其他有关单位和个人同意，可以向他们收集与本案有关的材料，也可以申请人民检察院、人民法院收集、调取证据，或者申请人民法院通知证人出庭作证。辩护律师经人民检察院或者人民法院许可，并且经被害人或者其近亲属、被害人提供的证人同意，可以向他们收集与本案有关的材料。该法律条款赋予了辩护律师一定的调查取证权，但真正能够有效行使调查取证权的少之又少。六部委1998年出台的《关于刑事诉讼法实施中若干问题的规定》明确指出：对于不涉及国家秘密的案件，律师会见犯

---

① 陈瑞华：《刑事审判原理论》，中国人民大学出版社2003年版，第230页。

② ［美］米尔伊安·R. 达玛什卡：《司法和国家权力的多种面孔：比较法视野中的法律程序》，郑戈译，中国政法大学出版社2004年版，第163页。

③ 樊崇义：《正当法律程序研究：以刑事诉讼程序为视角》，中国人民公安大学出版社2005年版，第177页。

罪嫌疑人不需要经过批准。但在有的地方，至今辩护律师会见在押犯罪嫌疑人仍然需要侦查机关批准。辩护律师会见犯罪嫌疑人尚且如此之难，更何况调查取证。当然，调查取证权不能有效行使也与个别律师的职业素质和敬业意识不高有一定关系。

在自行调查取证受限的情况下，辩方对控方掌握的证据又如何知晓呢？《刑事诉讼法》第36条规定：辩护律师自人民检察院对案件审查起诉之日起，可以查阅、摘抄、复制本案的诉讼文书、技术性鉴定材料，可以同在押的犯罪嫌疑人会见和通信。此外，案件移送到法院以后，辩护律师可以到法院查阅、摘抄、复制主要证据复印件。那么主要证据复印件的范围又是如何确定的呢？这一决定权掌握在控诉方手中。根据《人民检察院刑事诉讼规则》第283条的规定：人民检察院针对具体案件移送起诉时，"主要证据"的范围由办案人员根据本条规定的范围和各个证据在具体案件中的实际证明作用加以确定。这样一来，我们就不难发现，在庭前证据的掌握量上，控方占据了绝对优势，而辩方的知悉权完全有赖于控方的慷慨和大度。①

2008年6月1日施行的新律师法规定，律师在犯罪嫌疑人被侦查机关第一次采取强制措施之日起，凭律师执业证书、律师事务所证明和委托书或法律援助公函，有权会见并了解有关案件情况，并且会见不被监听。受委托的律师自案件审查起诉之日起，有权查阅、摘抄和复制与案件有关的诉讼文书及案卷材料，自案件被法院受理之日起，有权查阅、摘抄和复制与案件有关的所有材料。受委托的律师根据案情的需要，自行调查取证的，凭律师执业证书和律师事务所证明，可以向有关单位或个人调查与承办法律事务有关的情况。律师法扩大了嫌疑人的会见权和辩方的取证权，但这需要与刑事诉讼法衔接机制的建立才能落实，辩方地位的切实提高还需要时间。

2. 死刑二审检察机关办案期限有待明确

办案期限是指法律对公安、检察机关和人民法院分别从事侦查、审查起诉和刑事审判工作在时间上的要求和限制。办案期限有别于羁押期限的概念，羁押期限是指司法机关因刑事诉讼所需，依法限制或剥夺犯罪嫌疑人或者被告人的人身自由在时间上的要求和限制。通常我们关注得较多的是直接关系当事人

---

① 在这里需要强调的观念是，保障原则上平等的权利体系的一般现代法律（法治）形式，是由一些细小的、日常的物理机制来维持的，是由那些实质上不平等和不对称的微观权力系统维持的。因此，我们认为控辩平衡是死刑案件法律监督程序正当性的基础性条件。参见［法］米歇尔·福柯：《规训与惩罚》，刘北成、杨远婴译，三联书店1999年版，第284页。

人身权利的羁押期限，实际上办案期限同样决定了当事人接受多长时间的羁押、是否应当受到羁押等问题。

由于我国刑事诉讼法对于死刑二审案件的办理期限规定仅限于审理期限，对检察机关的办案期限并无明确要求，因此在实践中容易造成"隐形超期羁押"的情况。

死刑二审案件办理中的"隐形超期羁押"主要表现为：一是延期审理次数无限制。根据现行法律及司法解释的规定，公诉机关建议延期审理的次数不得超过两次，但是由人民法院决定延期审理的次数没有限制。无限次地延期审理显然有违司法公正之本义。二是违规操作。主要是指办案人员为了弥补办案时限上的不足，利用法律规定，通过违规操作达到规避法律的目的。表现为检、法两家办案人员互借办案期限，从法律规定的羁押期限来看并不超期，但从根本上讲仍然侵犯了被告人的合法权益。①

例如，法院审理死刑二审案件的期限只有一个半月至两个半月（最高人民法院受理的例外），但是根据最高人民法院《关于执行〈中华人民共和国刑事诉讼法〉若干问题的解释》第267条的规定：人民法院依法开庭审理第二审公诉案件，应当在开庭10日以前通知人民检察院查阅案卷。自通知后的第二日起，人民检察院查阅案卷超过7日后的期限，不计入第二审审理期限。这一司法解释实际上延长了死刑二审案件办案期限，因为法律并没有明确规定检察机关二审办案期限，换而言之，这一期限从理论上来说可以无休止延长并且完全脱离法律控制。因此，我们常常遇到向检察机关"借用"审理期限的法官，究其根本就是利用了法律规定对检察机关二审办案期限的漏洞。

虽然刑事诉讼提高效率并非越快越好，但是诉讼的不必要拖延显然也是对程序公正的损害，如匈牙利学者阿尔培德·欧德（Arpad Erdei）所言："在我们当今的时代里，几乎所有刑事司法程序改革都有两个基本目标：一是发现实施一种迅速、简便和成功程序的新方式和新途径，换言之，使刑事诉讼活动的进行更有效率；二是确保诉讼参与人的权利，这与公正的要求密切相连。"②从另一个角度而言，死刑案件的法律监督也需要对检察机关二审办案期限加以明确，否则法律监督自身的运行都缺乏正当性，又谈何监督他人。

---

① 参见王东曙："隐形超期羁押现象透析"，载 http://www.law-lib.com/lw/lw_view.asp? no=3523。

② Comparative Law Yearbook, vol. 9, 1985 by Martinas Nijhoff Publishers, Dordrecht, pp. 4—5. 转引自樊崇义：《正当法律程序研究：以刑事诉讼程序为视角》，中国人民公安大学出版社2005年版，第179页。

二、死刑案件法律监督产生程序问题的原因分析

死刑案件法律监督产生的程序问题，实质是程序法运行过程的体现。法的运行是指法按照一定的意图和特有方式，从创制到实施，再到实现的运动。[①] 因此我们考察死刑案件程序法的运行，可以从法运行的外部原因和内部原因两方面着手，深入探寻死刑案件产生程序问题的根源所在。

（一）法运行的外部原因

1. 缺乏理性经济保障

政治经济学家马克思·韦伯（Max Weber）对市场经济的研究指出，市场经济并不仅是一个经济的模式，而且是与一个社会的整体结构相联系的。现代市场经济的特点之一是"理性"，是通过"基于算度，并以这样一个法律和行政制度为前提，可能通过其确定的一般原则而加以理性地预测，就像对机器运作的预测那样"。[②] 相应地，市场经济决定的法律保障就是重视原则和形式，不专注于个别案件直接的实质结果，从而可以从形式上推出结果、预测结果的法律制度，韦伯称之为"形式理性"的法。而我们的社会无论是在经济活动中还是在法律制度的运作上，都相当缺乏形式理性。

首先，市场经济的非"形式理性"决定了法律运行的非理性。从我国目前市场经济建设情况来看，由于市场相对处于初期阶段，缺乏游戏规则，多数私人经济和部分集体经济比较明显地缺乏"形式理性"，表现为短期行为和急功近利，甚至使用一些非法或违法手段进行竞争，加上部分外资、合资企业试图利用中国经济体制转换和有利的优惠政策牟取暴利，企业很可能就会变得为短期利益而不择手段。只有大家都按一种或相似的逻辑思考和理解问题，整个市场经济才有可能运作起来。从这个意义上说，市场经济建设不仅是狭义上的经济变革，而且是一种文化的变革，一个系统的变革，是一场深刻的有时甚至是痛苦的革命。这样缺乏理性的市场经济反映在法律上是同样地缺乏理性。我们的法律机构运作常常过分强调对大众呼声的呼应，就死刑案件为例，"不杀不足以平民愤"之类的词语也不时闪烁在我们眼前，萦绕在我们耳畔，不仅大众如此要求，司法机关也这样自我界定和行为。这种非理性的传统使死刑案

---

① 卓泽渊：《法理学》，法律出版社 1998 年版，第 295 页。

② Max Weber, Economy and Society: An Outline of Interpretative Sociology, ed, by Guenther Roth and Claus Wittich, university of California Press, 1978, pp. 1394 - 1395. 转引自苏力：《法治及其本土资源》，中国政法大学出版社 1996 年版，第 78 页。

件的司法运作较多为社会上不很确定的情绪性因素影响甚至左右。①

其次，市场经济建设伴随的犯罪上升和司法资源的匮乏形成矛盾，制约着死刑案件程序正当性的实现。目前，我国还处于新旧两种体制的转型期，市场经济体制还没有完全建立，法律法规还没有完全健全，法制对每一个人的约束还处在强制执行、被动执行阶段，人们执行法律的自觉性还不强。更多的时候是被动执行、被迫执行。在新旧体制转轨时期，经济领域和社会领域的犯罪现象还比较突出，犯罪问题还比较严重，贪污、腐败、破坏市场经济秩序等问题还比较多，有的性质还十分恶劣，社会影响还十分大，破坏性也很强，同时一些恶性刑事案件尤其是侵犯公民人身生命健康和财产的犯罪还有上升的趋势。但是另一方面，我们的司法资源在人、财、物供应上远远不能满足司法工作的需求，陷入了司法资源严重匮乏的困境。正如某全国人大代表在审议"两高"报告时所说："经费保障严重不足，已经影响到了司法机关的形象和公信力。"②毫无疑问，死刑案件程序法的实施和实现有赖于社会生产所提供的物质财富，有赖于为司法机关实施法律提供必要的物质条件，也包括为一般公民享受权利和履行义务提供必要的物质条件。没有社会市场经济提供的一定物质保障，死刑案件程序的正当化则缺乏物质基础，权利无法实现，义务也无法得到履行。

2. 缺乏尊重和保障人权的意识

1997 年 10 月、1998 年 10 月，我国政府先后签署了《经济、社会、文化权利国际公约》和《公民权利和政治权利国际公约》。2004 年，十届全国人大二次会议通过的第四次宪法修正案，首次将"人权"概念引入宪法，明确规定"国家尊重和保障人权"，宣示着我国的人权保障迈入了一个新的历程。在我们欣然展望未来的同时，也必须看到，人权的尊重和保障不能仅仅止步于文字化的概念，在意识和信仰方面，我们仍然需要付出太多的努力。如前所述，程序的正当性有赖于人们对权利的尊重，但无论是从司法者的内心还是从一般社会大众的观念来看，对事实真相的关注远远高于对程序正义的需求，这种倾向有时甚至是不惜以牺牲程序公正为代价的，尤其是在死刑案件的处理上。

首先，从司法者本身来看，重实体轻程序的观念依然存在。尊重和保障人权的意识未深入贯彻到司法活动中，实践中仍然沿袭片面追求实体真实、忽略正当程序的传统。部分司法者的人权意识是淡薄的，他们忽视了刑事诉讼法保障人权的功能，将死刑涉案人作为刑事诉讼的客体，认为犯罪嫌疑人、被告人

---

① 参见苏力：《法治及其本土资源》，中国政法大学出版社 1996 年版，第 75—85 页。
② 参见中国网报道："代表称经费保障不足严重影响司法机关公信力"，载 http://www.china.org.cn/chinese/zhuanti/2006lh/1153106.htm。

只是惩罚的对象而没有什么人权可言，因而在执法过程中片面强调实体真实、忽视程序的内在价值，忽视对犯罪嫌疑人基本人权的保障，导致逼供、诱供以及其他漠视犯罪嫌疑人、被告人基本权利的现象不断发生。虽然我国从1997年修改刑事诉讼法后已经逐步加强了对程序合法性的重视，但直到2006年，最高人民法院院长肖扬还在全国刑事审判工作会议上强调，要"扭转重实体、轻程序的错误观念"①。"冰冻三尺，非一日之寒"，相对于观念的更新而言，十年的时间也许还不够。司法实践中出现这种迟迟不能扭转司法理念的倾向，一方面是缘于部分司法人员职业素质有待提高，另一方面也是因为我国刑事诉讼法并未完全确立无罪推定原则，相应地，死刑案件的犯罪嫌疑人、被告人受到有罪人待遇也就不足为奇了。

其次，社会公众的权利意识淡薄。我国传统观念中的"权力本位"意识根深蒂固，而人民主权意识相对匮乏。西汉杜周有句名言："三尺法安出哉？前主所著之谓法，后主所疏之谓令。当时则是，何古之法哉！"杜周一语道出了中国法律的实质。几千年来，中国的文明史就是君主专制权力文化观的发生、发展史。天下万物、臣民百姓皆归于君，君权神授、家国同构则正当与强化了这一理念、制度。由此决定了中国社会的基本存在样式，整个中国历史弥漫着一股浓厚的王权专制味道。直到今天，这一权力观仍然潜藏在我们意识的深处，深刻地影响着我们的现代化进程。② 中国传统文化为国民意识和民主思想预先准备了一块先天营养不良的贫瘠土壤，其直接影响就是社会大众权利意识的缺乏。人们对于法律的认识不是作为维护自身或他人的权利的武器，而是权力统治的工具，对法律的信任严重不足，也导致司法在民众心目的权威极为低下。就死刑案件而言，民众对于程序法是维护和保障犯罪嫌疑人、被告人合法权利的"圣经"显然认识不足。虽然实践中出现个别公民状告司法机关侵权的案例，但也是局限于实体处理错误的情形，真正就程序问题奋起维护自己的权益的，还是少之又少。

3. 法律监督地位有待加强

我国宪法第129条明确规定："中华人民共和国人民检察院是国家的法律监督机关。"这一规定既表明法律监督是我国检察制度的根本属性和理论基础，检察机关必须忠于职守，依法履行宪法和法律赋予的神圣职责，又表明检

---

① 参见田雨："肖扬：必须扭转'重实体轻程序'的错误"，载中国法院网，http://www.chinacourt.org/public/detail.php? id = 223000。

② 参见石柏林："权力文化观与现代法治"，载《徐州师范大学学报》（哲学社会科学版）2007年第1期。

察机关的监督权是国家权力机关授权性的法律监督权，是国家权力机关法律监督的延伸，具有国家法定性、权威性和专门性。我国国家权力机关的最高法律监督和检察机关的专门法律监督构成了有中国特色的法律监督制度，这是我国在确立集权制的人民代表大会制度的基础上吸收分权制衡制的长处建立的完全符合国情的一种先进的监督制度。检察机关的法律监督是我国社会主义法治的重要组成部分，尤其是在死刑案件中，检察机关有责任对死刑案件的审判过程和结果是否合法实行法律监督。监督职能发挥得如何，直接关系到死刑能否得以统一正确地适用。

然而，检察机关的法律监督地位和法律监督权无论是在法学理论界还是在实务界都遭遇到了质疑的声音。法学理论界有的观点认为：公诉人既履行公诉职责又负有监督责任，这种既是"运动员"又当"裁判员"的双重身份，既不利于法律监督，也不符合诉辩平等的诉讼原则。① 还有的观点认为：我国宪法不应该把检察机关的性质确定为国家的法律监督机关，而应该确定为"国家公诉机关"或"司法监督机关"。②

在实践中，检察法律监督的手段有限，在一定程度上制约了法律监督发挥有效作用。例如对于公安机关的违法侦查行为，检察机关只能发出纠正违法通知书，但是如果公安机关拒不接受监督、不予纠正的，检察机关除了向上级检察机关报告和抄送上级公安机关外，没有其他更为行之有效的办法。此外，检察机关对于法院的违法审理活动，也只能在庭审之后提出纠正意见。但是有的违法审理活动如不该公开审理的案件进行公开审理的，事后再提出纠正往往已经于事无补。③

我们认为：检察法律监督权只能加强而不能削弱或被限制，需要强化法律

---

① 段方群："对比与反思——评《正义的诉求：美国辛普森案与中国杜培武案的比较》"，载九州法律网，http：//www. 99law. info/ywfz/2007/9/25/76f60317 – fe3b – 4749 – 8618 – e304e7ae80f3. htm。

② 徐静村：《中国刑事诉讼法（第二修正案）学者拟制稿及立法理由》，法律出版社2005 年版，第 357 页。

③ 详见《人民检察院刑事诉讼规则》第 388 条："人民检察院提出的纠正意见不被接受的，应当向上一级人民检察院报告，并抄报上一级公安机关。上级人民检察院认为下级人民检察院意见正确的，应当通知同级公安机关督促下级公安机关纠正；上级人民检察院认为下级人民检察院纠正违法的意见错误的，应当通知下级人民检察院撤销纠正违法通知书，并通知同级公安机关。"第 394 条："人民检察院在审判活动监督中，如果发现人民法院或者审判人员审理案件违反法律规定的诉讼程序，应当向人民法院提出纠正意见。出席法庭的检察人员发现法庭审判违反法律规定的诉讼程序，应当在休庭后及时向本院检察长报告。人民检察院对违反程序的庭审活动提出纠正意见，应当由人民检察院在庭审后提出。"

监督、深化法律监督，而不是相反。这正如马克思指出的"随着法律的产生，就必然产生以维护法律为职责的机关"①，法律的有效实施需要完备的法律监督和制约机制，也需要专司法律监督的专门机关；需要宏观的法律监督，更需要微观的法律监督。而检察机关的法律监督职能是社会主义监督体系中不可或缺的重要一环。检察机关作为法律监督机关，通过履行对诉讼活动的监督职能，促使诉讼中的违法情况得到纠正。加强和完善检察机关对死刑案件的法律监督，有利于维护公民的合法权益，清除司法不公和司法腐败现象，维护司法公正和法制统一，最大限度地实现死刑制度的法律价值和社会价值。

4. 司法人员素质有待提高

从司法过程的内部因果关系上看，制约司法公正的因素突出地表现为两个方面，一个是司法官（法官与检察官）素质问题，另一个则是司法体制滞后于社会发展的问题。其中，前者是显在和表象的原因，后者是深层次和更根本的原因。公正的法律若要不打折扣地得到实现，直接取决于执行法律的司法官是否具备必要的职业能力和职业道德品质。职业能力欠缺者，不足以实现法律的公正；职业道德品质欠缺者，不可能有持久的热情去追求法律的公正。而办理死刑案件不仅需要具有较高的业务素质，还必须具有较高的政治素质和职业道德素质。目前，司法队伍专业化程度、人员素质等仍然有待提高。

首先，司法队伍专业化程度不高。据统计，2005 年，全国法官中具有大学本科以上学历的，从 1 万余人增至 9 万余人，占法官总数的比例从 6.9% 提高到 51.6%。全国检察官中具有大学本科以上学历的，从 12724 人增加到77686 人；具有硕士研究生以上学历的，从 216 人增加到 4690 人。② 我们看到，法官法、检察官法实施 10 年来，法官和检察官队伍有了很大发展，但不容回避的是，司法队伍中确实还存在一些不容忽视的问题。以某省基层法院人员结构为例，2005 年该院法官第一学历为本科的仅占 7.6%，其中法律本科的仅占 3.7%，有 97 个基层法院 10 年来未进过本科生。2004 年，该省基层法院有 304 人参加国家司法考试，仅有 43 人通过。③

其次，司法队伍建设还存在教育、管理不力等问题。一些司法机关存在重业务轻教育，重使用轻管理的倾向，一直没有从根本上得到解决。公正执法、

① 马克思、恩格斯：《马克思恩格斯选集》（第二卷），人民出版社 1995 年版，第538—539 页。

② 吴兢："我国法官和检察官整体素质提高 本科比例过半"，载《人民日报》2005年 7 月 17 日第一版。

③ 黑龙江晨报报道："我省基层法院干警第一学历本科不超过 8%"，载 http：//www. hlj. xinhuanet. com/xw/2005－10/16/content_ 5357663. htm。

执法为民的思想没有真正牢固树立在司法人员心中，尽管在近几年司法队伍开展了频繁的整顿和教育活动，规范执法行为，促进执法公正，但是指望通过运动式的教育活动来提高司法人员职业素质显然是不合理的。近年来以权谋私、以案谋私、玩忽职守、徇私枉法等渎职侵权犯罪不时发生。一些司法人员极端个人主义恶性膨胀，经不住"金钱"的诱惑和抵制"说情"风。一些基层司法人员在市场经济的冲击和影响下，思想观念发生了变化，特权思想、拜金主义、"攀比"风气日趋严重。为了贪赃枉法不择手段，置法律于不顾，我行我素，为了单位和个人的利益，不惜损坏国家利益和司法队伍形象。如前文提到的伪造立功说明材料的某派出所副所长和基层法院的副庭长，为了蝇头小利置法律于不顾，成为知法犯法的典型案例。

最后，死刑案件办案人员对刑事政策的把握能力有待提高。由于死刑第二审案件审查出庭是一项较新的工作，办案人员的经验相对不足，对有关政策、法律适用的把握能力、素质还需提高。近年来，全国各地针对死刑案件办案人员采取集中培训、交流研讨、观摩庭审等多种形式，进行岗位练兵，提高办案人员的业务素质，但对于政策的把握、出庭履行法律监督职责的能力等还需实践的进一步锤炼。例如对于"保留死刑，严格控制死刑"、"宽严相济"等刑事政策把握准确度的问题，死刑政策是死刑适用的"灵魂"、"统帅"，它贯穿于刑事实体法、程序法的全过程，作为掌握生杀予夺大权的司法工作者，尤其需要树立正确的死刑政策观。具体来讲，要坚持少杀、慎杀，防止错杀，凡是可杀可不杀的，一律不杀，要将适用死刑作为最后的选择。实践中，由于司法人员对死刑政策和"宽严相济"刑事政策把握得不到位、不统一，导致检察机关法律监督针对性、有效性降低，直接影响死刑案件法律监督的法律效果和社会效果。

（二）法运行的内部原因

目前，我国关于办理死刑案件的法律规定是以刑事诉讼法为基础，以专门性的司法解释和司法业务文件为辅助。① 从现行规范体系中我们不难发现死刑

---

① 迄今为止主要有：《最高人民法院、最高人民检察院关于死刑第二审案件开庭审理若干问题的规定》（2006 年 9 月）（以下简称《"两高"死刑二审规定》）、《最高人民法院关于复核死刑案件若干问题的规定》（2007 年 2 月）、《最高人民法院、最高人民检察院、公安部、司法部关于进一步严格依法办案确保办理死刑案件质量的意见》（2007 年 3 月），这些规范性文件对办理死刑案件中的操作规范进一步予以了强调。除此以外，全国各地相继出台了关于死刑二审案件办理的规定。以重庆市为例，2006 年先后出台了《重庆市高级人民法院、重庆市人民检察院死刑案件二审开庭审理工作座谈会会议纪要》、《重庆市高级人民法院、重庆市人民检察院、重庆市公安局、重庆市司法局关于做好死刑案件二审案件开庭审理相关工作的意见》。

案件的立法存在实质和形式上的双重缺陷。

1. 死刑案件程序法形式缺陷

从立法形式上来看，我国没有针对死刑案件办理的专门性立法。当前关于死刑案件的专门性规定都是以司法解释或者司法业务文件的形式出现的，欠缺法律层面的规范性文件制定。① 虽然刑事诉讼法对死刑复核程序单列一章进行了规定，但是对于死刑案件复核以外的程序尤其是二审程序没有作出独立于其他刑事案件的程序性规定，这也是长期以来导致死刑案件二审以书面审理的形式草草了事的法律根源。

在人权保障意识日益加强的今天，涉及对人的最基本生命权利予以剥夺的死刑案件办理程序究竟应不应当有独立存在的价值，在刑事诉讼法中是否应当设置区别于其他案件办理程序的特别规定？对此问题，正如有学者指出的那样："死刑是剥夺人最根本权益的严厉制裁方法，同时也由于其不可撤销性，因此，对死刑程序的正当性应有更高的标准要求"，② "在一定意义上说，正是死刑程序不同于非死刑程序的特殊性赋予了死刑程序以正当性"。③ 因此，我们认为，这个答案应当是肯定的。

首先，从国外的立法实例与相关国际人权文件规定来看，死刑程序立法的特殊性表现在诸多方面。例如美国《联邦刑事诉讼规则》第 6 章第 24 条规定："如果被指控的罪行最高可以判处死刑，各方当事人有权进行 20 次无因挑选"，而在其他刑事案件中，只有 3 次或 6 次无因挑选审判陪审员的机会。④ 因为在美国，"大多数州将被告人是否符合判处死刑的条件及是否应该实际将他（她）判处死刑的问题留给陪审团去决定"。⑤ 因此，在陪审团的组成人员上赋予死刑案件被告人更为特殊的选择权利，有利于消除那些倾向于定罪的陪

① 一直到 2006 年，《最高人民法院、最高人民检察院关于死刑第二审案件开庭审理若干问题的规定（试行）》才以司法解释的形式对死刑案件的第二审程序进行了专门规定，但是笔者认为仅仅以司法解释的形式来规定死刑案件的办理程序显然不够，对于死刑这一最严厉刑罚进行适用的程序性规定毫无疑问应当以法律的形式来予以明确。

② 张绍谦："死刑的正当程序"，载赵秉志主编：《死刑正当程序之探讨》，中国人民公安大学出版社 2004 年版，第 17 页。

③ 邱兴隆："死刑的程序之维"，载赵秉志主编：《死刑正当程序之探讨》，中国人民公安大学出版社 2004 年版，第 5 页。

④ 《美国联邦刑事诉讼规则和证据规则》，卞建林译，中国政法大学出版社 1996 年版，第 64 页。

⑤ ［英］罗吉尔·胡德：《死刑的全球考察》，刘仁文译，中国人民公安大学出版社 2005 年版，第 294 页。

审员对被告人正当程序权利的潜在侵犯。

此外，美国"在保留死刑的 38 个州中，除阿拉巴马、俄亥俄和田纳西三州外，其他各州要求对死刑判决的上诉一律由终审法院受理"①，也就是赋予了死刑案件的当事人以不经许可直接向州终审法院上诉的"权利"。上诉程序使得大量的人摆脱死刑。在 1977 年至 2000 年间，美国共有 6208 人因被判处死刑投入监狱，其中 2312 人通过上诉法院的判决、复审或减刑摆脱了死刑。②这些对于死刑案件的特殊程序性规定使得死刑的适用程序区别于其他刑罚，充分体现了保障人权、尊重人的尊严的刑事司法准则。

又如，美国的死刑案件的初审程序与定罪和量刑程序是完全分开的。就一般重罪案件而言，其程序一般是由陪审团确定被告人是否构成犯罪，如认定罪名成立，则由法官予以量刑，量刑没有明显的独立性。而死刑案件则不同，为谨慎起见，在定罪后，量刑被作为一个单独的程序，适用较定罪程序更为宽松的证据规则和证明标准，由陪审团来决定是否处以死刑。③

其次，从国内死刑程序立法的现状来看，形式上的混乱导致死刑适用规范的效力等级参差不齐，全国各地做法不统一，形成一盘散沙的局面。

以检察机关办理死刑二审案件的期限为例，实践中反映出来的问题就是二审案件办理期限不明确，检察机关办理死刑二审案件的期限到底多长，法律本身缺乏明确规定。有的地方以座谈会纪要的形式规定了检察机关的办案时间不得超过 20 日④，但也有的地方认为"办理死刑二审案件期限不应过短。死刑二审案件大多是重大疑难复杂案件，如果时限过短，难以保证案件质量。而且二审还要对一审的事实和证据进行最后的把关，这也需要一定时间"⑤。正是由于刑事诉讼立法上缺乏对该问题的明确规定，导致各地的理解和操作不统一，出台的各类文件缺乏强制效力，出现了前文所述的死刑案件办理期限

---

① 孙长永：《探索正当程序：比较刑事诉讼法专论》，中国法制出版社 2005 年版，第622 页。

② ［英］罗吉尔·胡德：《死刑的全球考察》，刘仁文译，中国人民公安大学出版社2005 年版，第 261 页。

③ 张栋：《美国死刑程序研究》，中国人民公安大学出版社 2007 年版，第 27 页。

④ 例如，重庆市人民检察院与重庆市高级人民法院共同制定了《死刑案件二审开庭审理工作座谈会纪要二》，对检察机关办理死刑二审案件的期限进行了规定。

⑤ 北京市检察院副检察长方工在一次专访中谈到检察机关办理死刑二审案件遇到的法律难题之一就包括死刑二审办案期限规定不明确，对此问题，方工认为死刑二审办案期限不宜过短。参见林世钰："明确二审办案期限　保障证人出庭作证"，载《检察日报》2006 年 8 月 27 日第 4 版。

"隐形超期羁押"现象。我们认为，就死刑案件的程序问题，在全国各地出现做法不一的情况，不利于维护法制的严肃性和权威性。

又如，各地出于防止冤假错案的良好动机，加强非法证据的排除，对证据制度尝试制定地方规范，但是仍然存在形式混乱、"立法"不严谨的弊病。①例如，湖北省武汉市江汉区检察院出台的《关于办理审查逮捕案件非法证据排除规则（试行）》，规定了13种非法证据排除的情形，其中包括对"勘验、检查笔录未经与案件无关的人见证、签名（盖章）或参加勘验检查的人签名（盖章）"、"侦查机关未经立案侦查程序或未按立案管辖范围立案侦查所收集、调取的证据"、"无合法手续搜查所获的物证、书证（在执行拘留、逮捕遇有紧急情况下除外）"等在内的13种"非法证据"予以坚决排除。而上述有的"非法证据"显然属于不必"坚决排除"的范围，即使按照法学理论界的观点来看也是可以补强和完善的，如果统统予以排除显然有绝对化之嫌。考虑到区检察院在审查批准逮捕死刑案件时首当其冲负有法律监督责任，采取这样的证据标准似乎已经突破了刑事诉讼法的立法规定，其规范的合法性也值得商榷。

2. 死刑案件程序立法内容缺陷

从死刑案件程序法的内容上看，我国对于死刑案件的办理规定还存在诸多不完善之处。

（1）立法未规定证人出庭作证的保障措施和法律后果。从总体上而言，我国的刑事诉讼法应当是肯定了直接言词原则，这一点主要体现在《刑事诉讼法》第151条和第156条的规定中，其中第151条规定："人民法院决定开庭审判后，应当进行下列工作：……传唤当事人，通知辩护人、诉讼代理人、证人、鉴定人和翻译人员，传票和通知书至迟在开庭三日以前送达"，第156条规定："证人作证，审判人员应当告知他要如实地提供证言和有意作伪证或者隐匿罪证要负的法律责任。公诉人、当事人和辩护人、诉讼代理人经审判长许可，可以对证人、鉴定人发问。审判长认为发问的内容与案件无关的时候，

---

① 地方制定的证据规范大多数是以省、自治区、直辖市高级人民法院、检察院、公安厅、司法厅名义联合颁发的，此外还有许多地级市的中级法院制定了当地的证据规则。例如，郑州市检察院与郑州市公安局、深圳市中级人民法院、西安市中级人民法院和北京市第二中级人民法院。包括上海市高级人民法院、检察院、公安局、司法局《关于重大故意杀人、故意伤害、抢劫和毒品犯罪案件基本证据及其规格的意见》，湖北省高级人民法院、检察院、公安厅、国家安全厅、司法厅《关于刑事证据若干问题的规定（试行）》，四川省高级人民法院、四川省人民检察院、四川省公安厅《关于规范刑事证据工作的若干意见（试行）》，西安市中级人民法院与西安市人民检察院《刑事案件庭前证据展示操作办法（试行）》等。

应当制止。审判人员可以询问证人、鉴定人。"从以上的规定中，我们可以发现，刑事诉讼法只是明确了法院有通知证人出庭的义务以及证人出庭作证的方式，但是并没有明确证人出庭作证的义务和不履行该义务的后果。针对立法的这一模糊地带，司法解释对证人出庭作证义务进行了原则性的规定。最高人民法院《关于执行〈中华人民共和国刑事诉讼法〉若干问题的解释》第 141 条规定："证人应当出庭作证。符合下列情形，经人民法院准许的，证人可以不出庭作证：（一）未成年人；（二）庭审期间身患严重疾病或者行动极为不便的；（三）其证言对案件的审判不起直接决定作用的；（四）有其他原因的。"但是这一规定仍然没有明确证人拒绝作证应当承担的法律后果，从而使证人应当出庭作证的义务成为一纸空文。①

（2）立法将死刑案件的证明标准和其他案件的证明标准混为一谈，没有建立具有可操作性的非法证据排除规则。无论是全国立法还是司法解释，在证据规则方面都是很粗糙的。而且在这些简单的证据规则条文中，原则性和宣言性规定居多，不具有可操作性。②

（3）立法没有确立死刑案件中不得强迫自证其罪的原则。对于死刑案件而言，赋予犯罪嫌疑人、被告人沉默权具有重大的意义。我国死刑案件程序缺乏这一内容直接影响了死刑案件程序的正当性。根据我国刑事诉讼法的相关规定，犯罪嫌疑人、被告人必须如实回答司法机关所提问题，并且如果他们的回答或者辩解被认为是不合理的狡辩，将为他们的量刑增添一笔酌定情节，那就是认罪态度不好、人身危险性较强等。在呼吁立法确立死刑案件中不得强迫自证其罪原则的同时，我们必须清醒地认识到，要确立这一原则将引发一系列立法修改的"多米诺效应"。有学者指出：这一权利"与其他程序权利一样，是一项可以通过法院司法权力强制实现（enforceable）的权利"，而"中国的法院在整个集中体制之下始终是个执行机关，尚未发育到独立的程度，在这种背景下，法律上确立的沉默权一旦受到侵犯，如何使利害关系人得到及时有效的救济"？此外"侦查机关对于嫌疑人的羁押时间能否缩短到保障沉默权所容许的限度内，并且何时才能把羁押管理从侦查机关独立出来"③？只有从立法上对这些问题予以解决，才能使书面的权利成为实在的法律权利，进一步增强死刑案件程序的正当性。

---

① 详见本书第八章。

② 详见本书第八章。

③ 孙长永：《侦查程序与人权：比较法考察》，中国方正出版社 2000 年版，第 382—383 页。

（4）立法未规定逮捕的救济途径。"无救济便无权利"的法谚充分说明了权利救济手段的重要性。[1] 逮捕作为一种强制措施，虽然有检察机关在批准执行时，对侦查机关的提请进行把关，但另一方面，被逮捕的犯罪嫌疑人的救济途径却无法定保障，在死刑案件中尤其如此。我国刑事诉讼法中规定犯罪嫌疑人及其聘请的律师、辩护人、亲属有权为被逮捕的犯罪嫌疑人申请取保候审，但实践中往往被"案件尚未审结，不宜取保候审"为由拒绝。此外，我国没有羁押复查制度，即便被羁押人员身患严重疾病，也极少被变更强制措施。这就助长了侦查机关在提请逮捕时对是否有逮捕必要以及是否具备逮捕正当性的因素的全面考虑。而且，逮捕的法定条件过于原则，由司法人员自行认定和把握，实践中难以达到控制逮捕数量的立法初衷。

（5）缺乏死刑案件证据开示的法律规定。有的地方以制定规则等形式确立了证据开示规范，但实践效果并不好。如西安市中级人民法院与西安市人民检察院于 2004 年 12 月 1 日起试行了《刑事案件庭前证据展示操作办法（试行）》，但是证据开示的实际效果不尽如人意。2005 年全年，西安中院刑一、二庭共审结各类一审刑事案件 350 件，其中试行刑事证据庭前展示 37 件，占审结一审刑事案件数的 10.5%，而这庭前证据展示的 37 案全部是案件事实清楚，证据充分，案情较简单的案件（除两起案件为一案多名被告外，其余均是一案一被告一罪名的案件）。并且有 31 件因被告人主动认罪，同时适用了《关于适用普通程序审理"被告人认罪案件"的若干意见（试行）》进行了普通程序简化审，占证据展示案件的 83.7%。[2] 从中我们不难发现，对于重大复杂的死刑案件，仅靠地方制定证据开示规范显然是不够的。只有从立法层面解决这一问题，才能使辩护律师有效地发挥作用，使其在诉讼过程中处于与控诉方平等的诉讼地位，保障当事人诉讼权利的行使和合法权益，以期符合死刑案件正当程序的公平性要求。

（6）立法缺乏对死刑案件的强制上诉制度的规定。目前我国刑事诉讼法对于死刑案件二审程序启动的规定主要体现在第 180 条和第 181 条的规定上，其中第 180 条第 1 款规定："被告人、自诉人和他们的法定代理人，不服地方各级人民法院第一审的判决、裁定，有权用书状或者口头向上一级人民法院上诉。被告人的辩护人和近亲属，经被告人同意，可以提出上诉。"第 181 条规

---

[1] 宋英辉、吴宏耀：《刑事审判前程序研究》，中国政法大学出版社 2002 年版，第 187 页。

[2] 房保国："现实已经发生——论我国地方性刑事证据规则"，载《政法论坛》2007 年第 3 期。

定："地方各级人民检察院认为本级人民法院第一审的判决、裁定确有错误的时候，应当向上一级人民法院提出抗诉。"此外，被害人及其法定代理人对地方各级人民法院一审判决不服的，有权请求人民检察院提出抗诉。但是对于没有上诉和抗诉的死刑案件一审判决，10 日后则直接进入死刑复核程序。正如前文所述，被一审判处死刑的人不上诉可能有多种原因，如果因为不上诉也不抗诉便认为万事大吉直接进行复核的话，可能导致一审判决的错误连同被省略的二审程序一起被"省略"掉。就死刑案件的程序立法而言，出现这样的疏漏显然是不应该的。

（7）立法未明确检察长列席死刑案件审委会制度。2007 年 3 月 9 日最高人民法院、最高人民检察院、公安部、司法部发布的《关于进一步严格依法办案确保办理死刑案件质量的意见》第 34 条规定："审判委员会讨论案件，同级人民检察院检察长、受检察长委托的副检察长均可列席会议。"换而言之，审委会讨论死刑案件时，可以邀请检察机关列席，当然也可以不邀请检察机关列席。我们认为，立法应当对此进一步明确，通过让检察机关列席审判委员会的死刑案件讨论，一方面可以更好地发挥检察机关的法律监督作用，同时，也为审判委员会能够在必要的情况下听取检察机关的意见提供了方便。

（8）立法未规定死刑二审案件检察机关的办案期限。如前所述，法律没有规定检察机关在二审案件中的办案期限，而死刑案件的重大性又决定了办理案件的复杂性，因此确立科学合理的办案期限是必要的。对于普通刑事案件而言，检察机关的办案期限最长可以达到四个半月（不计入两次退回补充侦查的两个月），考虑到二审案件的争议事实相对较为集中，办案期限应当适当缩短。同时，以立法形式明确检察机关的办案期限不仅有利于弥补这一立法漏洞，还有利于加强检察机关自身监督，强化死刑案件程序法律监督的正当性。

（9）立法没有规定被执行死刑者的基本权利。我国刑事诉讼法只规定了死刑执行的主体、执行地点和时间，没有对被执行者的人道权利进行明确。关于这一立法缺陷，在前文所述的最高人民法院、最高人民检察院、公安部、司法部 2007 年联合出台的《关于进一步严格依法办案确保办理死刑案件质量的意见》规定中已经初步得到完善。如该规定明确了"执行死刑应当公布，禁止游街示众或者其他有辱被执行人人格的行为，禁止侮辱尸体。人民法院向罪犯送达核准死刑的裁判文书时，应当告知罪犯有权申请会见其近亲属。罪犯提出会见申请并提供具体地址和联系方式的，人民法院应当准许；原审人民法院应当通知罪犯的近亲属。罪犯近亲属提出会见申请的，人民法院应当准许，并及时安排会见"等内容。我们认为，这些内容属于被执行死刑者的基本权利，应当上升到立法的高度予以确立，为合法权利的实现提供更强有力的法律保障。

三、死刑案件法律监督程序问题的改革完善

死刑案件的程序问题是如此重要地影响着死刑适用的实体，正如有学者指出，"如果将法律理解为社会生活的形式，那么作为'形式的法律'的程序法，则是这种形式的形式，它如同桅杆顶尖，对船身最轻微的运动也会作出强烈的摆动"。死刑案件法律监督程序改革和完善的重要意义在于强化诉讼的民主化和对公民权益的保护，体现我国法制现代化进程中在人权保护向度上的努力。当前，我们对于刑事诉讼进行的任何一项改革都离不开"权利"二字。权利理论是现代法律的基本叙事（narrative），这种叙事称为法律的"元叙事"，其原因就在于：权力对社会秩序的形成尽管必不可少，但它必须围于权利规则的范围之内实施才具有正当性，权利的话语和技术的主要功能就是要抵消权力的内在支配性。[①] 而"刑事诉讼在某种意义上是国家机关与被追究者之间关于追究和反追究的激烈对抗，利益之轩轾决定了国家权力和个人权利之间处于一种此消彼长的状态，如果要强调控制犯罪就要给予国家权力较多的职权自由，而要张扬权利就需要对国家权力进行较多的限制"[②]。从法律监督的属性来看，检察机关对死刑案件的程序实施法律监督，其实质就是在监控国家权力对生命权剥夺与否的最后一道关口，是权力对权力的制约，体现着对人的生命权的最终关怀。[③] 基于死刑案件存在的上述程序问题，我们有必要从产生问题的内部原因和外部原因着手，对死刑案件法律监督的程序予以改革和完善。

（一）死刑案件法律监督程序问题改革和完善的基本路径

如前所述，我们已经在死刑案件程序规范中发现了形式和实质的双重缺陷，立法完善势在必行。而这种完善只能在现有的规范体系内，采取渐进的方式进行。对此，我们不妨从纵向上对比我国古代的死刑制度，从横向上对比国外的死刑程序。通过纵横对比，结合我国死刑程序的现状，从中探索出死刑二审法律监督立法完善的基本路径。

1. 中国古代死刑程序制度借鉴及意义

我国古代的死刑适用决定权经历了由地方行使到中央统一适用的过程。秦汉时期的地方守令均享有专杀之权，南北朝时期死刑的适用权开始收归中央。

---

① ［法］米歇尔·福柯：《权力的眼睛——福柯访谈录》，严锋译，上海人民出版社1997年版，第229—230页。

② 左卫民：《价值与结构——刑事程序的双重分析》，四川大学出版社1994年版，第73—84页。

③ 拉德布鲁赫：《法学导论》，中国大百科全书出版社1997年版，第120页。

魏明帝青龙四年（236年）下诏规定"廷尉及天下狱官，诸有死罪具狱已定，非谋反及手杀人，亟语其亲治，有乞恩者，使与奏"。① 也就是除了谋反和杀人罪以外，判处死刑必须向皇帝奏报核准，核准后才能执行死刑。这样的规定不仅加强了封建集权统治，也体现了"慎刑简罚"的原则，对当时的时代而言是一种进步的表现。

隋唐时期，死刑复核制度趋于完备，隋文帝规定"死罪者三奏而后决"②，即每起死刑案件要复奏三次，故称"三复奏"。唐太宗完善了这一制度，规定了"三复奏"和"五复奏"两种，即地方的死刑案件适用"三复奏"，京师的死刑案件适用"五复奏"。司法官员不奏而擅刑者，要受刑事处罚。《唐六典·刑部》记载："凡决死刑，皆于中书、门下详复。"注释道："旧制，（死刑）皆于刑部详复，然后奏决，开元二十五年敕，以为庶狱既减，且无死刑。自今以后，有犯死刑，除'十恶'死罪、造伪头首、劫杀、故杀、谋杀外，宜令中书、门下与法官等详所犯轻重，具状奏闻。"也就是要求死刑由中央有关部门审查后再报请皇帝核准。唐朝确立的死刑复核制度一直为历朝历代所用。

宋元时期，死刑仍需经中央有关部门统一核准。《元史·刑法志》载："及中原略定，州县长吏，生杀任性，甚至没人妻女。耶律楚材奏请：'囚当大劈必待报，违者论死'，从之。"

明朝时形成了由三法司会同公、侯、伯会审重囚的朝审制度，于每年秋后对死刑囚犯进行复审，其结果最后均须奏请皇帝定夺。清朝时更发展出最具特色的秋审制度，即每年一度在全国范围内对死刑监候案犯进行复核，并分类处理以决定其生死的特别程序。秋审制度包括秋审与朝审，秋审是复审除京师外各省上报之死刑监候案件，朝审则复审刑部直接审理之京师地区的死刑监候案件。③

从以上古代死刑程序制度的发展来看，死刑适用程序经历了从地方决定到中央统一行使、适用程序从简单到繁复的演变。由于要面对中央的复核，因此一般的司法官吏不至于视人命如草芥，在死刑的复审过程中也确实可使某些冤案得到平反，从而使死刑的适用受到了一定的限制。具体表现出以下特点：④

---

① 陈寿：《三国志·魏书·明帝本纪》，载 www.excbook.com/books/33/3271/1/3.9.html。

② 魏徵：《隋书：刑法志》，载 www.law365.net/zhongguofazhishi/537_6.html。

③ 杨和钰：《中国法制史》，四川人民出版社1991年版，第187—188页。

④ 参见陈永生："对我国死刑复核程序之检讨——以中国古代及国外的死刑救济制度为视角"，载《比较法研究》2004年第4期。

第一，死刑的最后决定权由中央统一控制。在秦朝以前，法制尚不完备，死刑尚未收归中央，县令即可杀人。这一做法一直沿袭到汉朝前期。但与秦律不同的是，汉律规定对于重大疑难案件包括部分死刑案件以及官吏犯罪案件，要由皇帝批准才能执行。据《汉书·王温书传》记载，河内太守王温舒，"捕郡中豪滑，相坐连千余家。上书请，大者至族，小者至死，家尽没入偿藏。奏行不过二日，得可，事论报，至流血十余里。河内皆怪其奏，以为神速"。由此可见，对于案情重大的死刑案件，要报告朝廷，得到皇帝的批准。这表明到汉朝，我国古代统治者就认识到死刑的重要性，从而将部分死刑案件的最终决定权收归中央。在三国两晋南北朝时期，虽然战乱频仍，但仍有一些开明的统治者力图控制死刑的最终决定权。《三国志·魏书·明帝本纪》记载，魏明帝"太和三年十月改平望观为听讼观，每断大狱，常幸观临听之"。到隋朝，死刑的最终裁决权被全部收归中央。据《隋书·刑法志》记载："诏诸州死罪，不得便决，悉移大理案复，事尽，然后上省奏裁。"明确规定死刑复核的权力由大理寺行使，从此产生了死刑复核的专门机关。这表明我国古代的死刑复核制度已臻于完备。自此以后，死刑的最终决定权统一由中央行使，一直到清末也未改变，只不过在不同的朝代，负责复核的机关和程序略有不同而已。死刑大权集中于皇帝一身本身便是封建社会中央集权制度的根本要求和必要体现。审判权特别是死刑等重大犯罪的司法权是国家权力重要组成部分，只有控制司法权，统治阶级才能有效地镇压被统治阶级，维护有利于统治阶级的统治秩序。

第二，在一定范围内实行直接言词审理。古代交通不发达，而中国地域又非常辽阔，将所有死刑犯都解送京城难度很大，因而古代死刑复核通常实行书面审理。但由于书面审理不利于查清案件事实，因而古代有些朝代又实行一定范围内的言词审理。据《魏书·刑法志》记载："论刑者部主具状，公车鞫词而三都决之，当死者部报奏闻，以死者不可复生，惧监官不能平，狱成皆呈，帝亲临问，无异辞怨言，乃绝之。"也就是说，在进行死刑复核时，应当"帝亲临问"，只有"无异辞怨言"，才能作出最终的死刑判决。到明清时，随着交通的发展以及封建统治者法制观念的进步，言词审理的范围逐渐扩大。明朝初年存在一种皇帝"面讯"的做法，即对于重大案件特别是政治案件，都要由皇帝亲自讯问，才能作出判决。天顺三年以后，这一做法发展为朝审制度。朝审的对象，最初是在京都监狱中关押的重囚犯，永乐十七年规定京城外的死罪重囚也都要解送京师，并将犯人、案卷一并送到。朝审审讯时，原来负责该案的官员应携卷旁听，如果遇有犯人翻供或称冤时，原审官员要照卷陈述原来审问的始末，并将原审判决的理由提供给会审各官参考。清朝时，死刑复核程序中言词审理的范围进一步扩大。实行秋审的案件，各省督抚必须将人犯解送到省城，由全国在省的按察司、通员等对有关材料进行审核，对人犯进行审讯，然后拟具处理意见，上报刑部，供朝廷进行秋审的官员参考。朝审是对刑部判决的死刑案件和京师地区的监候死刑案件的审理，人犯都关押在京城监狱，因此朝审都是直接言词审理，必须提人犯到堂当面诵读罪状，并进行讯问。

第三，限制死刑的适用是死刑复核的一项重要目标。我国古代自汉朝就将儒家思想奉为治国经典，主张治国应当以德为本，对刑罚的适用强调明德慎罚、恤刑慎杀，限制死刑的适用。唐太宗曾诏令："决死囚者……皆令门下复视，有据法当死而情有可矜者，录状以闻。"也就是说，即使有些罪犯按照法律的规定应当判处死刑，但是如果根据具体情况有值得同情之处，也可以报请皇帝核准，免予判处死刑。具体而言，古代死刑复核程序对死刑适用的控制作用表现在两个方面：一是进一步审查事实的认定和法律的适用是否正确，防止错杀；二是在事实清楚、适用法律正确的基础上进一步审查是否非杀不可，对于危害不大或有其他特殊情节的，决定免予判处死刑。清朝对经过秋审和朝审的案件作出四种处理：情实、缓决、可矜、留养奉祀。其中，对后三种情形都可以作出免死的处理：缓决，即案情属实，但罪行稍轻，危害较小的，例如误杀、戏杀、擅杀等案，可以暂缓执行死刑，或继续监候留待来年会审决定，或减为流刑三千里或发极边烟瘴充军；可矜，即案情属实，但情节不重的，如老幼废疾等人犯死罪，或因父母伤亡而报复杀人犯死罪，值得怜悯、矜恤者，一般都免死减为流刑或徒刑；留养奉祀，即案情属实，但父母、祖父母年老无人奉养的案犯，可免死留命养亲、承继宗祀，一般枷号二月、责打四十大板释放。只有第一种情形——情实，即案情属实、罪名恰当、量刑准确，又没有其他免刑情节的重案，才核准判处死刑。从实际情况来看，对于经过秋审和朝审的案件，绝大多数都不再执行死刑，监候犯由于"情实"而被处决的只有少数。

第四，被告人在执行死刑前享有充分的救济机会。古代统治者深谙人命至重、死者不可复生的道理，为防止错杀，都对死刑案件规定了非常充分的救济途径。具体而言，表现为两个方面：其一，所有罪犯判处和执行死刑都必须经过中央有关机关以及皇帝两次审核，一是死刑复核，二是死刑复奏。就死刑复核而言，无论是立决还是秋后决的案件，都必须进行死刑复核，只不过立决的案件由中央主管机关进行个案审核，而秋后决的案件由中央有关机关共同会审。其二，就秋后决的案件而言，被告人在被交付执行死刑之前，还享有广泛的其他救济途径，如上诉、申诉以及向皇帝直诉等。就向皇帝直诉而言，又包括邀车驾、挝登闻鼓、上表、立肺石等多种方式。而死刑案件除谋反、大逆、谋叛等严重犯罪必须立决外，其他案件都是秋后决，因而绝大多数案件被告人除可通过死刑案件的特有程序寻求救济外，还可通过一般案件的救济程序寻求救济。

2. 国外死刑程序制度借鉴及意义

截至 2001 年 12 月，保留死刑的 71 个国家和地区中除了中国以外，主要有美国、俄罗斯、日本、印度、朝鲜等国。① 比较特殊的是俄罗斯，其于 1996 年加入欧洲委员会时就已保证废除死刑，但法院一直没有停止死刑判决，只是对死刑采取缓期执行。直至 1999 年，俄罗斯联邦宪法法院的决定，在俄罗斯联邦境内所有联邦主体开始实行陪审团制度之前，禁止所有死刑判决。由于车臣共和国境内开始实行陪审团制度的期限推迟到 2010 年，因此俄罗斯将暂时不会恢复死刑。② 但俄罗斯在死刑存废道路上所作的探索值得我们思考，根据《俄罗斯联邦刑事诉讼法典》第 310 条第 3 款的规定：如果受审人被判处死刑，则审判长应向他说明要求特赦的权利。③ 有学者指出："俄罗斯解体后作为'新生的民主国家'增设了特赦程序，严格控制死刑的适用。死刑可以通过特赦程序改判为终身剥夺自由或 25 年剥夺自由。启动特赦程序的实践也达到了少用死刑的价值目标，1992 年至 1994 年经特赦委员会提交总统审查的特赦请求共 346 个，得到批准的 328 个，几乎占了 95%。"④ 除此以外，我们还可以在美国发现一些死刑程序的特殊规定。例如美国保留死刑的州对死刑的上诉复审都是自动的（除了在联邦法律和一个州以外），并且在被告人被判处死刑与被执行死刑之间规定一个强制性的等待期间为准备上诉保留适当的时间并提供法律援助，有 18 个美国司法区的期限都在 1 年至 3 年之间。⑤ 而我国对于死刑一审判决的上诉期限规定为 10 天，⑥ 并且没有强制上诉规定，也就是对被告人不上诉、检察机关也不抗诉的死刑案件直接进入复核程序。

从国外对死刑适用程序的规定来看，对被判处死刑的被告人给予了多种救

① ［英］罗吉尔·胡德：《死刑的全球考察》，刘仁文译，中国人民公安大学出版社 2005 年版，第 505—506 页。

② 俄罗斯新闻社："2010 年之前俄罗斯不会存在死刑"，载 www. rusnews. cn/eguoxin-wen/eluosi_ neizheng/20061209/41599605. html。

③ 黄道秀译：《俄罗斯联邦刑事诉讼法典》，中国人民公安大学出版社 2006 年版，第 256 页。

④ 薛瑞麟："历史与现实：俄罗斯立法中的死刑"，载《法学研究》编辑部主编：《俄罗斯法论丛》（第 1 卷），中国社会科学出版社 2006 年版，第 311—312 页。

⑤ ［英］罗吉尔·胡德：《死刑的全球考察》，刘仁文译，中国人民公安大学出版社 2005 年版，第 315—317 页。

⑥ 上诉期限规定得过短使得被告人发现和准备新证据的时限受到限制，尤其是当新证据对案件事实认定有重要作用时，准备上诉的期限长短就显得尤为重要。

济途径，在各种程序穷尽的情况下才得以确定死刑的结果，使死刑真正成为不得已而为之的制裁手段，同时保障被告人获得公正审判的权利，这不仅仅是对人权的保障，更体现了一个国家或地区对公平、正义的价值取向。

3. 完善现行法律监督立法的基本路径思考

通过纵横比对，可以得出这么几点启示：一是死刑适用的立法由简到繁是必然规律。尤其是在现阶段，我们不妨高扬程序"烦琐"化的旗帜。这里所指的烦琐不是无必要的重复，而是相对于简单而言的一种复杂、详尽。虽然我们的司法体系追求公正与效率相统一的价值目标，但是就死刑案件而言，更多地应当考虑公正而不是效率。甚至在某种程度上而言，高效率地运作死刑适用程序难免有草率之嫌，"快速"或"简易"等字眼应当也只能适用于轻微刑事案件。对于死刑案件而言，我们不畏惧程序的烦琐，对死刑二审程序和复核程序进行进一步详尽的规定是必要的也是正义的。因为"我们需要的只是正确或公平的程序。在实体公正的同时，只要程序是公正的，并被恰当地遵守，就会保证结果是公正的"。①

二是死刑适用的立法应当吸收国际刑事司法中保障诉讼公正的基本准则。死刑的适用应当是穷尽所有可能后得出的唯一结果。这里的"穷尽所有可能"一方面是指穷尽实体法上的可能性，也即认定事实和适用法律的准确；另一方面是指穷尽程序法上的可能性，包括对被判处死刑的被告人提供多种救济、减免途径。只有当死刑是唯一的、不可排除的结果时才可以予以适用，这也符合其作为刑罚终极手段的本质属性。

三是在死刑的适用程序中强化对被告人权利的保障。也许就死刑这种刑罚手段本身而言，它体现了太多报复主义的色彩，我们很难把它和人道主义联系起来。但是人类刑罚的设置永远要经历一个由野蛮到文明的进化过程，而现阶段我们所设置的死刑程序就应当强化人权的保障，这么做的目的不仅仅是为了保护无辜者，也是为了保护将受死刑的被告人。

综合以上几点启示，我们不妨对死刑案件法律监督立法完善的基本路径作如下设想：吸收我国已经签署的《公民权利与政治权利国际公约》（the International Convenant on Civil and Political Rights）以及联合国经济及社会理事会批准的《保护面临死刑者权利的保障措施》（第 1984/50 号决议）、《对保障措施的补充规定》（第 1989/64 号决议）、《对保障措施的补强规定》（第 1996/15 号决议）等国际文件的司法准则，秉持保障人权的理念，在此基础上以全国人民代表大会对现行刑事诉讼法进行再修改为基本路径，以必要的司法解释

---

① 卓泽渊：《法理学》，法律出版社 1998 年版，第 275 页。

为辅助，尽快统一全国各地办理死刑案件的规范和标准，并将各地制定操作规范中的合理部分上升为全国统一的立法。

（二）死刑案件程序法律监督的改革和完善

加强死刑案件程序法律监督，离不开死刑案件程序法的改革和完善。针对死刑案件程序法律监督中存在的问题及成因，以国际准则为标准，从死刑案件的程序改革入手，在设置更为严格的死刑适用程序同时赋予面临死刑者更多的诉讼权利，实现死刑程序的正当性改造。

1. 在死刑案件的侦查程序中确立不得强迫自证其罪原则

不得强迫自证其罪的权利（Privilege Against Compulsory Self - incrimination）又可以称为沉默权（Right to Silence）。这一原则体现在《公民权利及政治权利国际公约》规定中："在判定对他提出的任何刑事指控时，人人完全平等地有资格享受以下的最低限度的保证……不被强迫作不利于他自己的证言或强迫承认犯罪。"[①]

根据美国学者克里斯托弗·奥萨克（Christophere Osakwe）的解释，不得强迫自证其罪原则包含以下三层含义：一是被告人没有义务为追诉方向法庭提出任何可能使自己陷入不利境地的陈述，追诉方不得采取任何非人道或有损被告人人格尊严的方法强迫其就某一案件事实作出供述或提供证据。二是被告人有权拒绝回答追诉官员或法官的讯问，有权在讯问中始终保持沉默。司法警察、检察官或者法官应及时告知犯罪嫌疑人、被告人享有此项权利，法官不得因被告人沉默而使其处于不利的境地或作出对其不利的裁判。三是犯罪嫌疑人、被告人有权就案件事实作出有利或不利于自己的陈述，但这种陈述须出于其真实的意愿，并在意识到其行为后果的情况下作出，法院不得把非出于自愿而是迫于外部强制或压力所作出的陈述作为定案根据。[②]

不得强迫自证其罪和我国现行刑事诉讼法规定的犯罪嫌疑人、被告人负有的"如实供述"义务大相径庭，前者强调的是权利，而后者关注的是义务，反映出的也是两种截然不同的态度。对此问题，无论是在学界还是实务界均有

---

① International Covenant on Civil and Political Rights Article 14. 3. In the determination of any criminal charge against him, everyone shall be entitled to the following minimum guarantees, in full equality... (g) Not to be compelled to testify against himself or to confess guilt.

② Christopher Osakwe, "The bill of Rights for the Criminal Defendant in American law" in Human Rights in criminal procedure , Martinus Nihoff Publishers , 1982, pp. 274 – 275.

不同的看法和观点，赞成的声音大多数来自学界，反对者也大有人在。① 反对者们担忧的原因主要是基于不得强迫自证其罪原则和我国需要严厉打击犯罪的国情不符，也考虑到相关配套制度的不完善等，但同时我们也看到，即使是反对者们也不能不承认沉默权本身是合理的、正当的。②

就死刑案件而言，是否应当确立不得强迫自证其罪的基本原则？我们认为，这一答案应当是肯定的。当前，关于刑讯逼供的报道屡见不鲜，一桩桩沉冤大白的案例让我们发出惊叹，但更多的是沉重的反思。为什么刑讯逼供屡禁不绝，③ 为什么从侦查人员到检察人员到法官都对那些刑讯逼供的辩解充耳不闻、视而不见？原因正如前文所分析的那样，如实供述义务使犯罪嫌疑人、被告人的口供成为侦查机关追逐和获取的对象，这也决定了被告人在法庭审判时负有自证其罪的义务。有学者认为，"公诉人在证据调查阶段首先讯问被告人的程序，可以说是庭审方式改革的一大'怪胎'。因为它实质上是把被告人强制作为控方证人对待，而且事实上要求被告人如实回答"，"本来应当是对控方指控是否成立进行审查的审判程序，往往成为对被告人法庭陈述是否属实的

---

① 持赞成观点者如孙长永：《沉默权制度研究》，法律出版社 2001 年版，第 202—256 页；宋英辉："不必自我归罪原则与如实陈述义务"，载《法学研究》1998 年第 5 期；卞建林："沉默的权利"，载《南方周末》1999 年 8 月 6 日；等等。持反对观点的如何家弘："且慢设立沉默权制度"，载《法制日报》1999 年 9 月 9 日等。关于沉默权的研究文献较多，在此不再一一注明。

② 参见崔荣涛："沉默权制度应该缓行"，载中国法院网，http：//www. chinacourt. org/ public/detail. php？id ＝ 149552。

③ 2002 年 7 月 12 日凌晨，冀东监狱转业干部郭某和妻子唐某被入室蒙面歹徒刺成重伤，凶手逃走。时任冀东监狱二支队政治部主任的李久明因与唐某的妹妹曾有暧昧关系，被南堡公安分局列为疑点。在李的住处，办案人员还搜出一把钢珠枪。16 日，李久明被刑拘。21 日至 24 日，在办案人员刑讯逼供下，不堪折磨的李久明编造了杀人经过。8 月 26 日，李被逮捕。2003 年 6 月 24 日，唐山市人民检察院以故意杀人罪、非法持有枪支罪对李提起公诉。11 月 26 日，唐山市中级人民法院一审判处李死刑，缓期两年执行，附带民事赔偿 102976.58 元，李提出上诉。2004 年 8 月 11 日，河北省高级人民法院以证据不足为由，撤销一审判决，发回重审。随后不久，温州警方向唐山警方发来协查通报，温州市瓯海公安分局看守所在押人员蔡明新供认了 2002 年 7 月 12 日凌晨闯入冀东监狱家属区郭某家中抢劫伤人的事实。2004 年 11 月 28 日，李久明被无罪释放。在该案中实施刑讯逼供的唐山市公安局南堡公安分局局长王建军、副局长杨策、唐山市公安局刑警支队副支队长聂晓东、刑警支队一大队副大队长张连海、刑警支队一大队民警宋金全、南堡公安分局刑警大队大队长卢卫东、教导员黄国鹏被以刑讯逼供罪提起公诉。参见刘树鹏："河北开审 7 名警官刑讯逼供致受害人被判死缓案"，载 http：//www. chinacourt. org/public/detail. php？id ＝ 147740。

核对程序，庭审的侧重点不是控方证据是否确实充分，而是被告人当庭翻供是否成立、被告人有没有证据证明自己无罪或罪轻。获取口供是侦查工作的中心，而审查口供则成为法院庭审的中心环节"。①

由于不得强迫自证其罪原则的缺失，刑讯逼供制造的冤假错案已经成为死刑案件办理过程中公诉人和法官时刻小心、谨慎防范的重点。最高司法机关也看到了这一问题的严峻性，先后出台了一系列的措施和规范，例如最高人民检察院 2005 年 12 月出台了《人民检察院讯问职务犯罪嫌疑人实行全程同步录音录像的规定（试行）》，要求检察机关在查办职务犯罪时，对讯问犯罪嫌疑人的过程进行全程同步录音、录像，再现讯问的全过程。但是我们认为，这些措施的出台不等同于在程序法的改革和完善上就不再需要确立不得强迫自证其罪原则，无论是从法律层面还是实效层面来看，讯问同步录音录像制度都不能替代不得强迫自证其罪原则。从同步录音录像制度的制定本意来看，一方面是为了防止刑讯逼供，另一方面还在于"及时全面固定证据，防止犯罪嫌疑人翻供"。② 从这一表述可以看出，讯问同步录音录像制度不仅不是对"如实供述"义务的否定，而且还强调了要用合法、科学的形式来"正当化"这一自证其罪的义务，显然与不得强迫自证其罪原则的实质相冲突。而且从实践的效果来看，同步录音录像制度也无法遏制刑讯逼供。以一起受贿案为例：③

浙江诸暨公路管理段段长黄国超受贿一案在诸暨市人民法院公开审理。被告黄国超当庭翻供，否认所有 6 项指控，并且宣称其所签字的供述乃是在威胁恐吓下写就的，不是其真实意愿也不是事实。作为公诉方的诸暨市检察院对逼供行为坚决予以否认。不过，当黄的辩护律师杨成煜要求当庭播放同步审讯录像时，公诉方以涉及国家机密为由给予拒绝。

这起案例中公诉人拒绝展示同步录音录像资料的态度引人回味，我们对一名涉嫌受贿的公路管理段段长供述出了什么"国家机密"不得而知，只是觉得在被告人提出刑讯逼供的辩解和播放同步录音录像的请求面前，这样的理由似乎有点牵强。这还仅仅是一起报道出来的案件，还仅仅是一起不至于被判处

---

① 孙长永：《沉默权制度研究》，法律出版社 2001 年版，第 230—231 页。

② 参见最高人民检察院《关于印发〈人民检察院讯问职务犯罪嫌疑人实行全程同步录音录像的规定（试行）〉的通知》（高检发反贪字〔2005〕43 号）。

③ 董伟："浙江官员受逼供当庭翻供 检方拒绝公开审讯录像"，载《中国青年》报 2007 年 11 月 6 日，http://news.qq.com/a/20071106/001723.htm。

死刑的案件。那么对于那些还没有查实、处于存疑状态的死刑案件呢？① 在杜绝刑讯逼供这一问题上，我们不可避免地对讯问同步录音录像制度能不能起作用、能起多大的作用持怀疑态度。至少目前我们得出的结论就是，讯问同步录音录像制度不能替代不得强迫自证其罪原则。在死刑案件的程序改革上，确立不得强迫自证其罪原则是当务之急。尽管它"未必能够消除刑讯逼供、侵犯人权的现象，但是由于它必然要求首先从立法上否定'供述义务'的存在，至少在制度上增加了一种预防性措施，可以促使刑事诉讼程序由'口供中心主义'向证据裁判主义转变，由片面强调惩罚犯罪向惩罚犯罪与保障人权并重的方向转变"。② 因此，在死刑案件程序中确立不得强迫自证其罪原则，有助于引导侦查人员的视线转向犯罪嫌疑人、被告人口供以外的证据，既有助于保障人权，也有利于提高死刑案件的证据质量。

在我国现阶段强调"少杀、慎杀"的死刑政策背景下，在死刑案件程序中确立不得强迫自证其罪原则可以从以下几个方面着手，通过严格程序限制死刑适用的质和量：

一是在刑事诉讼法中取消"如实供述"义务，明确不得强迫作出不利于自己的证言或者被强迫承认犯罪，赋予犯罪嫌疑人、被告人自愿选择陈述或者不陈述案件事实的权利。在立法中明确这一点，既是对犯罪嫌疑人、被告人诉讼权利的保障，有利于实现程序正义之精神，又是对陈述真实性的维护，有助于实体正义的实现。③

二是设定不得强迫自证其罪原则的例外情形。规定犯罪嫌疑人在接受侦查人员讯问时保持沉默或者拒绝回答提问的，侦查人员应当提醒犯罪嫌疑人；如果现在保持沉默或者拒绝回答，等到法庭审理时才作出回答或者解释，将会对他的辩护产生不利后果，法院可以从他的沉默或者拒绝回答作出不利于他的推定，例如：在其身上或者身边、住处发现有犯罪证据的；有证据证明其在案发时在犯罪现场，并且有犯罪嫌疑的；在涉嫌组织、领导、参加恐怖组织或者黑社会性质组织罪案件中，有证据证明是该组织成员的；在涉嫌贪污、贿赂案

---

① 参见宋新国："广西法官全身伤痕死在看守所 死因定为猝死"，载 http：//news. 163. com/07/0430/11/3DAUHE910001124J. html；赵凌："聂树斌案绝处逢生'真凶'上诉求增其罪"，载 http：//news. qq. com/a/20071101/003143. htm。

② 孙长永：《沉默权制度研究》，法律出版社 2001 年版，第 233 页。

③ 参见徐静村：《中国刑事诉讼法（第二修正案）学者拟制稿及立法理由》，法律出版社 2005 年版，第 118 页。

件中，有证据证明其财产或者支出明显超过其合法收入的。[①]

2. 死刑案件审前程序设置证据开示制度

证据开示（the Discovery of Evidence）是指"了解原先所不知道的、揭露和展示原先隐藏起来的东西。"[②] 从证据开示制度的起源和发展来看，"证据开示最初作为一种审判前程序，主要用于诉讼一方从另一方获得与案件有关的事实情况和其他信息，从而为审判作准备。在普通法的长期发展中，证据展示存在着一个由'诉讼竞技论'向'实体公正论'和'程序正义论'转变的过程"。[③] 从正当法律程序的角度来看，证据开示制度作为实现刑事诉讼控辩双方平等武装（equality of arms）的重要制度，具有以下价值：[④]

一是使控辩双方充分地实现了程序参与性。程序参与性要求可能会受到刑事裁判或与诉讼结局有直接影响的主体应当有充分的机会富有意义地参与刑事裁判的制作过程，并对裁判结果的形成发挥有效的影响和作用。控诉方作为控诉主体在证据开示程序中为实现其追究犯罪的目标，具有参与开示证据的积极性和要求对方展示证据的强烈愿望，以便为其在法庭上进行质证作准备；辩护方为维护其合法权益，充分行使辩护权，希望能够在开庭前充分了解控诉方的证据情况，特别是由于辩护方在诉讼中的地位决定了其收集证据的局限性，更愿意参与到证据开示程序中来。证据开示的双向模式则为控辩双方参与诉讼程序开辟了广阔的空间。

二是证据开示体现了裁判者的中立性。根据古老的"自然正义"法则，"任何人不得做自己案件的法官"。在刑事诉讼中，作为中立的第三者，裁判者应在发生争端的各方参与者之间保持一种超然的地位和无偏袒的态度，而不对任何一方存在偏见和歧视。证据开示规则要求法官对控辩双方的开示活动进行司法审查和监督，解决控辩双方对于特定的证据是否应当开示的争议。法官可以出于保护公共利益的需要，或者基于控诉方以"公共利益豁免"为由提出拒绝开示的申请而审查并决定是否限定展示某些特定证据。另外，对于违反证据开示义务的诉讼一方，法官有权应对方的申请颁布证据开示命令或者对其进行制裁。

---

① 龙宗智：《徘徊于传统与现实之间：中国刑事诉讼法再修改研究》，法律出版社2005年版，第130页。

② 《布莱克法律辞典》，美国西方出版公司1979年版，第418—419页。

③ 樊崇义：《正当法律程序研究：以刑事诉讼程序为视角》，中国人民公安大学出版社2005年版，第254页。

④ 参见陈瑞华：《刑事审判原理论》，北京大学出版社1997年版，第61—65页。

三是证据开示实现了程序的对等性。程序的对等性要求各方参与者在诉讼中拥有平等的诉讼地位和对等的诉讼权利，并要求裁判者在诉讼过程中给予各方参与者以平等的参与机会，对各方的主张、意见和证据予以同等的尊重和关注。证据开示是在当事人的诉讼地位平等基础上进行对抗展开的，证据开示使当事人主义由追求形式公正走向寻求程序公正与实质公正的结合，双方当事人站在对等的立场上，本着"平等武装"的原则，通过双方的攻击和防御来发现真实，但鉴于控诉方具有压倒性的强大取证能力，必须以审判前的全面开示证据来弥补辩护方的取证能力的不足，以实现"平等武装"。程序的对等性，不仅仅要求形式的对等性，而且更注重实质上的对等性，因此，在证据开示的范围和责任上，要求控诉方全面开示证据，而辩护方的证据开示范围则要求进行严格限制。

在我国的司法实践中，已经有探索实施证据开示制度的先行者，试行这一制度的目的在于保障被告人的合法诉讼权利。① 而我们认为，在死刑案件中确立庭前控辩双方的证据开示制度，从程序角度而言是为了实现控辩平衡，体现死刑程序正当性。从实体角度而言也有利于发现真相，避免错误。因此，建立证据开示制度，对完善死刑案件程序法律监督具有重要的意义。具体而言，可以进行以下设计构想：

第一，证据开示的主体。死刑案件的证据开示应当在公诉人和辩护人之间进行，并且由一名法官主持，被告人应当参与到证据开示的程序中。有的观点认为我国刑事诉讼法只规定嫌疑人、被告人的辩护人享有阅卷权，没有规定犯罪嫌疑人、被告人的阅卷权，如果赋予其证据先悉权，将有悖于现行法律，故就目前而言，不宜让犯罪嫌疑人、被告人参与证据开示。② 但是根据《公民权利及政治权利国际公约》的规定："所有的人在法庭和裁判所前一律平等。在判定对任何人提出的任何刑事指控或确定他在一件诉讼案中的权利和义务时，人人有资格由一个依法设立的合格的、独立的和无偏倚的法庭进行公正的和公开的审讯……在判定对他提出的任何刑事指控时，人人完全平等地有资格享受以下的最低限度的保证：……迅速以一种他懂得的语言详细地告知对他提出的

---

① 参见重庆市人民检察院 2005 年 1 月的《刑事公诉案件证据展示规则（试行）》第 1 条："为了促进司法公正，提高诉讼效率，充分保障被告人的诉讼权利，依据《中华人民共和国刑事诉讼法》及相关法律、司法解释的规定，结合我市刑事诉讼实践，制定本规则。"

② 陈令春："刑事诉讼律师阅卷权之缺陷与证据开示制度之构建"，载《山东审判》第 22 卷总第 170 期。

指控的性质和原因；有相当时间和便利准备他的辩护并与他自己选择的律师联络……出席受审并亲自替自己辩护或经由他自己所选择的法律援助进行辩护；……讯问或业已讯问对他不利的证人，并使对他有利的证人在与对他不利的证人相同的条件下出庭和受讯问。"① 我们认为，证据开示的本意就是让被告人及其辩护人获得平等武装的权利，而联合国的规定实际上把"向被告人开示证据作为公正审判权利的最低限度程序保障之一"②。因此，被告人也应当参与到证据开示的程序中。

第二，证据开示的时间。死刑案件的证据开示应当在提起公诉以后、开庭审判之前进行。有的观点认为："我国现行刑事诉讼法对证据的信息披露是分阶段进行的：第一次是在审查起诉过程中，辩护律师可以查阅、摘抄、复制本案的诉讼文书、技术性鉴定材料；第二次是在提起公诉以后至法庭审判过程中，但主要在审判之前，因此证据开示亦应分两个阶段进行。"③ 我们认为，在死刑案件的审查起诉环节实行证据开示，较之庭审前证据开示而言，意义不大。因为在审查起诉阶段，公诉人需要对证据进行审查和判断，对哪些证据能够证明犯罪事实，哪些证据需要在法庭上举示，乃至于全案是否需要起诉至法院，都是不确定的。而证据开示的目的在于使辩方拥有足以在法庭上防御控方的平等武器，但是如果控方连是否发起进攻都还不确定，又谈何防御呢？如果经过公诉人审查后作出不起诉决定，那么之前的证据开示显然就是一种不必要的浪费。只有当案件起诉以后，被告人面临现实的指控，才需要平等武装用于防御和自我保护。

---

① International Covenant on Civil and Political Rights Article 14. 1. All persons shall be equal before the courts and tribunals. In the determination of any criminal charge against him, or of his rights and obligations in a suit at law, everyone shall be entitled to a fair and public hearing by a competent, independent and impartial tribunal established by law…3. In the determination of any criminal charge against him, everyone shall be entitled to the following minimum guarantees, in full equality: … (a) To be informed promptly and in detail in a language which he understands of the nature and cause of the charge against him; (b) To have adequate time and facilities for the preparation of his defence and to communicate with counsel of his own choosing… (d) To be tried in his presence, and to defend himself in person or through legal assistance of his own choosing… (e) To examine, or have examined, the witnesses against him and to obtain theattendance and examination of witnesses on his behalf under the same conditions as witnesses against him.

② 孙长永：《探索正当程序：比较刑事诉讼法专论》，中国法制出版社 2005 年版，第403 页。

③ 陈令春："刑事诉讼律师阅卷权之缺陷与证据开示制度之构建"，载《山东审判》第 22 卷总第 170 期。

第三，证据开示的范围。控辩双方的证据开示应当是双向的，公诉人负有开示有罪和无罪证据的义务，辩护律师只负有开示证明被告人罪轻和无罪证据的义务。但是考虑到死刑案件中应当赋予被告人不得强迫自证其罪的权利，同时也考虑到辩护人的职责是维护当事人合法权益，因此我们认为，不能把开示追诉证据的义务强加于辩方。就公诉人而言，凡是在侦查、起诉过程中获得的与案件事实有关的所有证据材料，包括对被告人有利的证据材料及证人的姓名、身份、住址，都属于开示的范围。对于涉及国家安全、证人人身安全的证据材料，可以作为开示的例外情形。

第四，不履行证据开示义务的责任。对死刑案件中应当开示的证据，诉讼一方没有正当理由而不开示的，可以最终禁止其向法庭出示或宣布无效，使该类证据失去证据能力。

3. 建立死刑案件的强制上诉制度

根据《公民权利与政治权利国际公约》的规定："凡被判定有罪者，应有权由一个较高级法庭对其定罪及刑罚依法进行复审。"① 同时，《保护面临死刑者权利的保障措施》第 6 条规定："任何被判处死刑的人均有权向较高级的法院上诉，并应采取步骤确保这些上诉必须受理。"② "联合国经济与社会理事会于 1996 年号召可能执行死刑的成员国 '给予充分的时间以便为向上级法院提起上诉作准备、完成上诉程序及恩减诉请程序，以有效地适用《保护面临死刑者权利保障措施》的第五条款与第八条款'"。③

目前，保留死刑的国家多数设立了这一制度，除了前文提到的美国各州之外，日本等国也规定了死刑案件的强制上诉。如《日本刑事诉讼法》第 359 条规定："检察官、被告人或第三百五十二条规定的人，可以放弃上诉或撤回上诉。"第 360 条规定："对于处死刑或无期惩役及无期监禁判决的上诉，虽有前二条的规定，仍不得放弃。"又如原《南斯拉夫刑事诉讼法》第 361 条规定："如果被判处死刑时，被告人不得放弃上诉权，也不得撤销已经提出的上诉。"④

---

① International Covenant on Civil and Political Rights Article 14 5. Everyone convicted of a crime shall have the right to his conviction and sentence being reviewed by a higher tribunal according to law.

② 联合国经济及社会理事会第 1984/50 号决议批准。

③ ［英］罗吉尔·胡德：《死刑的全球考察》，中国人民公安大学出版社 2005 年版，第 311 页。

④ 参见陈卫东："死刑案件实行三审终审制改造的构想"，载《现代法学》（2004 年 8 月）第 26 卷第 4 期。

从本质上而言，"上诉审程序是一种救济程序，是对一审判决所涉利害关系人权益的一种补救措施"①。我国的二审程序兼有纠错功能，具体体现在案件经过二审以后，对于事实不清、证据不足的可以发回重审。而死刑案件进入二审程序的前提与普通案件别无二致，要求被告人提起上诉或者检察机关提起抗诉，正如前文所述，这一规定导致死刑案件的二审程序存在启动空白。

正如有学者指出，"避免死刑发生错判的最有效措施则是确立严谨、规范、科学的诉讼程序"，从实践角度来看，最高人民法院于 2005 年发出了《关于进一步做好死刑第二审案件开庭审理工作的通知》，明确提出自 2006 年 1 月 1 日起，对案件重要事实和证据问题提出上诉的死刑第二审案件，一律开庭审理，并积极创造条件，在 2006 年下半年对所有死刑第二审案件实行开庭审理。2006 年 9 月 21 日 "两高" 发布了《关于死刑第二审案件开庭审理程序若干问题的规定（试行）》，要求所有一审判处死刑立即执行案件的第二审必须开庭审理。"上述通知和规定，不仅仅是对死刑案件二审开庭审判的要求，也反映了二审开庭审判对于死刑案件正确判决的极端重要性，体现二审程序在整个死刑案件程序中的无可替代的作用和价值。"②

在我国当前死刑复核程序非诉讼化的现状下，建立死刑案件强制上诉制度就显得尤为必要。同时，也只有通过强制上诉制度的确立，检察机关才能对被告人未上诉的死刑案件进行二审法律监督，特别是在一审公诉机关对死刑一审判决没有异议的情况下。虽然我们不能指望通过一项程序制度的设计能够完全避免死刑的错误适用，但是至少满足了向被判处死刑者提供正当程序救济的需要。

因此我们建议，在完善死刑案件程序法律监督立法时，设计死刑案件的强制上诉制度，规定对于一审判处死刑的案件一律自动转入高级人民法院进行二审审理，将检察机关进行死刑二审法律监督的案件范围拓展至未上诉、未抗诉的案件。

虽然从表面形式上来看这种设计可能是对被告人上诉权利的一种 "强制处分"，有违司法被动性原则，但是从更深的层次来分析，我们就不难发现：强制性上诉是对被告人可能作出不利于自己的行为的一种限制，禁止其对生命权利救济的放弃也就是对其生命权利的保护。因此死刑案件强制上诉制度并不

---

① 樊崇义：《正当法律程序研究：以刑事诉讼程序为视角》，中国人民公安大学出版社 2005 年版，第 410 页。

② 胡常龙："死刑核准权归位后的程序正当性分析"，载《政法论坛》（2007 年 5 月）第 25 卷第 3 期。

是对被告人权利的随意处分，而是对被告人权利的最大尊重和关怀。

4. 立法明确死刑二审案件检察机关办案期限

针对前文提到的死刑案件程序立法中的二审办案期限缺陷，我们认为有必要以立法形式完善死刑二审案件办案期限监督制度，加强自身监督的同时也为监督他人奠定坚实的基础。完善这一期限规定的意义还在于强化对被告人权利的保障，根据《公民权利与政治权利国际公约》的规定："在判定对他提出的任何刑事指控时，人人完全平等地有资格享受以下的最低限度的保证：……受审时间不被无故拖延。"① 虽然死刑案件的审理不是以快速为目的，但是效率和公正仍然是死刑案件刑事诉讼程序的价值目标，让面临死刑者免受不必要的拖延正是效率与公正集中的体现。

就改革和完善的具体方式而言，可以有以下两种完善途径：

一是明确检察机关自身办理死刑二审案件的期限。实践中已经有省级检察院以内部规定等形式规范了检察机关办理死刑二审案件的期限，例如重庆市就出台了《重庆市人民检察院办理死刑第二审案件规定》，该规定明确检察机关办理死刑二审案件的期限为二十日。重庆市人民检察院与重庆市高级人民法院共同制定的《死刑案件二审开庭审理工作座谈会纪要二》也对检察机关的办案期限予以了明确。明确办案期限也有利于加强办案人员的责任心，为办案人员履行死刑二审法律监督职责奠定良好的基础，否则已身不正，又如何正人？因此，完善死刑二审案件办案期限的法律监督，首先要从监督自身做起。

二是加强对法院审理死刑二审案件期限的法律监督。审判机关在实践中超期羁押的情形并不少见。2003 年 7 月，最高人民法院发出《关于清理超期羁押案件有关问题的通知》，至当年 11 月底，全国各级法院结合深入开展的"公正与效率"司法大检查，对社会普遍关注的超期羁押案件进行了全面深入的清理，清理出超期羁押案件 1967 件，涉及 4060 人②。为了解决存在于死刑二审案件中隐形超期羁押问题，我们认为可以从两个方面着手：建立检、法两家的工作联系制度。定期通报案件办理期限情况，对延长审理期限的事由进行严格审查（内容详见第十章）；提出纠正意见，对法院死刑二审案件超过审理期限的及时发出纠正违法意见书。

---

① International Covenant on Civil and Political Rights Article 14. 3. In the determination of any criminal charge against him, everyone shall be entitled to the following minimum guarantees, in full equality: … (c) To be tried without undue delay.

② 胡兴儒："刑事超期羁押现状分析与反思"，载 http://www.law-lib.com/flsz/sz_view.asp? no = 1446。

5. 细化列席审委会制度

检察长列席审判委员会会议的法律依据是《人民法院组织法》第 10 条的规定："各级人民法院审判委员会会议由院长主持，本级人民检察院检察长可以列席。"应当说，这是一项极具中国特色的制度。本来审判委员会不审而判的案件决定形式就已经颇为独特了，更何况以检察长列席的方式如此深刻而直接地参与到审判组织的内部讨论中去。但是我们也必须看到的是，这是由我国现阶段的国情所决定的。正如前文所述，司法人员的素质有待进一步提高，审判委员会制度在现阶段有助于减少重大复杂案件的错判发生。从实践的情况来看，检察长列席审委会制度也是作为一项重要制度予以贯彻实施。2005 年，最高人民法院、最高人民检察院相继发布了《人民法院第二个五年改革纲要》和《关于进一步深化检察改革的三年实施方案》，将落实检察长列席审判委员会会议制度作为改革的共同任务。由此可见，检察长列席审判委员会会议制度，对于促进司法公正起到了一定的积极作用。就死刑案件而言，落实和贯彻这一制度显得尤为必要。

全国各地对如何落实检察长列席审委会制度进行了大量有益的探索，例如重庆市检察院和重庆市高级法院于 2006 年共同制定了《关于检察长列席人民法院审判委员会的有关规定》，通过检察长列席审委会，充分阐述检察机关对死刑案件的意见，一方面行使了列席发言权、强化了公诉主张，另一方面又有效履行了审判监督权、强化了法律监督。

因此，我们建议对人民法院组织法进行进一步的修改，明确检察长或检察长授权的副检察长应当列席死刑案件的审委会会议，其职责是履行法律监督职能，具体方式一是发表检察机关对死刑案件的处理意见，二是对审判委员会讨论案件的程序是否合法实行监督，如应当回避未回避等情形。通过检察长的列席和发言来进一步完善和加强检察机关对死刑案件的法律监督。

6. 增加法律监督对被执行死刑者基本权利保障的内容

被执行死刑者虽然生命行将终止，但是在此之前，他仍然拥有人之为人的基本权利。《保护面临死刑者权利的保障措施》规定："判处死刑后，应以尽量减轻痛苦的方式执行。"①《对保障措施的补强规定》规定："催促可能执行死刑的成员国适用《囚犯待遇最低限度标准规则》，以将被判处死刑囚犯所受痛苦降至最低，并避免此种痛苦的加剧。"②加强对死刑执行的法律监督，不仅仅应当局限于执行的实体内容是否正确，还应当关注执行的程序是否体现了正

---

① 联合国经济及社会理事会第 1984/50 号决议批准。
② 联合国经济及社会理事会第 1996/15 号决议通过。

义和最终的人文关怀。具体而言，可以从以下方面着手增设死刑执行法律监督的程序内容：

第一，监督被执行死刑者是否自由选择被执行方式。我国规定的死刑执行方式有注射和枪决，但是哪种方式更能减少被执行者的痛苦，有的观点认为"应主要依据死刑犯的感受，而不仅仅是法官的看法，所以一个国家可以决定有几种不同的执行方式，供死刑犯选择，这一方面尊重了死刑犯的人格，另一方面死刑犯选择的方式对他本身来说可能是最少痛苦的方式"①。我们认为，在现行执行方式内赋予死刑犯选择权有一定的合理性。

第二，监督在押死刑犯肢体是否受不当束缚。出于维护安全和监管秩序的考虑，监管场所规定，被告人一旦被判处死刑，四肢就会被束以戒具。很多监管场所在执行中存在一定问题，如很多地方使用的是自制的戒具，戒具的重量不统一，更有个别地方采用了不恰当的使用方式。保障措施应当规定：对死刑犯使用戒具以保证安全和维护监管秩序为唯一目的，不得因此给其造成不必要的、惩罚性的、非人道的痛苦。② 在此前提下，明确规定采用统一型号和重量的正规戒具，不得使用自制戒具，并应统一使用方式。此外，对女犯使用的戒具的重量应当轻于男犯。

第三，监督死刑犯在执行阶段是否获得法律帮助权。按照我国刑事诉讼法的规定，辩护律师履行职责限于诉讼阶段，没有授权律师可以介入执行程序。考虑到司法实践的需要，结合《中共中央关于构建社会主义和谐社会若干重大问题的决定》要求发挥律师的积极作用的精神，立法改革可以把在死刑执行阶段履行职责作为死刑犯的辩护律师的一种当然的后续法律援助义务规定下来。③ 其职责范围包括：

（1）应死刑犯的要求或主动与死刑犯见面、通讯，为死刑犯就本案情况提供法律咨询和帮助。死刑裁判文书是剥夺人犯生命的依据，很多死刑犯在感情上对它相当抵触，加上目前人民法院的裁判文书普遍对裁判理由阐述不足，

---

① 杨宇冠："死刑案件的程序控制若干问题——刑事司法国际准则角度"，载《比较法研究》2006年第5期。

② 1955年第一届联合国防止犯罪和罪犯待遇大会通过的《囚犯待遇最低限度标准规则》第33条规定：戒具不得作为惩罚用具，除非在其他管制办法无效、为避免囚犯伤害自己、伤及他人或损坏财产时才能使用。

③ 联合国经济及社会理事会1989年5月24日通过的《关于保证面临死刑者权利的保护的保障措施的执行情况》第1条规定：给予被判处死刑的人特别保护，使其有时间准备辩护并为其提供便利，包括在诉讼的每一阶段均有律师充分协助，要超过对非死刑案件情况下所给予的保护。

缺乏应有的说理性，而很多死刑犯又不具备相关的法律知识，他们不理解判决书为什么不采纳他们自认为合理、合法的辩解，而作出令他们难以接受的裁判。这种遭受不公正对待的情绪往往演变成对司法机关、对政府甚至是对社会的仇视。而通过死刑犯的媒介作用，这种仇视、对立的心态又会传染给其亲属、朋友，导致杀掉一个、得罪一片，给社会造成新的、甚至是危险的不稳定因素。这与司法机关维护稳定、构建和谐社会的根本任务是完全背道而驰的。司法机关是消解社会矛盾的缓冲器、灭火器，而不应该成为社会矛盾的制造者。所以，为死刑犯提供法律咨询和帮助，消除其对裁判的误解，不仅是维护死刑犯人权的需要，也是维护稳定、构建和谐社会的需要。① 要为死刑犯提供法律咨询和帮助，不管从职责分工还是死刑犯的情感接受程度来看，司法人员都不是适宜的人选。曾经作为代理人的辩护律师才是他在心理上愿意依靠和信任的天然盟友。辩护律师了解案情、通晓专业知识，他完全能够以法律工作者的理性对待死刑裁判，并在此基础上为死刑犯提供法律援助，帮助他准确解读死刑裁判，最大限度地消除误解，可以达到事半功倍的安抚效果。

（2）为死刑犯为民事行为进行见证。死刑犯并不因为犯下死罪而被剥夺民事权利，他仍然是适格的民事主体，在这个特殊的时候，他有进行民事行为的现实需要，如立遗嘱，处理债权、债务，捐赠遗体、器官等。由于人身自由受到限制，死刑犯很难独立完成这些民事行为，出于保障其合法权利的考虑，援助律师的法律帮助就显得十分必要。由于律师的执业范围中包括见证，那么，他在为死刑犯提供刑事法方面的帮助的同时，又为民事行为进行见证，以充分保证该行为的合法有效，不失为一种顺理成章、高效可行的履责方式。司法机关和监管场所应当为此提供相应的便利条件。

（3）为了切实保障死刑犯的基本人权，在死刑犯遭受非人道的、有辱人格的待遇时，援助律师应当有权向监管场所的驻所检察室提出申诉。驻所检察室调查后，情况属实的，应当督促监管场所纠正，并将整改情况反馈给援助律师。

第四，监督死刑犯的话语权是否得到保障。立法改革应当保障死刑犯的以下话语权：

---

① 联合国经济与社会理事会 1984 年 5 月 25 日批准的《关于保证面临死刑者权利的保护的保障措施》规定："鼓励在其国内尚未废除死刑的成员国，确保不充分理解法院所使用的语言的被告人通过口头或书面翻译而被完全告知对他们的所有指控以及法院所考虑的相关证据的内容。"既然语言上的障碍应当排除，同理，基于理解判决的相同目的，对法律认知上的障碍也应被排除。

（1）申辩权。出于正当或侥幸的动机，很多死刑犯都会对人民法院的死刑裁判作出申辩，特别是在对其宣布执行命令后，其申辩的欲望更为强烈。此时，司法机关特别是负有法律监督职能的检察机关应当对其申辩给予高度重视，因为，这是防止可能出现的冤、错案的最后一道关口、最后一次机会，一定要把严、把实，不能先入为主地把这种申辩一概视为在抓救命稻草。当然，这种关注只能是建立在司法人员对生命充分尊重的人性理念上的。鉴于此，保障措施应当为这种重要性提供充分的程序保障：首先，在死刑犯申辩时，援助律师有权在场，执行机关应当详细记录其陈述内容；其次，执行机关要认真甄别其申辩，特别是在之前的诉讼中没有提出的申辩，是否客观、真实，并判断是否可能构成对死刑裁判的有效抗辩。在作出判断之前，应当听取援助律师的意见并记录在案。作出判断是最关键也是最困难的，但不管是出于人道的还是功利的角度考虑，都应当将判断的标准放宽，即构成有效抗辩应当以该申辩让执行机关对死刑裁判产生合理怀疑为限，而不是以发现死刑裁判确有错误为标准。最后，一旦产生合理怀疑，执行机关应当立即停止执行死刑，在停止执行的原因消除后，才能重新启动执行程序。

（2）检举权。基于本能，死刑犯会竭力争取立功以获得新生的机会，检举他人的犯罪是最普遍的手段，实践中，这种检举线索有真有假，司法机关应当以宁可信其有的态度，认真对待每一件线索。因为检举一旦经查证属实，死刑犯就有可能获得新生的机会，可见，维护其检举权，就是对生命权的尊重。保障措施应当规定，对于死刑犯提供的检举他人的犯罪线索，只要具备犯罪性质、犯罪地点、行为人姓名等基本要素，执行机关应当立即进行查证，在查证期间不得执行死刑。[1] 查证结束后，应当将检举是否属实的结论告知死刑犯及其援助律师，听取并记录他们对该结论的意见。

第五，监督死刑犯临刑前与亲属会见权是否得到保障。人之将死，死刑犯与亲人都有见面、临别的渴望，满足这种愿望，无疑是司法机关人性化执法的表现。这里我们需要特别关注死刑犯亲属这个群体。对法律、对社会而言，执行死刑所体现的价值往往是正面的、积极的，但对于这个特殊群体来说，执行死刑带给他们的却是痛苦和哀伤。然而，不管是基于法律的还是道德的评价，他们都是无辜的，按照罪责自负的原则，即使以实现社会正义的需要作为让他们承担这种痛苦的理由，也缺乏说服力，尤其在这种痛苦肇始于国家公权行使的时候。面对法律在惩罚犯罪的同时也伤及无辜的现实，司法机关应当做的就

---

① 《关于保证面临死刑者权利的保护的保障措施》第 8 条规定："在上诉或采取其他求助程序或者与赦免或减刑有关的其他程序未决时，不得执行死刑。"

是如何尽量降低这种负面效应。我们认为可以规定：执行机关应当询问死刑犯希望与哪些亲属见面，然后将见面的地点、时间通知其指定的人；执行机关、监管场所应当为双方的见面、谈话提供必要的场所和时间保证；执行机关应当将执行的时间、方式通知死刑犯亲属；执行死刑后，执行机关应在合理的时间内通知死刑犯亲属领取遗体或骨灰。

第九章
死刑案件复核程序法律监督

　　死刑复核程序是人民法院对判处死刑的案件进行审查核准所遵循的一种特殊诉讼程序，之所以特别，一是在于该程序是必经的，凡是判处死刑的案件均需经过上一级法院的复核；二是在于该程序的启动是自动的，无须控辩双方提起。它既包括对判处死刑立即执行的复核程序，也包括对判处死刑缓期二年执行案件的复核程序。从本质上而言，死刑复核程序是一种诉讼程序，死刑复核权的属性也应当是司法权。但是从目前的司法现状来看，我国的死刑复核程序仍然是"只有法院一家按照承办法官审查、合议庭评议、审判委员会讨论决定的例行手续秘密进行，没有控辩双方包括当事人本人的任何参与，因此它并非是一种司法程序"①。鉴于死刑复核程序的特殊性，因此我们有必要将死刑复核程序从死刑案件程序问题中独立出来加以审视。我国目前死刑复核程序处于检察机关无法进行法律监督的状态，这不利于保证死刑复核程序的公正进行，我们认为，应当将死刑复核程序纳入检察机关法律监督的范畴。

一、死刑案件复核程序法律监督存在的主要问题

（一）缺乏合理的诉讼构造

　　我国的死刑复核程序由人民法院主动提起，行使死刑复核权的

---

　　① 孙长永：《探索正当程序：比较刑事诉讼法专论》，中国法制出版社 2005 年版，第658 页。

权力机关具有专属性。根据法律规定，凡属法律规定范围内的死刑案件在经过一审审理被告人不上诉或经过二审审理后，均自动适用死刑复核程序，即由下级法院主动将死刑案件报请上级法院复核或核准，无须控辩双方提出申请。从诉讼构造来看，这种只有法官参与的诉讼程序不符合控、辩、审三方参与的基本结构，使死刑复核阶段的刑事司法权力缺乏必要的抑制，一旦"司法权同行政权合而为一，法官便将拥有压迫者的力量"①，从而构成侵害公民权利的潜在威胁。死刑复核程序从报送到复核都是依职权进行，面临死刑者完全被拒绝在如此重要的关系自己生命的程序之外，完全无法参与，也毫不知情，只能消极地等待。

（二）缺乏外部监督

死刑复核程序采用书面、秘密以及单方审理方式进行死刑复核的现状，不利于发现案件的客观真相，保证实体公正以及人权保障的实现。"公正是司法的本质和核心，司法公正是人们对司法制度以及由此确定的诉讼程序和相关活动的要求和企望，也是评判国家司法权运行状况的传统价值标准。司法活动无论是在程序上，还是在实体上都应体现其公正性"②，而"程序公正主要张扬的是一种过程价值。它主要体现在程序的运作过程中，是评价程序本身是否具有程序正义性所要求的品质，要看它是否使那些受程序结果影响或左右的人受到应得的公正待遇，而不是看它是否产生好的结果"③。死刑复核程序的不公开性，使被告人无法有效地参与到裁判结论的形成过程中，不能充分地申辩自己的意见和主张，也极大地减少了法官发现错案的可能性，不利于死刑案件的实体公正，死刑复核程序的人权保障功能也无法得以充分地实现。此外，死刑复核程序的秘密不公开性，也导致监督功能的缺失。对书面不公开单方进行的死刑复核，完全由审判人员单方进行，不仅社会公众和控辩双方无法了解复核程序的运作情况，即使是法院内部也无法对复核活动进行彻底有效的监督。并且，检察机关被排除在死刑复核程序之外，外部监督更是无从谈起。

可见，死刑复核程序作为刑事诉讼中规定的一项诉讼程序，由于缺乏诉讼特征及外部监督，无法保障死刑复核权实施的公正性与合法性。

二、死刑案件复核程序法律监督产生问题的原因分析

死刑复核程序法律监督产生问题的主要原因在于立法对于死刑复核程序法

---

① ［法］孟德斯鸠：《论法的精神》（上），商务印书馆 1961 年版，第 156 页。

② 卞建林：《刑事诉讼的现代化》，中国法制出版社 2003 年版，第 22 页。

③ 陈瑞华：《刑事审判原理论》，北京大学出版社 1997 年版，第 54 页。

律监督的具体内容和方式未予以明确。从本质上而言，死刑复核程序是一种诉讼程序，死刑复核权的属性也应当是司法权，与司法权永远相伴随的是权利救济和维护正义，① 因此法律监督不应当出现缺位现象。法律监督是权力制约体系的基本构成部分，是防范权力专横、滥用、腐败的独特的运作机制。法院在死刑复核程序中执掌生死大权，如不对其进行监督、制约，极易造成对公民生命权的侵害。但是综观我国刑事诉讼法，关于死刑复核程序的具体操作规定只见于第 202 条："最高人民法院复核死刑案件，高级人民法院复核死刑缓期执行的案件，应当由审判员三人组成合议庭进行。"虽然刑事诉讼法第 8 条明确了"人民检察院依法对刑事诉讼实行法律监督"，但对于如此重要的死刑复核程序，检察机关应当如何监督，监督的方式和内容是什么，监督应当产生什么后果等，立法均未作出明确规定，从而导致死刑复核程序非诉讼化，成为法官单独进行的一种内部调查和审批程序。

从实践中来看，由检察机关介入死刑复核程序进行法律监督也具有现实需要。例如重庆市高级人民法院在对未上诉也未抗诉的刘某抢劫案②进行死刑复核时，主动请重庆市检察院从法律监督的角度就被告人刘某是否具有自首情节发表意见。应当说审判机关主动要求法律监督介入的做法是耐人寻味的，一方面反映出审判机关对死刑案件所应有的避免错判的谨慎态度，另一方面也反映出检察机关法律监督对确保死刑案件质量所起的积极作用是不可替代、不可忽略的。

三、死刑案件复核程序法律监督的改革完善

我国死刑复核程序存在的弊端正如前文所述，"已使程序既不能满足于司法机关发现真相的需要，又不能发挥程序吸收不满的作用。尤其是对事实、证据仍存疑的案件，单方性、书面性的死刑复核方式确实已是千夫所指。因此在完善死刑复核程序时，必须考虑到这些现实条件的制约，而不能继续延用原来单一的行政性复核程序"③。检察机关介入死刑复核程序不仅可以保证司法公正，同时也能够促进审判机关顺利进行死刑复核，树立和维护我国良好的国际司法形象。改革和完善死刑复核程序立法，进一步加强死刑复核程序的法律监督，有助于实现死刑案件程序的正当性改造，有利于维护公民的合法权益，清

---

① 陈瑞华："司法权的性质"，载《法学研究》2000 年第 5 期。

② 渝检刑（上）字〔2007〕3 号。

③ 谢佑平："死刑复核程序：理论思考与立法构想"，载《法学论坛》2006 年第 2 期。

除司法不公和司法腐败现象，维护司法公正和法制的统一，最大限度地实现死刑复核制度的法律价值和社会价值。

（一）实践探索情况

重庆市人民检察院在实践中已经开展了检察机关介入死刑复核程序的有益探索，如前文所提的刘某抢劫案，重庆市高级人民法院在复核期间，被告人的辩护人提出刘某具有自首情节。重庆市高级人民法院便与重庆市人民检察院积极沟通，两家共同商定，由高法通知市检察院阅卷，市检察院出具书面的审查意见。重庆市人民检察院介入审查后认为，该自首情节不成立，随后以书面形式将上述审查意见移交重庆市高级人民法院。最后，重庆市高级人民法院采纳了重庆市人民检察院的书面审查意见，裁定同意一审判决。

目前，重庆市人民检察院已经会同重庆市高级人民法院制定了《关于重庆市人民检察院介入死刑案件复核程序的工作意见》，[①] 对死刑复核程序法律监督的内容和方式进行了规定。

1. 介入死刑复核程序的案件范围

检察机关介入死刑复核程序的案件范围主要包括：一审被判死刑，被告人未上诉，人民检察院也未抗诉的案件；高级人民法院认为一审判决认定的主要事实有错误或法律适用不当的死缓案件；有证据或材料反映侦查人员可能有刑讯逼供行为，一审判决未作评判或评判存在问题的死缓案件；出现影响定罪量刑新证据的死缓案件；可能改判无罪的死缓案件；人民法院认为人民检察院可以介入的其他死缓案件。

2. 介入死刑案件复核程序的方式和内容

对符合介入范围的死刑案件，由重庆市高级人民法院通知重庆市人民检察院阅卷。重庆市人民检察院严格按照最高人民检察院的要求，坚持全面、客观的原则，进行阅卷，提讯，复核证据等工作。检察机关介入的内容包括：审查死刑案件事实认定、法律适用等方面，并在收到阅卷通知书后一个月内向高级人民法院出具书面审查意见。

我们认为，省级检察机关介入死刑案件复核程序是全面落实"国家尊重和保障人权"宪法原则的重要举措，是确保在此类死刑案件中贯彻少杀、慎杀死刑政策的重要措施，是省级检察机关贯彻落实"强化法律监督，维护公平正义"检察工作主题的重要途径。在法律规定不完善的情况下，重庆市人民检察院、重庆市高级人民法院这一创造性的探索，对检察机关全面履行法律

---

① 渝检会〔2007〕11 号。

监督职责，确保司法公正，具有现实意义；对建立健全检察机关介入死刑复核程序的长效机制，起到积极的推动作用。通过检察机关介入死刑复核程序，一方面，有利于准确打击罪行极其严重的犯罪，实现死刑的刑罚价值，切实巩固、维护国家政权和社会秩序。另一方面，确保可杀可不杀的，一律不杀，实现死刑的司法控制，保障人权，维护社会公平正义，收到了较好的法律效果和社会效果。

（二）立法改革和完善

目前，最高人民检察院已出台了就死刑复核程序进行法律监督的内部方案，部分省市也相继展开了检察机关介入死刑复核程序的试点工作，取得了一定成效。因此，我们以最高人民检察院以及重庆市人民检察院关于死刑复核法律监督的制度设置为背景，提出死刑复核程序法律监督的立法改革和完善内容。

1. 明确死刑复核程序检察机关介入的法律依据

立法可以规定，高级人民法院或最高人民法院在复核死刑案件时，应当将一审判决书或二审判决书送达同级人民检察院，通知人民检察院阅卷，并听取人民检察院的意见。这样的设计也是针对有学者提出复核死刑应当听取辩护人意见的一种补充，否则只有辩方没有控方的结构仍然是不完整的，只有充分听取控、辩双方的意见，才能保障死刑复核建立在客观公正的基础上。

2. 通过审查死刑复核案件的方式进行监督

最高人民检察院审查省级人民检察院报送的死刑复核案件备案材料，审查不服死刑裁判的申诉，审查死刑复核裁判等。省级院应当将下列死刑复核案件报最高人民检察院备案：省级人民检察院认为死刑第二审裁判确有错误或者违反规定的诉讼程序可能影响公正审判的案件；检察机关与被告人、辩护人对影响定罪量刑的重要事实，主要证据存在重大分歧的案件；有重大社会影响或当事人及其亲属有过激行为的案件；危害国家安全犯罪，职务犯罪案件；外国人及港澳台居民犯罪案件；其他应当备案审查的案件。对于备案审查的案件，省级人民检察院应当将起诉书、抗诉书、上诉书，第一审和第二审裁判文书的复印件，连同综合审查报告报送最高人民检察院。

3. 通过列席最高人民法院审判委员会进行监督

最高人民检察院检察长，受检察长委托的副检察长依法列席最高人民法院审判委员会讨论死刑复核案件的会议；并由最高人民检察院死刑复核检察部门做好以下准备工作：审查会议材料，着重了解提交讨论的案件焦点问题以及合议庭、刑事审判庭和审判委员会的意见；查阅备案审查的相关材料；必要时查阅卷宗，复核主要证据，讯问被告人或者吸取省级人民检察院汇报案件情况；

制作案件审查报告，并层报检察长决定。最高人民检察院死刑复核检察部门应当根据分管检察长、检察长或者检察委员会的决定，制作列席最高人民法院审判委员会会议发表意见提纲，经部门负责人审核，报分管检察长审批。

4. 通过对确有错误案件提起抗诉进行监督

最高人民检察院对于最高人民法院核准死刑案件的结果，认为确有错误的，应当按照审判监督程序提起抗诉。这里需要明确的是，此类审判监督程序的启动应当仅限于检察机关认为不应当判处死刑而经过最高人民法院核准的死刑案件，也就是审判监督程序只能是为了被告人的利益而启动。作出这样的设置，主要是基于维持国家权力与个人权利之间平衡的考虑。对于审判机关不核准死刑的案件，检察机关如果再启动审判监督程序，不仅不利于维护既定判决的稳定性和权威性，对处于相对弱势地位的被告人来说，过于强大的控方权力无疑是对其个人权利的严重威胁。而对于审判机关核准死刑的案件，如果检察机关启动审判监督程序要求"从轻发落"，这不仅符合我国检察机关作为法律监督机关所秉持的客观义务，更重要的还在于它可以为死刑的适用多加一道保险栓。这里还需要进一步明确的是：最高人民法院对死刑案件核准之后应及时将法律文书送达最高人民检察院，在执行死刑之前给予最高人民检察院必要、充分的时间，如果最高人民检察院审查后认为确有需要改判的，再按照审判监督程序提起抗诉。

5. 通过纠正违法审理活动进行法律监督

最高人民检察院或者省级检察院可以通过发出纠正意见的方式，对死刑复核程序中的违法情形进行法律监督，例如死刑复核合议庭组成人员应当回避而没有回避，或者审判人员人数不符合法律规定等。

6. 通过查办死刑复核活动中的职务犯罪案件进行监督

最高人民检察院死刑复核部门发现审判人员在死刑复核活动中涉嫌贪污受贿、徇私舞弊、枉法裁判等职务犯罪线索，应当在层报检察长批准后，严格按照最高人民检察院的有关规定进行初查或移送职务犯罪侦查部门办理。

7. 强化保障死刑复核程序中被告人的辩护权

在立法中明确死刑复核程序中应当听取辩方的意见。可以规定死刑复核案件应当听取辩护人的意见，① 如果没有辩护人的，应当为其指定有效的法律援助。对于一审、二审程序中可能被判处死刑的被告人而言，现行刑事诉讼法和相关司法解释已明确被告人有权获得辩护律师的帮助，但是对于死刑复核程序

————————

① 徐静村：《中国刑事诉讼法（第二修正案）学者拟制稿及立法理由》，法律出版社2005年版，第276页。

的被告人而言，却没有辩护律师的帮助。根据《对保障措施的补充规定》的条款："通过提供准备辩护所需的时间与便利，包括在诉讼程序的每一阶段提供适当的律师援助，对面临可能适用死刑之罪指控者提供特别保护，其应多于并优于在非死刑案件中所提供的保护。"① 考虑到死刑案件的复核程序对被告人生死存亡极为关键，因此应当由人民法院为其指定或告知其委托辩护律师提供法律帮助。同时还值得注意的是，辩护律师提供法律帮助的质量仍然有待提高。即使在西方发达国家，贫困的被告人也难以获得高质量的律师帮助。相对于私人雇用的律师，由法庭指定的律师所获得的报酬极其微薄。根据大赦国际的统计，在1985年至2001年被执行死刑的人中，至少有16个人在审判阶段的辩护律师或是明显准备不足，或是在其他方面不合格，或者未能为辩护举出一个合适的判例。甚至发生了辩护律师在法庭审判中数次进入梦乡的现象。② 由于缺乏对我们国家的法律援助质量的实证考察，因此无法得出确切的结论，但是法律援助律师的报酬甚微也是客观存在的事实。

---

① 联合国经济及社会理事会第1989/64号决议通过。
② 参见［英］罗吉尔·胡德：《死刑的全球考察》，中国人民公安大学出版社2005版，第275—286页。

第十章
死刑案件法律监督机制

　　"机制"一词最早出自于希腊语 Mechane，指的是机器的构造和运动机理，后被生物学及医学上借用以表示机体内发生生理或病理变化时，其各个器官之间的相互联系、作用和调节方式。[①] 将机制引入法律关系范畴，从动态的角度定义，就得出死刑案件法律监督机制的内涵，即检察机关法律监督在运行过程中与被监督对象，如侦查机关、审判机关及上下级检察机关之间的联系和作用方式。广义的法律监督机制，是指由法律、司法解释、制度、规定等多种规范组成的法律监督运行方式。而狭义的法律监督机制，仅指由法律和司法解释以外的规范性文件确立的法律监督运作方式。我们讨论的死刑案件法律监督机制采取后一种定义，即狭义的法律监督机制。目前我国死刑案件法律监督机制存在的问题主要体现在检察机关和侦查机关的关系、检察机关和审判机关的关系以及上下级检察机关之间的关系方面。

一、死刑案件法律监督机制存在的主要问题

（一）缺乏有效引导侦查的机制

　　我国《宪法》第 135 条和《刑事诉讼法》第 7 条规定了人民检察院和公安机关在刑事诉讼中的关系，是"分工负责，互相配

[①]　冉光和：《金融产业可持续发展理论研究》，商务印书馆 2004 年版，第 120 页。

合，互相制约"。检察引导侦查，是指检察机关通过参与公安机关重大案件的侦查，对其证据的搜集、提取、固定及侦查取证的方向提出意见和建议，并对侦查活动进行法律监督的活动。在司法实践中，公诉引导侦查的做法起步较早，作为一项工作机制提出是在 2000 年 8 月，为了公诉改革"在公正和效率间找一个最佳结合点"，最高人民检察院召开了"全国检察机关公诉改革会议"，要求建立与公安机关加强工作联系的新机制，在一定程度上实现公诉工作引导侦查工作，使证据依法得到巩固，力争做到"弹无虚发"。① 2002 年 5 月 15 日，最高人民检察院召开全国刑事检察工作会议，会议提出"坚持、巩固和完善适时介入侦查、引导侦查取证、强化侦查监督的工作机制"。

公诉引导侦查工作机制从起始至今，对于提高案件质量起到了一定的积极作用，但存在的问题也不容忽视。由于法律并没有明确赋予检察机关对侦查活动的指导权，再加上我国公安机关长期以来在权力分配上处于较为强势地位，使得检察机关的"引导侦查"软弱无力，造成公诉机关对侦查机关难以有效制约、合理控制，主要体现在：

第一，死刑案件没有保证公诉提前介入引导侦查。目前死刑案件落实公诉提前介入引导侦查制度的比例不高。② 由于侦查机关缺乏对庭审要求的直观感受和直接联系，导致死刑案件的侦查质量不完全符合庭审要求。在缺乏公诉机关指导的情况下，往往发生侦查质量问题，移送审查起诉的案件所取证据达不到公诉标准。在某种程度上，检察机关不能有效介入死刑案件的侦查环节也增加了司法腐败的潜在危险。整个侦查阶段承担法律监督职责的公诉机关只能在审查起诉期间对侦查机关取得的各种材料进行书面审查，呈现出事后性和滞后性，使得监督效果大打折扣。同时也容易造成侦查权力的潜在扩张，使侦查中随意性较大的裁量权、处置权也成为诱发司法腐败的潜在危险。

第二，退回补充侦查质量难以得到保证。实践中常常出现的现象就是退而不查，查而不清，甚至有的侦查机关直接回复"我们认为事实清楚，证据确实、充分，请依法起诉"等。这种侦诉关系严重失调的怪现状使得死刑案件的退回补充侦查质量难以得到有效保证，侦查机关在退查案件补与不补、补好还是补坏上拥有随心所欲的自主权力。

---

① 王松苗："公诉改革：能否两全其美"，载《人民检察》2000 年第 10 期。

② 据统计，某直辖市分院（死刑案件一审公诉机关）2005 年全年提前介入引导侦查的案件共 27 件，占受理案件的 3.8%，这其中有多少死刑案件我们没有确切的数字，但由于该直辖市分院推行职务犯罪案件的侦诉协作机制，因此自侦案件在这 27 件公诉提前介入侦查的案件中占了绝大部分。

第三，死刑案件起诉以后无法继续有效获得侦查支持。在死刑案件被起诉以后，对于证据发生变化情形的，例如证人翻证、辩护人提出立功情况等，所有核实调查证据的工作只能由检察机关自行完成。

（二）检察一体化机制贯彻不深入

检察一体化的基本含义就是把整个检察机关或者说整个检察系统看成一个整体。在这种概括性的表述下，就意味着上级检察机关领导下级检察机关的工作；同级的检察官之间有职务上的承继权、移转权；不同地区的检察官之间在职务上可以相互提供便利，相互代行职务。检察官所作的诉讼行为代表了检察机关。①

"检察一体"在大陆法传统国家的检察制度中是共通的，反映了检察权行使的一般原理，体现了检察权的性质和有效实现检察职能的需要。中国的检察制度深受大陆法传统的影响，尽管具有明显的中国特色，但在追诉犯罪、保障人权的基本职能方面是一致的。检察一体是有效实现追诉犯罪、保障人权的要求。②

目前检察一体化制度在死刑案件的办理过程中存在的问题，具体体现在以下三个方面：

第一，二审检察机关对一审检察机关办理死刑案件情况缺乏动态了解。首先，一审检察机关对于办理死刑案件中遇到的事实认定、证据把握以及法律适用问题，如果存在争议的，往往通过检察委员会讨论决定的方式进行处理。而一审检察机关决定的内容是否合理、是否符合将来可能启动的二审程序的要求，二审检察机关无从知晓。其次，对于没有抗诉的死刑案件，仅有被告人提起上诉的，现行法律规定一审法院应当将上诉状副本送交一审检察机关。而法律却没有规定一审检察机关应当将上诉情况告知二审检察机关，导致二审检察机关是在收到二审法院查阅案卷的通知书以后才开始接触死刑案件，对案情的掌握过于滞后。

第二，二审检察机关对死刑二审案件监督存在"柔性监督"现象。对于仅有被告人上诉没有抗诉的死刑二审案件，二审检察机关审查后认为量刑过重，不应当判处死刑的，基于一审检察机关未提起抗诉、被害人亲属上访等顾虑，没有直接提出改判的出庭意见，而是"犹抱琵琶半遮面"，发表"依法判

---

① 姜伟、卞建林、龙宗智："如何看待公诉中的检察一体化"，载 http://www.jcrb.com/zyw/n132/ca73028.htm。

② 张志铭："对中国'检察一体化'改革的思考"，载《国家检察官学院学报》（2007 年 4 月）第 15 卷第 2 期。

处"等模糊的出庭意见。

第三，检察机关人力资源优势未得到充分整合。对于一些有重大影响的死刑案件，应当发挥优势力量进行办理。但是目前由于管辖和人员配置的因素，检察官"青黄不接"、出现"断层"，已成为制约西部检察院发展的"瓶颈"。①

（三）审判监督工作的衔接机制不健全

死刑案件审判监督工作机制存在的主要问题是检察机关、审判机关的沟通联系、工作衔接制度不完善。以死刑案件的审判期限监督为例，检察机关对于目前死刑案件存在的"隐形超期羁押"现象仍然缺乏有效监督。审判机关在实践中超期羁押的情形并不少见。2003 年 7 月，最高人民法院发出《关于清理超期羁押案件有关问题的通知》，至当年 11 月底，全国各级法院结合深入开展的"公正与效率"司法大检查，对社会普遍关注的超期羁押案件进行了全面深入的清理，清理出超期羁押案件 1967 件，涉及 4060 人。② 经过清理后，审判机关超期羁押的现象得到了改善，但仍然存在表面形式合法而实质拖延了审理期限的情况。由于检察机关对于法院决定的延期审理理由是否充分、程序是否合法等都不知情，甚至有的检察官还常常"帮助"法官出具延期审理建议函，使得审判期限的不必要延长缺乏监督机制制约。此外，针对死刑案件中出现的程序及实体问题，检、法机关也缺乏定期联系，没有建立起共同保障死刑案件正确处理的工作衔接机制。

二、死刑案件法律监督产生机制问题的原因分析

出现上述死刑案件法律监督机制问题的原因是多方面的，既有认识上不到位的因素，也有对现有刑事诉讼法相关规定贯彻落实不力的原因。

（一）认识不到位

1. 未树立"大控方"意识

所谓"大控方"，在抗辩式庭审模式中，不仅包括公诉机关，还应当包括侦查机关。因为侦查的目的是追究刑事犯罪，检察机关的公诉部门代表国家追诉刑事犯罪，两者具有共同的诉讼目标。

由于在司法实践中，个别侦查人员没有树立"大控方"意识，缺乏侦查

---

① 裴智勇："西部检察官'断层'如何弥补"，载《人民日报》2006 年 8 月 6 日。

② 胡兴儒："刑事超期羁押现状分析与反思"，载 http：//www. law－lib. com/flsz/sz_view. asp？ no＝1446。

要服务于起诉要求的认识，对检察机关的法律监督存在抵触情绪，因此在实践中造成检警关系不协调、公诉与侦查脱节的现象。当然，这其中也存在检察人员引导侦查水平不高等问题，但根本原因还在于侦查机关整体缺乏为控方服务的意识和主动性。

在这里我们也需要说明的是，强调"大控方"意识不等同于倡导"检警一体化"。有的观点认为，"检警一体是处理检警关系的可选择方案。这里的检警一体并非组织体系上的一体，而是诉讼职能上的一体。在检警一体的模式中，检察官对于刑事司法警察的侦查活动具有主导权，这种主导权实际上是指挥权，警察处于受支配的地位。检察官根据庭审指控犯罪的需要指导警察搜集证据，对于没有证据或者证据不足的案件及时予以撤销"①。我们认为，在现行宪政体制下，检察机关和侦查机关还是分工负责、互相配合、互相制约的关系。从实际情况来看，公诉人擅长于把握证据和法律适用，而不是精通侦查谋略的专家，过分介入侦查只能越俎代庖、收效不好。② 因此，我们认为公诉引导侦查、公诉与侦查组成"大控方"的前提是保证侦查相对独立、加强法律监督制约。

2. 缺乏对"检察一体化"的正确认识

检察一体化是我国最重要的一项检察组织原则，其基本内涵包括上命下从的领导关系；检察活动的跨区域性；职务继承与转移权。③ 目前对检察一体化的错误认识主要表现在"柔性监督"和"对人不对事"两个方面。

首先，检察一体化决定了在死刑二审案件中明确提出从轻改判意见与"原公诉机关未抗诉"并不冲突。对于原公诉机关未抗诉的死刑二审案件，并不能否定和阻碍上级检察机关明确提出改判意见。相反，下级检察机关未抗诉的决定，上级检察机关可以撤销或者改变，也正是通过"明确提出改判"的意见予以改变。这是完全符合"检察一体化"的组织原则的。同时，还应当充分认识到，直接提出改判意见是出庭检察员的义务，并且具有重要意义。检察机关作为国家的法律监督机关，具有依法履行法律监督的职责。检察机关在审查后认为原审判决过重的，应当提出纠正意见。这是职责使然。如果不明确表态，就缺乏刚性的监督，也必然不会引起法院的重视，客观上导致"监督不力"、"放弃监督"。最终，也使死刑二审全面开庭的重要作用大打折扣。

---

① 陈俊："由'蓝藻事件'谈刑事立法和刑事司法的理性化"，载 http://www.chinacourt.org/html/article/200706/13/251359.shtml。

② 参见龙宗智："检警一体化"，载 http://www.xici.net/b366543/d25772722.htm。

③ 参见林钰雄：《检察官论》，学林文化事业有限公司 1999 年版，第 115 页。

其次，检察一体化的目的是为了克服检察地方化，重心在于检察权的一体化而不是检察官的人事任免一体化。有学者指出，"从域外的实践尤其是我们比较看重的大陆法国家的实践看，'检察一体'主要是在办事权意义上对检察权行使方式的强调，与此形成鲜明对比的是，我们的检察一体化改革，着力点是在用人权上，即上级院检察长对下级院检察长的提名权。我国的法律已经规定了上下级检察院之间的领导和被领导关系，也可以认为是在检察权行使方式上确立了'检察一体'的要求，因此，着力于用人权只是在延伸的意义上、在超出'检察一体'固有的题域的主张"。此外，"域外理论上所说的'检察一体'，是指通过上令下从的方式行使检察权，即检察长在检察权行使上的指挥监督权、更换权和转移权。检察权行使上的'检察一体'当然需要在人事、组织上的保障措施，但是在这方面并不是当然地就能演绎、派生出上级院检察长对下级院检察长的'提名权'"。①

3. 对审判监督存在认识上的偏差

我国宪法和刑事诉讼法规定人民检察院是国家的法律监督机关，有权对审判活动进行监督。但是长期以来，理论界和实务界都对检察机关行使审判监督权存在着质疑的声音，这种认识上的偏差导致检察机关对审判的监督在很大程度上是以审判机关的支持配合为条件的。在检察机关、审判机关双方关系处理得较好，双方经常进行沟通、交流的状态下，检察机关的审判监督权才能得到有效实现。反之，审判机关和检察机关关系紧张，审判机关不愿沟通、协商的话，则会出现审判机关我行我素，你提你的意见，我做我的决定的现象。

我们认为，检察机关对审判活动进行法律监督对于追诉犯罪和维护被告人合法权利、最终实现社会公平和正义具有重要意义，是中国检察制度应当坚持和发展的方向。

（二）贯彻落实现有机制不力

1. 未有效运用现行的侦查监督手段

根据我国刑事诉讼法和有关的司法解释，检察机关对侦查机关进行法律监督的手段包括：对公安机关应当立案侦查的案件不立案侦查的，有权要求公安机关说明不立案的理由，如果认为公安机关不立案的理由不成立的，应当通知公安机关立案；对于公安机关侦查过程中的违法行为，检察机关应当以书面或口头方式提出纠正意见，发出《纠正违法通知书》后，如果公安机关不接受

---

① 张志铭："对中国'检察一体化'改革的思考"，载《国家检察官学院学报》（2007年4月）第15卷第2期。

的则向上级检察机关报告，并将《纠正违法通知书》抄送上级公安机关。

而在实践中，检察机关未能有效运用现行侦查监督手段，具体表现为：一是在采取口头通知纠正和发出纠正违法通知书的方式选择上存在很大的随意性；二是由于侦查活动监督无期限限制，导致部分公安机关对检察机关的监督不及时予以回复；三是检察机关在进行监督以后，对监督效果能否实现，不能及时跟进。这些问题在一定程度上影响了检察机关法律监督权的严肃性和权威性。

2. 未严格执行审判监督

基于以上提到的认识偏差，检察机关在实施审判监督时也存在一定的不足。一方面是重视实体办案，轻视程序监督。在具体办案中把主要精力用在审查起诉上，把审判监督等诉讼中的监督活动当成第二位职能甚至附带性工作，导致审判监督权淹没在审查起诉等职能中。另一方面是碍于情面和工作关系需要，执行审判监督不到位。虽然检察机关可以采取监督手段，发出纠正意见要求法院纠正违法诉讼行为，但适用条件非常严格，且不是每一种违法情形都可以发出这类强硬文书的。因此口头纠正往往取代了书面的纠正意见，使审判监督执行乏力。

（三）法律监督存在制约因素

司法实践中尚存在诸多因素制约检察机关依法独立开展法律监督，检察机关依法独立行使法律监督权的内外部机制尚未完善，从整体上看，检察机关抵御外部干涉的能力还较弱。

一是检察机关行政化和属地化的管理手段色彩依然较为浓烈。法律监督权本来是一项国家权力，检察官是国家的法律监督官员，但是在现行的体制下，检察机关的人、财、物均受制于地方政府，检察官的职业身份、社会地位和生活保障等各个方面都严重依赖于地方，法律监督权在运行过程中行政化、地方化，检察机关在实际中地位与法律所赋予的独立地位相距甚远，检察机关依法独立行使法律监督权受到严重影响。

二是未充分整合现有的公诉资源。我国的检察队伍建设存在着东、西部不平衡现象，这一不平衡同样体现在公诉资源的配置上。据统计，实行国家统一司法考试制度以来，西部地区 1173 个基层检察院通过司法考试的仅有 580 人，通过司法考试人数偏少是制约西部及贫困地区基层检察官队伍建设的一个重要"瓶颈"。2002 年至 2005 年，西部地区基层检察院由于退休、离岗、外流等原因，检察官递减 9814 名，而同期新任检察官只有 1362 名，三年共减少 8452人。最高人民检察院有关负责人介绍，西部基层检察官短缺主要表现在 3 个方面：一是西部地区经济欠发达、工作生活条件较艰苦，难以招录补充合适人员，一些地方空编严重；二是符合参加司法考试条件和通过司法考试的人员很少，远远不能满足补充检察官队伍的需要；三是招录大学本科以上的人才十分困难，检察官后备人才队伍严重不足。①检察队伍建设发展的不平衡也在一定程度上制约了检察一体化的贯彻实施。通常而言，死刑案件应当指派能力较强的公诉人员进行办理。但是由于边远地区的整体队伍建设受到制约，精干力量向经济发达省市集中，因此公诉优势资源分布不平均、不对等。

三、死刑案件法律监督机制的改革和完善

死刑案件法律监督机制的改革和完善，有赖于侦诉协作机制、检察一体化机制、控审衔接机制的良性运作和不断改进。

（一）侦诉协作机制的改革和完善

1. 建立和完善死刑案件提前介入引导侦查的工作机制

死刑案件中，检察机关提前介入引导侦查是指检察机关参与公安机关对死刑案件的侦查活动，对证据的收集、固定和完善及侦查取证方向提出意见和建议，并对侦查活动是否合法实行法律监督。

建立和完善死刑案件提前介入引导侦查的工作机制对于理顺检警关系、提高死刑案件质量有重要意义。司法实践中，检察机关常规性、事后性、被动性的静态监督只是一种弥补性措施，当案卷移送到批捕环节时，许多影响案件侦查质量的问题可能已经发生，有些关键性的证据可能会因时过境迁失去侦查条件而无法收集，甚至可能造成错案。所以，检察机关应当突破以往事后监督的形式，通过同步监督侦查，将参与死刑案件侦查监督的时间前移。目前全国各地有不少省市探索提前介入侦查工作机制的完善，也取得了一定的效果。②

我们认为，可以从以下几个方面着手完善死刑案件的提前介入引导侦查工作机制：③

一是介入的主体。公安机关在立案后提请审查逮捕前需要检察机关介入侦查的，由检察机关侦查监督部门负责；在批准逮捕后移送审查起诉前需要检察机关介入侦查的，由检察机关公诉部门负责。必要时侦查监督部门、公诉部门

① 参见田雨："最高检多策并举破解西部检察官短缺'瓶颈'"，载 http：//www. liyang. net. cn/marriage/articleinfo. asp？ id＝4550&channelname＝％BB％E9％D2％F6。

② 参见陈虹伟："全国首个检警规则出台　检察官提前介入侦查"，载《法制日报》2007 年 12 月 2 日。

③ 参见重庆市人民检察院、重庆市公安局 2007 年会签的《关于检察机关提前介入侦查工作的规定（试行）》。

可以共同介入侦查。

二是介入的时间。检察机关介入侦查的，一般应当在公安机关立案后进行；对于突发重特大案件，检察机关可以派员出席现场。

三是介入的检察官职责。提前介入的检察官应当履行下列职责：（1）认真听取案情介绍，查阅证据材料，对案件的侦查方向和侦查重点提出意见；（2）参与案件讨论，对进一步收集、固定、完善证据提出建议；（3）参加公安机关的复验、复查，并提出建议；（4）发现有遗漏犯罪嫌疑人或者遗漏罪行的，以书面形式建议办理；（5）发现应当撤销案件的，以书面形式建议撤销案件；（6）对案件的管辖、认定的事实、涉嫌的罪名、是否提请批准逮捕、是否侦查终结提出意见；（7）对侦查活动是否合法进行监督，发现违法行为，及时提出纠正意见。

四是履职方式。提前介入的检察官认为需要履行职责时，应当提出书面意见或建议。

五是侦查机关的义务。（1）向提前介入的检察官全面介绍案情，提供相关的证据材料；（2）对检察机关提出的收集、固定和完善证据的建议应当及时认真办理；（3）对检察机关在案件管辖、认定事实、涉嫌罪名等方面提出的意见，要认真研究，及时采纳；（4）对检察机关建议追捕、追诉漏罪漏犯和撤销案件的，应当及时办理；（5）对侦查活动中的违法行为，应当及时纠正。

此外，提前介入侦查还应当遵守分工负责、互相配合、互相制约的原则；客观、公正、效率的原则；保守秘密、严守纪律的原则。

2. 建立和完善对侦查工作的评价机制

侦查工作的评价机制是一项旨在运用科学评价手段增强侦查机关内在的工作动力并调节检察机关与侦查机关的制约关系，确保死刑案件质量的制度。死刑案件被移送审查起诉以后，从侦查环节进入了审查起诉环节，直至最后的审判环节，经历了不同的认识阶段，也可能发生不同的法律后果。但是究竟应当以什么作为死刑案件侦查质量的评价标准，建立这样的评价标准又对死刑案件本身的办理有什么样的意义？应当建立什么样的评价体系？这是我们需要认真思考的问题。

首先，死刑案件侦查工作的评价标准应当全面反映死刑案件办理过程。针对有的侦查机关单纯以检察机关是否批准逮捕作为侦查工作是否得到肯定的标准，我们认为，这样的评价标准显然是片面的。因为侦查也好，起诉也好，最终都是为指控犯罪这一中心而服务，而判断犯罪与否的唯一标准就是法院的裁判。因此，一起案件最终能否得到有罪判决才是全面反映死刑案件质量的评价标准。

其次，从实践角度来看，采取这样的评价标准也有利于统一侦查机关和公诉机关的认识，防止有的侦查机关在案件批捕或者起诉以后就置身事外，对补充证据的要求推诿塞责，甚至摇身一变"加入"辩方阵营等。更重要的还在于，采取以有罪判决作为评价标准之一，可以在一定程度上防止人为制造错案的倾向。前文所述的刑讯逼供造成冤假错案的案例，究其原因，除了侦查人员自身的素质以外，还与我国公安机关提倡的"命案必破"、片面强调破案率有关。把发案率和破案率当做考核侦查人员业绩的唯一标准，而不考虑或很少考虑其他方面，当侦查人员首要考虑的是与个人业绩挂钩的破案率时，案件正确与否已经退而成为次要因素，这对于死刑案件来说无异于增大了潜在的错案风险。

因此，建立完善而科学的侦查工作评价机制，有利于促进检警关系协调发展，进一步提高死刑案件质量。西方国家在20世纪70年代以后，伴随着第四次警务革命逐步建立了客观评价与主观评价相结合的衡量标准体系，其中客观评价包括发案率、发案数、各类案件的比例、警察与人口的比例、发案动态趋势、破案率等，主观评价包括社会安全感调查、公众对警察的满意程度、工作重点评价、警民关系调查等。① 我们认为，对于死刑案件而言，应当以有罪判决率作为主要标准，适当参考发、破案率，结合公诉机关对侦查工作的书面意见等，设置全面反映死刑案件实体、程序情况的侦查工作评价体系。

（二）检察一体化机制的改革和完善

检察一体化机制在死刑案件办理中的改革和完善应当以确保死刑案件质量，切实保障人权为主线，坚持依法指控犯罪与强化诉讼监督并重的原则，坚持客观公正、全面审查的原则，坚持保证案件质量与提高办案效率相统一的原则，坚持实体公正与程序公正并重的原则。

1. 建立和完善死刑案件的内部审查程序

针对前文提及的死刑二审案件存在"柔性监督"现象，我们建议通过建立和完善死刑二审案件的内部审查程序，严把实体公正和程序公正，确保发表改判意见的准确性、有效性。

一是对死刑二审案件的出庭意见实施审批制度。出庭意见的内容应当包括：对原审判决、裁定认定的事实、证据及法庭调查情况进行概括，论证犯罪

---

① 王大伟："中西警务衡量标准的比较研究"，载 http://library.jgsu.edu.cn/jygl/gh06/CXF/LWJ/LWJ%201124.htm。

事实是否清楚，证据是否确实、充分，认定犯罪性质是否准确；揭露原审被告人、上诉人犯罪行为的性质和危害程度，论证支持抗诉的理由；针对原审被告人、上诉人的辩解和辩护人的辩护发表意见；对原审判决、裁定在适用法律、定罪量刑方面的错误提出改判建议；对上诉理由是否成立提出意见。出庭意见应严格遵照审批制度执行。对于检察机关未抗诉的上诉案件，承办检察人员经审查后对原判决没有异议的，出庭意见应当经公诉部门负责人审核后报主管检察长审批。承办检察人员认为原判决认定事实部分有错误但不影响定罪量刑的，出庭意见应当提交公诉部门会议讨论后，报主管检察长审批。

二是对未抗诉案件需要发表改判意见的实行全程跟踪监督。死刑二审案件承办检察官审查后认为，一审法院判处死刑过重，应当建议改判的，首先要与一审公诉机关交换意见，掌握其对一审判决的意见，然后将案件提交部门负责人审核。部门负责人也认为应当建议改判的，提请公诉部门集体研究，并报检察长或者主管检察长审批。由检察长或者主管检察长决定是否明确提出改判意见，或者由检察长决定提请本院检察委员会研究是否明确提出改判意见。法院不予采纳改判意见的，检察官在收到二审判决后应写出书面审查意见，提交部门负责人审核，并报检察长或主管检察长审批。由检察长或者主管检察长决定是否提请最高检介入最高法的核准程序。

实践证明，深入贯彻检察一体化有助于加强检察机关对死刑二审案件的法律监督力度。例如罗某某抢劫案，① 经检察机关审查复核，罗某某等人在抢劫作案时，罗没有直接持刀将被害人杀害，而是同案人所为。于是，检察机关明确提出了改判的意见，得到法院的采纳。2006 年，某市人民检察院明确提出改判意见的死刑案件 7 件，全部得到该市高级人民法院的采纳，占全年改判案件的 36.8%，取得了较好的法律效果和社会效果。

2. 建立和完善二审公诉机关指导一审公诉机关工作机制

二审公诉机关应加强对一审公诉业务的指导，因为要确保死刑案件质量，一审是基础，二审是关键。只有一审切实把好死刑案件的事实关、证据关、程序关、适用法律关，客观全面地审查、判断和运用证据，依法排除非法证据，准确认定案件事实，才能为死刑案件的正确认定奠定坚实的基础。

首先，一审公诉机关应当就死刑个案加强向二审公诉机关的事前、事中汇报。这里的事前汇报是指案件受理以后，对于可能判处死刑的案件，应当向二审公诉机关送达起诉意见书。事中汇报，是指对于死刑案件个案出现的疑难问题，除按照现行法定程序进行检察委员会会议讨论外，还应及时向二审公诉部

---

① 渝检（上）诉〔2006〕79 号。

门汇报事实、证据及适用法律存在的问题，便于二审公诉机关了解和掌握死刑案件的动态信息。

其次，一审公诉机关收到死刑案件一审判决后，应当及时进行审查，并同时送达二审公诉机关。这样做的好处在于，如果二审公诉机关认为应当提起抗诉的，可以指令一审公诉机关抗诉，避免出现二审公诉机关认为应当改判，但一审公诉机关却未提起抗诉的尴尬局面。此外，如果一审公诉机关认为应当抗诉的，还应征询二审公诉机关的意见。对于确无抗诉必要的一审判决，加强一、二审公诉机关的沟通联系有助于提高抗诉成功率，避免不必要的司法资源浪费。

最后，对于检察机关未抗诉，而被告人提起上诉的死刑案件，一审公诉机关在收到上诉状副本以后应当及时送达二审公诉机关，便于二审公诉机关掌握和了解案件的情况。

3. 建立和完善公诉、息诉衔接的工作机制

为了保证检察机关的法律监督获得良好的社会效果与法律效果的统一，检察机关公诉部门还应积极介入息诉环节，为死刑二审案件明确提出改判意见的设置特定的息诉程序。一般而言，检察机关提出明确改判意见后，往往会引起涉案上访往检察机关集中。但是，不能由此而放弃履行法律监督的职责，更不能由此冲击保障人权的功能义务。即使检察机关不建议改判，如果高级法院改判了，检察机关也不会因为"没有发表改判意见"而高枕无忧。我们认为，对引起的上访事件应让其流入完善的息诉渠道，在具体由控告申诉部门负责接待处理的基础上，公诉部门可以介入息诉环节，对上访群众作出解释和说明，使法律监督在最大程度上收获社会效果和法律效果的有机结合。

4. 合理划分公诉职能，加强案件监管

在立足实际的基础上，对死刑二审案件公诉部门的职能进行合理划分。例如，根据高级人民法院各刑事审判庭案件管辖分工、综合本地地域特点设置处室，包括信息管理中心、案件运转管理和质量监控部门等，通过合理划分职能部门，对死刑二审案件的办案流程进行监控、对案件质量进行总体把关。又比如，提出加强死刑案件监管工作的具体要求，使案件从受案到结案的每个办案环节都有专人负责，对案件全程进行跟踪管理，从而准确掌握案件办理的进展情况，有效提高了办案效率，确保案件得到及时公正的处理。

5. 以公诉队伍建设为着力点，不断提高公诉队伍的执法水平

死刑案件法律监督的正确实施有赖于公诉队伍的成长和发展，以公诉队伍建设为突破口，可以提高公诉队伍的办案能力和执法水平，从而提高死刑案件的办理质量。例如深入推行主诉检察官办案责任制，该制度自 1999 年试行以

来，先后经历了试点探索、全面推广和深化规范阶段。该项改革符合现代刑事诉讼规律，有利于调动主诉检察官办案积极性和主观能动性，有利于提高办案效率，确保公诉案件质量。主诉检察官严格的资格考试和聘任机制，也促使一大批具有较强法律理论功底和公诉实践能力的公诉骨干脱颖而出，培养和造就了一批优秀公诉人。为了进一步深化队伍建设成果，还可以通过教育培训、岗位练兵和业务竞赛活动等形式，大力提高公诉队伍业务技能。一方面，坚持开展教育培训，提高公诉人员法律理论素养。另一方面，贴近公诉实践开展多种形式的岗位练兵活动。例如"示范庭"、"观摩庭"等。还可以通过组织优秀公诉人评比活动，推动公诉业务竞赛深入开展，达到以赛代训的目的。

6. 规范死刑案件公诉部门内部办案流程，确保死刑案件质量

通过一定的制度来进行细化和规范法律监督内部运行的方式，有利于保障和促进检察机关法律监督权的合理有效行使。就具体举措而言，可以从公诉案件质量保障机制建设着手，建立一系列相应的工作制度，如大要案专报、特别备案审查制度，公诉案件质量述职制度，执法过错责任追究制度，公诉工作预警制度，无罪案件、撤回起诉案件专报和定期分析通报制度，裁判改变指控定期分析通报制度，抗诉、撤回起诉审批制度等。下级公诉部门按照规范化建设的要求，进一步规范公诉办案流程，完善公诉案件考评体系和监督制约机制，运用案件管理系统加强办案活动管理，保障案件质量。这些制度的施行一方面可以规范公诉案件的办理程序，另一方面也可以规范公诉人员的执法行为，从而确保死刑案件的办理质量。

（三）公诉、审判衔接工作机制的改革和完善

检察院和法院在保持独立的前提下，应根据推进司法体制改革的要求，建立多层次、经常性的工作联系，建立健全协商联系机制，通过及时沟通协商，增进共识，在依法履行职责的前提下，互相支持、互相配合，共同促进国家司法体制的有效运行，保证法律的统一正确实施。

在死刑案件的办理过程中究竟应当怎样改革和完善公诉、审判的衔接工作机制？我们认为，可以建立检察院、法院领导联席会议制度，由两院指定一名院领导负责协调解决涉及死刑案件办理工作的重大问题和事项，两院对口业务部门也建立相应联系沟通渠道。通过死刑案件工作联席会议制度定期召开协调会议，通报、总结死刑案件工作的情况、研究需要解决的问题。会议将由法院和检察院轮流主持。协调内容主要包括：死刑案件二审的审理进度；死刑案件二审中有关重要证人、鉴定人、侦查人员的出庭事宜；总结死刑案件二审开庭审理工作的经验，研究解决出现的新情况、新问题等需要协调解决的事宜。为方便联系，提高协调工作效率，还可以分别指定专人为协调联络员，负责协调

联络的具体事务。

此外，为了解决存在于死刑二审案件中隐形超期羁押问题，我们认为还可以由法院向检察院定期通报案件办理期限情况，检察院对延长审理期限的事由进行严格审查；提出纠正意见，对法院死刑二审案件超过审理期限的及时发出纠正违法意见书。

参考文献

一、中文类

1. 沈宗灵主编:《法理学》,北京大学出版社 2000 年版。

2. 孙国华、朱景文:《法理学》,中国人民大学出版社 2000 年版。

3. 张文显:《法理学》,法律出版社 2004 年版。

4. 卓泽渊主编:《法学导论》,法律出版社 2003 年版。

5. 卓泽渊主编:《法理学》,法律出版社 2002 年版。

6. 贺卫方:《具体法治》,法律出版社 2002 年版。

7. 张培田:《外国法制史》,人民出版社 2005 年版。

8. 张明楷:《刑法的基本立场》,中国法制出版社 2002 年版。

9. 张明楷:《刑法学》(上),法律出版社 1997 年版。

10. 陈兴良主编:《刑种通论》,人民法院出版社 1993 年版。

11. 陈兴良:《刑法适用总论》,法律出版社 1999 年版。

12. 陈兴良:《刑法疏议》,中国人民大学出版社 1997 年版。

13. 陈兴良:《刑法哲学》(修订本),中国政法大学出版社 1997 年版。

14. 陈卫东:《程序正义论》(第二卷),法律出版社 2004 年版。

15. 陈卫东:《刑事审判监督程序研究》,法律出版社 2001 年版。

16. 陈瑞华:《刑事审判原理论》,北京大学出版社 1997 年版。

17. 陈泽宪主编:《死刑——中外关注的焦点》,中国人民公安大学出版社 2005 年版。

18. 陈忠林主编:《刑法(总论)》,中国人民大学出版社 2004 年版。

19. 陈光中主编:《21 世纪域外刑事诉讼立法最新发展》,中国政法大学出版社 2004 年版。

20. 陈光中、徐静村主编:《刑事诉讼法学》,中国政法大学出版社 2002

年版。

21. 徐静村主编：《刑事诉讼法学》（上），法律出版社1999年版。

22. 徐静村：《中国刑事诉讼法（第二修正案）学者拟制稿及立法理由》，法律出版社2005年版。

23. 胡云腾：《存与废——死刑基本理论研究》，中国检察出版社2000年版。

24. 胡云腾：《死刑通论》，中国政法大学出版社1995年版。

25. 钊作俊：《死刑限制论》，武汉大学出版社2001年版。

26. 钊作俊：《死刑适用论》，人民法院出版社2003年版。

27. 张智辉：《理性地对待犯罪》，法律出版社2003年版。

28. 张智辉、谢鹏程主编：《中国检察》（第三卷），中国检察出版社2003年版。

29. 张智辉：《检察权研究》，中国检察出版社2007年版。

30. 孙长永主编：《刑事诉讼证据与程序》，中国检察出版社2003年版。

31. 孙长永：《侦查程序与人权：比较法考察》，中国方正出版社2000年版。

32. 孙长永：《探索正当程序：比较刑事诉讼法专论》，中国法制出版社2005年版。

33. 孙长永：《沉默权制度研究》，法律出版社2001年版。

34. 宋英辉、孙长永、刘新魁等：《外国刑事诉讼法》，法律出版社2006年版。

35. 宋英辉：《刑事诉讼目的论》，中国人民公安大学出版社1995年版。

36. 宋英辉、吴宏耀：《刑事审判前程序研究》，中国政法大学出版社2002年版。

37. 左卫民、周长军：《刑事诉讼的理念》，法律出版社1997年版。

38. 左卫民：《刑事程序问题研究》，中国政法大学出版社1999年版。

39. 左卫民：《价值与结构：刑事程序的双重分析》，四川大学出版社1994年版。

40. 马克昌：《刑法通论》，武汉大学出版社1999年版。

41. 马克昌：《比较刑法原理——外国刑法学总论》，武汉大学出版社2002年版。

42. 马克昌：《近代西方刑法学说史略》，中国检察出版社1996年版。

43. 龙宗智：《理论反对实践》，法律出版社2003年版。

44. 龙宗智：《检察制度教程》，中国检察出版社2006年版。

45. 龙宗智：《相对合理主义》，中国政法大学出版社1999年版。

46. 龙宗智：《徘徊于传统与现实之间：中国刑事诉讼法再修改研究》，法律出版社2005年版。

47. 邱兴隆等：《刑罚学》，群众出版社1988年版。

48. 邱兴隆主编：《比较刑法》（死刑专号·第一卷），中国检察出版社2001年版。

49. 邱兴隆：《刑罚的哲理与法理》，法律出版社2003年版。

50. 邱兴隆、许章润：《刑罚学》，中国政法大学出版社1999年版。

51. 赵秉志、邱兴隆主编：《死刑正当程序之探讨——死刑的正当程序学术研讨会文集》，中国人民公安大学出版社2004年版。

52. 赵秉志主编：《酷刑遏制论》，中国人民公安大学出版社2003年版。

53. 赵秉志主编：《新刑法教程》，中国人民大学出版社1997年版。

54. 赵秉志主编：《外国刑法原理》，人民大学出版社 2000 年版。

55. 赵秉志主编：《刑法总则问题探索》，法律出版社 2003 年版。

56. 高铭暄、赵秉志主编：《新中国刑法立法文献资料总览》，中国人民大学出版社 1998 年版。

57. 高铭暄：《新编中国刑法学》，中国人民大学出版社 1998 年版。

58. 高铭暄主编：《刑法学原理》（第三卷），中国人民大学出版社 1992 年版。

59. 卞建林主编：《中国刑事司法改革探索——以联合国刑事司法准则为参照》，中国人民公安大学出版社 2007 年版。

60. 卞建林主编：《证据法学》，中国政法大学出版社 2000 年版。

61. 卞建林：《刑事诉讼的现代化》，中国法制出版社 2003 年版。

62. 何家弘、张卫平主编：《外国证据法选译》，人民法院出版社 2000 年版。

63. 何家弘、刘品新：《证据法学》，法律出版社 2004 年版。

64. 何家弘、张卫平主编：《外国证据法选译》，人民法院出版社 2000 年版。

65. 樊崇义主编：《刑事证据法原理与适用》，中国人民公安大学出版社 2001 年版。

66. 樊崇义主编：《证据学》，法律出版社 2001 年版。

67. 樊崇义：《正当法律程序研究：以刑事诉讼程序为视角》，中国人民公安大学出版社 2005 年版。

68. 林钰雄：《检察官论》，学林文化事业有限公司 1999 年版。

69. 林钰雄：《刑事诉讼法》（上册、总论篇），中国人民大学出版社 2005 年版。

70. 李学灯：《证据法比较研究》，五南图书出版有限公司 1992 年版。

71. 张希坡主编：《中华人民共和国刑法史》，中国人民公安大学出版社 1998 年版。

72. 张绍谦：《刑法因果关系研究》，中国检察出版社 2004 年版。

73. 马贵翔主编：《刑事司法程序正义论》，中国检察出版社 2002 年版。

74. 张文等：《十问死刑》，北京大学出版社 2006 年版。

75. 张栋：《美国死刑程序研究》，中国人民公安大学出版社 2007 年版。

76. 万毅：《变革社会的程序正义——语境中的中国刑事司法改革》，中国方正出版社 2004 年版。

77. 王以真：《外国刑事诉讼法》，北京大学出版社 1994 年版。

78. 王作富主编：《中国刑法的修改与补充》，中国检察出版社 1998 年版。

79. 樊凤林主编：《刑罚通论》，中国政法大学出版社 1994 年版。

80. 甄贞主编：《刑事诉讼法学研究综述》，法律出版社 2002 年版。

81. 陈永生：《侦查程序原理论》，中国人民公安大学出版社 2003 年版。

82. 陈一云主编：《证据学》，中国人民大学出版社 1996 年版。

83. 徐忠明：《中外法学》，北京大学出版社 2006 年版。

84. 徐美君：《侦查讯问程序正当性研究》，中国人民公安大学出版社 2003 年版。

85. 许春金等：《死刑存废之探讨》，冠顺印刷事业有限公司 1994 年版。

86. 武树臣：《中国传统法律文化》，北京大学出版社 1994 年版。

87. 董白皋：《司法解释论》，中国政法大学出版社 1999 年版。

88. 季卫东：《法治秩序的建构》，中国政法大学出版社 1999 年版。

89. 贾宇：《罪与刑的思辨》，法律出版社 2002 年版。

90. 贾宇主编：《死刑研究》，法律出版社 2006 年版。

91. 周道鸾：《中国刑事法的改革与完善》，中国人民公安大学出版社 2007 年版。

92. 姜伟等：《公诉制度教程》，法律出版社 2002 年版。

93. 杨诚、单民主编：《中外刑事公诉制度》，法律出版社 2000 年版。

94. 杨宇冠：《非法证据排除规则研究》，中国人民公安大学出版社 2002 年版。

95. 锁正杰：《刑事程序的法哲学原理》，中国人民公安大学出版社 2002 年版。

96. 杨和钰：《中国法制史》，四川人民出版社 1991 年版。

97. 刘仁文：《刑事政策初步》，中国人民公安大学出版社 2004 年版。

98. 罗国杰：《人道主义思想论库》，华夏出版社 1993 年版。

99. 曲新久：《刑法的精神与范畴》，中国政法大学出版社 2003 年版。

100. 瞿同祖：《中国法律与中国社会》，中华书局 1981 年版。

101. 翟中东主编：《刑种适用中疑难问题研究》，吉林人民出版社 2001 年版。

102. 由嵘主编：《外国法制史》，北京大学出版社 1992 年版。

103. 宁汉林、魏克家：《中国刑法简史》，中国检察出版社 1999 年版。

104. 汤啸天等：《犯罪被害人学》，甘肃人民出版社 1998 年版。

105. 郭金霞、苗鸣宇：《大赦、特赦——中外赦免制度概观》，群众出版社 2003 年版。

106. 向泽远、武晓晨、骆磊：《法律监督与刑事诉讼救济论》，北京大学出版社 2005 年版。

107. 储怀植：《刑事一体化》，法律出版社 2004 年版。

108. 钟玉瑜主编：《中国特色司法制度》，中国政法大学出版社 2000 年版。

109. 孙笑侠：《程序的法理》，商务印书馆 2005 年版。

110. 汪海燕、胡常龙：《刑事证据基本问题研究》，法律出版社 2002 年版。

111. 欧阳涛等：《英美刑法刑事诉讼法概论》，中国社会科学出版社 1984 年版。

112. 刁荣华主编：《比较刑事证据法各论》，汉林出版社 1984 年版。

113. 郭立新主编：《检察机关侦查实务》（《侦查证据·文书鉴定》卷），中国检察出版社 2005 年版。

114. 姚淇清：《英美证据法之研究——比较刑事诉讼法各论》，汉林出版社 1984 年版。

115. 苏力：《法治及其本土资源》，中国政法大学出版社 1996 年版。

116. 胡常龙：《死刑案件程序问题研究》，中国人民公安大学出版社 2003 年版。

117. 胡康生、李福成主编：《中华人民共和国刑法释义》，法律出版社 1999 年版。

118. 宋冰：《程序、正义与现代化》，中国政法大学出版社 1998 年版。

119. 曾庆敏主编：《法学大辞典》，上海辞书出版社 1998 年版。

120. 北京政法学院刑法教研室 1980 年编印：《我国刑法立法资料汇编》。

121. 北京大学法学院人权研究中心编：《国际人权文件选编》，北京大学出版社 2002

年版。

122.《中国大百科全书·哲学》，中国大百科全书出版社 1987 年版。

二、中译文类

1.《美国联邦刑事诉讼规则和证据规则》，卞建林译，中国政法大学出版社 1996 年版。

2.《日本刑事诉讼法》，宋英辉译，中国政法大学出版社 2000 年版。

3.《俄罗斯联邦刑事诉讼法典》，黄道秀译，中国人民公安大学出版社 2006 年版。

4.［意］贝卡利亚：《论犯罪与刑罚》，黄风译，中国大百科全书出版社 1997 年版。

5.［美］康德拉、欧内斯特·范·登·哈格：《死刑论辩》，方鹏、吕亚萍译，中国政法大学出版社 2006 年版。

6.［美］波斯纳：《超越法律》，苏力译，中国政法大学出版社 2001 年版。

7.［美］波斯纳：《法律的经济分析》，苏力译，中国大百科全书出版社 1997 年版。

8.［美］乔恩·R.华尔兹：《刑事证据大全》，何家弘等译，中国人民公安大学出版社 1993 年版。

9.［美］E.博登海默：《法理学：法哲学与法律方法》，邓正来译，中国政法大学出版社 2004 年版。

10.［美］汉密尔顿、杰伊、麦迪逊：《联邦党人文集》，程逢茹等译，商务印书馆 1980 年版。

11.［美］孟罗·斯密：《欧陆法律发达史》，姚梅镇译，中国政法大学出版社 1999 年版。

12.［日］法务省刑事局编：《日本检察讲义》，杨磊等译，中国检察出版社 1990 年版。

13.［斯洛文尼亚］卜思天·M.儒攀基奇等：《刑法——刑罚理念批判》，何慧新等译，中国政法大学出版社 2002 年版。

14.［日］团腾重光：《死刑废止论》，林辰彦译，商鼎文化出版社 1997 年版。

15.［日］正田满三郎：《刑法体系总论》，良书普及会 1979 年版。

16.［日］大谷实：《刑法总论》，黎宏译，法律出版社 2003 年版。

17.［日］大谷实：《刑事政策学》，黎宏译，法律出版社 2000 年版。

18.［日］土本武司：《日本刑事诉讼法要义》，董璠舆、宋英辉译，五南图书出版有限公司 1997 年版。

19.［英］弗兰西斯·培根：《培根论说文集》，商务印书馆 1984 年版。

20.［英］弗兰西斯·培根：《培根人生论》，何新译，陕西师范大学出版社 2002 年版。

21.［英］洛克：《政府论》（下），商务印书馆 1995 年版。

22.［英］A.J.M.米尔恩：《人的权利与人的多样性——人权哲学》，夏勇、张志铭译，中国大百科全书出版社 1995 年版。

23.［英］J.W.塞西尔·特纳：《肯尼刑法原理》，王国庆、李启家译，华夏出版社 1989 年版。

24.［英］丹宁勋爵：《法律的正当程序》，法律出版社 1999 年版。

25. ［英］丹宁勋爵：《法律的界碑》，刘庸安等译，群众出版社 1992 年版。

26. ［英］J. M. 凯利：《西方法律思想简史》，王笑红译，法律出版社 2002 年版。

27. ［英］罗吉尔·胡德：《死刑的全球考察》，刘仁文译，中国人民公安大学出版社 2005 年版。

28. ［法］米歇尔·福柯：《权力的眼睛——福柯访谈录》，严锋译，上海人民出版社 1997 年版。

29. ［法］孟德斯鸠：《论法的精神》（上册），商务印书馆 1961 年版。

30. ［法］斯宾诺莎：《神学政治论》，商务印书馆 1963 年版。

31. ［法］卡斯东·斯特法尼等：《法国刑事诉讼法精义》（上），罗结珍译，中国政法大学出版社 1999 年版。

32. ［法］米歇尔·福柯：《规讯与惩罚》，刘北成、杨远婴译，（北京）三联书店 2003 年版。

33. ［俄］列宁：《列宁全集》（第 33 卷），人民出版社 1958 年版。

34. ［德］马克思、恩格斯：《马克思恩格斯选集》（第二卷），人民出版社 1995 年版。

35. ［德］克劳思·罗科信：《刑事诉讼法》，吴丽琪译，法律出版社 2003 年版。

36. ［德］汉斯·约阿希姆·施奈德：《国际范围内的被害人》，许章润等译，中国人民公安大学出版社 1992 年版。

37. ［德］古斯塔夫·拉德布鲁赫：《法律智慧警句集》，舒国滢译，中国法制出版社 2001 年版。

38. ［德］托马斯·魏根特：《德国刑事诉讼程序》，岳礼玲、温小洁译，中国政法大学出版社 2004 年版。

39. ［德］拉德布鲁赫：《法学导论》，中国大百科全书出版社 1997 年版。

三、论文类

1. 崔敏："中国历代死刑制度的考察与反思"，载《中国人民公安大学学报》2006 年第 2 期。

2. 崔敏："西方国家死刑制度的演变"，载《中国人民公安大学学报》2006 年第 4 期。

3. 乔新生："死刑存废之争"，载《百科知识》2005 年第 11 期。

4. 任保东："浅析死刑存废之争的焦点"，载《法学研究》2007 年 3 月。

5. 贾义勇："死刑存废的哲学思考"，载《法制与社会》2007 年第 3 期。

6. 李唯："浅析民意与死刑存废的命运"，载《法学研究》2007 年第 1 期。

7. 张建伟："法院不能成为群众感觉的'橡皮图章'"，载《南方周末》2008 年 4 月 17 日。

8. 仲飞："效益：市场经济新法的价值目标"，载《江海学刊》1994 年第 2 期。

9. 陈正云："论刑罚成本与刑罚效益"，载《法学家》1997 年第 2 期。

10. 贾宇："论我国刑法中的死刑制度及其完善"，载《法学专论》2004 年第 2 期。

11. 陈云生："走法治必由之路——论宪法和法律监督的制度化"，载《比较法研究》1997 年第 1 期。

12. 龙宗智："论检察权的性质与检察机关的改革"，载《法学》1999 年第 10 期。

13. 宋军："法律监督理论溯源"，载《人民检察》2006 年 10 月（上）。

14. 龙宗智："论依法独立行使检察权"，载《中国刑事法杂志》2002 年第 1 期。

15. 季卫东："法律程序的意义"，载《中国社会科学》1993 年第 1 期。

16. 倪培兴："论刑事诉讼证据的性质、功能及其可采性"，载《中国刑事法杂志》2006 年第 2 期。

17. 孙长永："中国死刑案件的司法程序——基于国际准则的分析"，载《死刑——中外关注的焦点》2005 年版。

18. 聂晓生、王立民、马晓梅："强化法律监督 维护司法公正"，载《法律监督与公平正义》。

19. 任志中、汪敏："构建严格的死刑案件证明标准——基于人权的司法保障之实现"，载《法律适用》2007 年第 5 期。

20. 周道鸾："完善死刑案件审理程序保证死刑案件质量"，原载《最高人民法院咨询委员会第 22 次会议调研材料汇集》2006 年 12 月。

21. 吕世伦、高中："社会主义和谐社会与'以人为本'的法治精神"，载《依法治国与和谐社会建设》，中国法制出版社 2007 年版。

22. 赵秉志："现代刑事法治是和谐社会的基本保障"，载《依法治国与和谐社会建设》，中国法制出版社 2007 版。

23. 张智辉："论刑法的理性"，载《中国法学》2005 年 1 期。

24. 樊崇义："客观真实管见"，载《中国法学》2000 年第 1 期。

25. 刘潇潇："程序正义如何才能实现——余祥林案的个案分析及其启示"，载《河北法学》2006 年第 5 期。

26. 王健："公安局长刑讯逼供案庭审实录"，载《法律与生活》2005 年第 4 期。

27. 李建明："死刑案件错误裁判问题研究——以杀人案件为视角的分析"，载《法商研究》2005 年第 1 期。

28. 谢滨键："正确理解'命案必破'"，载《中国刑事警察》2005 年第 5 期。

29. 张智辉："法律监督三辨析"，载《中国法学》2003 年第 5 期。

30. 郝银钟："评'检诉合一'诉讼机制"，载《法制日报》2006 年 8 月 3 日。

31. 夏邦："中国检察院体制应予取消"，载《法学》1999 年第 7 期。

32. 陈卫东："我国法律监督权的反思与重构——以公诉权为核心的分析"，载《法学研究》2002 年第 2 期。

33. 朱孝清："中国检察制度的几个问题"，载《人民检察》2007 年第 8 期。

34. 田文昌、颜九红："论中国死刑发展趋势"，载《当代法学》2005 年第 2 期。

35. 董玉庭："论法律原则"，载《法制与社会发展》1999 年第 6 期。

36. 李可："原则和规则的若干问题"，载《法学研究》2001 年第 5 期。

37. 黄曙、李忠强："检察权的司法化运作及其构建"，载《人民检察》2006 年第 6 期（上）。

38. 向泽远："职务犯罪的侦查管辖"，载《国家检察官学院学报》2007 年第 3 期。

39. 田先纲："我国检察官的性质、职业特点及其职权配置的再思考"，载《上海大学学报》（社会科学版）2007 年第 2 期。

40. 孙谦："中国的检察改革"，载《法学研究》2003 年第 6 期。

41. 王强、赵罡："检察一体化与检察权独立行使的关系"，载《法学》2007 年第 7 期。

42. 刘李明："宝马撞人案中舆论与司法关系的系统论分析"，载《哈尔滨工业大学学报》（社会科学版）2005 年第 2 期。

43. 郑君芳："把握舆论利剑　杜绝'新闻审判'"，载《社科纵横》2004 年第 4 期。

44. 刘寿堂："传媒监督与司法公正：在冲突中寻求平衡"，载《经济与社会发展》2004 年第 10 期。

45. 陈永生："论客观与诉讼义务关照原则"，载《国家检察官学院学报》2005 年第 4 期。

46. 孙长永："检察官客观义务与中国刑事诉讼制度改革"，载《人民检察》2007 年第 17 期。

47. 闵钐："检察官客观义务"，载《国家检察官学院学报》2005 年第 4 期。

48. 上海市人民检察院第一分院课题组："检察机关监督死刑复核程序的制度构建"，载《法学》2006 年第 9 期。

49. 汪建成："公正——法治的核心"，载《法学评论》1999 年第 1 期。

50. 公丕祥、刘敏："论司法公正的价值蕴涵及制度保障"，载《法商研究》1999 年第 5 期。

51. 吴启才、杨勇、毛建中："检察权弱化与强化的博弈——变革中的差异辨析"，载《法学杂志》2006 年第 6 期。

52. 董明亮："论刑事司法实体公正与程序公正的统一"，载《政治与法律》2003 年第 6 期。

53. 季卫东："程序比较论"，载《比较法研究》1993 年第 1 期。

54. 黄芳："论死刑适用的国际标准与国内法的协调"，载《法学评论》2003 年第 6 期。

55. 任志中："死刑适用问题研究"，吉林大学法学院博士论文。

56. 赵廷光："论死刑的正确适用"，载《中国刑事法杂志》2003 年第 3 期。

57. 高铭暄："略论我国死刑制度改革中的两个问题"，载《法学家》2006 年第 1 期。

58. 张正新："我国死缓制度的产生、发展及思考"，载《中国刑事杂志》2003 年第 5 期。

59. 周振想："关于'死缓制度'的几个问题"，载《中央政法管理干部学院学报》1994 年第 6 期。

60. 陈广君："论我国的死缓制度"，载《法学研究》1986 年第 4 期。

61. 曹坚："自首和立功的司法适用问题研究"，载《中国检察官》2006 年第 2 期。

62. 高爽："论自首认定中的若干问题"，载《吉林公安高等专科学校学报》2006 年第 3 期。

63. 罗欣："买功现象当引起司法关注"，载《检察日报》2006 年 9 月 26 日。

64. 杨向华："论犯罪被害人的过错"，载《山西经济管理干部学院学报》2006 年第 2 期。

65. 陈旭文："西方国家被害人过错的刑法意义"，载《江南大学学报》（人文社会科学版）2004 年第 3 卷第 1 期。

66. 任永鸿："刑事被害人过错解读"，载《人民法院报》2005 年 4 月 13 日。

67. 周晓杨、陈洁："刑事被害人过错责任问题研究"，载《法学杂志》2003 年第 6 期。

68. 张宝义："暴力犯罪中犯罪人与被害人的关系特征及过错责任分析"，载《河南公安高等专科学校学报》1999 年第 2 期。

69. 史小峰："积极赔偿损失适当从轻处罚的适用依据"，载《人民法院报》2007 年 9 月 5 日。

70. 吴兢："'国家之手'救助犯罪被害人"，载《人民日报》2007 年 9 月 5 日。

71. 赖早兴："美国行政赦免制度及其对死刑执行的限制"，载《河北法学》2006 年第 4 期。

72. 范登峰："对我国死刑适用标准的反思和重构"，载《西南政法大学学报》2004 年第 6 期。

73. 梁淑芳："略论限制量刑自由裁量权"，湘潭大学硕士论文。

74. 肖扬："挑战与改革"，载《中国司法》2005 年第 1 期。

75. 杜月秋："论裁判的正当性基础——以法律效果和社会效果的相互关系为视角"，载《法学论坛》2007 年第 3 期。

76. 蒋兰香、李昀："死刑赦免制度构建的必要性和可行性分析"，载《时代法学》2007 年第 5 期。

77. 黄友明："刑事诉讼证明的真理观与价值观研究"，载孙长永主编：《刑事诉讼证据与程序》，中国检察出版社 2003 年版。

78. 陈光中："构建层次性的刑事证明标准"，载《检察日报》2002 年 3 月 26 日。

79. 陈卫东、李训虎："分而治之：一种完善死刑案件证据标准的思路"，载《人民检察》2007 年第 8 期。

80. 吴茜："警察出庭作证问题研究综述"，载《贵州警官职业学院学报》2006 年第 4 期。

81. 刘炬："刑事诉讼证人出庭作证问题的研究"，中国政法大学研究生院硕士论文。

82. 乔汉荣等："构建侦查人员出庭作证制度相关问题研究"，载《国家检察官学院学报》2004 年第 2 期。

83. 李学宽："论刑事诉讼中的非法证据"，载《政法论坛》1995 年第 2 期。

84. 雷经升："刑事诉讼证据规则论纲"，安徽大学研究生院硕士论文。

85. 张正德："刑事诉讼价值评析"，载《中国法学》1997 年第 4 期。

86. 张爱萍："对完善我国证人制度的几点思考"，载《福建政法管理干部学院学报》2004 年第 4 期。

87. 房国宾："侦查人员出庭作证制度之理性分析"，载《世纪桥》2007 年第 6 期。

88. 卞建林："我国非法证据排除的若干重要问题"，载《国家检察官学院学报》2007 年第 1 期。

89. 刘福长："法院改变案件定性是否需要转换证据"，载《人民检察》2006 年第 11 期。

90. 石柏林："权力文化观与现代法治"，载《徐州师范大学学报》(哲学社会科学版) 2007 年第 1 期。

91. 高传伟："郑州规定刑讯逼供等方式取得证据不予采纳"，载《检察日报》2006 年 10 月 16 日。

92. 陈瑞华："未决羁押制度的理论反思"，载《法学研究》2002 年第 5 期。

93. 陈光中："关于刑事证据立法的若干问题"，载《南京大学法学评论》2000 春季号。

94. 张天蔚："审判委员会行政化弊端重重"，载中国法院网。

95. 王东曙："隐形超期羁押现象透析"，载 http：//www. law – lib. com/lw/lw_ view. asp？no＝3523。

96. 参见田雨："肖扬：必须扭转'重实体轻程序'的错误"，载中国法院网，http：//www. chinacourt. org/public/detail. php？id＝223000。

97. 段方群："对比与反思——评《正义的诉求：美国辛普森案与中国杜培武案的比较》"，载九州法律网，http：//www. 99law. info/ywfz/2007/9/25/76f60317 – fe3b – 4749 – 8618 – e304e7ae80f3. htm。

98. 吴兢："我国法官和检察官整体素质提高 本科比例过半"，载《人民日报》2005 年 7 月 17 日第 1 版。

99. 黑龙江晨报报道："我省基层法院干警第一学历本科不超过 8％"，载 http：//www. hlj. xinhuanet. com/xw/2005 – 10/16/content_ 5357663. htm。

100. 房保国："现实已经发生——论我国地方性刑事证据规则"，载《政法论坛》2007 年第 3 期。

101. 陈永生："对我国死刑复核程序之检讨——以中国古代及国外的死刑救济制度为视角"，载《比较法研究》2004 年第 4 期。

102. 俄罗斯新闻社："2010 年之前俄罗斯不会存在死刑"，载 www. rusnews. cn/eguoxinwen/eluosi_ neizheng/20061209/41599605. html。

103. 董伟："浙江官员受逼供当庭翻供 检方拒绝公开审讯录像"，载《中国青年报》2007 年 11 月 6 日，http：//news. qq. com/a/20071106/001723. htm。

104. 宋新国："广西法官全身伤痕死在看守所 死因定为猝死"，载 http：//news. 163. com/07/0430/11/3DAUHE910001124J. html。

105. 赵凌："聂树斌案绝处逢生'真凶'上诉求增其罪"，载 http：//news. qq. com/a/20071101/003143. htm。

106. 陈令春："刑事诉讼律师阅卷权之缺陷与证据开示制度之构建"，载《山东审判》第 22 卷总第 170 期。

107. 陈卫东："死刑案件实行三审终审制改造的构想"，载《现代法学》（2004 年 8月）第 26 卷第 4 期。

108. 胡常龙："死刑核准权归位后的程序正当性分析"，载《政法论坛》（2007 年 5月）第 25 卷第 3 期。

109. 胡兴儒："刑事超期羁押现状分析与反思"，载 http：//www. law – lib. com/flsz/sz_ view. asp？no = 1446。

110. 杨宇冠："死刑案件的程序控制若干问题——刑事司法国际准则角度"，载《比较法研究》2006 年第 5 期。

111. 陈瑞华："司法权的性质"，载《法学研究》2000 年第 5 期。

112. 谢佑平："死刑复核程序：理论思考与立法构想"，载《法学论坛》2006 年第 2 期。

113. 王松苗："公诉改革：能否两全其美"，载《人民检察》2000 年第 10 期。

114. 姜伟、卞建林、龙宗智："如何看待公诉中的检察一体化"，载 http：//www. jcrb. com/zyw/n132/ca73028. htm。

115. 张志铭："对中国'检察一体化'改革的思考"，载《国家检察官学院学报》（2007 年 4 月）第 15 卷第 2 期。

116. 裴智勇："西部检察官'断层'如何弥补"，载《人民日报》2006 年 8 月 6 日。

117. 龙宗智："检警一体化"，载 http：//www. xici. net/b366543/d25772722. htm。

118. 田雨："最高检多策并举破解西部检察官短缺'瓶颈'"，载 http：//www. liyang. net. cn/marriage/articleinfo. asp？id = 4550&channelname = % BB% E9% D2% F6。

119. 陈虹伟："全国首个检警规则出台 检察官提前介入侦查"，载《法制日报》2007 年 12 月 2 日。

120. 王大伟："中西警务衡量标准的比较研究"，载 http：//library. jgsu. edu. cn/jygl/gh06/CXF/LWJ/LWJ% 201124. htm。

后 记

　　本书是重庆市人民检察院 2006 年度重点研究课题"死刑二审案件法律监督问题研究"的拓展成果，也是重庆市检察系统出版的第一本关于死刑案件法律监督的理论性学术专著。

　　2006 年，以我为负责人，以重庆市人民检察院公诉一处、公诉二处具有较强理论功底和丰富实践经验的业务骨干为成员的课题组，成功地申报了重庆市人民检察院该年度的重点研究课题"死刑二审案件法律监督问题研究"。经过课题组的努力，该课题已顺利通过了重庆市人民检察院组织的专家评审，其成果也于 2007 年 10 月公开发表在徐静村教授主编的《刑事诉讼前沿研究》（第六卷）中，获得了较好的学术评价。

　　在"死刑二审案件法律监督问题研究"课题的最终成果发表之后，经我提议，课题组讨论后一致认为对死刑案件法律监督的研究不应当仅限于在二审程序中的法律监督，而应当扩大视野，故而成就本书。本书在对死刑案件法律监督的内涵、价值、特点、原则和方式充分分析论证的基础上，紧紧围绕侦查、提起公诉、一审、二审、复核、执行等诉讼程序，对存在实体问题、证据问题、程序问题、复核问题以及机制问题等进行深入、全面、系统的研究。这一方面是基于对司法实践的反思和总结，希望能够通过研究更好地指导司法实践；另一方面也是为了引起诉讼法学理论研究对死刑案件法律监督问题的关注。

　　在本书写作过程中，课题组成员克服了诸多困难，付出了辛勤的劳动，最终圆满地完成了写作任务。本书的出版，是课题组全体成员智慧和汗水的结晶。虽然课题组成员已经竭尽全力，但由于学力有限等因素，本书仍然存在一些不足之处，只有留待以后进行更为深入的研究来加以弥补。在今年3月召开的重庆市第二次检察工作会议上，重庆市人民检察院明确提出要将加强检察理论研究作为今后工作的重点之一。相信本书的出版将会有力地推动重庆市检察系统理论研究工作的深入开展，也将会促使更多更好的理论研究成果面世。

本书的写作得到了重庆市人民检察院党组书记、检察长余敏同志以及党组其他成员的悉心指导，得到了相关业务部门的大力支持，也得到了西南政法大学徐静村教授、孙长永教授等专家学者的诸多点拨和帮助，谨此致以衷心的谢意。此外，西南政法大学诉讼法学2007级硕士研究生杨骁同学和宁洁同学为本书的写作也做了不少工作，在此一并向她们致以衷心的感谢。

最后，我还要特别感谢中国检察出版社以及李薇薇女士为本书的出版付出的辛勤劳动。

于天敏

2008年5月于渝

图书在版编目（CIP）数据

死刑案件法律监督理论与实务/于天敏等著. —北京：中国检察
出版社，2008.6
ISBN 978 - 7 - 80185 - 951 - 8

Ⅰ. 死… Ⅱ. 于… Ⅲ. 死刑 – 案件 – 法律监督 – 研究 – 中国
Ⅳ. D924. 12   D926. 34

中国版本图书馆 CIP 数据核字（2008）第 089380 号

死刑案件法律监督理论与实务

于天敏　等著

出 版 人：袁其国
出版发行：中国检察出版社
社　　址：北京市石景山区鲁谷西路 5 号（100040）
网　　址：中国检察出版社（www. zgjccbs. com）
电子邮箱：zgjccbs@ vip. sina. com
电　　话：(010)68639243(编辑)　68650015(发行)　68636518(门市)
经　　销：新华书店
印　　刷：保定市中画美凯印刷有限公司
开　　本：720mm ×960mm　16 开
印　　张：20 印张　　插页 4
字　　数：368 千字
版　　次：2008 年 9 月第一版　2008 年 9 月第一次印刷
书　　号：ISBN 978 - 7 - 80185 - 951 - 8/D · 1927
定　　价：38. 00 元